Matthias Egersdörfer
Jürgen Roth

DIE REISE DURCH FRANKEN

PIPER
München Berlin Zürich

Mehr über unsere Autoren und Bücher:
www.piper.de

Dank an Katharina Rehse und alle, die wir besuchen durften und die uns bewirtet, die uns Logis gewährt und die mit uns gesprochen haben.

MIX
Papier aus verantwor-
tungsvollen Quellen
FSC
www.fsc.org   FSC® C083411

Ungekürzte Taschenbuchausgabe
Januar 2016
© Piper Verlag GmbH, München/Berlin 2014
erschienen im Verlagsprogramm Malik
Karte: Angelika Solibieda, Karlsruhe
Umschlaggestaltung: Birgit Kohlhaas, kohlhaas-buchgestaltung.de
Umschlagabbildung: Stephan Minx
Satz: Kösel Media, Krugzell
Gesetzt aus der Stone Serif und Stone Sans
Druck und Bindung: CPI books GmbH, Leck
Printed in Germany   ISBN 978-3-492-30747-5

Odi et amo. Quare id faciam fortasse requiris.
Nescio. Sed fieri sentio et excrucior.

(Ich hasse, und ich liebe – warum, fragst du vielleicht.
Ich weiß es nicht. Ich fühl's – es kreuzigt mich.)

Catull: carmen 85

Auch mische man sich, wenn es uns ein Ernst ist, unsre Menschen-
und Länderkenntnis zu erweitern, unter Personen von allerlei
Ständen. […] Das eigentliche Volk – oder noch mehr der Mittel-
stand – trägt das Gepräge der Sitten des Landes. Nach ihnen muß
man den Grad der Kultur und Aufklärung beurteilen. […] Zum
Reisen gehören Geduld, Mut, guter Humor, Vergessenheit aller
häuslichen Sorgen und daß man sich durch kleine widrige Zufälle,
Schwierigkeiten, böses Wetter, schlechte Kost und dergleichen nicht
niederschlagen lasse. Dies ist doppelt zu empfehlen, wenn man einen
Gesellschafter bei sich hat; denn nichts ist langweiliger und verdrieß-
licher, als mit einem Manne zu reisen und in einem Kasten ein-
gesperrt zu sitzen, der stumm und mürrischer Laune ist, bei der
geringsten unangenehmen Begebenheit aus der Haut fahren will, über
Dinge jammert, die nicht zu ändern sind, und in jedem kleinen
Wirtshause so viel Gemächlichkeit, Wohlleben und Ruhe fordert,
als er zu Hause hat.

Adolph Freiherr Knigge:
Über den Umgang mit Menschen

Inhalt

Frühe Klage

Fürth, den 18.6.

Sehr geehrter Herr Dr. Roth,

wie Sie sich hoffentlich entsinnen wollen, beabsichtigen wir, ein Buch über Franken zu schreiben. Fernmündlich haben wir deshalb vereinbart, diesen Landstrich, in dem die ostfränkische Dialektgruppe beheimatet ist, gemeinsam zu bereisen, um im Nachgang aus dem Gehörten und Gesehenen, aber auch aus den Archiven des Erinnerten – nicht zu vergessen sind freilich auch das Geschmeckte und Gerochene –, kurz gesagt: aus den umfassenden Erlebnissen dieser Reise einen schäumenden Sud zu brauen, aus welchem ein Destillat aus Buchstaben gewonnen und sodann ein Buch verfertigt werden soll.

In meinem Kalender zieht sich ein langer Strich über viele Tage und Wochen. Mit Wonne habe ich diesen Strich gezogen. Dieser Strich kennt keinen Unterschied zwischen Wochentagen, Wochenenden und Feiertagen. Dieser Strich negiert die Überstunden, nimmt etwaige Entbehrungen wakker in Kauf und ignoriert sämtlichen Kummer. Neben dem Strich steht in strammen Versalien: »MIT JÜRGEN ROTH DURCH FRANKEN«.

Als ich das schrieb, habe ich den Satz gesungen beinahe wie der Tannhäuser beim Sängerwettstreit auf der Wartburg. Mein Weib hat gejammert und schlimm geklagt. Allein, es war nicht zu hören in meinem donnernden Kehlbrausen. Jetzt verhält es sich so, daß dieser erwähnte blaue Tintenstrich genau am heutigen Tage seinen Anfang findet. Aber offensichtlich fängt hier nur eine dünne Linie an. Ohne Bedeutung und Zweck habe ich mein Jahrbuch verschmiert, denn ohne jeden Zweifel fehlt von meinem Kompagnon jede Spur. Hier und jetzt beginnt keine Reise, geschweige denn ein Abenteuer oder eine Expedition. Wie ein ausgelöffeltes Frühstücksei steh' ich kopflos am Fenster und glotze in den Fürther Hinterhof.

Kein Vogel hatte heute morgen auch nur den Hauch einer Chance, mich wachzupfeifen. Ich persönlich weckte den Wecker. Meine Frau jammerte, als ich meine Sachen packte. Übermütig strömte das Blut durch meine Adern, als ich mein Bündel schnürte. Und alles, was ich brauchte, fand ich, und was ich nicht fand, brauchte ich nicht.

Dampfenden Kaffee goß ich mir in den aufgesperrten Rachen, biß in eine bernsteinfarbene Hirnwurst aus Göring und riß mir einen Fetzen aus einem Brotlaib von der herzensguten *Bäckerei Fehr*. Ich war gerüstet und voller Kraft, und jetzt hätte es losgehen können.

11 Uhr hatten wir als Zeitpunkt vereinbart. Dann wurde es 11 Uhr, und ich wartete. Ich wartete immer mehr, immer mehr Zeit verstrich. Kein Klingeln erlöste mich. Roth klingelte nicht. Kein Roth weit und breit. Das können Sie nicht bestreiten, Herr Doktor Roth! Sie haben auch um 12 Uhr nicht geklingelt!

Ich konnte noch so schnell und kraftvoll warten, es änderte sich nichts. Die Warterei wurde zum Gift und zermarterte mich. Jetzt wurde es immer offensichtlicher: Der einzige, der wartete, war ich. Der einzige, der etwas erwartete, war auch ich.

Ich schreibe jetzt diesen Brief an Sie und frage ohne weitere Umschweife: Wollen Sie Franken nicht mehr bereisen? Ist Ihnen zwischenzeitlich klargeworden, daß Sie mit einer derart einfältigen Person wie mir nirgendwohin fahren möchten? Ist Ihnen etwas passiert? Sind Sie im Keller gestürzt oder von einem hessischen Hund gebissen worden?

Das Warten fühlt sich, wenn ich ehrlich bin, so an, als hätten Sie gänzlich die Lust verloren. Sagen Sie es kalt und streng, wenn es sein muß, gerade so, wie man ein Pflaster von der Haut reißt: schnell und kraftvoll. An Franken liegt Ihnen nichts mehr. Sie haben nunmehr anderweitige, dringendere Verpflichtungen. Eine SMS mit dem Text »Sic!« genügt.

Immer noch hochachtungsvoll:
M. Egersdörfer

Verspäteter Beginn

Sehr geehrter Herr Egersdörfer,

vorab möchte ich nicht verhehlen: Es fällt mir nicht leicht, die Contenance zu wahren und diese manierliche Anrede zu wählen. Zunächst kamen mir da ganz andere Worte in den Sinn. Ich verschweige sie, der Schicklichkeit halber. Auch will ich, so schwer es mir augenblicklich dünkt, unsere gemeinsame Unternehmung nicht gefährden, hat sie doch so vielversprechend und ergiebig begonnen.

Dreieinhalb Tage waren wir, wie verabredet, unterwegs, es war unsere erste Etappe durch das Frankenland. »Diese Provintz Francken«, schreibt der Pegnitz-Schäfer Sigmund von Birken im 17. Jahrhundert, »zu Latein Franconia genannt / welche den Sechsten Reichs-Kreiß machet / wird zwar von der Donau nicht berühret / ist aber derselben allernächst benachbart. Es ist der Mayn dieses Lands Hauptfluß / welcher die zween andere / als die Rednitz und Tauber in sich trincket. Es hat drey Bisthümer / Bamberg / Würtzburg und Aichstett / und zu Reichsfürsten / die Herren Marggrafen zu Brandenburg / als Burggrafen zu Nürnberg: derer einer / neben dem Hrn. Bischoff zu Bamberg / dieses Kreisses ausschreibender Fürst / gleichwie Nürnberg unter den 5. Reichsstädten (die andre heissen / Rotenburg / Winsheim / Schweinfurt / Weissenburg /) die ausschreibende Stadt ist.«

Diesen kunterbunten, in sich heterogenen Kreis haben wir zu durchschreiten beziehungsweise zu durchkreuzen begonnen. Wir haben die ersten Gespräche mit Franken unterschiedlichster Herkunft und Prägung geführt, wir haben in die Gegend geguckt, gegessen und getrunken. Daß uns der Wille eint, diese merkwürdigen Landstriche auf den Begriff zu bringen und notfalls zu zwingen, wollen Sie, Herr Egersdörfer, hoffentlich nicht bezweifeln. Andernfalls müßten wir jetzt sofort in den Sack hauen.

Und nun, nach meiner Rückkehr von unserer ersten Exkursion, finde ich diese Ihre Epistel im Briefkasten vor, die Sie offenbar vor vier Tagen zwischen 14 und 14.15 Uhr und zwischen Tür und Angel zusammengepatzt und sogleich auf der Post aufgegeben haben – bevor meine Wenigkeit überhaupt erst mal in der Wissenschaftsstadt Fürth ankommen konnte! Seit wann verhält sich denn ein Franke so? Werden die Franken nicht außerhalb der Grenzen ihres Reiches, gemessen am Tempo, in dem sie zu sprechen belieben, für die langsamsten Denker Deutschlands, ja für die behäbigsten Geschöpfe Gottes gehalten – oder wenigstens für die größten Stoiker der nördlichen Hemisphäre, sofern man ihre Lebensmottos »Es hilft ja nix« und »'s werd scho' widder« ernst nimmt?

Woher rührt Ihre, Herr Egersdörfer, eines Franken ganz und gar unwürdige Hast, ja Nervosität? Ist Ihr Zagen, ist Ihr Klagen eines Franken, eines Mannes vom Stamme der »Freien« und »Kühnen«, würdig? Oder verhält es sich so, daß die heutigen Franken überhaupt nicht wissen, daß sie die kraftstrotzenden, ruppigen Gründer des Heiligen Römischen Reiches Deutscher Nation und Frankreichs waren?

Nein, sie wissen es nicht, und kühn und frei sind die Beutebayern ohnehin seit langem nicht mehr. Es ist diese fränkische Weinerlichkeit – die dito aus Ihrem Schreiben spricht, Herr Egersdörfer –, die uns Auswärtige, uns in Hessen Wohnhafte bisweilen so unwillig in die scheele Himmelsrichtung, also Richtung Aschaffenburg und darüber hinaus blicken läßt. Es ist diese Schlaffheit, dieses Weicheigefasel, diese ... Sind Sie, sehr verehrter Herr Egersdörfer, nicht mittlerweile Weißweintrinker? Als gebürtiger Nürnberger? Kommt als nächstes die Weißweinschorle?

Nun, Herr Egersdörfer – wegen ein paar läppischer Stunden Verspätung also Ihre Jeremiade, Ihr Jammerlappenlied. Haben Sie nicht auch schon mal am Vorabend fünf, sechs Becher über den Durst geleert? Und sich unter dieser Voraussetzung am nächsten Tag über die A 3 quälen müssen, die ab der hessisch-fränkischen Grenze bis nach Nürnberg ein einziger automobiler, geradezu prototypisch fränkischer Gemächlichkeits- und Trägheitsmoloch ist? Und sind Sie dann, weil die Polizeipräsenz in Franken die größte ist, zudem noch in eine Schleierfahndung geraten? Schleierfahndung – eine bayerische Spezialität – kennen Sie nicht? Weil Sie, Inhaber einer BahnCard 100, mit dem Zug von Veranstaltungs- zu Veranstaltungsort zu gondeln pflegen?

Insbesondere auf fränkischen Autobahnen patrouillieren tagaus, tagein Streifenwagen. Deren Insassen pikken wahl- und grundlos arglose Verkehrsteilnehmer (wie mich) heraus, fordern sie auf, den nächsten Parkplatz anzusteuern, und nehmen anschließend in einer kaugummizähen Prozedur den Wagen des Verdächtigen auseinander, den sie nebenbei geheuchelt freundlich über etwaige Drogenbesitztümer befragen und dem sie zu guter Letzt sichtlich enttäuscht und verärgert 0,15 Promille nachweisen. Zeitverlust: eine Dreiviertelstunde. Frankenbedingter Verdruß: können Sie sich ausmalen.

Schön und gut, Herr Egersdörfer, solche Vorfälle mögen Ihnen wurscht sein, mögen bei Ihnen nicht verfangen. Doch in den Raum zu stellen, an Franken liege mir nichts mehr … Hören Sie mal, Sie Doldi! Seit fast zwanzig Jahren wohne ich in Frankfurt am Main – und zwar an der: Frankenallee! Ich bin nur durch ein Mißgeschick nicht in Franken geboren worden. Meine Eltern stammen aus Neuendettelsau im Herzen Mittelfrankens und leben ebenda.

Viel, sehr viel Zeit habe ich in meiner Jugend dort verbracht, und ich fahre nach wie vor gerne und oft in die
Gegend, durchaus ein nostalgisch-sentimentalisches Ver-
hältnis zur Region zwischen Aschaffenburg und Hof, zwischen Coburg und Gunzenhausen unterhaltend, wenn
auch nicht ungeteilt. Womöglich zieht mich zumal die
Landschaft an, die mancherorts ungebrochen und mitunter von Jahr zu Jahr stärker jene Gefühle evoziert, die Flo-
ridan und Klajus in der *Fortsetzung der Pegnitz-Schäferey* ins
Wort erlösten: »Es fünken / und flinken / und blinken /
Buntblümichte Auen / Es schimmert / und wimmert / und
glimmert Früh-perlenes Tauen. / Es zittern / und flittern /
und splittern / Frischläubichte Aeste: / Es säuseln / und
bräuseln / und kräuseln Windfriedige Bläste. / Es singen /
und klingen / und ringen Feld-schlürfende Pfeiffen. / Den
Mayen / am Reyen / Schalmeyen Der Hirten / verschweif-
fen. / Es bellen / und gellen / und schellen Die Rüden und
Heerden. / Es stralet und pralet / bemahlet / Das Stikkwerk
der Erden.«

Ich schlage deshalb trotz aller durch eher unglückliche
Umstände ausgelösten Irritationen vor: Wir setzen unsere
mehr schlecht als recht geplante Reise in Bälde fort, und
wir führen den von Ihnen initiierten Briefwechsel weiter.
Während unserer nächsten Gespräche und Interviews, die
wir kurzfristig anberaumen, könnten zwei unserer Leitfra-
gen lauten: Was macht Franken aus? Wer oder was sind die
Franken (an und für sich)?

In unseren Depeschen (die wir, nebenbei, von nun an
ausschließlich auf elektronischem Wege zustellen sollten,
so wie diese hier) legen wir uns Rechenschaft über das
Erlebte ab; schildern wir Erkundungen, Eindrücke und Erfahrungen gerade so, wie uns zumute ist; nähren und
mehren wir Idiosynkrasien und preisen wir Pretiosen. (Ich
möchte das auch als Hinweis darauf verstanden wissen,
daß Sie mir meinen womöglich hie und da etwas ruppigen

Ton wenn nicht verzeihen können, so doch nicht allzusehr krummnehmen.)

Die nun einmal gefundene Form des Briefwechsels – dafür will ich Sie stark loben, Herr Egersdörfer, das geht auf Ihre Kappe! – erlaubt es uns, nach Gusto, Lust und Laune abzuschweifen und erzählerisch herumzustreunen. Sie erlaubt es uns, persönliche Erinnerungen, historische Exkurse, Dialoge, Geschichten, Anekdoten und andere narrative Sprengsel einzuweben und -zustreuen, ohne den roten Faden zu verlieren – den roten Faden einer getreulichen Chronik unserer Spuren- und Stimmensuche in dieser »närrischen Wechselwelt« (Jean Paul) namens Franken.

Wären Sie mit alledem einverstanden? Und wäre Ihnen danach, bei der Aufbereitung unserer ersten Etappe den Anfang zu übernehmen? Etwas über Lauf an der Pegnitz zu erzählen? Und über Luise Conrad, geboren in Nürnberg-Zerzabelshof, aufgewachsen in Alfeld in der Fränkischen Schweiz, Absolventin einer Zwergschule, dann einer Abendschule, ausgebildete MTA, eine quicklebendige, pragmatische Frau, die auf die Achtzig zugeht und sagt: »Der fränkische Humor? Den gibt's. Der ist trocken.« Und die das fränkische Wesen als »a gewisse vorsichtige Zurückhaltung« charakterisiert – »daß man sich nicht gleich auf alles Neue stürzt. Die Franken wollen schon genau wissen, worauf sie sich einlassen.«

Könnten Sie sich das vorstellen?

Auf Ihr Ver- und Einverständnis hofft, gleichfalls hochachtungsvoll:
J. Roth

Don Quijote und Sancho Panza

Sehr geehrter Herr Roth,

mit großer Freude habe ich gestern in meinem elektronischen Posteingang Ihr Schreiben vorgefunden. Eine wahre Pracht ist es, wie Sie an sich halten. Und fürwahr, Sie wohnen offensichtlich nicht grundlos in der Nähe der Frankenallee im Frankfurter Gallusviertel, und obendrein scheint mir, als würde es weit über den Zufall hinausgehen, daß sich Ihre kleine Trutzburg, die Sie bescheiden Ihr Zuhause nennen, in der Kriegkstraße Adresse und Motto gegeben hat.

Wohlige Schauer durchströmen mich, wenn ich Sie durch Ihren Brief so ansehe auf Ihrem wiehernden Schlachtroß mit den geweiteten, dampfenden Nüstern, weißer Schaum am Maul, nervös in alle Richtungen stampfend. Der geharnischte Doktor der Philosophie sitzt wacker obenauf und hält die Zügel stramm mit einer Hand, stahlgrau die Rüstung, annähernd stahlgrau das Haupthaar, von Wind und Wut zerzaust. Ihre rechte Hand hält fest den Knauf Ihres mächtigen Schwertes. Ihre Leidenschaft drängt Sie, mir, dem rundlichen Wicht mit seinem weibischen Greinen, sofort an Ort und Stelle den Kürbiskopf mit einem Schlag vom Leib zu trennen. Das wäre nicht der erste Schlag, mit dem Sie mattherzige Jämmerlichkeit bestraft und beendet hätten. Aber irgend etwas läßt Sie zögern. Im besten Fall mag es die Vernunft sein. Wahrscheinlicher aber ist, daß dem Ritter Roth seine Klinge zu schade ist, um mit ihr Gemüse zu schneiden.

An dieser Stelle fällt mir ein, sehr verehrter Reisefreund Roth: Wir müssen unbedingt die romantischen Burgen der

Fränkischen Schweiz aufsuchen. Wir wandern von Pegnitz aus auf dem mit Rotkreuz markierten Pfad nach Pottenstein. Die Route führt uns durch ein dichtes Waldgebiet, »nur hin und wieder aufgelockert durch Wiesen und mit Sichtachsen auf anmutige Täler. Beiderseits des Weges wuchtige, moosbewachsene Felsbrocken« *(Nürnberger Nachrichten)*. Wir werden die Ruine Hollenberg erklimmen. Sie können von dort aus, auf der 540 Meter hochgelegenen Plattform angekommen, nach Herzenslust Ihre Blumenvereinsgedichte und gern auch ein paar Reime vom guten Hans Sachs über die bewaldeten Hügelketten hinwegdeklamieren, während ich gleich daneben auf einem Bänkchen im Schatten eines Baumes verweile und ein Schinkenbrot verzehre und mir dazu ein Fläschchen Hebendanz Export – meiner Meinung nach das beste Bier der Welt – die Kehle hinunterrauschen lasse.

Sie merken schon, Ritter Roth, ich gerate ins Schwärmen, und es gibt, abschließend gesagt, für einen evangelischen Mittelfranken nichts Schöneres, als mit einem strengen Ehrenmann durch die Welt zu reisen, der ihn nur zu gern entleiben möchte, wenn man dessen stattliche Redlichkeit auch nur einen Hauch bezweifelt. Und das müssen Sie mir auch zugute halten: Ich habe Sie in Fürth offenen Herzens empfangen. Zerknirscht war ich nur in meinem Brief, und ich bereute bereits bei Ihrem Erscheinen die Versendung. Mit einer Tasse kräftigem Kaffee spülten Sie die Strapazen Ihres Höllenritts ein für allemal hinfort – so wie ich die Nebel des Zweifels. Wir telephonierten mit Frau Conrad, die meinem Elternhaus gegenüber in Lauf rechts der Pegnitz lebt, und sie stimmte einem Treffen ohne Umschweife zu.

Auch dies stimmt: Mit Ihnen beginnt das Reisen sofort, und so fuhren wir von dort, wo 1835 die erste deutsche Eisenbahn losfuhr, mit Furor los. 2010 wurde das Jubiläum ebendieser Fahrt des Adlers begangen, und man entblödete sich nicht, auf der Fürther Freiheit einen abgeschmackten Bahnhof aus lumpig bedruckten Gardinen zu errichten, und auf der Hun-

deschißwiese zwischen Königswarterstraße und Hornschuchpromenade lagen ein paar einfältig leuchtende Leisten, die
den historischen Schienenstrang nachzeichneten. Das Geld
für diesen Humbug wäre besser darauf verwendet gewesen,
hätte man damit den Kötern, die den Wiesenstreifen ganzjährig in ein Kackminenfeld verwandeln, die Arschlöcher zuge-
näht.

Wir fuhren auf den Ring und in Erlenstegen unter der Bahn
hindurch auf eine weitere Schicksalsstraße, die B 14. Diese
Straße war Schauplatz unzähliger ungefilmter Roadmovies,
die in Lauf in der Zeit ihren Anfang nahmen, als erster Flaum
an meinem Kinn zu sprießen begann und meine Unruhe mich
ins ferne Nürnberg zog. Es war die Zeit, als meine Freunde
und ich begriffen, daß wir die Abenteuer nicht länger mehr
oder weniger unbeteiligt an uns vorbeiflimmern lassen moch-
ten, sondern selbst die Hauptdarsteller in spannenden Episo-
den sein wollten.

Mit meiner großen Schwester hatte ich Ende der siebziger
Jahre meinen ersten Kinofilm im *Admiral* gesehen. Rot glühten
damals meine Wangen und Ohren bei *Robin Hood* von Walt
Disney. Vollständig gebannt staunte ich über den schlauen
Fuchs, der mit seinen Kumpels die korrupte Staatsgewalt
foppte und am Schluß noch das Herz einer adeligen Füchsin
eroberte. Seither bin ich dem Kino verfallen. Erik Lauer war
immer bestens darüber informiert, wann der neueste *James
Bond* anlief. Entweder Frau Lauer oder meine Mutter kut-
schierte uns dann zum Filmstart in die Lichtspielhäuser der
Großstadt.

Aber jetzt hatte Erik den Führerschein und diese silberglän-
zende Fregatte, und eines Abends fuhren wir los. Jörg Muskat, Philipp Moll, Jürgen Eichenmüller und ich setzten die
Segel, lichteten den Anker und brausten in die Stadt unserer
Träume. Die B 14 war das schäumende Meer, und Kapitän
Lauer steuerte erbarmungslos aufs gelobte Land zu. Auf dem
langen geraden Stück vor Erlenstegen dürften wir sogar über

120 Stundenkilometer gefahren sein, und wir fühlten uns ungefähr wie Kolumbus, kurz bevor er in Amerika ankam, obwohl der sich rein rechtlich bestimmt noch ein bißchen mehr gefreut hat. Schließlich hatte ihn ja seine Mutter nicht vorher schon mal dorthin gefahren.

Die Häuser waren hoch, die Straßen lang, der Himmel war weit, und wir waren stolz und frei. Wir hatten die Fenster heruntergedreht. Der Fahrtwind zerzauste unsere Frisuren, und die Mannschaft suchte einen Ankerplatz für ihr Piratenschiff. Alles war aufregend und neu. Wenn die Mütter gefahren waren, war es uns weitgehend egal gewesen, wo das Auto abgestellt worden war. Jetzt hielt die Mannschaft eifrig nach einer geeigneten Haltestelle Ausschau. Endlich hatten wir eine Mole gefunden, vertäuten das Schiff und sprangen an Land, nichts anderes im Sinn als Eroberung.

Nach einer Expedition durch die Innenstadt hatten wir den *Hemdendienst* entdeckt. Es war ein kleines Häuschen und lag zwischen der Landesgewerbeanstalt und dem heutigen Zwinger. Unser Schicksal verachtend, traten wir mutigen Schrittes ein und rutschten alsbald in eine wohlige Verwunderung hinein, aus der wir uns für einige Stunden nicht mehr befreien konnten. Wir setzten uns rund um ein Tischchen auf Stühle und Bänke, die so gar nichts mit den Möbeln zu tun hatten, die wir aus den bisherigen Besuchen in der ländlichen Gastronomie kannten. Lange versuchten wir uns das flüsternd zu erklären. Vielleicht hatte das Interieur noch annähernd etwas mit einer Teestube des CVJM gemeinsam. Aber hier lagen keine Gesangsbücher aus, kein Gruppenleiter brühte Tee oder sang zur Gitarre. Statt dessen schepperte eine Stereoanlage, und man konnte sogar die Kabel sehen.

In Lauf gab es auch eine Handvoll Kneipen, die es auf ein jugendliches Publikum abgesehen hatten: dunkle Kaschemmen, in denen auf groben Holztischen Weizenbiergläser standen. Der Wirt trug ein Oberlippenbärtchen und schenkte Bier aus dem Zapfhahn aus. Wenn man öfter kam, durfte man »Manne« zu ihm sagen. Zigarettenqualm vernebelte die Klänge von Pink Floyd. Manne war ein echter Wirt. Aber hier, im *Hemdendienst*, war niemand auszumachen, der auch nur annähernd so eine Qualifikation ausstrahlte.

Hinter einer provisorischen Bar stand eine wunderschöne Frau, und es dauerte einige Zeit, bis wir begriffen, daß wir bei ihr Getränke erhalten konnten. Es gab auch keine Weizengläser. Wir tranken aus der Flasche. Erik Lauer bestellte ein Käsebrot, und mit dieser Bestellung wußte die Engelsfrau wohl auf einen Schlag alles über uns. Sie brachte einen kleinen Teller mit einer Scheibe Brot, einem Messer und einem originalverpackten Bressot. Fassungslos starrten wir auf den Käse in der runden Verpackung mit dem Plastikdeckel. Genau so stand der Käse im Supermarkt im Kühlregal. Offensichtlich hatte diese Frau dort den Käse gekauft, ihn in den *Hemdendienst* geschafft, und sie servierte ihn, als sei nichts dabei, mit einer Scheibe Brot.

Die Möbel waren von der Entrümpelung. Die Frau hatte keinen Schnurrbart. Sie hatte einfach Lust darauf, eine Kneipe zu betreiben. Sie hatte ihre Stereoanlage hier aufgestellt und Getränke besorgt, und weil in der Kneipe vorher ein Hemdendienst gewesen war, hieß sie jetzt eben *Hemdendienst*. An diesem Abend hatte ich das in seiner ganzen Größe natürlich nicht im mindesten erfaßt. Aber nach und nach begann ich zu begreifen. Wenn dir danach ist, machst du einfach eine Kneipe auf. Es kann auch eine illegale Kneipe sein, im Keller eines Wohnhauses. Du kaufst ein paar Kästen Bier, stellst eine Stereoanlage auf und verteilst ein paar Zettelchen, auf denen Adresse und Uhrzeit stehen, und schon kann es losgehen. Man muß nicht singen können. Aber wenn man gerne singt, lädt man einen Kumpel ein, der ein bißchen Akkordeon spielt. Dann schreibt man ein Liedchen, und er spielt dazu. Dann kommt einer mit einer Gitarre und ein anderer mit einem Waschbrett und einer Maultrommel dazu, und schon hat man ein paar Lieder mehr, und wenn man ein paar Lieder beisammen hat, gibt man ein Konzert, und das findet dann zuerst in der Kellerkneipe statt, weil man da vorher niemanden zu fragen braucht, ob das erlaubt ist.

Insofern war der *Hemdendienst* mein Amerika, und der Audi vom Erik war die Santa Maria. An dieser Stelle möchte ich mich bei allen Beteiligten nachträglich noch einmal herzlich bedanken. Und bedanken möchte ich mich bei Ihnen, Herr Roth, weil unsere Reise so trefflich begonnen hat und ich an Ihrer Seite als treuer Sancho Panza reiten darf.

Mit herzlichem Gruß:
M. Egersdörfer

Nürnbergs kleine Schwester

Frankfurt am Main, den 24.6.

Mit Verlaub, verehrter Herr Egersdörfer,

aber Sie wollen doch nicht allen Ernstes aus diesem Reisebericht einen Fortsetzungsritteroman machen, ein Rührstück ohne Nutzanwendung, einen Reigen von Räuber- oder eben Ritterpistolen, »in denen immer phantastischere, unglaubwürdigere Abenteuer geschildert wurden« beziehungsweise werden, »die – nach Meinung der Gebildeten jener [und unserer] Zeit – die Gehirne der Leser vernebelten« (Wikipedia über Cervantes' Machwerk) und fortgesetzt vernebeln!

Sie der pragmatische Bauerntrampel Sancho Panza, ich Don Quijote? Ein durch Schundlektüre irregeleiteter, komplett narrischer Landedelmann auf einem klapprigen Gaul und in ridiküler Montur? Der ständig satt und saftig auf die Zwölf kriegt?

Und wer gibt dann die Dulcinea? Immerhin, die gibt es tatsächlich, ich habe sie, anders als dieser Riesenrittertrottel, mit eigenen Augen gesehen, am 18. Juni, kurz nachdem wir losgefahren waren. In meinen Reiseaufzeichnungen steht: »Schönste Frau der Welt an der Stadtgrenze Fürth/Nürnberg gesehen.«

Wäre über »Nürnbergs kleine Schwester«, mithin Fürth, sonst noch etwas Gutes, etwas Schmeichelndes zu sagen? O ja! Sie gestatten mir gnädig, aus einem kleinen Besinnungsaufsatz von mir zu zitieren, der in der von Rayk Wieland und mir 1999 herausgegebenen Anthologie *Öde Orte 2* erschienen ist:

»Fürth hängt am Zusammenfluß von Pegnitz und Rednitz herum. Seinen Königshof schenkte Heinrich II. im Jahre 1007 der Stadt Bamberg. Die Fürther Kartoffelköpfe indes beharrten auf Autonomie und erhielten nach ausdauerndem Quengeln 1808/18 die Stadtrechte. Es ›tat nichts‹ (Alfred Schmidt). Ein Leben zu Fürth ist beim besten Willen nicht möglich. Fast hunderttausend Menschen weigern sich noch heute, diese einfache Tatsache zu akzeptieren. Am Bahnhof, der verludertsten Bierschwemme nördlich der Alpen, stopfen sie ihre Köpfe mit Schnaps aus. Die reine und zumal ausweglose Verrohung.

Rund um ein bedeutungsloses klassizistisches Rathaus und das verachtungswürdige neobarocke Stadttheater nistet und nestelt eine augenscheinlich unbezähmbare, fiebrige Bereitschaft zum Bauen und Herumsauen. Ins urbane Zentrum stopfte man 1985 das *City-Center*, Schandtat höheren Grades und Zeugnis der Hirnerweichung und weiter fortschreitenden Kopfzersetzung. Als da Bauernsonntage und Schunkelabende exekutiert werden. Während der Meisterbetrieb *Kracker Hörgeräte* nebenan sein Ding verrichtet und das *Autohaus Graf* die Fluchtschneise Schwabacher Straße belagert, werbend ›Für Audi, / Für Fürth, / Für Sie!‹ O eigentümlich entschlossene Stadtverwesung.«

Und des weiteren heißt es: »Zäglich schlummert Kiefernwald am Rande Fürths. Die Auen der Pegnitz winden sich schamvoll. Vach, Stadtteil im Norden, grüßt. [...] Kind mit Kettcar rollt die Hofeinfahrt hinab. Häuser aus bröckelndem Sandstein auf gegenüberliegender Straßenseite. Ein Pappschild kündigt ›Schnaps vom eigenen Obst‹ an. Der Nachbar ernennt seinen Garagenvorplatz zur ›Prosl-Gasse‹. [...] Gehsteigbepflasterung unbekannt. Jeder Siedlungscharakter ist gründlich verfehlt.«

Können Sie, verehrter Reisekumpan, angesichts dieser bestechend glaubwürdigen und empiriegesättigten Zeilen nachvollziehen, warum sich mein Vater von einem seiner Wanderkollegen, der die Nürnberger *Abendzeitung* vom

20. Mai 1999 in Händen hielt, am Nürnberger Hauptbahnhof fragen lassen mußte: »Is' des dei' Bub?« Weil das Blatt an diesem Tag mit der Schlagzeile aufgemacht hatte: »›Dreckloch‹ – Buchautor beleidigt Stadt Fürth«?

»Erst mußten sich die Nürnberger als dumpfe Bierdimpfl-Provinzler beschimpfen lassen, die beim verheerenden Kriegsbombardement im Januar 1945 am besten alle umgekommen wären. Jetzt haben die gesammelten Stadt- und Landschaftsbeleidigungen [...] die Nachbarn Fürth erreicht. Die beschauliche kleine Großstadt ist für Reclam-Autor und Lästerer Jürgen Roth (30) ein ›Dreckloch‹«, ächzte es auf Seite eins, und im Innenteil ging's weiter: »Ohne eigenes Zutun [sic!] und völlig unverdient hat die Kleeblatt-Stadt den kaum imagefördernden Aufstieg in die Liga ›Öde Orte‹ geschafft.«

Wäre damit, sehr verehrter Herr Egersdörfer, die »Stadt des Rußes, der tausend Schlote, des Maschinen- und Hammergestampfs, der Bierwirtschaften, der verbissenen Betriebs- und Erwerbsgier« (Jakob Wassermann): abgehakt? Auch wenn in einem der zahllosen, x-beliebigen Reiseführer über Franken, in Ralf Nestmeyers Buch *Franken* (5. Aufl., Erlangen 2010), behauptet wird: »Fürth ist offen und ehrlich, hier wird nichts kaschiert, nichts beschönigt oder gestylt. [...] Die Hornschuchpromenade und die parallel verlaufende Königswarterstraße sind nicht nur die schönsten Straßenzüge Fürths, sie brauchen auch den Vergleich mit anderen deutschen Städten nicht zu scheuen. [...] Zeitgenossen rühmten den ›Fürther Boulevard‹ und verglichen ihn mit den Pariser Prachtstraßen.«

Nun, lassen wir dieses unappetitliche Kapitel vielleicht zumindest hier vorerst hinter uns und fahren endlich zu Frau Conrad nach Lauf. Halt, stopp! Auf dem Weg haben Sie ja Nürnberg – neben Frankfurt am Main (Kaiserwahl) und Aachen (Krönung) die ehedem bedeutendste Reichsstadt (Goldene Bulle) – gestreift, zunächst den Stadtteil

Erlenstegen. Der ist auch mir wohlbekannt, allerlei erotische Verwicklungen hatten da statt. Die vergessen wir jetzt mal. Vergessen zu erwähnen haben indes Sie, daß in Erlenstegen der Nürnberger Geldsackadel residiert, zum Beispiel die Familie Wöhrl. Die grandiose Schriftstellerin Gisela Elsner wuchs in diesem Milieu auf und haßte es nach Kräften. In ihrem Romandebüt *Die Riesenzwerge* (Reinbek 1964) zerlegt sie das bürgerliche Personal regelrecht – und zwar bereits auf der ersten Seite, wenn sie eine recht fränkisch anmutende Mahlzeit beschreibt:

»Mein Vater ist ein guter Esser. Er läßt sich nicht nötigen. Er setzt sich an den Tisch. Er zwängt sich den Serviettenzipfel hinter den Kragen. Er stützt die Handflächen auf den Tisch, rechts und links neben den Teller, rechts und links neben Messer und Gabel. Er hebt das Gesäß ein wenig vom Sitz. Er beugt sich über den Tisch, daß seine Serviette herabhängt auf den leeren Teller, und übersieht so den Inhalt der Schüsseln. Dann senkt er das Gesäß auf den Sitz. Dann greift er zu. Er lädt sich auf mit der Vorlegegabel, mit dem Vorlegelöffel, Gabel für Gabel, Löffel für Löffel, bis er einen großen Haufen auf dem Teller hat. Und während mir meine Mutter auftut, einen Haufen, der im Haufen meines Vaters mehrmals Platz hätte, drückt mein Vater mit der Gabel das Gemüse, die Kartoffeln breit, schneidet mein Vater mit dem Messer das Fleisch zu großen Happen klein und gießt mit dem Soßenlöffel Soße über das Ganze. Und während mir meine Mutter meinen kleineren Haufen breitdrückt, mein Fleisch kleinschneidet zu kleinen Happen und das Ganze mit Soße begießt, fängt mein Vater an zu essen. Sein Bauch berührt die Tischkante. Seine Schenkel klaffen so weit auseinander, daß ein Kopf Platz hätte zwischen ihnen. Seine Beine umschlingen die Stuhlbeine. Er führt vollbeladene Gabeln zum Munde und kaut mit großer Sorgfalt klein, den Blick auf den Mittelscheitel meiner Mutter gerichtet, die sich nun selber auftut, einen Haufen, der in meinem Haufen mehrmals Platz hätte.«

Zur fränkischen Kulinarik später mehr – mit Ihrem, Herr Egersdörfer, Bressot kommen wir dann da auf keinen Fall weiter, eher schon mit, genau – Hans Sachs: »Eine Gegend heißt Schlaraffenland, / den faulen Leuten wohlbekannt; / die liegt drei Meilen hinter Weihnachten. / Ein Mensch, der dahinein will trachten, / muß sich des großen Dings vermessen / und durch einen Berg von Hirsebrei essen; / der ist wohl dreier Meilen dick; / alsdann ist er im Augenblick / im selbigen Schlaraffenland. / Da hat er Speis und Trank zur Hand; / da sind die Häuser gedeckt mit Fladen, / mit Lebkuchen Tür und Fensterladen. / Um jedes Haus rings ein Zaun, / geflochten aus Bratwürsten braun; / vom besten Weine sind die Bronnen, / kommen einem selbst ins Maul geronnen. / An den Tannen hängen süße Krapfen / wie hierzulande die Tannenzapfen; / auf Weidenbäumen Semmeln stehn, / unten Bäche von Milch hergehn; / in diese fallen sie hinab, / daß jedermann zu essen hab.«

Mit Ihrer erinnerungsgetränkten Verherrlichung Nürnbergs als top-notch Hotspot der Abenteuer, engelsgleichen Damen und antispießbürgerlichen Usancen sehen wir ebensowenig Land. Die »Stadt des Friedens und der Menschenrechte« (guter Witz) hat Wolfgang Koeppen 1971 in seinem Funkessay »Proportionen der Melancholie« (BR, Studio Nürnberg) porträtiert. »Zuweilen eine Front, die freut, selten eine geglückte Symbiose, die Stadtteilbibliothek, das Pellerhaus, dann eine wilhelminische Verschnörkelung aus dem Kinderbausteinkasten der Jahrhundertwende, die nicht alles bedauern läßt, was dahingegangen ist. Nürnberg nun eine Stadt wie andere in der Bundesrepublik, ein Aufbauwunder wie überall, auch hier zuviel zitiert die Konjunktur [...], ihre Peripherie genügt ihr nicht, sie schafft sich ein Satellitenkind, Menschen für den Supermarkt«, urteilte Koeppen, und obschon die Konjunktur seitdem weitenteils den Bach runtergegangen ist (Grundig, AEG, Quelle und so fort), stimmen Koeppens Eindrücke noch immer. Nürnberg prahlt geradezu mit baulichen Monstren und Verfehlungen, von seiner zweigeteilten, puppenstubenhaften, zweifelhaften Altstadt samt »Altstadt-Giebeligkeit« (Hermann Glaser) und »Gassengedärm« (Jean Paul) abgesehen. Eines meiner Lieblingsexempel ist der U-Bahnhof Maximilianstraße (an der berüchtigten Fürther Straße), für den 1978 die sogenannte Eisenbahner-Villa abgerissen worden war. Bei dessen Anblick zerfallen einem die Worte im Munde wie die Hofmannsthalschen modrigen Pilze.

Koeppen, dem verehrungswürdigen Melancholiker auf Reisen, dem »empfindlichsten Menschen der Welt« (Alfred Andersch), verschlug es die Sprache glücklicherweise nicht. Er blickte zurück auf die unmittelbare Nachkriegszeit, in der alles »geleugnet« wurde: »Das Gericht tagte, aber man interessierte sich nicht für Gerechtigkeit. Ich hätte damals mit Alfred Kerr, der zum Gericht gekommen war, denken können: Dies wird nichts mehr, dies soll man liegenlassen, ein Mahnmal, das weite Trümmerfeld mit dem romanischen Bogen, dem gotischen Pfeiler einer zerschlagenen Kirche, verloren unter dem Himmel, allmählich grasbewachsen, ein Epitaph, auch für Dürer.«

Am liebsten würde ich den gesamten, in weiten, weichen Sätzen schwingenden Text hier hineinkleben, doch ich möchte diesen großartigen Essay Ihnen und unseren Lesern nicht mit Hilfe des Nürnberger Trichters in die Hirne pressen, diese sanfte Klage über den unerbittlichen »Gewerbefleiß« und die »Predigerstrenge des alten Melanchthon«; aber zwei Passagen seien mir noch gestattet. Zum einen:

»Nürnberg, sagt man, sei das Germanische Museum, und das Germanische Museum wäre Nürnberg. Das ist ein romantischer Gedanke. Sicher umfängt das Germanische

Museum alles, was Nürnberg in der romantischen Vorstellung war: schöne deutsche Geschichte, schöne deutsche Sitte, schöne deutsche Religion, schöne deutsche Kunst, selbst noch die Wissenschaft ist deutsch und schön. Ich weiß das Museum zu schätzen. Ich gehe gerne hinein. Ich verlasse es mit Gewinn. Es ist klug geleitet, es ist sehenswert, die Sammlungen sind beispielhaft aufgestellt und gehängt. Aber sie bleiben eine Sammlung, die ein Sammler zusammengetragen hat, der sich seiner Schätze freut und sie herzeigt in der Erwartung, daß man ah sagt, ach wie schön. Die Zeugnisse der Vergangenheit sind, in das Museum gebracht, zwangsläufig Wertgegenstände, Seltenheiten, Kostbarkeiten, die man zu schätzen, zu verehren, zu bewundern und nicht zu kritisieren hat. Die alten, in das Museum gebauten Häuser, ihre Zimmer, wie behaglich sind sie, wie sauber, wie blank die Fenster, wie warm die Öfen, man möchte sich da ins Bett legen und endlich den Frieden genießen.«

An dieser Stelle stellt Koeppen eine lange Reihe von Fragen, die deutlich Brechts »Fragen eines lesenden Arbeiters« aufgreifen. Ich lasse sie, mit Bedauern, dort stehen und zitiere – zum zweiten – folgenden Abschnitt:

»Auf dem Weihnachtsmarkt aßen sie Bratwürste, als wollten sie ein für allemal beweisen, daß Nürnberg wirklich die Stadt der Bratwürste sei. Die Lebkuchen, die alten Nürnberger Lebkuchen, braun oder schwarz, waren viel weniger begehrt als das scharfe verbrannte Fleisch der Würste, niemand verschlang süße Lebkuchen auf dem Platz bei dem Schönen Brunnen, der alles überstanden hat, Autodafés, Nazis und Bomben, und vielleicht wollten die Kinder keinen Kuchen, weil es keine Großmütter und keine Hexen mehr in den Familien gibt, kein Platz ist in den Wohnungen, doch die unverkauften Lebkuchen ruhten in den vertrauten Dosen mit dem traulich vertrauten Bild des vertrauten Nürnberg und der Erinnerung an alle erlebten Weihnachten mit Lebkuchen oder keinen, wenn das Haus brannte, wenn man im Keller war unter Trümmern oder nur, weil man sich verstecken mußte, auf der Flucht, im Hunger, vor der Hinrichtung, vor dem großen Schlachtfeld.«

Seit ungefähr fünfzehn Jahren schickt mir der Fußballreportertitan Günther Koch im Advent eine große, schöne Blechdose der Firma Schmidt, mit Schnee-, Burg- oder Dürer-Motiven. »Glasierte und schokolierte Nürnberger Elisen-Schnitten« liegen in ihr, neben »Marzipan-Elisen-Lebkuchen« (»Nuremberg Marzipan Elisen-Gingerbread Cookies with minimum 25 % nuts and almonds«), für »höchste Qualitätsstandards […] bürgen unser ›Herz mit der Burg‹ sowie das ›Ganz-Frisch-Garantie-Siegel‹«. Da wird ausnahmsweise kein Gran gelogen.

Franz Lerchenmüller schrieb in der *FAZ* mal eine Eloge auf die Bäckerei Düll in Nürnberg-Schoppershof. »Zum Advent hin verlassen täglich 5000 bis 6000 Lebkuchen die enge Backstube. Das klingt nach viel, ist aber bescheiden, wenn man es mit dem Ausstoß des Marktführers vergleicht: Bei Lebkuchen Schmidt schieben sich in Spitzenzeiten bis zu drei Millionen Stück über die blitzblanken Bänder und Backstraßen – pro Tag. Der Unterschied ist: Bei Düll ist jedes Stück von Hand gemacht.« Nämlich so: »Lebküchner Holger Düll behält das Räderwerk aus fünfzehn Konditoren, Bäckern und Azubis fest im Blick. Er dirigiert, avisiert, findet sogar Zeit, einem Vertreter für belgische Schokolade, mit dessen Preisen er nicht einverstanden ist, in breitestem ›Fränggisch‹ die Leviten zu lesen – und läßt dabei keinen Augenblick von seiner Arbeit ab. Eine Oblate von zehn Zentimetern Durchmesser legt er auf seinen kleinen Drehteller, sticht mit einem Handspachtel eine Portion von der klebrigen, braunen Masse ab, die sich auf dem Tisch türmt, und streicht sie mit kurzen, schnellen Handgriffen zu einem kleinen Hügel: ›Der hält den Lebkuchen saftig.‹ Am Ende glättet er ein wenig nach und hebt den Rohling auf ein Blech. Wieder und wieder und wieder.«

Ich bleibe den vom Hause Koch veranlaßten Lieferungen trotzdem inniglich verbunden. Nicht unerwähnt will ich dessenungeachtet lassen, daß Sie, wertester Herr Egersdörfer, ein paar Ihrer Schauspielergesellen und ich mal auf dem Christkindlesmarkt in der Tat keinen einzigen Nürnberger Lebkuchen angefaßt, geschweige denn erworben und auf unseren Zungen haben zergehen lassen – eine Schande, es werde dereinst mit Bitternis in den städtischen Annalen verzeichnet sein. Denn wenig anderes spricht inständiger für Franken als: der Nürnberger Lebkuchen, die Wurst (in mannigfaltiger Gestalt) und das Bier, auf welchem Gebiete Sie, Magister Egersdörfer, ja das Hebendanz Export (Hell), verfertigt in Forchheim, zum Allerhöchsten kürten. Ich muß Ihnen diesbezüglich zu gegebener Zeit korrigierend an die Kandare fahren, räume allerdings ein, daß mein Freund und Kollege Michl Rudolf in seinem Standard- und Meisterwerk *2000 Biere – Der endgültige Atlas für die ganze Bierwelt* (4. Aufl., Münster 2005) zu ebenjenem Trank festhielt: »Ich schaute ein tadelloses Bier: Hebendanz Hell (5,0 %). Deutlich ansprechen lassen sich Bernstein in der Farbe, überzeugende Lieblichkeit und Geschmack.«

Anzusprechen bleibt mir nicht erspart, daß wir nach unserer Visite auf diesem elenden Rumbumbelweihnachtsmarkt (er findet bekanntlich auf dem Hauptmarkt statt, dort, wo 1349 das jüdische Ghetto niedergerissen wurde, sechshundert Juden wurden anschließend vor der Stadt ermordet), mutmaßlich aus Italien mit Tanklastern semiillegal herbeigeschleppten Fuselglühwein in einer schaurigen, dunklen Ecke am Rande des Budengeraffels saufend, im *Bratwurst-Röslein* am Rathausplatz einkehrten, im »größten Bratwurstrestaurant der Welt« (täglich geöffnet;

10 bis 24 Uhr warme Küche). Auf der Website ist in Erfahrung zu bringen: »1431: Die Bierschenkbehausung *Waizenstüblein* wird in alten Hausbriefen erstmals erwähnt. Sie wird später in das *Bratwurst-Röslein* integriert. Um 1480: erste Erwähnung der alten Nürnberger Rostbratküche *Zu den drei Rosen*. Bis 1600: Bekannte Stammgäste sind Albrecht Dürer, Hans Sachs, Adam Kraft, Peter Vischer und Willibald Pirkheimer«. Ich gebe zu, es geschah auf mein Geheiß. Ihre Frau, Meister Egersdörfer, aß einen Salat. Aßen Sie etwas? Etwa Bratwürste?

Ich weiß es nicht mehr. Ich aß nichts. Ich trank mich mit Brunzbier vergeßlich. Und ich erinnerte mich, allen Widrigkeiten zum Trotz, an einen Aufenthalt in München, wo ich gelesen und am folgenden Tag mit unserem gemeinsamen Freund und Kollegen Michael Sailer auf dem Viktualienmarkt und anschließend im *Bratwurstherzl* herumgelungert hatte. Dort notierte ich eine Äußerung eines imposant beleibten Herrn an unserem Tisch: »Nürnberger Bratwürstl mit Bratkartoffeln? Da zerreißt's mi' fast. Da bin i scho' beim Namen satt.«

Jetzt hingen wir also im *Bratwurst-Röslein* rum. »Herzlich willkommen im *Bratwurst-Röslein*. Souvenirshop. Grüß Gott im *Bratwurst-Röslein*.« So prangt es auf einer der Speisekarten. Man muß die ganze Verbalverrammelungsniedertracht in vollem Glanz erstrahlen lassen: »Original Nürnberger Bratwurst-Zinnherz« – »Original Saure Zipfel im Zwiebel-Frankenweinsud 6er-Dose« – »Mini-Nostalgie-Dose Elisenlebkuchen« – »BraWuRös catering.services« – »Burgwächterplatte mit: knuspriger Pfefferhaxe, Nürnberger Bratwürsten, saftigem Kasseler und Stücken von der fränkischen Bauernente, dazu gibt's Sauerkraut, leckeres Apfelblaukraut, Salzkartoffeln und Kartoffelklöße – und das alles für sagenhafte 14,80 €« – »Gebratene Schwarzwälder Pfefferhaxe mit Dunkelbiersoße und Kartoffelkloß« – »Gekochtes vom bayerischen Rind mit Meerrettichsoße,

Preiselbeeren und Salzkartoffeln« – »Saftiges Fleischpflan-zerl mit Steinchampignons in Rahmsoße und Kartoffel-püree« – »Röslein's Original Nürnberger Lebkucheneis mit ›versoffenen‹ Zwetschgen und Schlagrahm ... *einfach lek-ker!*«

Über derartige touristische Eskalationen wird in ir-gendeiner Zukunft zu richten sein. Der Journalist Klaus Schamberger, genannt »der Spezi«, empfiehlt dagegen den *Marientorzwinger*, den *Kettensteg*, den *Endreß-Garten*, das *Gutmann am Dutzendteich*, die *Silberne Kanne*. Hinzufügen will ich den kleinen Biergarten an der Ecke Heubrücke/Peter-Vischer-Straße und die *Schankwirtschaft Schanzen-bräu* in Gostenhof.

Aber, lieber Herr Egersdörfer, verschonen Sie mich für-derhin, soweit es Ihnen möglich ist, bitte mit fränkischer Burgenromantik. Ich pfeife auf die Veste Coburg, die Plas-senburg in Kulmbach, auf Schloß Johannisburg in Asche-bersch et cetera. Statt dessen könnten Sie womöglich bei Gelegenheit ein wenig die erbitterte Rivalität zwischen Fürthern (herausragende Persönlichkeiten: Heinrich Hoff-mann, Hitlers Leibphotograph, Ludwig Erhard, Henry Kis-singer) und Nürnbergern illustrieren; mich tät's interes-sieren. Oder Sie inspizieren für mich und uns alle den spektakulären Playmobil-FunPark in Zirndorf. Das wär' brutal der Oberhammer!

Zum Beschluß jedoch seien Sie vor allem herzlich gegrüßt:
J. Roth

Pfefferbeißer und güldenes Brot

Hochgeschätzter Ritterdoktor Roth,

mein herzensguter Schwager hat einmal den Begriff der »Buchstabenvergiftung« ersonnen und freigiebig in meine großen Ohren hineingesprochen. Eine solche Infektion meine ich mir zugezogen zu haben, als ich Ihres Texthaufens ansichtig wurde.

Mir wurde ganz schwummrig, und schnell zerbiß ich zwei kinderarmlange Pfefferbeißer der hervorragenden *Metzgerei Speckner* aus Nürnberg und schob vier güldene *Göllner*-Brötchen aus der Ottostraße in Fürth hinterher. Darauf möchte ich an dieser Stelle gesondert hinweisen: Diese beiden Kunstwerke aus mittelfränkischer Handwerkshand haben, obwohl sie aus zwei verschiedenen Städten stammen, in meinem in Nürnberg geborenen und in Lauf über die Jahre vergrößerten und heute in Fürth wohnenden stattlichen Bauch ohne den Hauch einer Verzögerung praktisch sofort einen Wohlklang der Sättigung und der Glückseligkeit hergestellt. Genau mit diesem Lebensmittelwunder möchte ich Ihre auf Ranküne sinnende Anfrage bezüglich der »erbitterten Rivalität« ein für allemal vom Tisch hinunterwischen.

Mir schlafen meine Füße, meine Finger und meine Zunge ein von diesen an langen, fettigen Haaren herbeigezogenen Animositäten zwischen den beiden Städten. Wenn man darüber Witze machen möchte, gefällt mir immer noch jene Benennung einer Fußballmannschaft beim Freizeitkickerturnier »Plärrer-Cup« am besten, die sich nämlich selbst auf den hervorragenden Namen »Schießbefehl Stadtgrenze« taufte.

Tatsächlich hatte mich die Vielzahl Ihrer Worte zusammen

mit der lukullischen Symphonie in meinem Bauch ein bißchen schläfrig gemacht, und so entschied ich mich, die Polsterung meiner Scheselong zu überprüfen, indem ich mich ad hoc auf das Möbel legte und kurz darauf in einen Schlummer fiel. Ich paßte nicht auf, und aus jenem Schlummer wurde ein Schlaf. Mitten im Schlaf träumte mir einiges nebulöses Zeug, dessen ich mich nicht mehr entsinnen kann. Aber dann tauchten Sie plötzlich auf, ganz und gar derangiert, und ein aufgebrachter Mob drangsalierte Sie. Ich hielt dagegen, und wo Argumentation nicht half, haute ich auch kräftig zu. Schließlich hatte ich Sie in Sicherheit gebracht. Sie schlotterten vielleicht aus Furcht und vielleicht, weil Sie sehr leicht bekleidet waren. Ich kann mich nur schwer erinnern, welche Jahreszeit im Traum war. Aber ich meine rekapitulieren zu können, daß Ihre erhitzten Gegner schwere Wintermäntel trugen. Ich selbst war mit einem Anzug bekleidet. Sie dagegen trugen nur ein kurzes Unterhöschen. Jetzt komm' ich zum Kern des Gespinsts: Gerade als ich mir die Jacke auszog und sie Ihnen über die zitternden Schultern legen wollte, wurde ich gewahr, daß Ihr Leib über und über mit Tinte, mit langen Sätzen in unzähligen Absätzen beschrieben war. Jäh schreckte ich auf, und jäh schrecke ich jetzt bei der Niederschrift nochmals auf.

Ich fürchte, mich in eine stattliche Themenverfehlung hineinzuschwätzen. Schluß damit. Ich schreibe deshalb heute, am 24. Juni, meinen politischen Jahresrückblick – zum einen, um schon jetzt für eine derartige Anfrage im letzten Monat des Jahres präpariert zu sein, zum anderen, um das Kapitel Deutschland, Fürth und Nürnberg abzuschließen und endlich für die Akte Lauf einen Anfang zu finden:

»Die somnambule Kanzlerin zerstört ihre Partei vollständig. Die CDU ist tatsächlich nur noch betrunken wählbar. In Fürth wird der rote Teppich für die Idiotie ausgerollt. Ein geplantes Einkaufszentrum wird der Brache in der Innenstadt den Rest geben. Die Stadt Lauf an der Pegnitz versinkt im Morast einer grünen Vetternwirtschaft. So wurde ich gezwungen, mein Elternhaus zu verkaufen. In der geistfernen Ödnis verbleiben nur Zerrüttung und Schmerz. Einzig dem Oberbürgermeister Maly kann ich noch ohne Brechreiz in die Augen blicken. Wie lange noch?«

Damit soll alles gesagt sein. Die Ouvertüre ist folgende: Auf der Bundesstraße 14 braust Ritter Roth mit Steuermann Egersdörfer bei schönstem hellen Sonnenschein, Nürnberg hinter sich lassend, bald schon durch Behringersdorf, die Waldstraße nach Günthersbühl, wo das aber unbedingt noch zu erwähnende *Gasthaus Fürsattel* steht, ignorierend, und immer weiter geradeaus durch Rückersdorf, wo übrigens der Teppichbodenmogul und Ex-Clubpräsident Michael A. Roth kurz vor dem Ortsausgang auf einem Hügel ein ganz putzeliches Schlößchen für seine Cinderella, die sieben Zwerge, Rapunzel und Rübezahl hingezaubert hat. Vielleicht sagt Ihnen ja das zu, Herr Doktor! Wir halten uns nicht weiter auf und fahren durch eine Rechtsschleife geradewegs weiter. Es öffnet sich der rote Vorhang: Wir befinden uns auf der Urlashöhe und klingeln an der Pforte des gehobenen Mittelstands. Ich lasse Ihnen untertänigst den Vortritt, hinein in die direkte Nachbarschaft meiner Kindheit und späteren Jugend.

Die Grande Dame in Lauf rechts der Pegnitz

Frankfurt am Main, den 25.6.

Werter Herr Egersdörfer,

grußlos beschließen Sie Ihre Antwort. Wie Sie wollen. Dann trennen sich halt unsere Wege in Bälde wieder, und der Verlag soll zusehen, was er mit den paar Seiten von Ihnen und meinethalben auch meinen anfängt.

Bis dahin aber entziehe ich mich nicht meiner Pflicht, jener des Chronisten und des Frankenerkunders. Ich werde berichten von dem, was wir bis dato gesehen, geschmeckt, gerochen, und dem, was wir bislang in Erfahrung gebracht haben. Sollten Sie die Neigung verspüren, darauf noch einmal zu antworten, dann verkneifen Sie sich doch bitte das Herumhüpfen auf meinem akademischen Titel. So, pro domo gesprochen, der Abschweifungen und Gifteleien nun genug!

In Lauf rechts der Pegnitz waren wir angekommen. Sie steuerten das Freibad an, das sich pittoresk ins Bitterbachtal schmiegt und das mit dem bedauerlicherweise nahezu ubiquitären Freizeitkrampf aufwartet: Wasserpilz, Massagebucht, Wasserspeier, Kinderplanschbecken mit Kletterfelsen, Rutsche, Schiffchenkanal, Tierplastik, Großrutsche.

Sie erhielten kostenlos Einlaß (Celebrity-Bonus), ich dito, weil ich nicht schwimmen wollte (bin als ehemaliger Sportschwimmer vorerst genug geschwommen). Sie schwammen ihre 1500 Meter Kraul in zehn Minuten, ich trank in derselben Zeit zwei Halbe auf der Terrasse des überirdisch fein ins Baum-Bach-Passepartout eingefügten Kioskes. Eine erste These, unter Umständen vom tagträumenden Unterbewußtsein formuliert, kritzelte ich aufs

Schmierpapier: »Etwas leicht, a wa: manifest Bescheuertes wabert über dem Frankenland.« Hier war sie allerdings so stimmig wie die hinlänglich bekannte Franz Josef Strauß- sche Alaska-Ananas-Metapher: »… to establish a pineapple farm in Alaska instead of becoming Chancellor in Ger- many.«

In sich ruhende, keineswegs vergnügungssüchtige, son- dern eben geerdete Menschen beiderlei Geschlechts und jederlei Alters gruppierten sich zwanglos rund um den ansehnlichen Zweckbau. Ein Idyll schien mir das zu sein, ein Rückzugsort, eine Insel für unaufdringlich gesellige Wesen.

Ich dachte gerade an eine Verflossene, als Sie, aus dem Becken gestiegen, freundlich vorschlugen, doch eventuell aufzubrechen. »Passend zu unserem Thema hab ich 'ne fränkische Brotzeit«, begrüßte uns Frau Conrad wenig spä- ter in ihrem großen, den Geist des kleinstädtischen Unter- nehmertums atmenden und von einem hübschen Garten umschlungenen Haus. »Ah, wunderbar!« entfuhr es mir, Frau Conrad, die ich fast nur lachend kenne, lachte laut und beinahe mädchenhaft, und später kassierte ich eine Rüge von ihr, weil ich zum Brot und zur Stadtwurst »kei- nen Budder« nahm.

Ich habe auch ausnehmend angenehme Erinnerungen an Lauf, an bronzebraune, knisternde, knusprige und knackende Schnitzel und Karpfen im *Brauerei-Gasthof Wiethaler* in Neunhof, im *Weißen Lamm* am Marktplatz oder in der *Mauermühle* zum Beispiel. Hier soll aber ab sofort jemand anders sprechen.

»Ich bin entschlossen, es mir gutgehen zu lassen«, sagt Frau Conrad und läßt den Blick über den Radi, die Radies- chen, die sauren Gurken, den Käse- und Wursttteller, die Butterschale und den Brotkorb schweifen. Ob es Laufer Spezialitäten gebe … »Also, in Lauf könnt' i mer etz kei', könnte i jetz' … Ich hab' mir überlecht, ob i Bratwürscht

machen soll, aber des war mir zu aufwendig. Des wär'
lauferisch g'wesen.«

Der Oberpfälzer, freilich, der sei der natürliche Feind des
Franken, »aber ich bin ja a alde Frau, also, ich bin nicht
mehr repräsentativ für die Franken«. Trotzdem: Was muß
denn in einem Buch über Franken unbedingt stehen?

Lassen wir sie erzählen: »Der Großvadder, der alte
Master Conrad Heinrich, der is' so in den achtziger Jahren
nach Lauf gekommen. Und zwar war der zuerst – er stammt
aus Marktredewitz, aus Rawertz –, er war in Nürnberg bam
Ledderer als Master, als Schlosser, und dann hat er sich
selbständig g'macht. Er hat a Schlosserei g'macht, und er
war ein unglaublicher Workaholic und hat seine Dinger,
seine G'sell'n hat er g'haut!«

Und der Vater, der Krieg, eine Generation später? Du
wurdest sozusagen auch zwangsverschleppt aus Nürnberg? »Ja, '43 hatten wir einen Phosphorkanister in unserem Haus, und unsere Wohnung is' ausgebrannt, wir ham
im erschten Stock g'wohnt, es war nicht mehr bewohnbar.
Es ist aber wieder aufgebaut worden nachm Kriech, es war
'ne Genossenschaftswohnung. Weil mei' Vadder Blocklei-
ter war, durften wir nemmer nei. Mein Vadder war Beam-
ter, der einzige Beamte in der Straß', der mußte den Block-
leiter machen. Na ja, und da sin mer nach Alfeld, der letzte
Ort vor der Opferpfalz, vor Lauterhofen, da waren unsere
Großeltern, ham a klein's Zeichla g'habt, vier Küh', und
mei' Vadder is' in demselben Herbst nach Dänemark. Da
hat er in Odense 'ne Dienststelle g'habt vom Sicherheits-
dienst. Aber, des hat er g'sagt, des war sei' schönste Zeit.
Die Dänen sind so nette Leut', hat er g'sagt, mit denen hat
er die größte Gaudi g'habt!

Für uns war dann Schluß mit der Schul', weil dann
kriegsmäßig nix mehr war. Da war'n mer dann ein Jahr
ohne Schule, und im nächsten Jahr, '45 im Herbst, ist die
Schule wieder angegangen. Da durft' ich dann gleich in

die zweite Klasse, damit sich des net so staut. Na ja, und dann hat mei' Mutter einen vom Wohnungsamt becirct, der hat uns dann ein winziges Zimmer zugewiesen.«

An die Kartoffelsuppe der Großmutter, »mit System und Bedacht gemacht«, im großen Kachelofen, erinnert sich Frau Conrad als an das »Allerschönste am Samstag« in Alfeld. »Alfeld liegt ja in einem Tal, zwischen dem Schneiderberg und dem Kegelberg. Schneiderberg is' Süden, Kegelberg is' Norden. Und jeden Kirchweihmontag wird vom Kegelberch zum Schneiderberg eine Schnur gespannt, mit einem Buschen dran, und der wird über dem Marktplatz runtergelassen. Und damit feiern sie jedes Jahr die Wiedervereinigung, die 1806, als alle nach Bayern kamen, als das Königreich Bayern gegründet wurde, daß sie da also zusammengehören. Das is' der Brauch, der bis heute lebendig is'.

Na ja, und dann ham mer damals überlegt, was mer machen, denn mei' Vadder war Parteigenosse, und er mußte erst entnazifiziert werden. Und in Nürnberg hatte inzwischen die SPD das Ruder übernommen, und da ham so die Fliesenleger und die Schlosser und alles, die ham inzwischen die Kripostellen besetzt. Also, ich sach nix gegen die Leute, aber des war'n halt alles Leute, die net in der Partei war'n. Aber der bayerische Staat hat ihn dann eingestellt, und er kam in die Kriminalaußenstelle Lauf, und zwar im Januar 1950.«

Luise Conrad macht das Abitur, ihre Schwester fällt durch, »für mei' Mudder war das a Schand'«. »Und dann hat mich auch gleich die Pathologie angeworben, in Erlangen an der Uni, und da hab' ich hundertzwanzig Mark verdient im Monat. Das war damals ganz normal für ein' Anfänger beim Staat.«

Und die Kerle?

»Ich hatte in meiner Ausbildung in Erlangen, '52 bis '54, zwei Freundinnen. Wir waren so ein Trio. Wir ham natürlich alles ausgetauscht und uns unterhalten, und dann haben die g'sacht: Also, einer muß unbedingt blond sein.« Obwohl – wichtiger ist noch: »Man hat drei Etagen: Kopf, Herz und unten. Und alle drei Etagen müssen ›hier‹ schreien.«

Luise wird Rudi Conrad heiraten. Ihre Mutter hat »natürlich g'wußt, daß der Rudi a weng zu die Besser'n g'hört, und wir war'n natürlich a weng einfache Leut', und da hat's g'sacht: Du wirst doch den bucklerten Kerl net mög'n!« Sie lacht, sie lacht herzerwärmend glockenhell. »Wieso is' der bucklert?«

Wir üben uns, Herr Egersdörfer, an dieser Stelle der Unterhaltung in Diskretion. Doch enden will ich nicht, ohne festzuhalten, daß Frau Conrad über ebendiese Eheanbahnung erzählte, die noch nicht gänzlich miteinander Vertrauten seien einmal während eines Spaziergangs aus Versehen »auf der linken Seite von Lauf gewesen« (»Ich weiß gar net, wie mer da hingeraten sind!«). Sie verstehen sicher, worauf ich anspiele, und können, sollten Sie wollen, daran anknüpfen.

Enden will ich ebensowenig ohne eine Anmerkung zu Behringersdorf. Warum auch immer, glaubte ich jahrelang zu wissen, daß der so knallgeniale wie grottendumm-paranoide Schachgroßmeister und Antisemit Bobby Fischer einige Jahre dort untergetaucht war. Erst jetzt stellt sich – für mich – heraus: Fischer lebte in den Jahren 1990/91 klandestin oder immerhin unerkannt, unerbittlich mit irgendwelchen Zauseln schachspielend, in der *Pulvermühle* südlich von Waischenfeld in der Fränkischen Schweiz, exakt dort, wo die Gruppe 47 ihr letztes Treffen anberaumt hatte, nach dem sie sich Gott sei Dank selbst in den Orkus kippte. Renate Just (*Krumme Touren 1 – Reisen in die Nähe*, München 2007) weiß nicht nur, daß dazumal »Augstein ›viel Bier trank‹ und auch Peter Bichsel sich im Wintergarten ›bacchantisch‹ aufführte«, sondern obendrein: »Kein

Wunder, denkt man sich, daß die bundesdeutsche Autoren-crème sich nach diesem trüben Versammlungsort vielleicht endgültig nicht mehr riechen konnte.«

Und noch etwas darf nicht unter den Tisch fallen: Nach unserer charmanten, geruhsamen Plauderei in der Casa Conrad donnerten wir, Fußball zu schauen, auf den Laufer Kunigundenberg hinauf; saßen dann, ich in der Pflicht, O-Töne für ein Hörspiel für den Deutschlandfunk zu sammeln, im mirakelrein kastanienbewehrten Biergarten; und trafen Ihren alten Kumpel Jürgen Eichenmüller, der über dieses Paradies mit Selbstbedienungsausschank gebietet, uns Zigaretten sonder Zahl spendierte und meinte, es sei »jetzt alles tipptopp okay« und werde ohnehin nach dem Motto runtergerockt: »Hobb etz!«

Na, das ist doch mal eine Lebensauffassung à la Franconia, die mir mundet.

Soviel hierzu, soviel dazu, zagend und in Ungewißheit dennoch grüßend:
Roth

PS: »A Wirtshaus is' was Schönes. A Wirtshaus is' was Lokkeres, is' so was, so was …« (Luise Conrad)

Das Schwimmbad in Lauf rechts der Pegnitz

Fürth, den 25. 6.

Lieber Herr Roth,

bitte ziehen Sie keine falschen und voreiligen Schlüsse aus meinem letzten, überstürzt endenden Brief. Keineswegs wollte ich damit Unmut ausdrücken oder gar die gesamte Unternehmung in Frage stellen. Ganz im Gegenteil, ich war so wonnetrunken vom Anfang unserer Reise, daß ich im Überschwang glattweg die formal richtige Beendigung des Schreibens außer acht ließ.

Lauf an der Pegnitz war also der erste Hafen, den unser Schiff auf seiner hoffnungsfrohen Fahrt anlief. Grob läßt sich das Städtchen in Lauf links der Pegnitz und Lauf rechts der Pegnitz unterteilen. Die verehrte Frau Conrad wohnt im rechten Stadtteil, hier befinden sich das Freibad, das Gymnasium und das Rathaus. In Lauf links befinden sich die Kläranlage, die Sonderschule und der Swinger-Club.

In genau diesem Freibad wäre ich vor zirka neununddreißig Jahren fast einmal ertrunken. Ich konnte noch nicht schwimmen, begleitete aber den Rest der Familie mit Anhang zum abendlichen Bahnenziehen in die kreisstädtische Badeanstalt. Statt jedoch, wie Sie es, grundvernünftig, taten, ruhig ein Bier zu trinken, fehlte mir zu diesem Zeitpunkt noch die Berufung hierzu, und der Kiosk im Schatten der Bäume, mit Blick auf den Bitterbach, war damals wohl auch noch ein ungeträumter Traum.

Also trieb ich am Beckenrand Schabernack, und es kam, wie es kommen mußte: Der Bubi stürzte in voller Montur ins Schwimmerbecken und sank wie ein Stein auf den Grund. Der Geistesgegenwart einer Freundin meiner Schwester war es zu verdanken, daß ich gerettet wurde. Sie tauchte mir hinterher und zog mich aus der Tiefe empor.

Schon auf Grund dieser Geschichte schwimme ich heute sehr gerne im Laufer Freibad. Aber ich schwimme wohlgemerkt Brust – und das sehr bedächtig und respektvoll, und es könnte gut sein, daß Sie sehr wohlmeinend die Zeit und die Meterangabe kurzerhand vertauscht haben. Wir wollen dem Leser, zumindest noch nicht an dieser Stelle, nicht allzu leichtfertig einen Bären aufbinden.

Aber wie hat es Achim Greser einmal sinngemäß gesagt? Eine glückliche Kindheit bringt einem gar nichts.

Mit herzlichem Gruß aus dem nächtlichen Fürth:
Matthias Egersdörfer

Ein Überzeugungsfranke

Lieber Herr Egersdörfer,

sosehr ich meine Freunde Achim Greser und Heribert Lenz, die beiden Unterfranken, mag, sosehr ich ihre Kunst verehre (weshalb ich jederzeit gerne als ihr Laudator in Erscheinung trete) – in diesem Punkt muß ich Achim widersprechen.

Eine glückliche Kindheit kann einem sehr wohl etwas bringen. Sie kann einen lehren, was Liebe, Geborgenheit, Empathie, Dezenz, Großzügigkeit und Solidarität sind. Sie kann einen lehren, was ein eigener Kopf und was Skepsis ist. Gewiß, in unseren »abortschüsselartigen« (Ror Wolf) Zeiten wird derlei nicht mehr geschätzt, mehr noch: von den allenthalben auftrumpfenden Idioten, schwerreichen Asozialen und anderen paladinesken Rotzköpfen der Lächerlichkeit preisgegeben. Aber das kann ja nicht heißen, das alles in die Tonne zu treten. Nein und noch mal nein!

Einfühlungsvermögen, Behutsamkeit, Achtsamkeit: Das lehrten mich meine Eltern, und diese Gefühle verbinde ich auch mit der mittelfränkischen Landschaft. Wir können ja bisweilen gar nicht anders, als unsere Empfindungen auf die äußere Welt zu projizieren. Der Natur ist es völlig wurscht, was wir über sie denken, aber wir brauchen sie, um mit der Idee eines würdevollen Lebens in Kontakt zu geraten.

Wir hocken, lieber Herr Egersdörfer, Sie haben es gewißlich nicht vergessen, mittlerweile, nachdem wir am Vortag der Stadt Lauf links und rechts der Pegnitz erst einmal den

Rücken gekehrt hatten, im Garten von Günther Koch, am Rande seines Goldfischteiches. Günther, die »Stimme Frankens« außer Dienst, hat das Wort »Clubberer« popularisiert. Er ist »Lust- und Spontan- und Eventraucher« (»in besonderen Momenten, bei Club-Siegen«) und Club- und Bayern-Anhänger (»Da wor i beim Bäcker, und dann is' einer rausganga: ›Verräter! Bayern-Reporter!‹ Des sin' die Franken«). Er war Realschullehrer und Seminarrektor, hat Christian Ude im CVJM »a bißl herzogen«, hat Peter Schönlein 1987 im Nürnberger Oberbürgermeisterwahlkampf gegen Günther Beckstein unterstützt und sitzt heute im Aufsichtsrat des FCN. »Ich hab' mir vorgenommen, ich werb' vor jedem Spiel Mitglieder, ich stell' mich auf die Straße.«

Aufgewachsen ist Günther in Traunstein und München und studierte schließlich Deutsch, Englisch und Religion auf Lehramt. 1964 verschlug es ihn nach Nürnberg: »Da kam vieles zusammen. Da war als erstes die Schulpolitik. Damals gab's in Oberbayern noch a Bekenntnisschule. Verrückt, ne? Jesses, Wahnsinn! I bin ja evangelisch. In Nürnberg gab's bereits Gemeinschaftsschulen. Fand ich toll, fortschrittlich, super, hoi! Gut, Punkt eins. Zweitens, mein Fußballverein, die ham g'sagt: Du bleibst hier. Drittens, mein Schulleiter hot g'sogt: Für Sie tu ich alles – weil der von meiner Arbeit mit den Schülern angetan war. Sie kommen nicht aufs Land! Das war ja die Angst aller jungen Lehrer, daß man aufs Land mußte. Das spielte alles zusammen. Und dann die Franken. Die sin' einem um den Arm g'fall'n von Anfang an und war'n nett. Der Münchner, der Münchner! Die war'n so nett, die war'n wirklich so nett. Ich hab' mich gefragt: Wos is' denn mit denen los? Und die waren alle so normal! Damals begann München schon so glitschig und so 'n bißchen vornehm zu werden. Jetzt ist es ja noch viel schlimmer.

I bin a Überzeugungsfranke. I bin aus Oberbayern nach

Franken gegangen und mußte jedes Jahr unterschreiben, daß ich freiwillig hierbleib'. Und nach fünf Jahren ham s' g'sagt: Is' Ihnen klar, was Sie damit machen? Des is' fei endgültig! Es is' so. Man hatte das Rückkehrrecht in den Heimatregierungsbezirk Oberbayern. – Das ist jetzt kein Scherz? – Des is' kein Scherz! Meinst du, ich erzähl' dir hier Scherze?! Bin ich ein Komödiant oder wos? Das Leben is' viel lustiger als eure Texte, die ihr euch da ausdenkt, hey! Des war so. – Das gibt's doch nicht! – Jaaaa! Ja, und es war wunderbar. Es war die richtige Entscheidung. Der Mundartpoet Fitzgerald Kusz hat mir mal am Telephon g'sogt: Da bist du aber wenigstens a Ehrenfranke. Ich sog' holt, i bin a Überzeugungsfranke. Und da gehört mehr dazu, als hier zufällig geboren zu sein. Oder: Die meisten Franken gehen ja, wenn sie wos werd'n woll'n, nach München. Ich bin den umgekehrten Weg gegangen, allerdings nicht, um was zu werden, sondern weil mir die Menschen gefielen.

Kurz und gut, ich hob' g'merkt: Des sin' liebe Leut' hier – 'n bißl komisch zwar, 'n bißl langsam. Du mußt auch a bißl vorsichtig sein. Du derfst halt net so direkt sein. Wenn du sie aber mal gewonnen hast, dann lassen sie dich in ihrer Liebe nicht mehr los.«

Endgültig seßhaft geworden ist Günther Koch mit seiner Familie im Stadtteil Langwasser. »Immer wenn ich was nicht find' oder mir irgendwie was gegen den Strich geht, seh' ich diese scheiß Geister von den Toten, die hier liegen. Das ist das Ende des A-Lagers gewesen und des späteren Friedhofs, auf dem jetzt hier die ganzen Häuser stehen, auch dieser Garten hier. Vor ein paar Jahren ham die Kanalarbeiter hier Totenschädel gefunden. Das is' ganz makaber. Hier vorne ist der Märzfeld-Bahnhof. Na, das weißt du alles.«

Ich weiß es vor allem auf Grund eines Beitrages von Günther für die Anthologie *Schwarzbuch Rassismus* (Göttingen 2012). In dem spricht er etwa über »die vor Jahren endlich aufgestellten Gedenktafeln in Langwasser. Sie stehen mit der Überschrift ›Belastete Vergangenheit‹ an den unterschiedlichsten Plätzen und Stellen, zum Beispiel am Heinrich-Böll-Platz am *Frankencenter*, aber auch in der dunklen, völlig verrotteten und verdreckten Fahrrad- und Fußgängerunterführung unter dem zugemauerten, von Unkraut und Gestrüpp fast vollständig ummantelten ehemaligen Bahnhof Märzfeld (1938–1945) zwischen der jetzigen breiten Breslauer Straße und der Thomas-Mann-Straße. Hier nahmen im Zweiten Weltkrieg und verstärkt ab November 1941 die Nürnberger Judendeportationen ihren Ausgang. Die Gedenktafel am Bahnhof Märzfeld – ebenfalls von Unkraut umrahmt und unter Gleis 1 versteckt, in unmittelbarer Nähe einer Großdruckerei, in der der *kicker* und der *Spiegel* gedruckt werden – jagt einem einen nachhaltigen Schauer ein. Oben drüber liegen die Gleise, über die auch sechzig Jahre danach Tag und Nacht elend lange Güterzüge rattern. Achthundert Meter entfernt strömen Messebesucher aus aller Welt oder Club- und andere Fußballfans vor und nach den Bundesligaspielen auf die vielbefahrene, breite Eisenbahnunterführung in der vierspurigen Gleiwitzer Straße in Sichtweite der Flutlichtmasten des Stadions zu.«

Und der 1. FC Nürnberg im Nationalsozialismus? »Das beschäftigt mich auch in letzter Zeit – und den Club, weil wir wissen, daß, im Gegensatz zum FC Bayern München, der sich da vorbildlich verhalten hat, der Club und auch andere Vereine sehr schnell bereit waren, jüdische Mitglieder auszuschließen, auch Spieler. Das is' ein beschämendes Kapitel. Das wird jetzt aufgearbeitet, auch im neuen Club-Museum. Das war halt der *Stürmer* – Julius Streicher –, der einen Trainer, Jenö Konrád, der erfolgreich war, aber Jude, zum Abdanken aufgefordert hat: Schmeißt den Juden raus! Und der Club hat's gemacht.«

Woher rühre denn die Nähe, die Neigung der Franken

zum Nationalsozialismus? »Das ist für mich nur so zu erklären, daß der Franke, was man gar nicht glaubt, leidenschaftlicher sein kann als jeder andere. Leidenschaftlicher. – Er ist leichter fanatisierbar? – Ja. Ungebremst. Denn es gehört schon – es fällt schwer, da jetzt einen Vergleich zwischen Fußball und Politik zu ziehen, und es verbietet sich eigentlich auch –, aber es gehört schon unglaublich viel Leidensfähigkeit und Leidenschaft dazu, diesen Club durch die dritte Liga und jahrelang immer wieder durch die zweite Liga zu begleiten, auch durch die erste Liga, in der es ja meistens nur ums Drinbleiben geht. Das kostet Kraft, viel mehr Kraft als bei Vereinen, ich nenn' jetzt keine anderen Vereine, die sich Vereine nennen und keine Vereine sind, sondern Firmen. Der Franke kann hochgehen wie 'ne Rakete, das stimmt. In dem lodert eine unglaubliche Leidenschaft, das ahnt man gar nicht – eine Leidenschaft bis hin zu einem Starrsinn, der an Selbstzerstörung grenzt.«

Und wie könne man diesem offenbar endogenen Irrsinn entfliehen? »Im Januar oder im Februar, wenn kein Mensch dran denkt, das zu tun: Nimm dein Rad und fahr im Aischgrund oder in der Gegend von Erlangen um die Weiher – ein Traum. Das kannst du auch am Rothsee machen oder hinter Altdorf. Du kannst hier überallhin. Das Schöne is' ja: Es liegt vor der Haustür. Aber meinen schönsten Weg, den kennt keiner. Der beginnt am Briefpostzentrum und führt durch den Urwald am Langwasserbacherl. Da darf man nicht gehen und nicht fahren, aber ich mach's, mit dem Radl zum Stadion, am Campingplatz vorbei. Dieser geschlungene, mit Wurzeln durchsetzte, gefährliche, enge, einen halben Meter neben dem Bacherl schluchtartige Ziehweg – wie g'sogt, da kann ich mit dem Radl zum Stadion fahren, hab' ich ja auch gemacht, mit Mikrophon und allem, und dann kommen schon die ersten Fanshops, dann am Campingplatz vorbei, und dann fährst du durch sattes Grün und bist in 'nem Bundesligastadion. Ja, fahr mal nach Dortmund oder nach Hamburg oder nach Hannover oder nach Berlin oder hier in die Futterhalle nach Fröttmaning! So eine Scheiße! Ja, wo gibt's denn des? Wo gibt's denn des? Und daneben die Kleingärten ... Es is' eine Idylle. Es is' sensationell. Des gibt's gar nicht.«

Bevor wir aufbrechen und vom südöstlichen Rand Nürnbergs aus durch den »sehr preußisch-brandenburgisch anmutenden Reichswald«, diesen »Kiefernpelz« (Renate Just) auf sandigem Boden, ins zehn Kilometer entfernt gelegene Wendelstein gondeln, um meine Lieblingscousine Charlotte über Franken auszuquetschen, seien dem Sportskameraden Günther, der sich als »Nürnchenberger« bezeichnet, noch ein paar Zeilen über die Franken an und für sich freigeschaufelt:

»Man muß sie lieben, es geht gar net anders. Sie lieben sich selbst etwas zu wenig, die Franken, das kann man sagen, während der Oberbayer ... Der Oberbayer hat dicke Eier. Drei Eier hot der – und wenn s' aus Luft san'. Wir war'n jetzt wieder in München, des is' so gräßlich. Ich war in meinem Viertel. I mein', i kenn' da ja jede Glosscherben. Furchtbar. Furchtbar. Jeder will auffallen. Da würde ich nicht leben wollen. – Warum net? – Weil des eben auch eine Machtdemonstration und Unterdrückung durch die Finanzkraft des Katholizismus ist. Umgekehrt is' mir in Nürnberg sofort aufgefallen, als junger Mensch schon, und von Anfang an sehr sympathisch gewesen: einfachere Kirchen und Menschen, die normal sind. Ich sog' immer nur des ganz einfache Wort ›normal‹. Es fällt mir nichts Besseres ein. Ich werde das ja immer wieder gefragt. Nicht glattgeschleckt, nicht gebügelt, nicht geschniegelt, sondern einfach normal. A bißerl verklemmt manchmal, a bißerl verkrampft manchmal, aber normal. Nichts Geföntes, nichts Gefärbtes, das findest du hier nicht. Die Franken sin' ehrlicher. Absolut. Absolut. Und deswegen sing' ich überall, wo ich hingeh', halt a Loblied auf die Franken. – … daß die Schwarte kracht. – Daß es bloß so kracht, ja! Bloß so kracht!

Der Franke is' halt a Mensch. Sieh an, ein Mensch. Ecce homo. Klar, die Gosch'n bringt er net schnell auf. Zu mir ham s' gleich g'sogt: Schwertgosch'n. Du Schwertgosch'n! Ein Maul wie ein Schwert.

›Werd scho' widder wer'n‹ ist, meine ich, nicht der wichtigste Satz, sondern: 's baßt scho'. Oder: Des hot etz g'langt. Des hot etz g'langt. Des baßt scho'. – Wann sagt man das? – Des hab' ich erst neulich beim Essen irgendwo erlebt. Da hot dann eine g'sogt: Des hot etz g'langt. – Das kann man sagen, wenn's gut g'schmeckt hat? – Ja. Ja. – Das ist Ausdruck höchster Anerkennung? – Ja. Ja. Oder ein ›Baßt scho'‹. Des auch. Baßt scho'. Oder eben schweigen.

Na ja, und geizig sind die Franken – und sparsam, sparsam bis zum Geiz. Echt! Ich seh's ja bei meiner Mitgliederwerbung: Uuu, wos kost' 'n des? Uiiiiuiiuiooo…

Andererseits: In Franken hast du mehr Zeit zum Leben. Franken, Nürnberg ist ein Platz für Genießer, die sich aber ein bißchen Zeit lassen müssen. Das merkt man nicht gleich, aber des is' des Scheene, und da stört dich auch keiner dabei. Motzen mußt du trotzdem, schlechte Laune haben, motzen und immer sog'n: Des is' schlecht, und die oberbayerischen G'schwollschäd'l do, die bleeiden da, die bleeiden … Aber das machen sie absichtlich. Sie wollen gar nicht groß sein. Das wollen sie nicht. Sie wollen nur motzen. Das is' eine ganz interessante Mischung aus Witz, Argwohn, großer Zuneigung, Treue und Dankbarkeit – aber lieber immer klein bleiben. Des is' schee. – Ein bescheidenes Gottesvolk sozusagen? – Ja. Ja. Bescheidenes Gottesvolk? Hhmmmm … Gottesvolk gefällt mir net. – Mir auch nicht. – Bescheidenes … Ein mit sich eigentlich sehr zufriedenes Völklein, das bei aller nach Neid aussehender Kritik die anderen aber bedauert, ja? Die bedauern die! Die Bayern zum Beispiel!«

Na also. Jetzt ham wa's. Fast. Beinahe. Irgendwie. Jedenfalls sollen wir, macht Günther den Sack vorerst zu, schreiben, »daß es keinen schöneren, verschwiegeneren, interessanteren Winkel in Bayern geben kann und daß es nirgends sonst Menschen gibt, die man so sehr unterschätzen kann wie die Franken, die sich aber auch selber gerne – und zwar ganz bewußt – unterschätzen und so tun, als ob. Und dann ist da noch die unberührteste Landschaft Bayerns, vor allem, wenn man sie mit dieser oberbayerischen Schotterebene vergleicht, die bei der Futterhallenarena beginnt und sich bis Tegernsee hinzieht. Die fränkischen Biere ... Da muß ich dir ja nichts sagen. Das fränkische Landbier und die Clubberer –, das ist –, äh: – das Wesentliche.«

Ob das meine bildschöne Cousine Charlotte bestätigen würde, lieber Herr Egersdörfer, weiß ich nicht. Bier hat sie auf jeden Fall im Haus, so daß man sich auf der Terrasse auch mal einen standesgemäßen fränkischen Nachmittagsschädel zusammenmontieren kann, und Flo, ihr Mann, der nach Club-Triumphen im Stechschritt durchs Wohnzimmer randaliert, verknechtet Frau und Kinder mittels einer FCN-Familienmitgliedschaft. FCN-Familienmitgliedschaft? Ja, die scheint in Franken noch über der täglichen Drei-Kilo-Ration Bratwurst mit Preßsack zu rangieren.

Halt, »Schäufele is' scho' ganz oben«, wirft Charlotte ein, während ich für den Kartoffelsalat als Inbegriff des Fränkischen plädiere, wir werden darauf zurückkommen. Studiert hat sie in Würzburg, Psychologie, nach den Maß- oder Vorgaben der sogenannten Würzburger Schule. Ich habe immer abgelehnt, daß es die gibt, die Würzburger Schule, mußte mich jedoch kürzlich, nach einer äußerst anstrengenden Googelei, Charlotte geschlagen geben. Aber wer gäbe sich Charlotte nicht gerne geschlagen?

Ruhm auf sich zu häufen vermochte die Würzburger Alma mater einst insonderheit durch ihren Lehrstuhl für Soziologie und den dort herumfuhrwerkenden Professor Lothar Bossle, den der irgendeiner politischen Lenkungsabsicht unverdächtige Landesvater Franz Josef Strauß mit den perhorreszierenden, Quatsch: phosphoreszierenden Worten inthronisiert hatte: »Dieser Mann würde jeder bayerischen Universität zur Zierde gereichen.« Im näheren: »Franz Josef Strauß entdeckte die wissenschaftlichen Qualifikationen Bossles für bayerische Universitäten, nachdem er zwei Jahre nach dem Putsch der chilenischen Militärs in Santiago den ermordeten Präsidenten Allende einen ›sozialistischen Hitler‹ genannt hatte und anschließend Willy Brandt und Olof Palme mit diesem ›Hitler‹ auf eine Stufe stellte. Allendes Tod, so erzählte Bossle dessen Mördern in Santiago, sei keine Tragik, sondern eine Tragikomödie gewesen. Strauß fand diese interpretatorische Leistung so überzeugend, daß er Bossle als Ordinarius für Soziologie an der Universität Würzburg zwangseinsetzen ließ. [...] Bossle hatte – einmal im Amt – zwar kaum Studenten gefunden, aber aus der ganzen Republik zahlreiche Kunden der florierenden Doktorfabrik, in die er seinen Lehrstuhl schnell verwandelt hatte. Anfangs amüsierten sich noch Bossles Zwangskollegen, wenn sie im Verzeichnis die fachsoziologischen Themen lasen, die er als Dissertation vergab. Da gab es für Militärstammtische die Ankündigung einer soziologischen Dissertation mit dem Thema ›Oberst Werner Mölders‹. Fromme Soldaten warten noch heute mit Spannung auf die schon 1982 angekündigte Arbeit über ›Die Soldatenwallfahrt nach Lourdes‹. [...] Ein Fakultätskollege: ›Wenn wir mal lachen wollen, nehmen wir den Band mit Bossles Dissertationsankündigungen, da liegen wir auf den Knien.‹ Den Professoren verging aber das Lachen, als sie merkten, was am Ende bei Bossles Dissertationsankündigungen rauskommt. ›Jeder Dreck kann hier als Dissertation durchgehen‹, klagte ein Fakultätskollege.« (www.sprache-werner.info)

Doch, so manch ein (zugezogener) Franke ist schon ein ausgemachter Scherzbold. Ulrich Werner führt auf seiner Website weiter aus: »Bundesweite Empörung erregte [...] ein Pamphlet des Pressesprechers der Antennenfabrik Hirschmann, das unter dem Titel ›Zersetzen, Zersetzen, Zersetzen – Zeitgenössische deutsche Schriftsteller als Wegbereiter für Anarchismus und Gewalt‹ ausgerechnet von der Bundeszentrale für politische Bildung verbreitet wurde. Die Spur führte [Otto] Köhler damals in Bossles Würzburger Doktorenfabrik. Er hatte den Schmäh als Doktorarbeit angenommen. Und so sehe vieles aus, was aus dieser Titelproduktionsanlage kam. Das antisemitische Klischee vom Juden, der zur Handarbeit nicht fähig sei, bescherte Bernd Breunig mit seiner Dissertation ›Die deutsche Rolandwanderung (1932–1938)‹ über die brasilianische Einwandererkolonie ›Rolandia‹. Claude Robert Ellner, der Pressesprecher einer Schweinfurter Kugellagerfirma, konnte mit einer Werbeschrift bei Bossle zum Doktor promovieren. Titel: ›Die Entwicklung der Firma Kugelfischer, Georg Schäfer & Co.‹«

Das wollte ich, lieber Herr Egersdörfer, nicht unter den Tisch purzeln lassen, zumal in Anbetracht eines fränkischen Heros namens Guttenberg. Meine Cousine Charlotte hingegen wäre, hätte sie sich nicht anders entschieden, längst Professorin für Psychologie in Frankfurt oder Berlin. Behaupte ich.

Ein wenig hängt sie nach wie vor an Mainfranken, am Fluß, am Licht in den Weinbergen. Und an Mittelfranken, an Neuendettelsau? Sie, Herr Egersdörfer, verbrachten mit dem CVJM mal einen »miefigen Nachmittag« in Dettelsa, »da lag irgendwie so ein Mief über dem Ort«, wie Sie in Ihre Kaffeetasse hineingrummelten. Charlotte gab Ihnen diesbezüglich tatsächlich frecherweise recht: »Ich hab's ein bißchen anders in Erinnerung als der Jürgen, aber ich glaub', das liegt wirklich daran, daß du, wenn du da nur in den Ferien bist, das anders siehst.«

Charlotte ist, vermute ich, ein nüchterner Mensch. »Ja, wie fühlt man sich als Franke?« fragt sie retour. Sie, Herr Egersdörfer, die Sie es besser als ich mickriges Halbexemplar zu beurteilen vermögen, meinen: »Schlecht behandelt, mißverstanden.« Und abermals – größtmögliche Eintracht zwischen Ihnen und meiner Cousine: »Des stimmt. Immer mißverstanden! Alles immer unfair! Ihr hättet vielleicht warten sollen, bis der Ben aus der Schule kommt, weil für den ist immer alles unfair und gemein.«

Und wie sieht es mit der Inklination des fränkischen Nachwuchses, der Sprößlinge dieses uralten Heldengeschlechts, zum Dialekt aus? »Na ja, der Ben kann's halt net so richtig, aber er will supermäßig den Dialekt von seinen Freunden irgendwie nachahmen – teilweise fränkisch, und dann geht's wieder so ein bißchen mehr ins Österreichische, von der Intonation her. Des is' furchtbar, aber er findet's eigentlich schon cool, Dialekt zu sprechen. Wobei das hier schon sehr verbreitet ist, grad beim Fußball. Der Ben spielt ja Fußball. Es hat uns zum Beispiel sehr viel Mühe gekostet, ihn davon zu überzeugen, daß der eine Fußballfreund von ihm, der ein Jahr jünger ist, nicht Babilo heißt, sondern Pablo.«

Hopfen, Malz und Brät: verloren, verschrumpelt, verfault?

Rettung verheißt womöglich die Kirchweihtradition. »Kennst du das Lied ›Wo ist denn das Gerchla?‹« fragt mich Charlotte. »Nee. Sing mal. – Ich kann's net singen. Aber ich hab' die Kassette da, die kann ich dir mitgeben. Die hat die Anne für die Kinder geschickt. – Wo ist das Gerchla? – Wo ist denn das Gerchla? 's Gerchla is' heut' net daham, der is' auf der Kerwa, frißt die ganzen Brotwöscht z'amm'.«

Da hamas vielleicht, lieber Herr Egersdörfer. Kehren wir deshalb womöglich in den Großnürnberger Nudeltopf zurück, in dem sich neben Fürth die Stadt Erlangen tummelt? Trägt diese Wuselwelt nicht den ritterlichen Titel »Metropolregion«? »Wie die Metropolregion heraufbeschworen wurde, gab's 'ne Werbekampagne, und des hieß: ›Starker Raum für starke Köpfe‹. Und es waren mehrere Promis abgebildet, und du hast niemanden gekannt. Des war in so 'nem Grabstättenbeige gehalten. Des hätte auch ein Kondolenzbrief sein können.«

Möchten Sie, Herr Egersdörfer, als ehemaliger Kirchweihbub nicht die fränkische Fahne hochhalten und das unter diesem erhabenen Banner müde dahinsegelnde Kulturgut revitalisieren? Indem Sie schildern, wie rattengeil es auf der legendären Erlanger Bergkirchweih (»Berg«, »Berch«) zugeht? Krönt der metropolitane »Berg« nicht unterdessen sogar die UNESCO-Liste des Welterbes?

Fragt, endlich diesen Brief ab- und erwürgend, mit »sportlichen Grüßen« (G. Koch):
Ihr Jürgen Roth

Zelt, Bier, Bratwürste, Musik und Zigaretten

Fürth, den 27. 6.

Lieber Jürgen Roth,

mit großer Freude habe ich das Loblied auf die Franken und das Fränkische gelesen, das der Herr Koch da gesungen hat. Es ist Ihrem hochentwickelten Taktgefühl zuzuschreiben – offensichtlich wollten Sie es tunlichst vermeiden, mich in diesem Buch dumm und täppisch aus der Wäsche schauen zu lassen –, daß Sie die Stelle ausgelassen haben, an der mich der Meister fragte, wie ich es denn mit dem Fußball halte, und ich antwortete, daß ich mich nur bedingt für diese Ballsportart interessieren würde und vielmehr zur Oper tendiere. Daraufhin schreckte Koch merklich auf und erwiderte: »Ah ja. Fußball ist die größte Oper. Merk dir des.«

Natürlich stimmt das bestimmt. Aber ein regelrechtes Erweckungserlebnis findet sich in meiner Biographie nun einmal einzig in Sachen Oper.

Ich saß in den späten achtziger Jahren auf Grund einer Schulplatzmiete im Opernhaus Nürnberg und staunte über eine Inszenierung von Puccinis *La Bohème*. Es kam, wie es kommen mußte: Das kränkliche Leben der Mimi findet sein Ende, die Hauptdarstellerin stirbt im letzten Akt. Eine ältere Dame neben mir öffnete daraufhin ihre Krokolederhandtasche, entnahm derselben ein Taschentuch mit Spitzenbesatz und trocknete damit ihre Tränen. Seitdem bin ich dem Liedertheater verfallen. Ein ähnliches Erlebnis, dessentwegen mein Herz höher schlagen würde, weil zweiundzwanzig Personen versuchen, einen Ball ins Tor zu schießen, hatte ich nie. In meiner Familie wurde das Thema höchstens bei einer Fußballweltmeisterschaft interessant.

Was mich aber tatsächlich an Ihrem Schreiben zum Schluß ein wenig gewurmt hat, war Ihr hemdsärmeliges Hinstupsen, ich solle doch unbedingt über die Erlanger Bergkirchweih berichten. Allein, dazu werde ich bedachtsam schweigen und ein bißchen die Augen rollen. Einzig ein schlechtgelauntes Vorbeischrammen an Festivitäten dieser Art möchte ich Ihnen nicht vorenthalten.

Es gibt eigentlich nichts Schlimmeres, als mit der Bahn versehentlich in die Richtung eines sogenannten Volksfestes zu fahren. Wohlgemerkt möchte ich niemals zu irgendeiner Massenbelustigung fahren – noch mich im Gute-Laune-Sumpf erdrücken lassen. Sondern ich möchte immer und naturgemäß in die entgegengesetzte Richtung reisen. Aber auch in der entgegengesetzten Richtung bin ich den gefährlichen Frohsinnsbastarden schonungslos ausgeliefert. Je mehr ich sämtliche Termine dieser geistfreien Spektakel ignoriere, desto tiefer zerren mich die Strudel der schmierigen Zwangsbelustigung in die zwangsläufige bundesweite Ohnmacht hinab. Egal, ob die erlebnishungrigen Clowns Richtung Reeperbahn, Chiemsee-Reggae oder zum Erlanger »Berch« pilgern, stets möchte ich mich totstellen und wünsche mir blutigen Schaum vor dem Mund, damit die aufgeschreckten Hündchen mich in Ruhe lassen. Ich fürchte den Frohsinn nicht wenig.

Ich habe aber keineswegs etwas gegen den Konsum von Alkoholika. Am liebsten trinke ich in einem fast leeren fränkischen Wirtshaus. Die Sonne scheint durch die Scheiben. Ich trinke und schaue den Staubpartikeln in der Luft bei ihrem erhellten Tanz zu. Währenddessen erzählt mir mein Freund, ein trauriger Schreiner, was für Raubtiere die Weiber sind. Wir trinken, bis die Zunge schwer wird, und tauschen uns darüber aus, wie schrecklich wir uns auf der Antiatomkraftdemonstration gefühlt haben unter all den grauenhaft engagierten Menschen.

Es beginnt sich alles zu drehen. Ein Wald aus Strichen auf

dem Bierdeckel. Nur noch partielle Wahrnehmung. Wir hangeln uns in unserem Gespräch an einem Geländer entlang, das sich plötzlich wie eine Ringelnatter schlängelt. Dann ist der Zustand erreicht, in dem ich nur noch denken kann, was ich in etwa sagen möchte. Mein Mund hat für heute die Arbeit eingestellt. Die Artikulation ist beendet. Wir zahlen unsere Zeche, verabschieden uns herzlich, und jeder wankt für sich nach Hause. Nüchtern habe ich das Wirtshaus betreten. Besoffen gehe ich aus dem Wirtshaus wieder heraus. Mein Trinktempo bestimme ich. Kein Kalendertermin zwingt mich zum Rausch – und keine Gruppe.

In öffentlichen Verkehrsmitteln bin ich stets im Hintertreffen. Dienlich wäre es, sofort Schnaps zu trinken oder sich irgend etwas zu spritzen. Nüchtern ist der Irrsinn nicht zu ertragen. Aber mit euch Windlichtern möchte ich nicht trinken! Plappert der Mitmensch schon im nüchternen Zustand nur Preßspan, steigt der intellektuelle Mehrwert auch nach der Einnahme von siebzehn Wodka-Red-Bulls nicht.

Ich möchte jedoch nicht als vollkommener Miesepeter das Thema Kirchweih abhandeln. Im Sommer 1995 traf mich die Gunst, daß ich mich selbst Kirchweihbu' im Dorf Winterstein in der Fränkischen Schweiz nennen durfte. Es begab sich in ebendiesem Jahr, daß vor der ehrenwerten *Gaststätte Loos* eine Kirchweih stattfinden sollte. In Ermangelung von genügend einheimischen Kirchweihbuben und -maderln fragte das Festkomitee an, ob sich der Kulturverein Winterstein, dessen erster Vorsitzender ich seit 1994 bin, am Kirchweihaustanzen beteiligen wolle. Gern sagten wir zu.

Eine geeignete Tanzpartnerin zu finden war gar nicht so einfach. Das Maderl vom Schriftführer Lothar Gröschel wurde sogar aus Berlin angeliefert. Tanja sagte damals in einem Interview: »Ich bin mehr oder weniger gezwungen worden, Kirchweihmadla zu sein, weil in dem Ort gibt es weniger Frauen als Männer. Ich bin eigentlich so eine Art Kurgast und wurde im Suff überrumpelt, doch mitzumachen. Ich probier' es jetzt einmal, weiß aber nicht so recht, ob ich das so kann. Ich weiß auch gar nicht, wie das funktioniert. Ich habe mal gehört, man rennt da so um einen Baum rum, singt schmutzige Lieder, und dann wird man hochgehoben, ein Wecker klingelt, man bekommt Geschenke. Ich bin noch ein bißchen nervös und werde gleich einmal einen Schnaps trinken gehen, damit ich wieder cooler werde, und dann versuch' ich es.«

Bevor das Austanzen begann, hatten wir bereits Tage vorher einen Baum aus dem Wald geholt. Er wurde gefällt, bis eineinhalb Meter zur Spitze hinauf entastet, und dann schleppten die Buben das lange Ding zum Traktor, indem Stöcke unter den Stamm gelegt wurden, an denen wir zupacken konnten. Mir riß es beim Anheben fast die Arme ab. Sehr stolz saßen wir auf dem Baum, hinten ein Nachläufer, und der Traktor zog uns gemächlich in die Dorfmitte. Der Fachmann erklärte: »Dann wird der Baum geschmückt. Es kommen Bänder dran. Es kommen Kränze dran, wenn es ein langer Baum ist: zwei Kränze, drei Kränze. Wenn es ein kurzer Baum ist: nur ein Kranz. Der wird aus den Sträuchern, die man vorher abgesägt hat, gebunden. Der Kranz wird aufgeschmückt und dann an den Kirchweihbaum hingenagelt. Dann wird der Kirwabaum unter Begleitmusik zur Kirchweihstelle gebracht und unter kräftiger Zuhilfenahme von mehreren starken Männern in einem Verfahren, das zwischen einer halben und zwei Stunden dauert, hochgehievt und in das Kirwaluch eingesetzt und verkeilt, damit er nicht mehr umkippen kann.«

Am Kirchweihsamstag wird der Baum ausgetanzt. »Dann stellen wir uns so auf: Kerl inna, Madla rechts, im Kreis um den Ba'm rum. Die Musik spielt das erste Lied, dann singen wir ein Lied, dann spielen die wieder eins, immer abwechselnd, laufen im Kreis und bleiben dabei nicht steh'. Wenn mir einmal im Kreis gelaufen sind, müssen wir eine Markierung am Boden irgendwie machen, dann wird der Strauß ans nachfolgende Pärchen weitergegeben. Am Schluß, wenn der

Wecker schellt, na hat des Pärla, das den Strauß in der Hand hält, also des Madla, was nern grad hält, die haben dann den Kirwabaum g'wonna. Und die müssen dann eine Runde allein um den Baum rumtanzen.«

Der Metzgergeselle Jürgen antwortete damals auf meine Frage, was man für eine Kirchweih benötige: »A Zelt, a Bier, Bratwürscht', Musigg und Zigaretten.« Von all diesen Dingen war ausreichend da. Wir tanzten und sangen, tranken und aßen. Es fehlte nichts.

Jetzt haben Sie mich soweit, verehrter Jürgen Roth. Mit Ihrem Kirchweihthema haben Sie mir feuchte Augen beschert an meinem Schreibtisch in Fürth. Schluß mit dem sentimentalen Schmonzes!

Mit herzlichem Gruß:
Matthias Egersdörfer

Soßen vor Gericht

Frankfurt am Main, den 1.7.

Lieber Matthias Egersdörfer,

der erste Teil unserer Expedition neigt sich dem Ende entgegen. Ich möchte Rechenschaft darüber ablegen, was uns zum Beschlusse hin widerfuhr.

Nachdem wir von Wendelstein nach Alfeld gefahren waren und Alfeld rasch hinter uns gelassen hatten, das wie manch ein fränkisches Dorf hie und da sympathische Züge der Verwitterung und Vernachlässigung trägt, fuhren wir unter einem notdürftig brauchbaren Sommerhimmel durch die sanftgrün schimmernde Landschaft.

Das Wetter in Franken ist unbefriedigend.

Linde Freude bemächtigte sich gleichwohl unserer Gemüter, als wir in nördlicher Richtung nach einem Wirtshaus Ausschau hielten.

In Thalheim: nichts. In Förrenbach der bravourös rustikale *Gasthof Zum Hirschen*: Betriebsferien. Also wies man uns freundlich den Weg zum *Albachtaler Hof* am Südhang des Wachfelsens. Wir waren die einzigen Gäste auf der Terrasse dieses mustergültig fränkisch-schmucklosen Etablissements im keineswegs bedingungslos begrüßenswerten Ordnungsstil der siebziger Jahre.

Sie aßen kräftig, ich schaute heiter, weil auf jene schöne Weise leer, daß man kaum noch denkt und endlich einmal gelassen und doch zugleich genau die Welt wahrzunehmen vermag, über die Hersbrucker Schweiz, dieses Ensemble aus bewaldeten Buckeln, Kinderriesen, die sich traut neben- und hintereinander schlafengelegt haben.

Alsdann weiter – hinüber ins breite Pegnitztal, vorbei an

Wiesenrainen, hindurch durch eine liebliche Ackerbürger-
landschaft, Schnaittach passieren (Achtung, Brauerei Ka-
none!) und in die Hügelei hinein, dorthin, wo ein wahrlich guter, großer, großmütiger Naturgeist walten muß, wo
man am liebsten an jedem Feldweg halten, aussteigen und
losgehen würde, irgendwohin, behütet von kleinteiligen
Panoramen, eines anmutiger und zarter und graziöser als
das andere, hie glattgestrichene Kornfelder vor geschlän-
gelten Laubwaldsäumen, dort Streuobstwiesen und stolze
Apfel- oder Zwetschgensolitäre inmitten des Gebuckels
und Gesprießes, Buschgruppen wie hingetupft, Lichtungen, ausgerollt wie von gütiger Hand, Gräsermeere, traum-
schöne Fluchten wieder und wieder und überall, es bricht
sogar die Sonne durch, der Himmel wäscht sich, makellos
nun fast seine Haut, behutsam und behütend leuchtet die
Glocke über tintigen Fichtenschonungen, kleine Hopfengärten an den Straßenbiegungen, abermals schieben sich
wuschelige Heckenstreifen in violettgrüne Gemarkungen
hinein, und dann sind wir in Winterstein.

Ihr alter Laufer Freund Lothar Gröschel, seine Frau Tanja
und zwei merklich aufgeweckte Kinder nehmen uns im
weitläufigen Garten in Empfang. Der Hundertseelenort
gehört zu Simmelsdorf. Linker Hand, in der Scheune, hat
Ihr 1992 gegründeter Kulturverein Ausstellungen und
Lesungen organisiert (war nicht auch der Büchner-Preis-
träger H. C. Artmann hier?), rechter Hand, im alten Bauernhaus, das Herr und Frau Gröschel just erworben haben,
hausten ein paar von Ihren Genossen dauerhaft. Man
sieht's dem arg strapazierten Gebäude durchaus an, und
Herr Gröschel erzählt: »Der Nachbar war da, kommt so
rei', sagt: Ähä, ham die kifft? Wegen diesem Löffel. Also, er
hat, glaub' ich, g'meint, ob die irgendwie sich, äh, Heroin
gespritzt haben. Aber es war für ihn so seine Aussage: Ham
die kifft.«

Wir begnügen uns mit Bier. Doch warum kommen die

Frankenexperten in der Runde umgehend auf Heilige zu sprechen?

»In Heroldsbach bei Forchheim gab's doch eine. Da ham die Birken Blut geschwitzt. – Hier gibt's bei Schloß Thurn diesen Freizeitpark. Da gab's 'ne Marienerscheinung. Da hat der Pfarrer immer drauf hingearbeitet, daß mer da eine Pilgerstätte ... – Die Birken ham rotes Blut, Jesusblut ... Die Leut' sin' hingepilgert und haben die Taschentücher benetzt. Irgendwelche Forstleut' ham noch g'sagt, des wär' ganz normales Harz. Des hat aber auch nix g'holf'n.«

Ist Franken ein gar wundersam' Land? »Die moderne Welt dringt bis zum Franken eigentlich nicht vor. Da sin' die nicht anschlußfähig«, sagt Herr Gröschel gelassen und spitzt seine Diagnose zu: »Wenn man so in der Welt war wie ich jetzt, stellt man auf jeden Fall fest: Das Fränkische erkennt man sofort. Ich war vorgestern abend beim Fußballschau'n irgendwo in 'ner Kneipe, in Berlin, und da hat einer zwei Reihen vor mir in so einem Miniton gesagt – also, ich konnt' ihn eigentlich gar net hör'n –: Der kommt doch aus Franken. Du merkst des einfach. Du kriegst des mit – und zwar nicht nur durch 'n Tonfall oder so was, sondern durch 'ne Art von seltsamen Kommentaren, auch durch so 'nen Autismus, glaub' ich.

Über Emotionen wird überhaupt net g'sproch'n. Des is' 'n Thema, das es überhaupt net gibt. – In keinstem Fall. Des, was ma' so aus den Städten wieder g'lernt hat, dieses Umarmen, ne, des hab' ich früher nie g'seh'n, auch in der Familie nich'. Mit die Kinder geht ma' scho' net und lieb um, find' ich, aber ab einem gewissen Alter hört sich des auf.«

Dafür frönt der Franke einer anderen Leidenschaft: »Was ich schon auch noch zur Mentalität zählen will, das geht zwar auch langsam dahin, aber das is': 'ne unbändige Neugierde, eine an den Geiz grenzende Neugierde. Aber die wird eigentlich immer sehr, sehr intelligent zelebriert: Is' des a Freund auch von Ihnen? Ich hab' ja scho' g'seh'n, Sie ham ja so a blau's Auto, gell? Wir ham auch a blaues Auto – und dann diese großen Bögen, und irgendwann steigst du ein, und dann wird dir irgendwie alles mögliche aus der Nase gezogen. In der Stadt wennst wohnst, da freust dich, sprichst a weng, unterhältst dich, aber hier ist des wirklich ein Sport.«

Frau Gröschel kann bloß zustimmen: »Find' ich auch. Hier wird man professioneller ausgehorcht als anderswo. Bei mir zu Hause, ich komm' aus dem Schwarzwald, is' es auch nicht so schlimm wie hier. Das ist hier schon heftiger.« Und Herr Gröschel ergänzt: »Hier is' des Aushorch'n 'ne Seuche. Das is' echt 'ne Seuche. Ich war auf der Osternoher Kirchweih, da, wo ich herkomm'. Da sin' die kleinen Kinder ... Das war früher auch schon immer so. Die wer'n dressiert, die kriegen des von ihren Eltern so mit. Die ham immer g'sagt: Abgerichtet is' er. Man würd' heutzutage wahrscheinlich sagen: sozialisiert. Aber er is' abgerichtet. Der fragt dann auch schon so: Seid ihr wohl länger da? – Man wird gescannt sozusagen. – Ja. Ja. – Und des ganze Dorf redet dann über dich und analysiert des dann gemeinsam. Des war so mei' Eindruck in Weißenlohe: daß die alle hinter deinem Rücken über dich reden. Mit dir redet ... Ich mein', die fragen zwar ab und scannen, aber die Daten auswerten, des mach'n sie dann ohne dich. – Natürlich. Klar.«

Franken sei »klein, in sich geschlossen, du kommst da nicht so richtig rein«, wirft Frau Gröschel ein. »Das enge Zusammenleben auf den Dörfern löst sich auf«, sagt Herr Gröschel und gesteht den Landbewohnern wenigstens »große Ironie« zu, zumindest »gewissen Leuten«: »Zum Beispiel der Nachbar. Als er mal da war, simmer einfach mal durchs Haus gangen. Sagt er: Jaaaaaaaaaaa. Also, Ironie durch Kommentarlosigkeit oder durch das Verdrängen oder Zurückhalten von Kommentaren. Und dann solche Sachen wie: Ahhhhhh, Mensch, des riecht hier, des riecht hier ... Sag' ich: Wonach riecht's? Merkst du des net? Des riecht doch, des riecht nach Arbeit. Des is' schon auch a Humor. Also, ich hätt' 'ne Idee für dich, ich hätt' 'ne Idee. Sag' i: Was hast denn für 'ne Idee, Willi? Die willst du nich' hör'n. Die willst du nich' hör'n. Also, komm, raus damit! Abreißen. Abreißen. Sag ich: Und was dann? Und dann neu! Dann hastes so, wie's des willst.«

Nein, daß der Franke einen Blick dafür hätte, nicht nur das zu bewahren, was touristisch verwertbar ist, läßt sich schwerlich behaupten. »Des is' wahrscheinlich auch typisch: Sie finden immer das gut, was andere nicht gut finden. Des Eigene überhaupt net. Überhaupt net. Ein Hirnwurstmetzger neulich zum Beispiel. Der sagt: Na ja, wir machen's halt, aber es bringt kein Geld ein, und der Bu' übernimmt's net. Auch großes Unverständnis: Ja, des is' ja nix B'sonder's. Dann hat er uns erzählt, was er gut findet. Ich glaube, in den achtziger Jahren kamen ausm Bergbau die Kumpel ausm Pott nach Franken, um ihre Lungen sozusagen mal durchzulüften. Und dann hat er sich mit irgend jemand' befreundet und is' dann mal in den Pott g'fahr'n und war dann in so 'ner Großanlage, wo busseweise Leut' zum Schweinebratenessen gegangen sind. Da gab's 'ne Großbäckerei, dann gab's Kaffee und Kuchen, und danach ham die Leut' Wurscht und Kuchen in großen Gebinden mitg'nommen und sin' wieder wegg'fahr'n wor'n, und dann kam schon der nächste Bus. Und des hat er uns erzählt. Des sei toll. Darüber müßt' mer mal was machen. Das war dann seine Antwort, was er eigentlich gut findet.«

»Ich fand's schon immer sehr skurril hier. Ich find's auch immer noch skurril«, ergreift Frau Gröschel das Wort und erzählt: »Dann gehste in die Metzgerei rein, kennst dich natürlich nich' aus und weißt nich', daß die hinten das Kühlhaus voll mit Würschten ham, und dann liegen grad noch so zwei Wurschtzipfel irgendwie in der Auslage, und ich denk' mir: Okay, bin doch noch jenseits der Zonengrenze. Auch in Nürnberg find' ich immer, die Stadt hat eine ostige Atmosphäre. Nürnberg ist nicht unbedingt schöner als Duisburg.«

Sie können aber auch anders. Herr Gröschel: »Ich hab', wie ich hier war, aan Schaschlik gegessen. Am Freitag is' Schlachtschlüssel, und da gibt's Schaschlik als Spezialität. Und da merkst du einfach auch: Es gibt kein Maß. Du kriegst 'n Schaschlik und denkst: Davon hätt' ich vier gemacht! Tut doch noch 'n paar Zwiebeln rein und 'n bißchen Paprika! Aber alles Fleisch! So. Und Soße? Hey! Aan Eimer voll Soße drauf, ne.

Ich hab' neulich mal so 'nen kleinen Text g'schrieb'n über Kulturtechnik Essen, weil mir das mal jemand g'sagt hat, und da is' mir klargeworden: In Franken gibt's definitiv keine Kulturtechnik Essen. Essen is' halt Essen. Also, wir essen halt etz, weil mer Hunger ham. Wurst. So. Fleisch. Fleisch en masse. Irgendwelche neuen Ideen setzen sich net durch. Das is' hier der deutsche Balkan.

Und Soßen sin' halt total wichtig. Meine Tante macht ja Spanferkel für Leute, und sie hat dann erzählt: A Bekannter von ihr hat mal a Spanferkel geliefert für 'ne Gesellschaft und hat die Soße vergessen. Also, obwohl ma' Sauerkraut und 'n Brot oder so was, schmeckt ja eigentlich gut, ne … Und dann ham die g'sagt, das zahlen sie auf keinen Fall. Sie ham's gegessen, aber sie zahlen des auf keinen Fall, des is' ein Unding, und dann is' des irgendwie vor Gericht gegangen, die Geschichte, damals.«

Franken? Das ist: Soßen vor Gericht. Eine aparte Vorstellung, die Angelegenheit dergestalt auf den Begriff zu bringen. Wäre es das?

»Ja, ich glaub', des is' es eigentlich schon. – Jeden Sonn-

tag Braten mit Knödeln, sag' ich nur. – Mit selbergemach-
ten Kartoffelgniedla? – Naa, net immer. Da setzt sich
schon auch des Praktische durch. – Bei den Eltern einer
Verflossenen, da hat der Vadder, glaub' ich, die Kartoffeln
gerieben. Das dauert ja stundenlang. – Eine Schweine-
arbeit. Dann bitte doch lieber Pfanni. Das kann ja keiner
mit anseh'n. – Aber ich find', man kann ja eigentlich froh
sein, daß sich das mit der Kulturtechnik net durchgesetzt
hat, weil sonst würdest du nimmer in die Wirtschaften
gehen und für sechs oder sieben Euro was essen können. –
Das is' wahr. Das Preis-Leistungs-Verhältnis, was Bier und
Essen anbelangt, ist unschlagbar. – Stimmt. Das find' ich
auch ostich. – Des is' auch ein Vorteil. – Deshalb kannst du
in Franken echt untertauchen. – Ja, du kannst hier untertauchen.«

Lieber Herr Egersdörfer, ich muß an dieser Stelle wieder
einmal weg- und hinabtauchen, hinunter auf den Urgrund
des fränkischen Wesens. Ich habe zum Beispiel unser bei-
der Verlegerin Antje Kunstmann, die aus Bad Kissingen in
der Fränkischen Rhön stammt, kürzlich per Mail die Frage
gestellt: »Was, würdest Du sagen, macht den Rhöner an
und für sich aus? Sind die da alle so freundlich und prima
wie Du? Oder bist Du vor den Dösköppen davongelau-
fen?«

Geantwortet hat sie rasch und wie folgt: »O je, lieber
Jürgen, der Franke ist auch nicht anders als die anderen,
mal abgesehen davon, daß die dort schon immer reichlich reaktionär waren. Moritz hat mal gesagt: Wußtest
Du eigentlich, daß die in Franken gar keine Gestapo
gebraucht haben? Die haben alles selber gemacht, da gab's
nur zwei Gestapo-Leute. Kam mir zwar komisch vor, ist
aber möglich. Es gibt in Nürnberg den wunderbaren Fitzgerald Kusz, der großartige fränkische Gedichte schreibt
und aussieht wie ein fränkischer Knödel. Er hat auch das
Drehbuch zu einem meiner fränkischen Lieblingsfilme ge-

schrieben: *Himmelsheim.* Da siehst Du am Anfang eine Riesenbaustelle und ein Videomobil, dessen Fahrer Sigi Zimmerschied ist, der zu seinem Beifahrer sagt: Do drüb'm kommt der Horror hin und dort der Borno. Mit Elke Sommer, alles auf fränkisch, herrlich. Und ich liebe die Landschaft, das ist Kinderland für mich, diese sanften Hügel, die Weinberge et cetera. Der Kreuzberg ist sowieso toll. Laß uns mal telephonieren. Herzlich, Deine Antje.«

Der Journalist und Theatermacher Helmut Schödel, ein gebürtiger Hofer, schrieb in der *Zeit* vom 2. November 1990: »In Fitzgerald Kusz' neuem Gedichtband *Bräisälä* (Bröselchen) gibt es neben japanischen Haikus, fränkischen Miniaturen, Nürnberger Aphorismen und anderen Petitessen auch einen Vierzeiler über die ›Liebe‹. Kusz beschreibt in einer stillen Landschaft, in der Natur und Technik eine Kleinbürgerehe führen, bis daß der GAU sie scheidet, einen Ausbruch fränkischen Temperaments und wie beim Anblick einer Telephonzelle ein fränkischer Liebhaber von seiner Leidenschaft übermannt wird: ›a gelbe delefonzelln / midden affera griina wiesn / wennsd etz ned derbei wärsd / ruferd i di oo.‹ Fast wäre es zum Äußersten, zu einer Überschwenglichkeit, gekommen. In einer steinigen Landschaft voller wortkarger Menschen – *Derzähl mer nix* heißt ein Buch von Kusz – hätte einer beinahe den Mund aufgemacht und auch noch dreißig Pfennig dafür gezahlt, ein Franke kurz vor der Raserei.«

Und er fährt fort: »Diese Liebesgeschichte begann schon einen Gedichtband früher – *Wennsdn sixd, dann saxdersm* (›Wenn du ihn siehst, dann sagst du's ihm‹) –, in einer Szene, die einen Höhepunkt fränkischer Pornographie darstellt. Damals hat vielleicht der Mann die Dame, die er jetzt beinahe angerufen hätte, kennengelernt. Auch dieses Gedicht heißt ›Liebe‹: ›Lou / a / moll / den / roll / loo / roo‹ (›Laß einmal das Rollo herunter‹). Dann wird es Nacht in der Nürnberger Mietswohnung. Es beginnt eine Liebe in

Franken. Viel wird nicht gesprochen worden sein in dieser fränkischen Nacht. ›Sooch holt wos‹ (›Sag halt was‹), heißt es schon im Titel eines Kusz-Stücks fast flehend. Kusz weiß, wovon er redet, ist seinen Figuren selber sehr nahe. Als ihn Mathias Prechtl als Konfirmanden malte, erkannte man in ihm bereits das ländliche, das fränkische Original. Der Maler betonte an seinem Modell den evolutionären Aspekt, die Entstehung des Kleinbürgers aus dem Haustier und seine Entwicklung zum Metzger. Man weiß nach diesem ziemlich realistischen Porträt, ohne Kusz beleidigen zu wollen, nicht mehr genau, ob der Verzehr eines Schweinsbratens nicht womöglich ein Akt des Kannibalismus sei.«

Ob der Franke an und für sich ein Schwein ist, möchte ich hier aus allerlei guten und belastbaren Gründen dahingestellt sein lassen. Aber Schödels Beobachtungen, seine psychotopographischen Notizen, sind sehr präzise und erhellend: »Melancholisch sei der Franke und introvertiert, sagt Kusz. Es gebe auch deshalb so wenige fränkische Schauspieler, weil das Schauspielen dem Franken fremd sei. Provinz ist für Kusz nicht nur ein geographischer, sondern auch ein anthropologischer Begriff. Franken – Seelenlandschaft. Kaum Ausreisemöglichkeiten.«

In Kusz' Theaterstück *Die Nibelungen* sagt eine Figur: »Wou anders is' a net anders wie in Scheßlitz.« Helmut Schödel beschließt seinen empathischen Artikel mit dem Dekret: »In Franken, kein Land der Bauern, sondern der Handwerker und der Tüftler, geprägt von einer protestantischen Arbeitsethik, sind ›Erwett‹ [Arbeit] und Essen fast etwas Metaphysisches. Da darf keiner hinrühren.«

Nein, das, lieber Herr Egersdörfer, maße jedenfalls ich mir nicht an. Allein, ein Text von Schödel, den mir Antje Kunstmann schickte, ist ein anderer, und er ist betitelt: »Franken ist eine Strafe Gottes«. Ich erlaube mir noch einmal, einige Auszüge zu zitieren: »Die provinzielle Beschränktheit des Landstrichs [gemeint: Frankenwald und Fichtelgebirge] ist die Folge der naturgegebenen Beschränkung: Während der Bayer gern aus der Haut fährt, weiß der Franke, daß er drinsteckt.« – »Und Mainfranken, die Weinberge um Würzburg? Eine freundliche Randerscheinung. Das Herz Frankens ist ein kalter Eisklumpen, der sich in den Seelen der Menschen in Schwermut und Melancholie verwandelt.« – »Draußen am Dutzendteich steht das Reichsparteitagsgelände herum, und die Stadt der Lebkuchen und Bratwürste kann sich nicht entscheiden, ob es ein Schandfleck oder ein Mahnmal werden soll. ›Nürnberg ist heute weder rot noch braun, sondern farblos‹, sagt Jochen Schmoldt, der Chef der Nürnberger Stadtzeitung *plärrer*.«

Ich mache weiter? Ich mache weiter: »Man mache sich keine Illusionen über Franken. Und doch: Franken ist der ungeschminkte Teil Bayerns.« Das hat auch Günther Koch behauptet. Ginge er hiermit d'accord? »Franken ist pur, und wo es stumpfsinnig wirkt, ist es zugleich ehrlich.« Wohl schon. Und ebensosehr damit: »Franken ist ein Abgrund an Kleinbürgertum und zugleich noch immer ein Land der Originale, der Käuze und Tüftler.«

Fleißige Spielzeugmacher und geschäftsuntüchtige, gleichgültige Hirnwurstmetzger, garniert mit einem Häuflein Freaks? Laufen unsere ethnologischen Erkundungen darauf hinaus?

Helmut Schödel zählt die Nürnberger Volksschauspielerin Sofie Keeser, die das erste Christkind auf dem zugehörigen Markt gab, neben Fitzgerald Kusz zu den »Modell-Käuzen«. »Wer sind denn die großen Franken?« fragt wiederum der Herr Gröschel nun uns, und wir müssen bedächtig drei dicke Auslassungspunkte hinter die drei bizarr klingenden Wörter »die« – »großen« – »Franken« setzen, bis uns Herr Gröschel auf die Sprünge hilft: »Na ja, ich mein' solche Leut' wie Lothar Matthäus. Und was is' mit unserem Vorzeigejeanserfinder? Und wer natürlich auch immer noch verehrenswert is': Elke Sommer, die große Fränkin. Karl-May-Verfilmungen, des war damals schon schön.«

Elke Sommer wurde in Berlin geboren und im Kleinkindesalter nach Herzogenaurach überführt, aber wir wollen nicht allzu streng sein. Das Levi-Strauss-Museum in Buttenheim ist in Ordnung (die dortigen vielgepriesenen Bierkeller sind's nur eingeschränkt, weil zum Teil verkehrslärmumtost – und obwohl von der, man hält es nicht aus, »Genußregion Oberfranken innovativ« beworben). Und Lothar Matthäus?

Der Originalherzogenauracher war zweifellos ein fabelhafter Fußballer. Jahre über Jahre habe ich ihn gegen seine Verächter privat und öffentlich verteidigt. Ich habe sogar einen halb nonsenshaft überdrehten, halb ernstgemeinten biographischen Riesenessay von fünfzig engbedruckten Buchseiten über ihn zusammengekloppt, auf den Matthäus lange Zeit auf seiner Website hingewiesen hat – und zwar aus freien Stücken. Und noch im Jahr 2005 bin ich mit den Kollegen Behr und Hettfleisch zu Recherchezwecken nach Herzogenaurach gebrummt – Beweisphoto am Ende des Bandes *Wichtig ist, wer hinten hält – Fouls und Schwalben in Fußball und Politik*, Berlin 2005. Heimgebracht habe ich einen Kasten mit den vorzüglichen Produkten der Brauerei Heller in der ansehnlichen Hauptstraße.

Doch wenn der Herr Gröschel jetzt in Erfahrung zu bringen wünscht, »was der weltweit bekannteste Franke als Botschafter seiner Heimat geleistet und erreicht« habe, bin ich gezwungen, einen Schlußstrich zu ziehen; denn der Mann ist nicht mehr satisfaktionsfähig.

Zugute halten will ich Lothar Matthäus indessen, daß er Günther Koch am 30. Mai 1979, kurz vor dem Wechsel zu Borussia Mönchengladbach, sein allererstes Radiointerview gewährte, im Herzogenauracher Wohnzimmer, an der Seite seines recht wacker zusammengerichteten Vaters, der ihm ständig die Antworten einzuflüstern versuchte. Diese welthistorische Perle, die ich durch beherztes Aufbegehren der Furie des Verschwindens entrissen habe – die in diesem Fall Günther Koch verkörperte, der die Kassette in den Müll befördern wollte –, soll hier erstmals vollständig zu bestaunen sein:

»Lothar Matthäus, als Jugendnationalspieler, da is' man wahrscheinlich ziemlich verwöhnt ... – Nee. Wieso soll mer verwöhnd sei'? Da is' mer hald so, wie ma' immer is'. Man geht auf die Arbeit den ganzen Dach und ... – Sie geh'n auf die Arbeit? – Ja, ich hab' noch 'ne Lehre als Raumausschdadder, und die möcht' ich noch beend'n, bevor daß ich nach Mönchengladbach raufgeh'. – Heißt das, daß Sie jetzt in den letzten Tagen hier nicht auf der Terrasse gelegen sind und sich gesonnt haben bei dem schönen Wetter? – Nee, auf keinen Fall. Ich bin angefahr'n vo' Salzburg, und dann hab' ich gleich am näxdn Dach widder des Arbeid'n angefang'. – Mußten Sie nach Hause fahr'n? Gab's irgendwas? Oder war's tatsächlich nur die Verletzung? – Ja, 's war nur die Verledzung. Was soll's anderes gewesen sein? – Eine Sache an der Leiste? – Ja, des is' an der Leisde. Des war amal was Älderes, das im Verein zugezogen habe, und das is' wieder zurückgegang'n, und beim Draining mid der Nationalmannschaft hab' ich 'nen Riß bekomm'n, und dann bin ich jeden Dach behandeld worden. Aber des is' nemmer besser geword'n. – Wer putzt eigentlich Ihre Fußballschuhe, Lothar Matthäus? – Ja, die putz' ich selber – oder meine Muddar, wenn ich keine Zeid habe dazu. – Ich hab' nämlich gelesen, die Nationalspieler in der Jugendmannschaft wär'n sich zu fein, ihre eigenen Schuhe zu putzen. – Nee, des sind sie auf keinen Falls. Des is' bei die Bundesligaspieler is' des a so, daß da die Schuhe gebuzd werden. Das habe ich bei meinem Brobedraining in Mönchengladbach mitbekomm'n. Aber bei uns im Amateurverein is' das ganz sicher nicht so. – Bleiben wir mal gleich beim Profiverein. Sie kommen ja nach Mönchengladbach. Äh, freuen Sie sich auf diese Aufgabe? – Nä ja, irgendwie Heimweh könnte noch komm'n, aber ich bin froh, daß ich 'n Verdrag habe, und 'es Geld zälld hald zum Schluß. – Das Geld zählt also doch auch, aber wahrscheinlich spielen Sie nicht nur wegen des Geldes ... – Nee, auf keinen Fall. Ich spiel' Fußball, weil's mir Spaßß macht. Und ich hab' schon immer von klein auf gedräumd, daß ich mal Fußballprofi werde. – Und trotzdem nebenbei zur Sicherheit eine gesicherte und sichere berufliche Existenz haben ... – Ja, man weiß ja nie, was im Beruf Fußballn da vorgehd. Man kann gleich im erschd'n Jahr irgendwie eine vors Bein bekommen oder so weider oder kann nich', kann wieder außer Form gerad'n oder so weider, aber der Beruf is' dann da. – Sie sind Raumausstatter, und Sie werden dann praktisch Strafraumausstatter mit entsprechenden Vorlagen ausm Midd'lfeld, das hoffen Sie jedenfalls ... – Ich hoff', daß es gleich glabbd, aber ich schätz', daß 'n halbes Jahr Anlaufzeid brauchd, bis ich da irgendwie Fuß gefaßt hab' do drob'n.«

Welche großen Franken können wir des weiteren auffahren, Herr Egersdörfer? Den Kohl-Intimus und Fernsehzerstörer Leo Kirch? Bloß nicht. Die Dassler-Brüder (adidas und Puma, c/o Herzogenaurach), vornehmlich Adolf? Hm. Übelste dezennienlange sportpolitisch-korruptive Schiebereien und Verwicklungen, wie man heute ungestraft, weil gründlich belegt behaupten darf und muß. Thomas Gottschalk (Bamberg/Kulmbach)? Ach nö. Adam Riese (Bad Staffelstein)? Gerne. Die Neonazidrecksau Karl-Heinz Hoffmann, die in Schloß Ermreuth bei Neunkirchen am Brand ihre Wehrsportgruppe zusammengezogen hatte? Wieso läuft der frei herum?

Den erfreulich schlampigen, an Macht wenig interessierten, hedonistischen, Zigarre dauerrauchenden und Whisky dauernippenden Tolpatschkanzler Ludwig Erhard? Darf dabeisein.

Den Bobfahrer und Weltplayboy Gunter Sachs (Mainberg bei Schweinfurt)? Der kriegt die volle Punktzahl.

Sandra Bullock »ist in Nürnberg aufgewachsen« (Thomas Kraft: *Zwischen Bratwurst und Barock – Fränkische Besonderheiten*, Wien 2006) und »spricht fließend deutsch mit einem leichten fränkischen Akzent« (Wikipedia), soll also bitte sofort, o Mirakelrehaugenschönheit!, zurückkehren ins Land der »alten frenkischen leut« (Hugo von Trimberg), wo einen der »besondere Menschenschlag« mit seiner »sympathischen Mentalität« und seinem Hang zu »Autorität und Zugehörigkeit« (Kraft) so nachhaltig entzückt.

Wie Renate Schmidt (SPD) dazu kommt, vom »uralten anarchistischen Grundzug dieses Völkchens« zu schwadronieren, mag sonstwer eruieren, ich tu's nicht und halte mich an Helmut Schödel, der seufzt: »Das fränkische Gemüt ist nichts für schwache Nerven. [...] Die Alten sind hier wie die Kinder, stehen verblüfft vor allem, was sie angerichtet haben, verblüfft und zugleich desinteressiert. ›Wos is' denn etz bassierd?‹ bleibt in diesem Landstrich eine rhetorische Frage.«

Der hochbetagte Anthony Quinn verliebte sich in die Fränkische Schweiz (»This is not a landscape, this is a garden«). Aber in die Menschen?

Lothar Gröschel attestiert den Franken eine »extrem schlechte Selbstvermarktung« – was für sie spräche – und berichtet von »verpaßten Chancen«: »Grundig, find' ich eigentlich, is' a total traurige Geschichte. Also, so 'n Weltunternehmen ... Ich hab' mir neulich mal gedacht: Wenn Grundig irgendwann schlauer gewesen und wenn sie dann an den Videorekorder rangekommen wären oder diese Patente, die's gab, genutzt hätten, dann würden die jetzt wahrscheinlich die Olympischen Spiele sponsern, nich' Sony oder wie sie heißen. Ich hab' mal ein schönes Grundig-Erlebnis g'habt, vor acht oder neun Jahren. Für irgend 'ne Veranstaltung hab' ich 'nen Sponsor gesucht, und ich hab' echt nicht gewußt, daß Grundig so dermaßen am Boden liegt, und hab' bei Grundig angerufen, und da sagt 'ne Frau zu mir, so in diesem verbliebenen Marketing: Es tut mir leid, es Ihnen sagen zu müssen, wir sitzen hier noch zu viert, und in zwei Monaten sin' wir hier alle draußen. Hier ist nichts mehr. Die Marke wird verkauft. Es is' Abgesang.«

Wohin ist der Franken Sinn für Pedanterie und Präzision entfleucht, jene »auf das Praktische bezogene« Phantasie, die Felix Hartlieb historisch so verortet: »Als schließlich die bayerischen Wittelsbacher den Lohn für ihre Kollaboration mit dem Eroberer und Besatzer Napoleon kassierten und erst den Königstitel und dann fast ganz Franken dazubekamen, dauerte es nur ein paar Jahrzehnte, bis sich dieser Witz der neuen Landeskinder in der nördlichen Provinz noch einmal bewährte. Die Franken waren es nun, die Bayern zum Rang eines Industriestaates verhalfen. Ihre erste, privat finanzierte Eisenbahn hatte Zukunft, nicht der Ludwig-Donau-Main-Kanal, den der König in München favorisierte. Der taugt heute gerade noch als verträumtes Biotop, aus den Treidelpfaden sind Radwege geworden.« (*Merian Franken*, 1995)

»Die fränkischen Berge, alles Auslaufmodelle. Die fränkischen Täler, fast so hoch wie die Höhen. Das fränkische Land ein Niemandsland«, macht Klaus Schamberger (*Mein Nürnberg-Buch*, Cadolzburg 1997) geradewegs auch noch die Natur nieder und knöpft sich das »Land mit Fachwerk, Handwerk und Mundwerk« als »dreieckiges, rotweißkariertes Land« vor, das eben »ein Biederland, kein Musterland« sei, sondern eine »Bratwurst-Prärie«. Kurzum: »Franken ist unfaßbar.«

Wo sind wir da gelandet, lieber Herr Egersdörfer? Beheimatet – ob gänzlich oder partiell?

Auf das baldige Wiedersehen, in hoffentlich heller Gemütsverfassung, freut sich, herzlich grüßend:
Ihr Jürgen Roth

Die Burg steht noch

Fürth, den 9.7.

Lieber Jürgen Roth,

ich möchte nicht aufdringlich erscheinen oder mich gar anbiedern. Aber ich habe gerade unseren Briefwechsel noch einmal vollständig gelesen und hatte sämtliche üppigen Bilder unserer bisherigen Frankenreise eindrucksvoll vor Augen. Daher wage ich es, einmal vorsichtig anzufragen, ob wir vielleicht nach allem, was bislang geschehen ist, zum Du übergehen wollen. Wenn Ihnen das nicht gefällt, würde ich auch gerne eine Mischform vorschlagen: Du, Herr Roth. In Supermärkten hört man diese Anrede manchmal. Es bezaubert mich jedesmal. »Du, Frau Vogel, weißt du vielleicht, ob wir noch Feuchttücher vorrätig haben?« Natürlich will ich kein weiteres Wort in dieser Angelegenheit fallenlassen, wenn Ihnen diese Intimität unpassend oder verfrüht erscheint.

Nach unserem Besuch in Lauf rechts der Pegnitz, bei Frau Conrad, führte uns unsere zweite Expedition – nach ein paar Tagen der Erholung – zu Beginn dann quasi folgerichtig und logischerweise nach Lauf links der Pegnitz. Ich habe mich in einem früheren Brief an Sie sehr kurz und ebenso barsch über diesen Stadtteil geäußert. Die Wahrheit ist aber: Die andere Seite war insbesondere für meine persönliche Entwicklung sehr wichtig. Die Zweiteilung der Stadt, die zumindest noch Ende des vergangenen Jahrtausends fragmentarisch durchaus als politischer Unterschied sichtbar war, förderte mein dialektisches Denken. Heute verschwimmt ja mehr oder weniger alles in einem neoliberalen Sumpf. Richtungen und Standpunkte sucht man vergeblich.

Lauf links war in meiner Jugend die Gegenwelt zu den

gespreizten Gecken, die im Tennisverein Inzucht trieben und ihre Sprößlinge sodann aufs elitäre Gymnasium ohne Namen schickten. Heute trägt die graue Burg den Namen irgendeines Quacksalbers. Die Methoden des Kinderdrangsalierens wurden indes fleißig weiterentwickelt. Der derzeitige Direktor der Knochenbrechermühle soll, so wurde mir berichtet, jeden Tag ab zehn Minuten vor acht die Tür bewachen, und dann schreibt er emsig Schüler und Lehrer auf, die sich verspäten. Die Schülerreden anläßlich der Abiturfeierlichkeiten müssen dem Leuchtturm jedes Jahr vorgelegt werden, weil einst eine unkontrollierte Ansprache zu kritisch ausfiel.

Lauf links war in meiner Jugend die ersehnte Gegenwelt zum rechtskonservativen Starrsinn. Im Jugendzentrum traf man die anderen, diejenigen, denen nicht tagtäglich eingebleut wurde, daß sie zur Elite der Gesellschaft gehören. Im CVJM stieß ich, was wohltuend war, zum Beispiel auf Elektrikerlehrbuben, die in der feuchten Kälte Leitungen verlegen mußten, während ich beim Anblick von binomischen Formeln mit der Sinnlosigkeit des Daseins haderte. Außerdem gab es auf der linken Seite das Kino *Metropol*, das mir einige Jahre lang eine stundenweise Flucht aus der Drangsal in der »Schnarchstadt« (J. Roth) ermöglichte.

Vor ein paar Tagen besuchten wir also Lina Moll, die Mutter meines alten Freundes Philipp. Die Freundschaft mit diesem Kerl überstrahlt immer noch recht nachhaltig das mühselige Gewürge auf dem düsteren Gymnasium.

Der Moll wuchs in der Hämmern auf, einem Ortsteil, dessen Name der rechtsseitige Laufer nur mit leichter Gänsehaut auszusprechen vermag. Der Sage nach lebte dort auch einmal eine Familie namens Holz. Die Holzens sollen im Rahmen einer architektonischen Neuorientierung einen Holzpfeiler im Keller ihres Häuschens glattweg herausgehauen haben. Daraufhin senkte sich der erste Stock merklich. Die Einsturzgefahr zwang die Holzens zum Auszug. Sie sind dann nach Heuchling gezogen, sozusagen in die Bronx von Lauf rechts.

Hier verlieren sich die Geschichten über diese eigenwillige Familie.

Lina Moll wohnt am Hämmernplatz in einem zweigeschossigen Haus – mit einer vierstelligen Telephonnummer. Es wird von einem schönen schlichten Holzzaun eingesäumt, wie man ihn leider nur noch selten sieht. Der verwunschene Garten hinter dem Haus, den einst der Künstler Karl Moll angelegt hat, erstreckt sich bis zur Pegnitz. Hier bin ich mit Philipp immer wieder herumgestrolcht und sah Blumen, die ich davor und danach nie wieder gesehen habe.

In diesem Garten stand auch ein sogenannter Schupfen, ein kleines, buckliges magisches Häuschen aus Latten und Geäst, das dem Vater als Refugium diente, in dem er endlich mal nicht durch die Familie beansprucht wurde und Sonderlichkeiten aller Art baute und sammelte.

Nachdem Lina geöffnet hatte, führte sie uns ins gemütliche Wohnzimmer. In tiefen Sesseln saßen wir dann um den Tisch herum und führten im Beisein von Philipp das folgende Gespräch.

Etz fragen wir dich a weng aus.

Na, fracht ner.

Eine geborene Omeis bist du, Lina…

Ja, ich kumm' aus aam Handwerkerbetrieb, aus aaner Metzgerei, Omeis, ne, wo der Ausspruch herstammt: Der Preßsack is' die greeßte Wurscht. Drum hat der Philipp ja auch wohrscheinlich … Der hot ja sein' Großvadder net erlebt, aber des mog in ihm doch irgendwo steck'n. A Metzger wär' er net wor'n, weil da mußt ja die Viecher hi'machen. Des is' ja nix.

Wo bist du aufg'wachsen?

In der Weigmannstraß', wo der *Motorrad Mauser* drin is', des is' mei' Elternhaus, nebern Bankels Res da. Des is' z'amm'baut. Do hab' i g'wohnt, bis i geheirat' hab', und bin dann stolz hinausgeschritten, daß ich des alles hinter mich lassen kann. Des war eigentlich a schönes Viertel, weil mir sin' die Röslergass' nunder, dann hast den Acherlasberch g'habt und den Mungersee und so. Des war für Reiber und Schander [Räuber und Gendarm] und alles mögliche sehr schön. Wir ham ja alles g'habt. Wir ham den Kriech a … Als Metzger hast des überstanden, weil du host kompensieren könna, ne, wenn's dir a immer z'wider war, wenn s' dich dann wo hi'g'schickt ham. Da hat mei' Vadder scho' immer g'sacht: Schick die Berta, die ander' bringt ja ihr Maul net auf. Ich hab' solche Tauschgeschäfte nicht vertragen könna. Da host na aufs Amt g'mäßt und hast a Tasch'n voll Metzgerswoar g'habt, na hat dir die Nernbercheri' an Bezugsschein geb'n für Schouh oder irgendwas. Des wor ja des Tausendjähriche Reich, des wor ja sehr, sehr schön.

Hast du das Tausendjährige Reich wirklich genossen?

Mir ham unsern Vadder auf der Kreisleitung melden woll'n, mei' Bruder und ich, weil da die ganzen wie der Lades und die Stegmeiers, des war'n Roude, des war'n Sozi, und der Bibelforscher war dabei … Und Mittwoch is' ja der Preßsack g'macht wor'n, und dann hat sich die Kolonne eingefunden und ham 'n Vadder sei' halbe Sau g'fress'n, ne, und es is' politisiert wor'n. Ich bin aus aam christlichen Haushalt. Und dann is' des kumma, und na bist natürlich do konfrontiert wor'n. Wenn do a Versammlung war, und da sin' am Freitag die Winterhilfswerkzeichen ausge'm wor'n, na hot scho' glei' die Böhm, die Klara, g'schriea: Der Omeis braucht ihr kanna ge'm, die muß am Sunndoch in die Kirch'n! Und des wor a schee mit der Kirch'n. Die sin' zum Nürnbercher Tor rei', und na ham die mit ihre Blouserle do a Gwürch' g' macht, und na hast in der Kirch'n nix mehr verstanden.

Dei' Vadder wor links?

Ja, der wor bei die Falken und so. Der Büttners Albert, der hat a zu dem Kreis g'hört. Also, ich waaß net, was der für a Funktion bei mei'm Vadder g'habt hat. Jedenfalls hab' i da oft nüber g'meßt – oder zum Poensgen – und hab' da aan Korb vull Zeich abgeb'n müssen. Aber des hat mer g'fallen, weil da bin i ja net im Amtsverkehr drinna g'wes'n, ne.

Mir ham natürlich Kriegstagebuch schreiben müssen, und an die Wohnzimmertür hast dann a Karten hi', wo Steckna-deln oder Reißnägel drin wor'n, wo du des Vormarschieren vom Hitler, daß des dann da g'habt hast. Und da hat doch der bleed' Haas nix andersch g'wißt … Wenn der kumma is', na is' er nei' ins Lodenstüble und hot sie da hi'g'laand und – »Ach, ich mou mi' a weng kratz'n« – , na hat der die ganzen Dinger rausg'rissen.

Dann hat er den Frontverlauf getilgt. Und solche Sachen habt ihr von der Schule aus machen müssen?

Ja, mir ham alle früh antreten müssen, und dann is' der Wehrmachtsbericht durchg'numma wor'n, und da host du dann irgend aan Punkt wissen müssen, was da jetzt war. Des wor natürlich wunderboar, solang' der überall marschiert is'. Aber wie's hinterisch ganga is', war's nimmer schee.

Die Laufer können sich ja überhaupt nicht mehr daran erin-nern, daß es in Hersbruck mal ein Arbeitslager gegeben hat.

Beim Bankels Res hat der Oberaufseher g'wohnt. Und da host na glurt vom Lodenstüble aus, wenn der Babba sich mit dem no unterhalten hat. Aber des wor am Abend. Wenn's a weng höcher war, hast mit dem nemmer reden könna, weil die ham die mit Schnaps abg'füllt. Der war jeden Doch b'suff'n, sonst hätten die wohrscheinlich des nicht ertragen könna, ne. Des war ja bekannt, des Happburg, und wie s' dann '45 die Sachen alle g'räumt ham, da is' na am linken Bahnhof amal a Zug mit Güterwägen und Personawägen ausg'stellt wor'n. Da hom s' dann die Mütter ihre toten Kin-ner g'numma und zum Fenster nausg'schmiss'n. Ich hob' des bloß kurz g'seh'n, weil na mei' Vadder kumma is' und hot mi am Kragen packt und hot mer a Ärbert im Garten da hint'n geb'n, daß ich da nicht mehr schauen kann. Also, ich hab' eigentlich viel Scheußliches gehört, und die andern ham alle nix g'wißt. Des hat die Vreni immer g'sagt vo' der Balzer:

Die ham nix g'wißt. Da hab' i g'sagt: Des kannst mer net weismach'n. Aber wohrscheinlich wor des der Sozihaushalt von mei'm Vadder, ne.

'38, bei der Nacht do, do is' der rumg'fohr'n wie a Närr'scher. Wer sich mit 'm Juden anlegt, der is' verlor'n, hat er g'sagt. Na is' er doch mit uns auf Nernberch g'fahr'n, und mir ham uns dann die Königstraß' und den ganzen Schamott, was die alles z'amm'g'haut ham, anschau'n müssen. Und andere hom nix g'wißt? Die hom doch des a g'seh'n, daß des hi' wor!

Des wor natürlich a so: Die hom ja a immer wieder Leut' dann nach Dachau, so wie den Meiers Gobel, der wor vom Vorwärts, von dem Arbeitergesangsverein. Der wor Sozi, und der Heißler war a Kommunist. Die ham s' alle nach Dachau, und die sind hinterher nicht mehr wie sonst in ihr Wirtshaus gangen. Die war'n mundtot.

Der Philipp hat mir erzählt, daß hinter der Weigmannstraß' in den Pegnitzauen die Arbeitersiedlung gewesen ist.

Ja freili'. Des is' die, wennst über die Bengertz gehst. Die ham natürlich die Häuser alle herg'richt'. Des wor'n so Häuser mit aam Holzgiebel und so, die wor'n vom Bankel, von der Kachelfabrik, und vom Döring und vom Hungerleider Krug. Aus dem Viertel ham s' viele nach Dachau. Aber des wor ja so schee. Der Deitsche is' ja a ganz hundsfotzerter Mensch. Die sin' ja verraten wor'n, weil sonst wär's ja nix. Und des is' natürlich bei uns net vor'kumma, weil die hom Angst g'habt um ihr Frühstück am Mittwoch. Da is' alles gutgelaufen.

Und der Deuerlein, des is' die Matrizenfabrik bei der Molls Berta hint'n, des war a a Fünfhundertprozentiger. Der war so alt wie mei' Vadder. Der is' na kumma, wie die Ami kumma sin'. Hat er g'sagt: Hans – und mei' Vadder hat so 'n Stutzer g'habt, hat ma' da frühers g'sagt, des war so a Jacken mit do Taschen und überall –, ich dou do was nei', des houl i mir dann. Ne, weil jetzt kumma die goldenen Zeiten dann. Wir krieg'n ja alle drei Weiber, hat der g'sagt, und des wird ja ganz wunderbar, ne. Und na kummt dieser Drecksack und sacht zu mei'm Vadder – des wor a Flasch'n Rotwein, der war aber scho' b'suff'n, wie er kumma is' –: Du hast mir den Cognac weg! Was willst 'n mit dem Wein? Hat der Babba g'sagt: Ich hab' net neig'schaut, wos du da hast, und überhaupt, was willst 'n du dich aufmuck'n, wennst kummst und andere Leut' belästigst? Da ham die doch die Autobahnbrück', bevor die Ami kumma sin', a oder zwaa Tag vorher hom s' die Autobahnbrück'n g'sprengt.

Na ja, und dann, wennst so antreten mußt und in dera Sauerei drinna bist ... Da ham mir natürlich, weil mer ja g'wißt ham, wie die Alten sind, da ham mir unsere Ohren natürlich g'spitzt, daß mir des alles mit'kriegt hom. Und des is' dann eben so ... Wie alt wor ich? Ich bin a Achtzwanz'ger. Na ja, so zehn Johr'. Der Karl war a weng älter, und der hätt' auf die Adolf-Hitler-Schul' g'sollt. Des wor a so a Ding. Und da hat der Omeis g'sacht: Der wird Metzger. Da müßt ihr euch schon aan andern b'sorg'n. Stell dir mal vor, was wär' ...

Wer sollte auf die Adolf-Hitler-Schule?

Mei' Bruder. Ja, dumm sin' mir alle net, des is' klor, aber ...

Und dei' Bruder wär' gern auf die Adolf-Hitler-Schule?

Na, ich waaß net. Also, der wär' scho' ganga. Der wor a weng a Ehrgeizling. Da hätte der alles vergess'n, wo mer uns früher verschworen ham, ne.

Des wor ja a so abgegrenzt mit dem ... Negerdorf ham mir zu der Siedlung da hinten g'sacht, ne. Da sin' s' immer am Nesser Mühlbach nauf – hast ja nix andres g'habt frühers als ollerweis rumkugel'n –, und da hom die dann gegen die vo' der Hersbrucker Straß' ... Die sin' kumma – und des Necherdorf –, und die ham sich z'amm'g'haut, daß ihnen der Rödel vom G'sicht rog'loff'n is'. Des war'n Klassenkämpfe der Kleinen.

Kannst du dich noch an den Kreisleiter Walz erinnern?

Na der! Der hot mir mal a Schell'n geb'n, weil mei' Vadder

g'socht hot: Wennst einen in Uniform siehst, aan Erwachsenen, dann sagst: »Grüß Gott!« Soch jo net: »Heil Hitler!« Und da soch' i zum Walz: »Grüß Gott!« Und der haut mir dorten eine Trumm Schell'n runter. In Uniform und Knoten. Soch' ich Arschloch: »Grüß Gott!«

Ich hab' ja auch kaa Uniform griecht. Da hab' ich wart'n müssen, bis meine Cousine rausg'wachs'n war. Da hab' ich dann diese Montur griecht.

Ich hob' manchmal wirklich a fürchterliche Wut g'habt. Wenn a Sportfest war oder irgendwas, dann sin' die am Freitag fort und am Sunndoch wieder kumma. Ich hab' da nirgends mit durft.

Hat das dei' Vadder begründet? Das ist ein Quatsch. Da gehst du nicht mit.

Mir ham daham a Ärbert, hot er immer g'sagt. Des wor der Kampf des Tausendjährigen Reiches.

Warst du mal auf einem Reichsparteitag?

Da bin ich mit meiner Tante nei'. Am Hauptbahnhof in Nürnberch is' a Holzsteg nüberg'macht wor'n, daß die da rüber könnt ham zum Waffenhof und so. Des is' unvergeßlich. Die Tante hat immer nach Nürnberch g'meßt. Die hat immer Doktorstermine g'habt. Und da bin ich in der Roßmetzgerei abg'liefert wor'n. Und da sin' ja wirkli' die Leit' ... Des glaubst nicht! Die hom di' bald dertreten als Kind. Des war ein Massenandrang.

Hast du den Hitler mal gesehen?

Na, da ham doch mir die ganzen Schulen ... Wenn die da durchg'fahr'n sin', der wampert' Göring und der Hitler, ham mir uns mal im Spalier aufstell'n müssen im *Weißen Roß*. Da hatt's g'heißen, der Hitler kummt. Na, da host net in die Schul' braucht. Und ewig die Händ' nauf! Wennst dann kein' vor dir g'habt hast, wo's des ablegen hast kenna, wor des ein Graus! Ehrlich, wirklich. Und der is' no gar net kumma. Wor'n mir zwaa Stund'n da drinna g'standen. Da sin' a paar umg'flogen. Denen is' schlecht wor'n.

Ab wann hast du denn mitgekriegt, daß es sich um ein Unrechtsregime handelt?

Na ja, des hast eigentlich dann scho' sehr mit'kriecht, weil mei' Onkel da in Nürnberch, der war ja Roßmetzger. Der hot ja die ganzen Juden g'habt. Da wor der Weiß und der Amberger. Des wor'n die zwei Roßmetzger. Und da host des ja noch mal von der andern Seiten mit'kriecht, weil mei' Tante wor, bis sie g'heirat' hat, bei Juden in Stellung. Und die Juden ham ja koscheres Fleisch braucht. Und des war fei schlimm, wie des '38 wor. Ich hab' Nürnberg heiß und innig geliebt, weil ich do viel am Burgberch drob'n war bei mei'm Vadder seiner Schwester. Die ham ja da g'haust, des gibt's net. Und des war a a scheener Ausspruch von der Dümmlers Klara. Wenn mir in Nürnberg ausm Bahnhof raus sin', da hob ich g'sagt: Gott sei Dank, die Burg steht no', die Sebalduskirch' und so ... Na hat's g'sagt: Dich interessiert blouß, wos da steht! Ich bin eigentlich a weng dem Alten sehr verbunden, ne. Ich hab' des g'liebt, des alte Nürnberch, die Gäßla mit den Buffetle dran ... Und do hat sich die aufg'regt, daß ich mich freia do, wenn des Nürnberger Historische noch steht. Aber des is' eigentlich ganz normal, wennst du da viel Zeit verbracht hast. Du liebst des einfach.

Also, ich hab' kein einziges Mal in der Jugendherberge, in der Hitlerzeit, do neidurft, wenn die do Sportfest g'habt hom und so weiter, weil des net ganga is'.

Das hat der Vadder net g'mocht?

Jaha. Also, der Watschenbaum is' da oft umg'flogen, oft. Amal, da wor i nu' ni' in der Schul', und da hob' ich am Lodentisch über des Brett langa könna, und dann hab' i die Mettwurscht derwischt. Und da nehm' i die Mettwurscht und beiß runter und ziech die Haut dann, waßt?, ziech des so raus, und da kummt mei' Vadder ins Lodenstüble: Wer wor denn des? Mir drei wor'n ruhig. Die andern wor'n's ja net. Ich hab' a nix g'sagt. Na ja, hat er g'sagt: Da gibt's a Belohnung. Die hab' i dann kriecht – 'n Arsch voll Prügel.

Die Berta, mei' Schwester, wor a Saukopf. Ich hab' g'sacht, dich erschlägt der mal, der Babba. Wenn der ... Irgendwos hat er no' braucht, aan Senf oder wos. Da is' die aufg'standen und hat g'mault, daß ich des verstanden hab'. Und da hob' i mir denkt, des müßt' der Babba mal hör'n, weil da haut der der die Waffel her, daß nemmer reden kann. Die hat so Widerpart, hat mer da g'sagt, geb'n, ne. Ich hob' des a weng hinterfotzig wahrscheinli' g'macht.

Na, des Scheenste wor ja des no': Da biste recht streng erzogen wor'n, ne. Und dann bin ich mit 'm Karl ganga. Jetzt kannst dir des ja vorstell'n: Handwerker, mei' Mudder vom größten Bauern do vom Mitteldorf, und da mußt ja dann aan heirat'n, der wo was hot. Und i den Karl kennag'lernt ... Und dann ... Da war'n immer am Rosenmontag die Segelflieger, die Ärzte und die Sängervereinigung und waaß net, was, die ham immer aan Ball g'habt im *Weißen Roß*. Und mei' Vadder wor da, maan' ich, der Obermeister oder was. Jedenfalls hob' ich g'sacht: Ich brauch' zwei Karten. Oh, na hat mei' Mudder Gift und Galle g'spotzt. Der hat mir die zwaa Karten geb'n. Des wor aber sei Untergang dann, weil ich da auf den Ball bin mit 'm Karl, und da wor mei' Patin, die Bürgel, die Bickel, wor alles an aam langa Tisch. Und da bin ich mit' m Karl da hin und hab' den vorg'stellt. Da war ich achtzehn. Des wor also scho' ganz schee, wos i mir da rausg'nomma hab'. Hot si' weiter nix dou. Jedenfalls, wie mer ham sin', da hab' ich zum Karl g'sagt: Ich geh' erscht nei', wenn im Lodenstüble des Licht aus is'. Da war'n Läden, und da hast so 'n Spalt g'habt. Na ja, na is' halt halber drei oder was wor'n. Dann hab' ich halt ham g'meßt, ne. Und dann hab' ich die Meinung meiner Eltern g'hört. Der Babba hot g'sagt: Den kannst heirat'n. Da schaut ihr, daß ihr 'n Teppich find', und dann könnt ihr durch die Luft flieg'n. Wer nix hat und wer nix erbt, bleibt a armer Schlucker, bis er sterbt. Und mei' Mudder, die is' ausfällich wor'n. Na hot der Babba g'sacht – da is' er dann ganz wild wor'n –, hat er g'sagt: Frau, du bist jetzt ruhig!

Ja, also, mei' Vadder kann ja net andersch. Als Sozi kann er doch net als Großbauer dosteh', des geht ja net, ne.

Dein Karl war Drucker, oder?

Der war beim Bachmann unten.

Kannst du dich daran erinnern, wann dei' Vadder zum erstenmal g'sagt hat, der Krieg ist verloren?

Des hat der scho' g'sagt, wie die mit 'm Russ'n ang'fangt ham. Des war doch eigentlich abzuseh'n, daß des net goutgeh' kann. Ich weiß bloß net, warum die Welt da so zug'schaut hat, warum die den Affen net irgendwie kassiert ham, ne. Was da alles hi'g'macht wor'n is' ... Und die Menschen! Und des Schlimmste wor ja des mit die Juden. Ich bin da '41, '42, '43 nach Nürnberch erscht in die Frauenfachschul' und dann in die Handelsschul'. Da mußt ja um achta in der Schul' saa. Des eine Schulhaus war in der Zeltnerstraß' und des andere am Frauentorgraben. Und wennst dann da raus bist, dann ham die ... Die Juden ham ja alle schwarze Mäntel o'g'habt mit dem Stern drauf. Na sin' die in Viererreihen do nunter Richtung Plärrer, und da wor'n die Posten mit 'm aufg'pflanzten Seitengewehr rumg'standen. Also, wenn mer des net g'seh'n hot! Na, ich waaß net. Ich war do zwar a erscht vierzehn, aber trotzdem. Des mit die Juden wor eigentlich des Fürchterlichste. Und mei' Vadder, der wor halt a weng ang'haucht. Der hot ... Na ja, als Metzger und Viechhändler, des wor'n ja die Juden frühers, ne. Der hat da scho' a G'fühl dafür g'habt. Wo des alte Lagerhaus war, da sin' immer Zigeuner kumma. Wor'n da mit ihre' Wägen drinna g'standen. Und da hat der gleich aan Pakt mit denen g'habt. Denen hat der dann Knoberlaswöscht g'macht und ... Der hat für alles, wos nicht so betucht wor, da hat er a Faible g'habt.

Philipp: Außer beim Vadder ...

Na ja. Da wor des damals im Roll'n. Da hat's g'haßen, eine müßt' nach Eschenau in den *Goldenen Schwan*, ne. Da hätt's dann scho' Möglichkeit'n geb'n. Aber des hob' ich ja g'sacht, also, da hob' i den Karl no' ni' kennt, hob' i g'sagt: Des meßt 'er euch merk'n, aan G'schäftsmann heirat' ich amol net! Ich will mei' Rouh' hom von der Familie. Es is' immer ums G'schäft ganga. Und des hat mich also unangenehm berührt.

Wie hast du dich gefühlt, als du durch das zerbombte Nürnberg gelaufen bist?

Das hat einem innerlich sehr wehgetan. Ich maan', etzertla kann i sog'n: Des wor alles für die Katz. Domals war's a Zwang. Also, irgendwo is' da sehr viel hi'g'macht wor'n. Und da hat mer sich halt a g'freut, wenn dann wieder was entstanden is', ne. Des wor sehr schön.

Und die alten Nazis, die man kannte, sind die dann wieder herumgelaufen?

Na ja, des wor ja noch des Allerscheenste. Da hast ja immer wieder was erfahr'n. Der Büchel, der wor Ortsgruppenleiter und ein Judenhasser! Und der hot bei uns Religion g'halt'n. Na hom mer des – »Trau keinem Fuchs auf grüner Heid' / Und keinem Jud' bei seinem Eid!« –, hom mer die ganzen Schriften in Religion g'lesen, ne. Und der is' wieder als Lehrer ei'g'setzt wor'n. Der Schuster wor a ganz a Schlimmer, der Balkowitz ihr Schwager, ne. Do bin ich in die Quelle g'fahr'n, immer zu der Weihnachtsschicht, und da war die Lotte dabei und die Balkowitz. Und na is' die Schuster a mitg'fohr'n. Und da hab' i g'sagt: Wo geht denn etz dei' Schwester hi'? – Die fährt nach Neustadt an der Aisch. Und na hob i g'sogt: Na, was doud denn die da drunten? – Na, da is' doch der Schuster Rektor.

Die sin' alle wieder hi'kumma, wo s' wor'n. Aber, des hat mer damals, i waaß net, hat mer des verdrängt? Des hat mer gar net so wahrgenommen. Wie jetzt mit dem Büchel – des is' mir erscht in späteren Jahren, hab' i des dann so festg'stellt, daß des genauso weiterganga is'.

Na ja, da warst jung. Dann hast g'heirat'. Dann hast a Kind griecht. Da is' mer eigentlich mehr in der Familie aufgegangen. Ich hab' doch da die Schul'n g'habt und bin dann doch zum Sembach in die Ärbert, weil des hat net g'langt. Das hat mei'm Vadder net g'fall'n. Da hätt' ich wieder aufhör'n sollen. Da is' er dann drüber g'storb'n.

Des wor für mich dann eigentlich, glaub' ich, auch ein Antrieb, daß ich mir g'sagt hab': Du bist aufg'wachs'n, wor alles do, und bist in die Schul' ganga, und dann stehst als Depp do. Und des war der Grund, warum ich meine Kinder in die Schul' g'schickt hab', ne. Der Eugen, der hat si' auf'g'recht. Der is' da kumma: Ihr könnt ja kaa Kind Abitur machen lass'n! Und studieren könnt ihr's überhaupt net lassen und so weiter. So quasi: Des geht net. Na hab' ich g'sagt: Na, hör mal, Eugen, mir sin' net der Fliesen Fischer, daß du die alle da nei'dou' kannst. Und der Karl war natürlich ... Da wor scho' eine sehr große Last auf mir g'leg'n, weil der Karl hat g'sagt: Des könn' mer net. Sei' Mudder: Des geht net. Und na hab' i' g'sagt: Des mußt dir merk'n: Wenn ich soch', des geht, dann geht das auch, ne! Der hot ja dann sich aufg'führt, der Herr Moll ... Da host ja dann Zeugnisse oder irgendwas unterschreib'n ... Des wor ein Ding, bis der do ... Etz unterschreib doch amol des! Des is' doch ewwer des aanzige, was d' noch für deine Kinner tun kannst, daß d' unterschreibst, weil ich das net kann!

Heit' gengert des nimmer. Stell dir mal vor, mit diesen Studiengebühr'n und so ... Do mit der Traudl ... Mir ham g'sacht: In der Schul', nach der sechsten muß raus. Dann hat sich da die Schulleitung ei'g'setzt. Des war dann damals auch eine Begabtenförderung. Die hat hunderfuchz'g Mark von der Stadt Nürnberg monatlich bekommen, vo' ihrem sechzehnten Lebensjahr an. Des war dann des, was uns damals durch'bracht hat.

Wie war das denn '68, als die Studenten öffentlich über die Nazizeit und die Kontinuität in den Ämtern sprechen wollten?

Da hast allgemein net viel g'hört. Ich waaß bloß no', wie der Strauß, dieser Dicksack do, unser Ministerpräsident wor, na hat die Vreni g'sacht – der wor amol am Marktplatz ...–:

Da geh' ich nei. Ich nehm' a paar Tomaten mit, die weich sin', und Eier, ungekochte. Ich möcht' den amal beschmeißen. Des hot's natürlich net g'macht, aber aufg'regt hot s' sich, ne.

Mit denen aus Lauf rechts hast du nur wenig zu tun gehabt, oder?

Ich bin links geboren und bin heut' noch links und war immer links. Des stimmt, ja. Schau doch den Matthias o: So a Trumm Haus und a Mauern rum, wie der Streicher in der Sulzbacher Straß' g'habt hat, ne. Auch des Haus vom Keilholz ... Der wor ja in der Zeit Baumeister, do drob'n am Galgenbühl. Des sin' alles noch diese Art, wie des baut wor'n is', so ungefähr wie des Reichsparteitagsgelände.

Aber dei' Vadder hat die aus Lauf rechts beliefert mit guter Wurscht ...

Ja, ja. Da sin' s' bis vo' der Ludwigshöh' kumma und überall. Der hot da scho' seine Kunden g'habt, wie er ja auch sehr feine Sachen g'habt hat.

Eigentlich bestand Lauf ja aus zwei separaten Stadtteilen.

Na ja, des is' eigentlich – wie will i denn sog'n? – nicht mehr so abgegrenzt g'wes'n – und etz überhaupt net. Etz sin' diese ganzen Gebiete ja durchwachsen, sin' verschiedene Bevölkerungsschichten, ne.

Philipp: Historisch gesehen is' ja des hier, die sogenannte Hämmern, eigentlich einer der ältesten Stadtteile überhaupt, das ursprüngliche Arbeiterviertel, weil hier diese ganzen Mühlen waren. Und auf dieser Seite hier, deswegen heißt des auch Hämmern, waren die ganzen Hammerwerke, die auch für Nürnberg Waffen produziert ham.

Jo, und die Hammerwerkler, des wor'n die Rußigen. Des war die Verteidigung von Lauf.

Philipp: Das war die Bürgermiliz, ja.

Wenn wos wor, mußten die an die Waffen – im Mittelalter.

Philipp: Das war hier praktisch das erste Industriegebiet. Ich hab' amal im Stadtarchiv recherchiert. Ich glaub', es waren zweiundfünfzig Mühlräder zwischen dem Wasserschloß, also der Wenzelburg, und dem dritten Wehr. Weiter unten waren keine Mühlen mehr g'standen, weil dann geht's in die Auen, und dann wird der Fluß immer breiter, und des Gefälle reicht nicht mehr aus, um große Räder reinzuhängen. Und zweiundfünfzig Mühl- räder, des is' schon ganz schön viel. Des Hammerwerk vom Engelhardt hatte, glaub' ich, drei Mühlräder. Da kann ma' sich doch ungefähr ausrechnen, wie da die Betriebsdichte war. Des war schon ordentlich.

Ja, ja, klor.

Hatte dei' Vadder Kontakt zur Sozialdemokratie in Nürnberg?

Die wor in Lauf ganz stark. Der is' ja dann, des is' ja der Abschuß!, der is' entnazifiziert wor'n, mei' Vadder, weil der Innungsmeister war. Des wor die Gleichschaltung. Na muß- ten die alle, auch die Innungsmeister und so, die mußten automatisch zur Partei. Und dann is' er entnazifiziert wor'n. Des wor der Scherbers Resel, des wor a Sozi, und die ham dann alle dou mei' Vadder sei' Laufbahn von die Falken und so weiter … Die ham da ei'steh'n müssen für den, ne. Die SPD wor in Lauf eigentlich a große Angelegenheit.

Philipp: Des war natürlich der Nährboden der Sozialdemokra- tie in Lauf: die ganzen Fabrikarbeiter, die hier g'schafft ham und die durch die, sagen wir amal, Gentrifizierung dieser ganzen Stadt … Also, das hat sich – der Niedergang der produzierenden Betriebe geht natürlich voraus – dann erledigt. Und dann kam ja, nach dem Selbstmord des letzten sozialdemokratischen Bürger- meisters, die Ära Pumpl.

Der Konrad, ja, war der letzte.

Philipp: Der Schmidt hat sich vorn Zug geworfen, und danach kam die CSU. War eigentlich a standesgemäßer Machtwechsel in Lauf.

Ja.

Parallel zu Kohl hatten wir hier auch so 'nen Dauerbürgermei- ster. – Mit dem Pumpl, äh, Pompl.

Ja. Ja.

Und etz hamma aan Grünen. – Ja, dann ist aber jetzt alles im Lot. – Kann man so sagen.

Ach, der Krampfboll'n! Na, is' doch woahr! Des is' für den a Sprungbrett, meiner Ansicht nach – weil der sich ja in manchem a widerspricht, ne. Schau unser'n Friedhof o.

Philipp: Das is' ein Trauerspiel. Ich weiß gar nicht, wie viele Briefe diese Schwachköpfe verschickt ham. Und wenn du jetzt übern Friedhof läufst … Also, außer so was wie die Weigmannsgruft, die können s' ja net kleiner machen…

… und Krug und Gramp, die ham ja in der Mauer Riesengrabsteine!

Philipp: Und alles, was nicht in der Mauer is', diese ganzen alten Gräber, diese Familiengräber, die schau'n jetzt aus, als wären des Soldatengräber. Da ham s' alles komplett abg'stochen, den ganzen alten Bewuchs g'fällt, weil jetzt entspricht's halt den Vorschriften: eins achtzig mal zwo zehn.

Und da gibt's aan Wettbewerb: Unser Friedhof soll schöner werden. Des gibt's werkli'! Ich denk', daß der Bisping des auch noch erreichen will. Schau mal des Bangelsgrab oder … Da doud dir ja 's Herz weh! Des wor a Grab … Wie breit wor 'n des? Zehn Meter?

Philipp: Naa, net so … Ich schätze mal, des war'n so fünf, sechs Meter, so a schöne halbkreisförmige Bepflanzung, alte, gewachsene Vegetation. Und des ham s' jetzt halt auf die von der Friedhofsverwaltung angegebenen Maße rücksichtslos abg'stochen. Des is' etz halt a kleines Rechteck, wo so traurige Reste von irgendwelchen Bepflanzungen soldatengleich am Rand stehen.

Ich les' mal aus dem Brief der Friedhofsverwaltung vor: »Im Rahmen der aktuellen Überprüfung der Friedhofsanlage haben wir auch Ihre Grabstätte begutachtet. Dabei wurde festgestellt, daß diese mit Pflanzen und Büschen bewachsen ist, die über die zulässigen Maße weit hinausragen. Wir bitten Sie daher als Inhaber des Grabnutzungsrechtes höflich, einen den Bestimmungen

der städtischen Bestattungssatzung entsprechenden Pflegezu-
stand der Grabstätte wiederherzustellen und künftig für einen
gepflegten Anblick zu sorgen.«
Des is' die Ära Bisping.

Herr Roth, ich schließe an dieser Stelle. Ich habe einen Schäu-
falashunger und Bierdurst.

Herzliche Grüße:
Matthias Egersdörfer

Die Kultur des Verschlags

Lieber Matthias,

ich hoffe, Du hast, comme il faut, nach allen spartani-
schen Regeln der fränkischen Küchenkunst gespeist und
getrunken. Und, richtig, seien wir nicht länger so förmlich, und halten wir uns nicht unnötig dabei auf: Ab jetzt
sind wir per du, meinetwegen auch, je nach Gusto und
Laune, in der von Dir ins Spiel gebrachten possierlichen
Hybridform.

Ergänzen will ich Lina Molls Erinnerungen um den Hinweis auf Stefanie Fischers Buch *Ökonomisches Vertrauen und
antisemitische Gewalt – Jüdische Viehhändler in Mittelfranken
1919–1939.* In der Vorschau des Wallstein Verlages heißt
es: »Die Nationalsozialisten stießen beim Versuch, Juden
aus dem Viehhandel zu verdrängen, an die Grenzen ihrer
rassistischen Wirtschaftspolitik. Trotz antisemitischer Propaganda hielten viele Bauern an ihren vertrauten Handels-
partnern, den jüdischen Viehhändlern, fest. Tatsächlich
zählt der Viehhandel zu den ältesten Tätigkeitsfeldern von
Juden in Mitteleuropa.« In Mittelfranken »lebte noch bis
1933 eine der größten jüdischen Gemeinden im Deutschen
Reich. Gleichzeitig nahm im Gau von Julius Streicher die
antisemitische Gewalt ein besonders scharfes Ausmaß an.«

Und, ausscherend aus der Chronologie unseres Rapports,
vorziehen möchte ich, als Supplement zu Deinem Brief,
die Abschrift eines knappen informellen Geplauders zwischen Philipp Moll und mir am Rande eines spektakulären
fränkischen Kulturevents, über das wir später Bericht er-
statten werden.

Wir stellen uns eine heimelige Bierstube der etwas geho-
beneren Art, einen blankgescheuerten Holztisch und zwei
Humpen vor, in denen Erzeugnisse der Brauerei Meister
aus Unterzaunsbach schimmern, glimmen und glühen.

*In dem Buch, das wir gerade schreiben, spielt das allmähliche
Verschwinden all dieser Räume, der Wirtshäuser, der Metzgereien, eine große Rolle. Wir waren ja schon mehrere Tage unterwegs, und das war ein durchgängiges Thema. Wir schreiben
eigentlich ein Buch über etwas, das ...*

... das verschwindet ...

*... ja, das es gar nicht mehr gibt – oder das es nur noch in
Erinnerungen gibt oder in Rudimenten gibt oder in kleinen Zir-
keln gibt, die versuchen, etwas zu erhalten. Aber als Alltags-
lebensbefindlichkeit gibt's Franken eigentlich gar nicht mehr.
Das gibt's schon noch ...*

Doch, gibt's schon noch. Auf wenigen Inseln gibt's des
schon, aber ich glaub' auch, daß es ... Also, bei den Bäk-
kern zum Beispiel hab' ich schon auch g'merkt, daß da was
nachwächst. In Sankt Helena bei Simmelsdorf zum Beispiel, die machen a sehr gutes Brot. Da hat's auch aan ganz
sauberen Generationswechsel gegeben. Die ham den
Betrieb auch nicht vergrößert, was ja dann oft der Anfang
vom Ende is', sondern die ham einfach weiterg'macht. Das
geht schon. Die ham auch a Kundschaft, die des honoriert.
Wenn die die Klappe aufmachen, dann is' des Zeug scho'
verkauft.

Ein anderes Thema von mir is' ja der Schupfen, also diese
Kultur des Verschlages. Für mein' Vadder und seine Brüder
war des praktisch des Universum jenseits dessen, was etz
da in der Druckerei passiert is'. Mein Vadder zum Beispiel,
der hat Gärten angelegt, hat gemalt, und er hat aan Schupfen g'habt. Mit sei'm Bruder zum Beispiel war des a Form
von Kommunikation. Des is' a Generation derer, die in den
zwanziger Jahren des letzten Jahrhunderts aufg'wachsen

oder geboren sind. Des sin' a Männer, die sich etz net grad dadurch auszeichnen, daß sie hervorragend über Gefühle reden können.

Nee, das konnten die überhaupt nicht.

Gar net nämlich. Aber die zwei ham sich praktisch zärtlich miteinander ... Des war fast wie a Männerballett, wenn die zusammen an diesem Schupfen Reparaturen durchg'führt ham. Des war sozusagen a Form von brüderlicher Zuneigung. Und ich glaub', des war die Funktion von dem Ding, weil des war a absolute Krawitsch'n. Da hast die Tür aufg'macht, dann is' hinten des Dach a Stück runter, mußtest unten mit dem Hammer dagegenhau'n, daß die Tür wieder zuging! Sonst fällt die Ruine ein, die schon vor ihrer Errichtung eine is'! Aber, es hat halt dadurch funktioniert, daß die zwei permanent damit beschäftigt war'n, des Ding zu reparier'n. Des is' so a Gebäudeart, die auch verschwindet, weil natürlich die Freizeitgestaltung und die Mechanismen sich technisiert ham. Die Leut' ham auch viel weniger Platz. Früher hat ma' halt a Wies'n g'habt, und dann hat ma' halt aan Schupfen draufg'stellt, weil irgendwas zum Reintun hat ma' immer g'funden, und außerdem war's a schön, wenn mer was zu tun hatte. Und ma' konnt' mit 'm Schupfen ja auch den Nachbarn zeigen, daß mer auf Material Zugriff hat, auf das der Nachbar keinen Zugriff hat. Wenn man zum Beispiel bei der Bahn gearbeitet hat, dann konnt' ma' ja a Blechdach aufn Schupfen machen, weil wenn mer bei der Spenglerei von der Bahn jemanden gekannt hat, dann konnt' mer auf den Schupfen a Blechdach bau'n, und die andern mußten die Teerpappe verwenden. Des war natürlich a so a Art Materialranking.

Wos mir halt ganz schlimm auffällt, das is' die Metzgereikultur, die wirklich dahinsiecht. In den letzten fünf Jahren sind viele verschwunden, und in den nächsten fünf Jahren werden ganz viele kleine, exzellente Metzgereien verschwinden, entweder weil sie keine Nachfolger mehr ham oder weil auch die Leut', die drum rum wohnen, des nimmer honorieren, was da produziert wird.

Wenn ich mich jetz' bei der Tante Gunda in die Küche setz', dann is' da a großes Maß an Wehmut, auch bei denen. Also, der Onkel Oskar, wenn der erzählt zum Beispiel, was alles möglich wär', wenn er noch die Kraft hätte, was er alles machen könnt', wurscht'n, Schnaps brennen ... Der hat sich immer scho' aufg'regt über dieses und jenes, und der is' jetz' a kaa Biobauer. Aber die ham zum Beispiel sehr viel Obst angebaut, wegen des Schnapsbrennens, auch für die Eisproduktion von Schöller. Und die ham nie g'spritzt. Die einfache Begründung von Oskar und sei'm Vadder war: Ich schütt' doch kei' Gift auf des Zeug, was ich fress'. Außerdem gibt's Schlupfwespen, und die fressen des ganze Ungeziefer z'ammen. Des ging halt so lang' gut, bis die ganzen Bauern außen rum damit ang'fangen ham, und diese Mikrostrukturen stimmen dann nimmer, weil dann bestimmte Insekten in bestimmter Höhe überm Boden ... Die sin' dann weg. Und dann wird der Schnaps schlechter. Und dann kauft 'n keiner mehr. Dann hör'n s' auf. Dann brennen s', wenn ma' Glück hat, alle zehn Jahre, damit des Brennrecht net verfällt – oder alle fünf Jahre.

Weißt, wennst bei denen in der Küche hockst, denkst: Na ja, schlimme Zeiten kommen auf. Also, manchmal denk' ich mir schon, vielleicht kommen die wirklich.

Lieber Matthias, das wollte ich nach- beziehungsweise vortragen.

Die Gesprächsaufzeichnungen, die wir nach unserem Aufenthalt am Hämmernplatz in Lauf an der Bengertz gemacht haben, und das Material, das es diesbezüglich zu berücksichtigen gilt, zwingen mich dazu, meinen Brief an Dich zu tranchieren. Auf einen Hieb ist all das, was uns meine wunderbaren Eltern und der Hadl erzählten, in Neuendettelsau, am selbigen Tage und Abend, nicht mitteil- und nicht stemmbar. Der Stoff ist zu umfangreich. Lehn Dich also zurück, tu nichts oder irgend etwas Angenehmeres, als coproduktiv an diesem Briefroman herumzuwerkeln, und laß mich erst einmal ein Interludium einflechten, das hier herpaßt wie der Putzerfisch auf den Rücken eines majestätischen Weißspitzenriffhais.

Sei herzlich gegrüßt:
Jürgen

Machtergreifung

Lieber Matthias,

nein, wir sind noch nicht in Neuendettelsau, leider, bei
Sauren Zipfeln und anderen Jahrhundertköstlichkeiten
aus den Töpfen meiner Mutter. Wir müssen noch ein
wenig in Nürnberg und in dessen Umland verweilen.

Auf Seite 344 von Egon Feins akribischer Studie *Hit-
lers Weg nach Nürnberg – Verführer. Täuscher. Massenmörder*
(Nürnberg 2002) steht – man schreibt das Jahr 1937 –:
»Wohl unter dem Eindruck der Reichsparteitage ent-
schließt sich die Stadt Lauf dazu, ›jedem Jungen, der durch
einen ›Hoheitsträger‹ der NSDAP für den Besuch einer
Adolf-Hitler-Schule ausgewählt wird‹, eine Ausstattungs-
beihilfe von 200 RM, für die folgenden Schuljahre eine
Beihilfe von je 100 RM zu gewähren. Lauf führt eine NS-
Gemeindestation mit drei ›Braunen Schwestern‹ ein, von
denen jede 120 RM im Monat bekommt.«

Und weiter: »Mehrere fränkische Städte und Landkreise
wollen sich als ›Pioniere‹ bei der Einführung des jetzt zur
Pflicht gewordenen Reichsarbeitsdienstes hervortun. Sie
gründen Fördervereine und sammeln Geld zum Bau von
Lagern.«

Und auf Seite 290 heißt es über das Jahr 1934: »Auf
Drängen des Gauleiters beginnt der Nürnberger Stadtrat damit, den Viehmarkt von den Juden zu ›reinigen‹.
Jüdischen Viehhändlern werden abgetrennte Plätze zugewiesen. Ihre Zahl verringert sich rasch, neue jüdische
Agenten dürfen nicht mehr arbeiten, und bald schon
ist auch der Viehhof ›judenfrei‹. Früher haben jüdische

Händler siebzig Prozent des Fleisches in Nürnberg umgesetzt.«

Autoritätsgläubigkeit, christlicher Wahnsinn und Antisemitismus sind in Franken tief verwurzelt. Nehmen wir Nürnberg: Über die Zeit vor der ersten urkundlichen Erwähnung im Jahr 1050 weiß man nichts. Bereits 1062 erhält der Flecken mit Königshof das Marktrecht. Weil Nürnberg quasi an der Hauptkreuzung der europäischen Handelswege liegt, entwickelt sich rasch eine mächtige Klasse der Handwerker und Kaufleute.

Das erste Judenpogrom, angezettelt und organisiert von diesen Herren samt Gefolge, ist für das Jahr 1298 belegt (628 Tote, Raub der Häuser, Grundstücke und Vermögen). Jenes von 1349 haben wir schon erwähnt (neben der später so genannten Arisierung der Besitzstände und den Hunderten von Mordopfern verzeichnet man als Ergebnis: den Bau der Frauenkirche). Die Blütezeit des Patriziats wird geschmückt von der Gewaltorgie im Winter 1498. Die Juden sind endgültig aus Nürnberg vertrieben. Mitinitiator des Grauens ist der Ratsherr Willibald Pirckheimer. Man nennt ihn bis auf den heutigen Tag einen Humanisten, einen berühmten. Klaus Schamberger bilanziert: »Noch im Jahr 1824 befand der ebenfalls dem humanistischen Bildungsideal sehr verpflichtete Schulreformer, Bürgermeister und Eisenbahndirektor Johannes Scharrer, daß Juden in der Stadt nichts verloren haben.« Scharrer-Straßen gibt es in Nürnberg, Hersbruck und – München. Und sonstwo.

Bevor man sie ausplündert und massakriert, besteuert man Juden jahrhundertelang nach Gutdünken und grenzt sie immer stärker aus, aus den Gewerben und dem öffentlichen Leben. Und dann passiert, was nicht nur in der Reichsstadt geschieht: »1298 – Fleischermeister (genannt: ›Ritter‹) Rindfleisch führt im fränkischen Röttingen eine Bande christlicher Schläger an, die unter dem (erlogenen) Vorwand, Juden hätten Hostien geschändet, Angehörige der Minderheit überfallen, berauben und ermorden; der Wahn greift rasch auf insgesamt hundertvierzig Städte und Orte Frankens über und führt zur Vernichtung der Judengemeinden in Rothenburg, Neustadt/Aisch, Windsheim, Mergentheim, Kitzingen, Nürnberg, Bamberg, Würzburg, Heilbronn, Nördlingen; nur in Regensburg gelingt es dem Rat der Stadt, die Verfolgungen abzuwehren; insgesamt kostet der Blutrausch der Christen 5000 Juden das Leben.« (www.judenundbayern.de)

Später hat man noch seinen Luther zur Hand. 1543 vergleicht er »in einer Predigt Juden mit ›Zigeunern‹ und behauptet dabei, beide seien darauf aus, ›die Leute zu beschweren mit Wucher, die Länder zu verkundschaften und zu verraten, Wasser zu vergiften, zu brennen, Kinder zu stehlen und anderer allerlei meuchel Schaden zu thun‹; auf diese Weise trägt auch er zu Diskriminierung und Stereotypisierung bei, bewirkt sein nicht geringer Einfluß auf große Teile der deutschen Bevölkerung Haß gegen Juden und Ausgrenzung der Zigeuner.«

Das ist milde ausgedrückt. Karl Jaspers schreibt: Luthers »Ratschläge gegen die Juden hat Hitler genau ausgeführt« – und: »Was Hitler getan hat, hat Luther geraten, mit Ausnahme der direkten Tötung in den Gaskammern.«

Geraten hat Luther: die Synagogen anzuzünden, jüdische Gebetsbücher zu verbrennen, »daß man« jüdische Häuser »zerbreche und zerstöre«, Juden zur Zwangsarbeit heranzuziehen, das heißt, sie zu versklaven, sie rigoros davonzujagen und vieles mehr. Der Jude sei »der leibhaftige Teufel«, »das jüdische Herz ist stock-, stein-, eisen-, teufelhart«, ein jeder Jude »steckt so voller Abgötterei und Zauberei, als 9 Kühe Haare haben«.

Im Hohenzollern-Mortuarium des Klosters Heilsbronn ist noch heute eine (vorreformatorische) »Judensau«-Skulptur zu besichtigen, sofern man denn darauf hingewiesen wird, in der Nürnberger Sebalduskirche ebenso.

Diejenigen in Spalt (an einem Haus in der Stiftsgasse) und in Cadolzburg bei Fürth (am Tor der Mark- und Burggrafenburg; die größte der etwa fünfzig bekannten Darstellungen dieser Art in Europa) sind kaum mehr als solche zu erkennen – heruntergekommen, verwittert, wie sie sind. Bloß nicht restaurieren – wo doch gemeinhin jeder Stein und jeder Balken von historischer Bedeutung mit Zahnbürste und Nagelfeile aufgehübscht wird.

Cadolzburg? Was wissen wir über Cadolzburg? »Majestätisch thront die Cadolzburg über dem gleichnamigen Ort und dem Farrnbach. Einst wurden von hier aus große Teile Frankens beherrscht. Mit seinen ausgedehnten Wäldern ist Cadolzburg heute ein beliebter Ausflugsort der Nürnberger und Fürther mit vielen Wandermöglichkeiten.« (Nestmeyer)

Genau.

Nebenbei hauste hier ab 1936, auf dem Pleikershof, der Gauleiter Frankens, Julius Streicher, der sich während des Nürnberger Hauptkriegsverbrecherprozesses explizit auf Luther berief.

Streicher und sein Duzfreund Hitler, der Nationalsozialismus und Franken – Egon Fein spürt diesen Beziehungen sorgsam nach. »Mit nur wenigen Landstrichen fühlte Hitler sich so eng verbunden wie mit Franken. Nicht grundlos gehörte Nürnberg, die ›Tempelstadt der Bewegung‹, zu den fünf ›Führerstädten‹«, denn Franken sei »Quell der Prophetie und NS-Mustergau« sowie der »›Brückenkopf‹ zur Eroberung des ganzen Reichs« gewesen.

Schon dem zwölfjährigen Hitler sei, dank Richard Wagner und Bayreuth, »Franken zum Land seiner Sehnsucht« geworden, meint Fein. Mag sein. Hitlers berüchtigtes *Rienzi*-Erlebnis im November 1906 in Linz gab dann den letzten Anstoß. Auch möglich. Jenseits der Führer-Psychologie und -Mythographie interessieren uns die geschichtlichen Fakten allerdings erheblich mehr.

Nürnberg, »der Archimedespunkt, auf welchem wir die träge Welt des versumpften deutschen Geistes aus der Achse heben wollen« (Wagner), hat im November 1918 zwar pflichtschuldig, wie es braven Protestanten geziemt, einen Arbeiter- und Soldatenrat gebildet, am nächsten Werktag wird die Arbeit aber wiederaufgenommen. »Revolution auf altfränkische Art: Immer korrekt.«

Bereits im Folgejahr werben die Reaktionäre in Franken, »dem Sammelplatz vieler Freikorps«, erfolgreich Freiwillige für den Bürgerkrieg gegen die Linke an. Die SPD ist dito nicht faul, mobilisiert ihre Anhänger gegen den Spartakusbund und macht gemeinsame Sache mit dem anti-räterepublikanischen Mob. Das Resultat ist bekannt.

Hitler, unterstützt von allerlei antisemitischem Gelichter, wird derweil in München zum Einpeitscher aufgebaut; Streicher, ein schwäbischer Volksschullehrer, der seit 1909 in Nürnberg lebt, füllt ab 1920 die gleiche Rolle in Franken aus – und zwar mit der Deutschsozialistischen Partei (DSP), einem Konkurrenzverein zur NSDAP (was sich bald erledigt haben wird).

Die DSP klebt in Nürnberg Zettel folgenden Wortlauts: »Der Jude hat durch seine von ihm gekauften Zeitungen dafür gesorgt, daß wir heute das mißachtetste Volk auf Erden sind. Wer ist demnach unser ärgster Feind in der Maske des Freundes ... einzig und allein und für alle Zeit: Der Jude! Erfüllt deshalb die heute in unserer höchsten Not gebieterische und sittliche Pflicht jedes einzelnen: Kauft nicht bei den Juden! Nehmt keine jüdischen Ärzte! Lauft nicht zu jüdischen Rechtsanwälten! Verlangt judenfreie Zeitungen!«

Letztere zu produzieren, das übernimmt in Bälde Streicher, in der widerwärtigsten Form aller Zeiten. Zum »Juden« kommen noch der »Bolschewik« und andere »Rassen« hinzu, doch die Giftsuppe, die durch die Gehirne schwappt, ist spätestens 1920 angerichtet.

Streicher zieht durch Franken, pöbelt, brüllt, hetzt gegen jüdische Bürger, in Neustadt/Aisch, Uffenheim, Ipsheim und anderswo, und schart insbesondere »Bauern, Junglehrer und Jugendliche« um sich. Das Bezirksamt Uffenheim stellt fest, »daß ganze Gemeinden auf Streicher eingeschworen seien, und – noch schlimmer –: ›Auch die Sozialdemokraten stimmen ihm zu.‹«

Hitler braucht Schleicher unterdessen auf seinem »Marsch nach Norden«. Im Herbst 1922 schließen sie sich zusammen, am 11. Oktober randalieren sie beim »Deutschen Tag« in Coburg brutal herum. Hitler rückblickend: »Der Name Coburg ist mehr als ein Name irgendeiner anderen deutschen Stadt, er ist mit einem epochalen Ereignis des Kampfes der Frühzeit der nationalsozialistischen Bewegung verbunden. In dieser Stadt sind wir mit einer Methodik, die wir später noch oft anwandten, zum erstenmal gekommen und haben uns zum erstenmal in dieser Stadt durchgesetzt.«

Die Methode: drauftreten, zerschlagen, zermalmen. Und sie wird von Parteigängern fleißig kopiert. In Nürnberg schänden sie Ende 1922 den ersten jüdischen Friedhof, überfallen Juden auf offener Straße, attackieren sie in Cafés, »jüdische Gemeinderäume werden demoliert«. »Franken voran!« lautet Streichers Motto.

Ab August 1923 erscheint Streichers paranoid-schwerstkriminelles Jaucheblatt *Der Stürmer*. Ein derart infernalisches antisemitisch-rassistisches, pathologisch-pornographisches Preßerzeugnis hat es noch nicht gegeben. Streichers »Methode«: denunzieren, denunzieren, denunzieren. Ein (frühes) Beispiel aus einer endlosen Reihe bis ins Jahr 1945: »Dem jüdischen Rechtsanwalt Rauh aus Fürth wirft der *Stürmer* vor, er habe zwei Arbeitermädchen vergewaltigt und getötet. Daraufhin veranstalten die Nazis antijüdische Protestversammlungen. Vom Sitz der paramilitärischen, rechtsradikalen Kampforganisation Reichsflagge am Sterntor ziehen aufgehetzte SA-Männer grölend durch die Straßen und verprügeln wahllos Leute, die sie für Juden halten. Es kommt zum Prozeß, die Vorwürfe sind haltlos, Rauh wird freigesprochen. Aber Streicher hetzt weiter.«

Die Polizei schaut zu. Greift sie (handfest) ein, sind es KPDler, die es trifft. SA-Aufmärsche finden mittlerweile beinahe flächendeckend statt, »Frankens Städte packt der Ehrgeiz, jeder will sich mit der völkischen Elite schmük-ken«. – »Jede Rede ist ein Angriff auf die Regierung, auf die bestehende Ordnung, die Demokratie und auf das ›alles verseuchende Judentum‹, eine Abrechnung mit Versailles und den ›November-Verbrechern‹, die erst dem deutschen Heer den Dolchstoß gegeben und dann diesen Schandver-trag unterschrieben haben. Hat man eine Rede gehört, kennt man alle.«

Daran wird sich bis 1945 im Grunde nichts ändern. Was sich verändert, was nahezu unaufhörlich weiter zunimmt, sind die Zustimmungsbekundungen aus Frankens Bevöl-kerung. Franken ist Naziterritorium, antisemitischer Ur-grund, völkischer Urschlamm.

»Deutsche Tage« in Bamberg, Bayreuth, in Hof, wo am 16. September 1923 »75 000 Männer der Vaterländischen Verbände auf[marschieren]. Hitler, angereist in einem blu-mengeschmückten roten Benz […], hält die Hauptrede. Nach ihm spricht Admiral Scheer. Über zwei Stunden lang nehmen sie die Parade ab. Die Bevölkerung jubelt.«

Nach dem gescheiterten Hitler-Putsch in München und dem Verbot der NSDAP demonstrieren halb Bayreuth und halb Nürnberg für die Freilassung des künftigen Führers. In kleineren Städten und auf dem Land laufen Tausende gegen Juden Amok.

Bei den Landtagswahlen 1924 räumt die Tarnpartei Völ-kischer Block ab. In Coburg und Ansbach erreicht sie über fünfzig Prozent. Daß Streicher ein mafiöses Schwein, ein völlig entgleister Perverser und Irrer ist, stört in der Öffentlichkeit offenbar wenig. Goebbels notiert in seinem Tagebuch: »In Würzburg sprach [...] vor einer Massenversammlung der wilde und fanatische Julius Streicher. In vierstündigen Ausführungen hatte er durch seine Leidenschaftlichkeit die Menge so fanatisiert, daß sie am Schluß spontan in den Gesang des Deutschlandlieds ausbrach.«

In entsetzlicher Gleichförmigkeit intensiviert sich das Zusammenspiel zwischen Hitler und Streicher, zwischen den seit Februar 1925 wieder legalisierten Nazis und den Franken weiter und weiter, bis 1933, bis 1939, auch danach ändert sich wenig bis nichts.

Nach hundertdreißig, hundertvierzig Seiten (ob man Egon Fein oder Quellen anderer Art bemüht, ist nebensächlich) beginnt man zu ermüden; es ist jedoch die historische Wahrheit: »In Franken steht die NS-Partei fester auf den Beinen als anderswo in Deutschland. [...] Nürnberg zählt 1925 mehr NS-Parteimitglieder als München, prozentual die meisten sogenannten Ehrenzeichenträger Deutschlands (›Männer der ersten Stunde‹) [...] [und ist] ›Kernpunkt der Bewegung‹.« Das sieht im sonstigen Mittel- und in Oberfranken nicht anders aus – während die NSDAP im umliegenden Reich Mitte der zwanziger Jahre fast darniederliegt.

Lieber Matthias, entschuldige, daß ich Dich mit diesem Horrorgeschehen quäle, aber ich exzerpiere und fasse noch ein wenig zusammen, denn Egon Feins populärwissenschaftliche Arbeit will gewürdigt sein.

Bamberg, 14. Februar 1926: Reichstagung der NSDAP. »Bamberg ist eine Hochburg der süddeutschen Nazis, Streicher treuergeben und ganz auf Hitler eingeschworen. [...] ›Das oberfränkische Bamberg ist der Sitz einer unserer wirksamsten Ortsgruppen‹, schreibt das NS-Blatt *Völkischer Beobachter*.« Hitler räumt die letzten innerparteilichen Konkurrenten aus dem Weg und installiert das

Führerprinzip. »Auf fränkischem Boden hat Hitler eine entscheidende Schlacht gewonnen.«

1927 wird Nürnberg, »die deutscheste aller deutschen Städte«, von Hitler als Ort der Reichsparteitage auserkoren, »für die kommenden tausend Jahre«. Die sattsam ins Feld geführten Gründe: die Geschichte der kaiserlichen Reichstage, Streicher und seine Truppen, »eine tolerante Polizei« und die Aura der Meistersinger.

In Ansbach steigt er »bei einem Pfarrer Sauerteig ab« und hält dann eine Art Vorbereitungsrede. Auch die kennt man bereits, und man wird sie hören und abermals hören und noch und noch mal hören (was keineswegs nach sich zieht, daß die Zuhörerschaft schrumpft, im Gegenteil): »Macht brauchen wir, um unser Sklavendasein abzuschütteln. Macht, um mehr Grund und Boden zu erobern. Macht, um Arbeit und Brot zu sichern und um nicht verhungern zu müssen. Wer aber Macht erringen will, der muß kämpfen. Wir sind überzeugt von der Notwendigkeit des Kampfes. Wir stehen auf der Erkenntnis des Wertes der Rasse. Die Menschen sind nicht alle gleich.«

Merkwürdigerweise zeigen die Nürnberger am ersten Reichsparteitag schließlich wenig Interesse – ein Ausrutscher, ein Premierenmißgeschick sozusagen. 1928 tourt Hitler unermüdlich durch Franken, seinen Lebensraum- und Ariersermon vor inflammierten Studenten und Menschen jederlei Provenienz ausspuckend. Eine etwas längere exemplarische Passage bei Egon Fein illustriert das:

»In Erlangen agitiert er vor dem Nationalsozialistischen Studentenbund. In Kulmbach bebt die Realschulturnhalle (›Eine Weltanschauung, die den Kampf ablehnt, ist widernatürlich und muß ein Volk, das nach ihr geleitet wird, zum Untergang führen‹). Im überfüllten und polizeilich gesperrten Greismannssaal zu Fürth wird er ›unter den Klängen eines Marsches aufs lebhafteste begrüßt‹ (›Kampf um Freiheit und Brot‹ heißt das Thema). Mit dem ›Wahnsinn des demokratischen Gedankens‹ rechnet er in Bayreuth ab [...]. Im Bamberger Zentralsaal hämmert er tausend Besuchern ein: ›Unter den heutigen Umständen ist das Leben eines Volkes unmöglich.‹ Die Polizei ist zufrieden: ›Redner hat weder eine Partei noch persönliche Namen oder Schimpfworte oder dergleichen gebraucht.‹ In der Turnhalle des oberfränkischen Erbendorf sitzen unter den tausend Zuhörern dreihundert Männer, die sich eigens Braunhemden angezogen haben; die örtliche Presse überschlägt sich: ›Hitler [...], getragen von dem Bewußtsein seiner zu bewältigenden hohen Aufgabe, durchdrungen bis in sein Innerstes von der Hingabe an eine große nationale Idee...‹«

Daß Hitler ein Deutsch schreibt und spricht, das auf die Sondermülldeponie gekippt gehört, beeinträchtigt seine Wirkung selbstverständlich nicht.

Parallel richtet Streicher auf dem Hesselberg den ersten seiner »Frankentage« aus. Ich erspare mir Redeausschnitte. Im Juni 1929 hat die NSDAP in Coburg die erste kommunale Magistratsmehrheit und stellt den ersten Bürgermeister aus ihren Reihen.

Es wird alles noch schlimmer und widerlicher. Fahnenweihen und Schwurorgien mit Zehntausenden von Nazis kommen in Mode – in Franken, damit wir das nicht vergessen. Der Reichsparteitag 1929 »wird [...] zur bis dahin bedeutendsten Heerschau der NSDAP. [...] Es kommen in vierzig Sonderzügen, mit Lastwagen oder zu Fuß 23 000 SA- und SS-Männer sowie 40 000 Parteigenossen aus allen Ecken des Reichs [...]. Der Hauptbahnhof gleicht einem Heerlager. Schon auf den Bahnsteigen blasen SA-Kapellen ihren Gesinnungsgenossen und Reisenden den Badenweiler Marsch, Hitlers liebstes Paradestück. Die Hallen und der Vorplatz sind über und über mit Girlanden und Flaggen bepflastert: schwarzweißrote mit dem Hakenkreuz, das Nazi-Emblem; blauweiße für Bayern und rotweiße,

Nürnbergs Stadtfarben. Die Cafés und Wirtshäuser sind überfüllt. Ein Bombengeschäft für Nürnbergs Gastronomen.«

Das sind lediglich die Anfänge – in dieser wie in anderen Angelegenheiten.

»Hitlers Abschlußrede im *Kulturverein* wird immer wieder von Heilrufen, von Jubel und Beifall der elektrisierten Menge unterbrochen. Es sind auch hier die bekannten Themen, die er in den Saal schleudert: das sogenannte Raum- und Bodenproblem, die ›Rassenhygiene‹« – ich breche ab.

Egon Fein weist auf etwas anderes hin. Zum erstenmal ruft Hitler in aller Öffentlichkeit zum Massenmord auf: »Würde Deutschland jährlich eine Million Kinder bekommen und 700 000 bis 800 000 der Schwächsten beseitigen, dann würde am Ende das Ergebnis vielleicht sogar eine Kräftesteigerung sein. [...] Durch unsere moderne Humanitätsduselei bemühen wir uns, das Schwache zu bewahren auf Kosten des Gesunden. [...] So züchten wir langsam die Schwachen groß und bringen die Starken um.«

Auf den Straßen und in Wirtshäusern brechen tumultuarische Auseinandersetzungen zwischen Nazis und Kommunisten aus, mit zahlreichen Toten. Verhaftet werden sechzehn KPD-Mitglieder. Der halbwegs couragierte Nürnberger Stadtrat, der die Nazis zu Recht für die Exzesse verantwortlich macht, verbietet daraufhin die Reichsparteitage – bis 1933.

»Aber Franken hört auf Hitlers Stimme, jetzt, nach dem Nürnberger Parteifestival, erst recht«, schreibt Egon Fein. »Am 30. November lockt sein fränkischer Statthalter Streicher ihn wieder nach Hersbruck. Hier hat Streicher Heimrecht. Hitler spricht auch diesmal, wie im Vorjahr, in einer Turnhalle. Hier fühlt er sich wohl, hier braucht er sich nicht um Zurückhaltung zu bemühen. Streicher weiß das, und deshalb hat er Hitler hierher eingeladen. Und der will offenbar alles an Judenschmähe nachholen, was er auf dem Reichsparteitag versäumt hat. Hier, in dieser Provinzturnhalle, rollt er wieder schonungslos die ›Rassenfrage‹ in ihrer ganzen erschreckenden Maßlosigkeit aus. Vollends in seinem Element, tobt Hitler: ›In manchen Städten sind zweiundneunzig Prozent aller Ärzte Juden, in Berlin sechzig Prozent aller Mittelschüler. Wer ist Träger der Geburtenbeschränkung und des Auswanderungsgedankens? Das internationale Judentum. Die Kraft, die heute in der Welt thront, ist der internationale Jude.‹«

Die Situation spitzt sich in der Folge in jederlei Hinsicht neuerlich zu. Nazis überfallen regelmäßig kommunistische Versammlungen, verbannen jüdische Geschäftsleute, wo sie können, umwerben massiv das Kleinbürgertum, die Kirchen und die Bauern. »Streicher nennt ›Alljuda‹ den Totengräber des Landvolks. Er findet offene Landwirtsohren [...]. ›Wenn ihr den deutschen Bauern retten wollt, dann enteignet die Juden‹, radikalisiert Streicher bei einer Rede in Roth die Parteiparolen im Kampf um bäuerliche Stimmen. Hitler bringt es bei einer Hesselberg-Kundgebung auf die einfache Formel: ›Landwirte, tretet der NSDAP bei!‹ Viele Bauern tun ihm den Gefallen, selbst in Dörfern, die von den Nazis bislang nichts wissen wollten.«

»Hitler ist doch sehr liebenswert. Voll von Charme. Ein Herrenmensch!« vertraut Herr Goebbels, auch ein Charmeur, seinem Tagebuch an. Unterdessen reifen Hitlers Pläne für den Bau des Reichsparteitagsgeländes. Wüßte man nicht um die blutige, ungeheuerliche Wirklichkeit, man wähnte sich tatsächlich in einem Chaplin-Film.

1930 – selbst im katholischen Würzburg reüssiert Hitler. Und: »Dem Angriff einer antisemitisch gestimmten Volksmenge auf die Besucher einer Aufführung des Moskauer Theaters Habima in Würzburg am 19. November 1930 standen die Polizei machtlos und die Justiz bewußt hilflos gegenüber.« (Herbert Schott, in: *BilderLast*, Nürnberg

2008) Kaum ein Milieu, kaum eine (relevante) gesell-
schaftliche Schicht in Franken ist nicht nazifiziert. Hitler
füllt jetzt sogar die Festhalle am Luitpoldhain. »16 000
Nürnberger kommen zu dieser Premiere. [...] Der Funke
des hitlerischen Fanatismus springt über, er wird zur magi-
schen Kraft, der sich Millionen nicht entziehen können.«

Die Reichstagswahlergebnisse in Franken sprechen für
sich. Ende 1930 hält die Regierung von Mittelfranken fest:
»Nach übereinstimmenden [...] Berichten [...] sympathi-
sieren die weitesten Kreise der Bevölkerung, und zwar
auch ruhige, durchaus ernstzunehmende Leute, mit der
nationalsozialistischen Bewegung.« Egon Fein ergänzt:
»Bürgermeister und andere Repräsentanten bürgerlicher
Parteien wechseln zur NSDAP. Viele Lehrer und Ärzte setzen sich für die Nazis ein, dank ihres Einflusses auf die
Bevölkerung wirken sie wie Multiplikatoren der NS-Ideolo-
gie. Fünfzehn evangelische Pfarrer in Franken stellen sich
der NSDAP als Werberedner zur Verfügung.«

1932 baut die NSDAP in der Nürnberger Marienstraße ein
»Hitlerhaus«. »Gaurundfunkstellen« werden eingerichtet.
»Viele Unternehmer in Franken beschäftigen nur noch
eingetragene NSDAP-Mitglieder.« – »Prominente Nazis
werden bei ihren Reisen durch Franken empfangen wie
Potentaten und mit Blumen überschüttet.« Die »Bastion in
Nordbayern« ist uneinnehmbar. Bei den Reichspräsiden-
tenwahlen am 13. März 1932 »kommt [es] zu sensationel-
len Pro-Hitler-Ergebnissen. Im Bezirk Rothenburg ob der
Tauber stimmen [mehr als] achtzig Prozent für ihn.« – »In
den benachbarten mittelfränkischen Bezirken Uffenheim,
Ansbach und Neustadt waren es ebenfalls über achtzig Prozent«, schreibt Manfred Kittel in *BilderLast*. Die »mentale
Machtergreifung« hat längst stattgefunden, Lehrer, Pfarrer,
Förster, Geschäftsleute exponieren sich »als stramme Hit-
ler-Leute« – Franken im »Hitler-Rauch«, Hakenkreuze sind
allgegenwärtig. »Die Freilassung heimischer SA-Männer,

die wegen des Verdachts auf Waffenschiebung einige Monate in Untersuchungshaft verbracht hatten, geriet in Ansbach infolge ›der außerordentlichen Sympathie‹ eines ›Großteil[s] der Bevölkerung‹ zu einem spontanen Volksfest.«

Am 30. Juli des Jahres, einen Tag vor den Reichstagswahlen – so nun wieder Egon Fein –, »prophezeit Hitler vor 70 000 begeisterten Anhängern, die sich im Nürnberger Stadion versammeln: ›Deutschland wird eine einzige Partei werden!‹ Die aufgeputschten SA-Trupps wollen am liebsten gleich ganz Nürnberg besetzen; Hitler kann sie gerade noch daran hindern.« Er weiß, warum er das tut. Die Historiker sprechen von »Legalitätskurs«.

Franken wählt Hitler – in seiner Mitte mit 47,7 Prozent der Stimmen. Die SA ist mittlerweile ein Staat im Staate Franken und ignoriert sämtliche polizeilichen Anweisungen. »Das Frankenland gehört Adolf Hitler!« dröhnt es allenthalben, und dem Frankenlandinhaber werden freudig mehrere Ehrenbürgerwürden verliehen.

Die SPD versagt selbst am 30. Januar 1933 auf der ganzen Linie. (Die Kirche nicht: Am Tag der Machtergreifung läuten in der Altstadt die Glocken.) Die Kommunisten werden sofort inhaftiert und kurz darauf deportiert, ins schon am 22. Februar eingerichtete KZ Dachau. Und am 25. Februar, am »Hitlertag von Nürnberg« *(Völkischer Beobachter)*, tritt der Erlöser (»An den Straßen jubeln Menschen, obwohl es schon dunkel ist«) in der Kongreßhalle in brauner SA-Uniform vor 20 000 Menschen ans Rednerpult: »Ihr, meine Franken! Ihr seid verpflichtet, in diesem Kampf um die Einheit des Reichs hinter den Kanzler zu treten und nicht zu dulden, daß unverantwortliche Reden im übrigen Deutschland den Eindruck erwecken, als würden wir vielleicht weniger an Deutschland hängen als irgendein anderer Stamm.«

Danach verzieht sich Hitler in sein geliebtes Stammhotel *Deutscher Hof*, Frauentorgraben 29, neben der Oper. (Der deutschnationale Klotz wird, wie 2008 beantragt, nun wohl doch nicht abgerissen.)

Ende März 1933 eskaliert der antisemitische Terror vollends, permanent angestachelt durch Streicher und Nürnbergs neuen Oberbürgermeister Willy Liebel. Boykotte, Haßparolen, Denunziationsandrohungen. »Nürnberger, die sich durch keine Hetze abschrecken lassen und trotzdem bei Juden einkaufen, werden – besonders vor großen Kaufhäusern – als ›Boykottbrecher‹ angepöbelt und mit Pfui-Rufen empfangen. [...] In allen Stadtteilen kommt es zu Übergriffen, Steine werden geworfen, jüdische Passanten geschlagen und verletzt. Die NS-Gauleitung fordert die Israelitischen Kultusgemeinden in Nürnberg und Fürth auf, die Zeche zu bezahlen. Kosten für Verpflegung und sonstige Aufwendungen der SA-Posten während des vom Zaun gebrochenen Boykotts gehen zu Lasten der Juden. Die Opfer bezahlen ihre Schinder für die Prügel.«

Nein, es hat niemand gewußt. Niemand hat etwas gesehen.

Bernd Noack bezeichnet den Begriff »Fränkisches Jerusalem« – für Fürth – als »schief« und »trügerisch«, »denn von den 2200 Mitgliedern, die die [jüdische] Gemeinde vor 1933 hatte, überlebte fast keiner; nach dem Krieg war über Jahrzehnte hinweg kein geregeltes religiöses Leben mehr möglich – im ›Fränkischen Jerusalem‹ wohnten keine Juden mehr.« Im Mitte der neunziger Jahre eröffneten Jüdischen Museum Franken sind Beispiele dafür zu sehen, wie sich das jüdische Leben wirklich gestaltete: »Der Quelle-Versandhausgründer Gustav Schickedanz aus Fürth warb ab 1933 für seine Firma mit dem Wörtchen ›arisch‹, heimische Brauereien brachten antisemitische Bierfilze in die Wirtshäuser, auf Schützenscheiben wurden die Namen siegreicher jüdischer Vereinsmitglieder getilgt ...« (*Merian Nürnberg*, 2007)

Egon Fein: »Der Sekretär der Israelitischen Kultusgemeinde in Nürnberg, Bernhard Kolb, muß die Leichen ermordeter Juden in Dachau abholen, um sie auf dem jüdischen Friedhof ihrer Heimatstadt zu begraben. Öffnet er die Särge, um die Toten zu identifizieren, stellt er an den Leichen immer wieder Kopfschüsse fest.« 1946 wird Kolb aussagen: »Es waren schon zu jener Zeit in Nürnberg und Franken die Verhältnisse so schlimm wie kaum in einem anderen Bezirk des Deutschen Reichs.«

Auch dies hat niemand gesehen, auch hier war niemand dabei: »SA- und SS-Trupps verwüsten das Metallarbeiterheim in der Kartäusergasse, sie überfallen das Gebäude der *Fränkischen Tagespost* – an der Spitze Julius Streicher persönlich, in Ledermantel, Gamaschen und mit Reitpeitsche. Nach einer Schießerei auf der Straße zertrümmern sie mit Vorschlaghämmern und Sauerstoffgebläsen in sinnloser Wut Setzerei und Druckerei, werfen Möbel, Zeitungen und Papiere aus den Fenstern, plündern die Buchhaltung. Das Gewerkschaftshaus in der Breiten Gasse sieht kurz danach nicht besser aus. Wo die Nazis ›aufräumen‹, hinterlassen sie verbrannte Erde.«

Widerstand, offener? Aus der Bevölkerung?

In der von Streicher gegründeten *Fränkischen Tageszeitung* wird ununterbrochen dazu aufgerufen, den Nächstbesten zu verpfeifen. »Denunziation ist zum beliebten Gesellschaftsspiel der Angepaßten geworden. Bald hat die *Fränkische Tageszeitung* die höchste Auflage aller Zeitungen in Nürnberg und in ganz Franken.«

Hitler und Goebbels gondeln derweil durchs Fichtelgebirge, fahren zur Luisenburg in Wunsiedel, machen ein Picknick. Goebbels: »Vier Stunden im Grünen gelegen. Hitler ganz glücklich, wenn er unter Menschen. Heimfahrt ein einziger Triumphzug. Die ganze Bevölkerung auf den Beinen.«

Zur gleichen Zeit berichtet der *Manchester Guardian*:

»Die alte Stadt Nürnberg war heute der Schauplatz einer unerhörten Treibjagd auf Juden. Heute früh gegen neun Uhr wurden zweihundert bis dreihundert jüdische Kaufleute und Geschäftsinhaber von den Nazis verhaftet und gezwungen, durch die Stadt zu marschieren.« Die Londoner *Times* wenig später über eine Gruppe englischer Touristen:»Die Engländer besuchten am Sonntag ein Kabarett und waren dort Zeugen der barbarischen Behandlung eines jungen Mädchens, das in der Gesellschaft eines Juden angetroffen worden war.«

Niemand hat etwas gesehen. Alle standen sie an den Straßen und haben immer und überall nur Hitler gesehen, ihren Hitler.

Zum »Reichsparteitag des Sieges« Ende August 1933 kommen knapp vierhunderttausend Parteigänger, und »die ganze Stadt [ist] ein einziger Hakenkreuz-Jahrmarkt«. Die Nazikohorten marschieren, »halb Nürnberg – oder mehr – steht Spalier an den Straßen«.

Die wenigen Widerständler? »Kommunisten und Sozialdemokraten, die im Untergrund zu arbeiten versuchen, werden regelmäßig schon nach kurzer Zeit ausgehoben. Unterstützung von der Bevölkerung brauchen sie nicht zu erwarten.«

Dafür steigt die Zahl der Teilnehmer an den Reichsparteitagen kontinuierlich an. »Hitler fühlt sich sichtlich wohl ›in der Stadt seiner kampfgehärteten nationalsozialistischen Gemeinschaft‹, wie er dies formuliert«, und Streichers Handlanger verleumden in der *Fränkischen Tageszeitung* und im *Stürmer* in einem fort. Die Fälle, die Egon Fein zitiert, sind derart grauenhaft, daß einem der Atem stockt. Erich Weinert dichtet 1935:»Man hat den Typ schon irgendwo geseh'n, / beim Herrenabend, wo dergleichen Glatzen / im Dunst lasziver Lust an Witzen schmatzen, / die immer sich ums Genitale dreh'n. [...] // Zwar kann uns solches Schweinshirn kaum genieren, / solang' es in privater Sphäre schlämmt. / Doch hier, bestallt mit einem Schreckensamt, / darf diese Kotgeburt sogar regieren / und seinen Dreck als Hochziel publizieren! // Das darf sich als Kulturpräzeptor fühlen; / und seine Herrenabendphantasie / darf amtlich sich in fremden Betten sühlen. / Vor dieser penetranten Pornarchie / versagt die Sprache wie die Ironie. // Doch eins sei festgestellt: Wer noch der Meinung, / es sei die Tobsucht dieses Schnüffelscheichs / nur Abspiel peripheren Narrenstreichs, / der irrt. Denn diese schmierige Erscheinung / ist das Kulturgesicht des Dritten Reichs!«

1935 ordnet Hitler während des Reichsparteitages die Abfassung und Verabschiedung der »Nürnberger Gesetze« an, des »Blutschutzgesetzes« und des »Reichsbürgergesetzes«. Kurze Zeit später fällen fränkische Gerichte die ersten unerbittlichen Urteile, und Streicher, der im Cramer-Klett-Palais residiert, registriert tiefzufrieden, daß 1936 alle städtischen Schulen »judenfrei« und »daß neunundneunzig Prozent aller Volksschüler freiwillig Pimpfe beim Jungvolk sind und fast alle Volksschulen Nürnbergs das ehrenvolle Recht genießen, die HJ-Fahne hissen zu dürfen. Zur Pflicht wird die Staatsjugend erst drei Jahre später, aber schon jetzt gilt: Franken voran, Frankens Jugend für den ›Führer‹«.

Am 16. März 1967 nahm Hans Magnus Enzensberger den Preis für Kunst und Wissenschaft der Stadt Nürnberg entgegen. In seiner »Rede vom Heizer Hieronymus«, die eine öffentliche Debatte über die politische Justiz in der Bundesrepublik (die unvermindert Kommunisten und andere Linke in die Gefängnisse schickte) auslöste und sogar zum Gegenstand einer Bundestagsanfrage wurde, sprach Enzensberger über »ein nach wie vor bedrohliches und bedrohtes Nürnberg«. Er erinnerte sich an seine Jugend in Nürnberg und daran, wie die jüdischen Nachbarn, die Levendeurs, über die man redete wie über einen »Verwandten im Irrenhaus«, als erste verschwanden: »Sind sie in Mexiko gestorben – oder in Theresienstadt? Danach hat niemand gefragt; und wie hätte ich Herrn Levendeur erkennen sollen auf dem bunten Bild in meinem Schulbuch, wie hätte ich begreifen können, daß er gemeint war mit dem Verschen unter dem Bild: ›Trau keinem Fuchs auf grüner Heid' / Und keinem Jud' bei seinem Eid!‹ So wie der Jud' im Bilderbuch sah Herr Levendeur nicht aus, sondern ein anderer Nachbar glich ihm aufs Haar: ein fettleibiger Mann, stiernackig, mit unförmiger Nase und wulstiger Stirn. Ein Blick aus dem Fenster über die Sandsteinmauer in den Cramer-Klett-Park, bei warmem Wetter, und wir sahen ihn, in der Badehose, am künstlichen Teich, er sah immer schweißig aus, und es war, als keuchte er. Wir haben ihn oft gesehen, unsern Mitbürger, unsern Nachbar, unsern Zeitungs- und Bilderbuchverleger, den Streicher, der uns damals eingeschärft hat, daß wir wieder wer wären in der Welt, daß unser Unglück nicht wir, sondern andere seien, und daß Deutschland zu erwachen habe – und zwar sofort. Heute sind es andere, die uns dasselbe sagen.«

Am 22. März 1936 tritt Goebbels in der Nürnberger Kongreßhalle auf. »Tolle Begeisterung. Publikum rast. Dieses fränkische Volk ist wunderbar. Abends ein großer Fackelzug«, vertraut er seinem Tagebuch an. Ein Jahr später kann Streicher »dank der gründlichen, brutalen Arbeit der Gestapo […] seinen Gau nicht nur ›judenfrei‹ melden, auch die Regimegegner sind beseitigt«.

Bleibt »in diesem disziplinierten und vorbildlichen Landstrich« vorerst nur noch eines zu tun: die Hauptsynagoge am Hans-Sachs-Platz (sowie alle anderen Synagogen) zu zerstören. »Am 10. August [1938] befiehlt er [Streicher] bei einer Kundgebung, zu der Tausende zusammengetrommelt werden, den Abbruch des Gebäudes, das schon 1877 das Mißfallen Richard Wagners erregt hat. […] ›Es kommt die Zeit, in der einmal die Judenfrage in der ganzen Welt radikal gelöst werden wird‹, sagt der Hellseher des Grauens, Julius Streicher.«

Acht Jahre später, im November 1946, besucht die große amerikanische Reporterin Martha Gellhorn, Hemingways dritte Frau, die ehemalige markgräfliche Residenz- und heutige Verwaltungsstadt Ansbach im sogenannten Romantischen Franken. Das barocke Markgrafenschloß mit seinen Rokokosälen (Kacheln, Porzellan, Spiegel) ist sehenswert, die Altstadt im Stil des strengen protestantischen Barock auch.

Martha Gellhorn will aber nur etwas essen und Bier trinken. Sie lernt einen zwanzigjährigen »netten Burschen« kennen, der mit sechzehn Soldat geworden und an der West- und Ostfront gewesen war.

»Er sagt, daß Deutschland den Krieg begonnen habe, weil England angreifen wollte«, erzählt Gellhorn. »Er vergaß nicht zu erwähnen, daß er das Gerede von den Konzentrationslagern für übertrieben und für Propaganda halte. Er habe Leute aus der ›Schutzhaft‹ in die Stadt zurückkommen sehen; fett und sonnengebräunt seien sie gewesen. [...] Andererseits, sagte der junge Mann, müsse man die Juden einfach hassen, da sie noch nie richtige Arbeit geleistet hätten. Zeit seines Lebens habe er Juden nur mit Tricks Geld machen sehen. Jetzt kehrten sie in die Stadt zurück, und deutsche Familien müßten ihre Häuser zurückgeben und säßen auf der Straße; niemand spreche mit den Juden.«

Welche Juden er meint, nach 1945, fragt Gellhorn nicht. Sie läßt ihn weiterreden: »Der Schwarzmarkt werde von Fremden beherrscht, besonders von diesen Polen. Die Polen, sagte er, hätten viele Extrapaare Schuhe bekommen, die sie jetzt verkauften und damit zu reichen Schwarzhändlern würden. Die Hitler-Jugend, meinte er, sei eine feine Organisation gewesen. Man habe ihnen Reisen und Konzerte angeboten und Kultur vermittelt. Noch im schlimmsten Kriegsjahr seien alle mit dem Nötigsten versorgt gewesen.«

Nicht nur Gellhorn, die sich lange im Nachkriegsdeutschland aufhielt, beobachtete, »daß jeder vorgab, Kommunisten versteckt zu haben. Alle waren sich einig, daß Hitler ein Monster gewesen war« – und zwar einig für ein paar Wochen, vielleicht ein paar Monate: »Am Kriegsende, fuhr der Junge fort, haßten die Leute Hitler, weil er den Krieg verloren hatte; aber jetzt fingen sie an zu begreifen, daß Hitler doch gar nicht so schlecht gewesen sei, denn jetzt sei die Lage in Deutschland noch viel schlimmer als unter seiner Führung.«

Gellhorn berichtete vom Nürnberger Prozeß (ihre Reportage entnehme ich, wie die meisten der folgenden Äußerungen, der Anthologie *Der Nürnberger Lernprozeß – Von Kriegsverbrechern und Starreportern* [Frankfurt/Main 2001]), der am 20. November 1945 im Schwurgerichtssaal 600 im Nürnberger Justizpalast an der Fürther Straße begann, in dieser »architektonischen Monstrosität« (Peter de Mendelssohn).

»Den Deutschen hing dieser Prozeß zum Hals raus«, resümierte Martha Gellhorn. James O'Donell kabelte im Dezember 1945 an *Newsweek*: »Es gibt wahrscheinlich keine Stadt der Welt, in der der Mann auf der Straße so wenig über den Prozeß diskutiert wie in Nürnberg.« Und einem Schuster entlockte er: »Wenn die Anstreicher [gemeint: Hitler] und Champagner-Geschäftsleute [gemeint: Ribbentrop] ihren Berufen treu geblieben wären, wäre Nürnberg immer noch die schönste Stadt der Welt, und ich müßte mir nicht den Kopf zerbrechen, wann ich jemals wieder gutes Leder oder gutes Bier zu sehen bekomme.«

Die Details der Suche der Alliierten nach den Kriegsverbrechern – auf den Fahndungslisten standen die Namen von erst einer, dann sechs Millionen Menschen – kann man sich in Joe J. Heydeckers und Johannes Leebs Standardwerk *Der Nürnberger Prozeß* (1958, Neuauflage Köln 2003) vergegenwärtigen. Wie man Streicher fand, möchte ich hier nicht unterschlagen.

23. Mai 1945. Ein Jeep, besetzt mit vier Amerikanern, unter ihnen Major Henry Blitt, rollt durchs Berchtesgadener Land. »Die Gebirgsbewohner in ihren heimischen Trachten sehen malerisch und friedlich aus. Schade, daß es lauter Nazis sind, mag Blitt denken. Da zum Beispiel der Alte auf der Terrasse des Bauernhauses, an dem der Jeep gerade vorbeifährt. Dieser Mann sitzt in der Sonne, sein Gesicht ist von einem weißen Bart umrahmt. Neben ihm steht eine Staffelei. [...] Plötzlich fühlt Major Blitt das unwiderstehliche Verlangen, hier ein Glas Milch zu trinken.«

Blitt läßt anhalten, die Amerikaner betreten das Haus. Blitt bekommt seine Milch und beginnt, er spricht jiddisch, eine zwanglose Plauderei: »›Wie geht's, Papa?‹ – ›Gut, gut‹, antwortet der. ›Seid Ihr hier Bauer?‹ – ›Nein‹, sagt der Bärtige, ›ich wohne nur hier. Ich bin Künstler, verstehen Sie, Maler...‹ – ›Was halten Sie von den Nazis?‹ fragt Blitt lachend. Der Alte winkt ab. ›Davon verstehe ich nichts. Ich bin Künstler und habe mich nie um Politik gekümmert.‹ – ›Sie sehen aber aus wie Julius Streicher‹, amüsiert sich Blitt. Irgend etwas an diesem Mann hat ihn wirklich an den Steckbrief von Streicher erinnert. Jetzt macht er Spaß damit. Doch der Alte reißt auf einmal die Augen auf, sein Gesicht sieht erstaunt und erschrocken aus. Dann fragt er tonlos: ›Woher kennen Sie mich?‹ Alles ist reiner Zufall.«

Ein jüdischer Soldat nimmt Julius Streicher gefangen, aus Zufall ... Vor Gericht erklärt Streicher, »er sei nie gegen Juden gewesen und habe in der Judenfrage immer den zionistischen Standpunkt eingenommen« (*Nürnberger Nachrichten*, 25. November 1945).

Der Dichter, Komponist und Sänger Georg Kreisler verhörte Streicher in Wiesbaden: »Er hat nach dem Verhör zu mir gesagt: ›Sie waren sehr nett zu mir, aber sonst die Juden, die haben mir sehr zugesetzt.‹ Natürlich war der Streicher unschuldig, alle haben sich in einem Befehlsnotstand befunden. Leider hab' ich bis heute niemanden in diesem Land getroffen, der zu mir gesagt hätte, daß er sich schämt.«

Erika Mann schrieb am 29. November 1945: »Nachdem man den wohl vollständigsten und schockierendsten Dokumentarfilm, den es über die deutschen Greueltaten gibt [über Leichenberge in Auschwitz und anderen Vernichtungslagern], im Gerichtssaal vorgeführt hatte, stellte sich heraus, daß alle Angeklagten im Nürnberger Justizpalast eigentlich nur ›kleine Mitläufer‹ waren. Wie der Rest ihrer Landsleute haben sie nichts getan, nichts gesehen und nichts gewußt.« Rudolf Heß, Hitlers Stellvertreter, soll geäußert haben: »Na, endlich mal was Interessantes. Bis jetzt habe ich mich pausenlos gelangweilt.«

Der polnische Korrespondent Edmund Osmańczyk merkte an: »Und hier beginnt der tragische Unsinn. Irgendeine absolute Gerechtigkeit will Verbrechen abmessen und abwiegen, für die es kein Maß und kein Gewicht gibt, will einundzwanzig Männer zu einem Geständnis zwingen, wenn es doch längst bedeutungslos ist, weil Göring für immer Göring, Frank für immer Frank und Heß für immer Heß bleiben wird. Und Millionen von Deutschen, die an dem mehrjährigen Prozeß des Mordens von Millionen von Europäern teilgenommen haben, werden durch die Nürnberger Prozesse kaum ihre Überzeugungen ändern.«

Und doch bleiben die Worte Ilja Ehrenburgs: »Im Nürnberger Saal sind meine Brüder, meine Schwestern, die durch Hunger gemordeten Gefangenen, die in Mordwagen vergifteten Kinder, die Schatten von Auschwitz und Treblinka, das Blut der Geiseln und die Asche der Städte und der schwarze Schatten Leningrads. Die Menschheit hält Gericht, jeder hält Gericht.«

Matthias, ich habe einen amerikanischen Freund, der in Nürnberg mal beruflich zu tun hatte. Er war zeitlich und nervlich ein- und angespannt, aber, erzählte er mir, er setzte alles daran, wenigstens ein paar Minuten vor dem Justizpalast stehen und diesen Ort auf sich wirken lassen zu können.

Die britische Schriftstellerin Rebecca West inspizierte Streicher im Justizpalast: »Er war ein schmutziger alter Mann von der Sorte, die Ärger in Parks macht, und ein Deutschland, das bei Verstand gewesen wäre, hätte ihn schon vor langer Zeit in eine Anstalt gesteckt.« Am Quartier für die internationale Presse ließ sie auch kein gutes Haar – am Faberschloß, dieser kruden, überladenen graubraunen Mixtur aus Deutscher Romantik und Neorenaissance.

Nachdem wir in Rückersdorf die himmelschreiend geschmacklose Provinzpotentatenvilla des Teppichmoguls Michael A. Roth angeguckt hatten (sie gehört in jeden künftigen Reiseführer über Franken aufgenommen), durchquerten wir Nürnberg und hielten südwestlich des Frankenschnellwegs im Städtchen Stein, eben am Schloß Faber-Castell, in dem Hemingway, John Steinbeck und viele andere genächtigt hatten.

»German schrecklichkeit at its worst«, schrieb John Dos Passos an seine Frau, und Elsa Triolet, die Frau von Louis Aragon, lästerte im Juni 1946 über das »durch und durch häßliche Schloß«: »Eine altertümliche Imitation, mit einer großen Treppe aus weißem Marmor, einem richtigen Thron für den Faber-Chef, Wandfresken im Speisesaal mit Abbildungen der Faber-Dynastie, die sich nicht im Dunkel der Geschichte verliert. Auf einem Gemälde kann man den Kampf zweier Ritter in voller Rüstung sehen, mit Bleistiften als Lanzen. Offensichtlich durchbohrt der Ritter mit der Faber-Waffe den anderen, dessen Lanzenstift in zwei Teile zerbrochen am Boden liegt.«

Nichts wie fort! Wenn es denn ginge. Die B 14 in Stein ist »die am stärksten frequentierte Fernstraße in Bayern« *(Fränkische Landeszeitung)*. Immerhin. Das gönnen uns die Oberbayern. Hier kannst du, egal, zu welcher Tageszeit, im Auto bequem den halben *Ulysses* weglesen.

Dann aber, irgendwann, die knapp dreißig Kilometer nach Neuendettelsau: Großweismannsdorf, Buchschwabach, Heilsbronn rechts liegenlassen. Eine klare, übersichtliche Landschaft, wie mit dem Bleistift konturiert und schraffiert. Eine unspektakuläre Abfolge von Steckerlerswäldchen, Wiesen und Feldern, auf sachte Wellen drapiert, dösend, menschenleer, geordnet, ja, und dennoch voller verschwiegener Feldwegabzweige, Schwarzbeersträucherhänge, Stapel aus geschlagenem Holz, Haufen aus ausgelesenen Ackersteinen, unvermuteter Lichtungen, alter Obstholzbestände, mal ein grauer Holzschuppen, mal ein matter Karpfenteich.

Ich mag den Rangau, diese Ecke besonders, Neuendettelsau auf der Hochebene, auch das Wernsbachtal, das sich Richtung Windsbach schlängelt, zahllose andere Winkel, die man erlaufen müßte. Reisend sieht man ja meist nur Tapeten.

Den Hof meiner Eltern begrenzte früher der Stod'l (die Scheune) mit Stall, in dem dann die Waschküche war, rechts daneben klapperte ein Schuppen vor sich hin. Hinterm Stod'l liefen die Hühner rum, rund um einen Apfelbaum und einen Pflaumenbaum, der die Zeiten überdauert hat und heute über einen prachtvollen Blumengarten wacht, aber immer mehr Äste verliert.

Da, lieber Matthias, saßen wir dann beieinander.

Herzlich grüßend, bis morgen:
Jürgen

PS: Christian Pfeiffer, Kriminologe, Ende 2011 in *Report München* über das Bekennervideo des sogenannten Nationalsozialistischen Untergrunds (NSU), das in Nürnberg aufgetaucht war: »Entweder haben sie vor Ort recherchiert [...], oder sie haben örtliche Helfer gehabt, die für sie ausbaldowert haben: Das wäre für sie ein ideales Geschäft. Da fällt die Häufung in Nürnberg auf. Gibt es irgendwo in Nürnberg einen Nazifreund, der die Aufgabe übernommen hat, vor Ort für sie auszusuchen, welches die richtigen Opfer sind?«

Report München über »auffällig viele Kontakte zwischen fränkischen Neonazis und dem Umfeld der Zwickauer Zelle« weiter: »Beispiel eins: Auf einem Konzert des rechtsextremen Liedermachers Frank Rennicke im oberfränkischen Coburg wurde für das abgetauchte Terrortrio gesammelt. Beispiel zwei: Der Thüringer Rechtsextremist André K. galt als enger Freund der Zwickauer Rechtsterroristen. Noch vor zwei Jahren trat er als Redner beim sogenannten Nationalen Frankentag auf. Beispiel drei: [...] Ein Nürnberger Neonazi sympathisierte vorletzte Woche ganz offen mit der Zwickauer Terrorzelle. Zitat [auf Facebook]: ›Tod dem Döner! Es lebe die Nürnberger Bratwurst!‹«

Fränkisches Essen und Trinken

Frankfurt am Main, den 12. 7.

Lieber Matthias,

in medias res!

Gartentisch. Kaffee. Mohn- und Quarkkuchen. Ausnahmsweise so etwas wie Sonnenschein. Meisen, Amseln, Hausrotschwänze, Spotz'n (Spatzen), ein Kleiber.

Mein Cousin Christoph schaut kurz vorbei. (Du machst gerade Deinen rühmlichen Mittagsschlaf, »um dem Tag hinterher eine zweite Chance zu geben«.)

Versuch, mit Christoph ein Interview zu führen.

Was ist denn der Franke an und für sich?

(Lange Pause.) Du stellst Fragen.

Ist er maulfaul?

Also, ich scho'. Wenn i an andere Leut' denk', dann eher nicht. Gibt solche und solche. Gibt's maulfaule – und gibt's Ratschkadd'ln.

Und die Mehrheit, die sind keine Ratschkadd'ln, oder?

Eher a weng in sich gekehrt, doch.

Warum? Weil die so zufrieden sind mit ihrem Leben?

Vielleicht weil s' ihr' Ruh' wollen?

Ja, aber sag doch mal: Was mißfällt und was gefällt dir denn an Franken?

(Sehr lange Pause.) Wenn's mir nicht gefallen würde, wäre ich wahrscheinlich nicht mehr hier.

Das Essen? Die Sprache? Die Leute? Die Landschaft?

(Lange Pause.) Vielleicht bin ich auch einfach zu seßhaft.

(Mein Vater schaltet sich ein:) Man muß Gott für

alles danken, für Ober-, Unter-, Mittelfranken. Und fahr'
ich in die Oberpfalz, dann krieg' ich gleich aan dicken
Hals.

(Der Schwiegervater meines Bruders Wolfgang, Siegfried
Gatzhammer aus Hohenfels bei Neumarkt in der Oberpfalz, erzählte mir mal, daß die Oberpfälzer Arbeiter nach
dem Krieg in Franken als »die Bayerla« bezeichnet wurden, weil sie keine Franken, sondern Bajuwaren waren –
und sind. Noch heute verstehe ich einen Oberpfälzer
praktisch nicht – auf Grund eines Dialekts, der in »ou«-
Diphthongen ertrinkt.)

(Meine Mutter wirft ein:) Du mußt bei den Franken
schon unterscheiden, in welches Milieu du gewissermaßen nei'kommst. Die Handwerker sin' mit Sicherheit
andersch als die Akademiker. Die sind dann generell aufgeschlossener. Die Handwerker, die brauch'n scho' a weng.
Du mußt erschd amol ein Vertrauen zu dem Handwerker
hom, dann versteht der aber a aan Spaß, red' dich a weng
saudumm o, du derfst saudumm zurückreden. Des würde
ein etwas gebildeterer Franke net in der Form machen.
Deswegen kann ma' a net einfach sog'n: Generell der
Franke is' so.

(Vater:) Also, ich bin der Meinung, daß die Nürnbercher
kaa Franken sind, genausowenig, wie die Pariser Franzosen sind. Die Nürnberger sin' a extra Sort'n. Die hom a su
a groß' Maul. Die schreia immer z'erschd, und dann denken s' nooch – ganz andersch wie du, Christoph, ne. Du
denkst die ganz' Zeit nooch und sagst dann am besten
goar nix.

Genau.

Genau. Dann war mein herzensguter Cousin auch schon
wieder verschwunden, und der Hadl tauchte auf, ein alter
Freund der Familie, Maurermeister und Polier, eine echte,
das wage ich in seinem Fall mal so zu sagen, fränkische

Seele im besten Sinne, ein vergnügter, oft und kraftvoll und gelöst lachender Mensch, eine rhetorische Höchstleistungsmaschine. Mit vielem scheint er zufrieden zu sein, mit manchen Dingen geht er gelassen um. Nur wenn man ihm einen Kaffee anbietet, lehnt er höflich, aber strikt ab. Für einen Kaffee sei ihm sein »Durst zu schade«.

»A weng a Leck-mi'-am-Oarsch-G'fühl hab' i a«, brummt er. »Wenn die mir bei der Bundeswehr z'amm'g'schissen ham, hab' i immer g'lacht. Ja, wir müssen übers Wochenende in der Kasern' bleib'n … Hob' i g'sogt: Is' doch mir worschd. Ei'mol hob' i fei bei der Bundeswehr … Auf der Bud'n war überall dem Strauß sei' Bild g'hängt. Hat's runtergefetzt und ham's aufn Buden hi'g'worfen. Wor des Bild kaputt. Wer war das? Ich hab' g'schlof'n. Keiner hat wos verraten, ne. Da mußte jeder zwei Stunden in der Nacht vo' zwei bis vier dem Strauß sei' Bild bewachen. Der ander' wor drin: Halt bloß dei' Maul, i lieg' mi' ins Bett, gell! Da mußt mer des Bild bewachen vom Strauß. Götzendienst, hab' i g'socht, Götzendienst.

Na, i hob' mir scho' denkt, ich hätt' amol die ganzen G'schicht'n am Bau halt a weng so aufschreiben müssen. Mensch, sei schlau, geh zum Bau! – Komm, Hadl, erzähl! – Der Hummers Gerch [Georg Hummer] – Metzger und im Summer am Bau. Na is' er mal mit sei' Fohrrod ham, hat er wos trunken, jetz' hat er g'socht: Etz hab' i mi' do unter mei' – hat's runterg'haut, ne –, hob' i mir wieder mei' Fohrrod no'g'erbert [runtergearbeitet]! Und na is' sei' Schwester kumma: Ach, der Mann hat einen Anfall, dem müssen mer helfen! Die Schwester hat 'n aufg'hob'n, den Koarler, und auf amol hot s' die Fohna g'schmeckt, da hat s' 'n wieder fallen lass'n! Oh, mir hams g'lacht! Hat scho' so Dinger geb'n am Bau. – Der alt' Werlers Koarler, der wor a a weng a so a Schluckspecht? – Wennst g'schlacht' hast und hast 'n aan Schnaps uboten, da is' er net ganga. – Aber damals war's doch völlig normal aufm Bau, daß getrunken wurde von morgens bis abends, oder? – Ja. Also, es hat do Leit' geb'n ... Da is' die Strumpffabrik Tauscher baut wor'n. Die ham da betoniert und so. Die Leut' ham auch manchmal zum Teil do g'schlof'n. Die ham ab Mondoch trunken, Freitag ham sie ihr Geld kriecht, dann ham sie ihr' Zech' bezohlt, dann sin' s' übers Wochenend' heim. Dann hom s' ihr Essen für die Wochen eben mitgebracht. Blieben is' nix. Da hat's welche geb'n, die ham des total versoffen. Bei fünf Grod Kält' hot der draußen aan Kasten Bier neben sich steh'n g'habt, und der war obends goar! Des gibt's doch net, ne. Heut is' ja goar nix mehr.

Amol is' mir passiert, Samsdoch, hab' i a so sechsa, sieben, vielleicht war'n's acht, g'habt, hob' i denkt, obends gehst a weng ins Wirtshaus. Hockt da nur der Lorant drin, mei' Chef. Und ich. Kein Mensch kommt mehr. Jetz' hat der Lorant elf Bier g'habt, ich hab' zehn g'habt. Ham mer ganz schee g'suff'n. Jo, der hat alles zohlt! Ja, aber normalerweis' ... Du hast scho' so Dinger g'habt: an der Brotzeit a Bier, um elfa, Middoch und nachmiddoch um dreia, ne. – Na, des wor aber noch wenig! – Wor wenig. Und dann ham mer aan Kabbo g'habt amol, und der war recht fromm, aus Bürglein. Und dann hot er g'sacht: Schaut euch den Pfisters Helmut an, den alten Pfister vo' Hoch [Haag], der sauft überhaupt kaa Bier! Und ihr?! Na, der Didi, der Sitzmanns Willi, der Hubers Paul ... Na ham mer g'sacht: Was mach' mer jetz' mit dem Pfisters sein' ... Der wor a alter Maurer, der hat immer durchg'mauert, hint' und vorn hab' ich die Stein' hi'setzen müssen, die Schnur spanna, hat der durchg'mauert, das andere hat der net könnt'. Auf alle Fälle, um achta: Ach, Helmut, i hab' einfach aan Doscht! Ich hol' mir mol a Bier. Ich hab' dir a aans mit'brocht. Na gut. Na hat der Willi aans g'holt, der Paul, da hom mer nu' mol ug'fangt ... Um elfa hat der Helmut g'sunga! Des wor'n manchmol scho' so Kerl' do. – Ja, die Maurer wor'n die Schlimmsten. Die ham ja nix wie su a Woar [so ein Zeug] im Kopf … – Ja, was hast 'n machen soll'n? Es hat am Bau nur Bier zum Trinken geb'n! Mit vierzehn Johr' hob' i ug'fangt, da hast halt zur Brotzeit a Bier trunken. Und da wor i bis um halb elfa immer b'suff'n. Der auch so doll g'schütt' hat, wor der Köhlers Manfred. Ham mer uns amol Brotzeit g'macht. Ham zur Brotzeit drei Bier trunken. Und dann hom s' sich zwaa Flasch'n mitg'nomma, und um elfa is' der wieder kumma und hat Bier g'holt. Die ham's trieben … – Na, des war'n jetz' kaa Maurer, des war'n Zimmerleut' und Schreiner. Mir hom ja mol aan berühmten Zimmermo' do g'habt, der is' ja vor a boar Johr' erscht g'storb'n. Mensch, wenn der da beim Aufrichten in Nürnberg drin auf die Dachstühl' rumklettert is', ohne Anseilung oder sonstwas, und bis da oben zu! Und is' no' ham kumma! Na hat er si' vom *Bischof* über die *Hospiz* ham g'erbert [nach Hause vorgearbeitet], überoll immer nu' drei, vier Seidli, vom *Loscher* kumma, *Loscher*, *Bischof*, *Hospiz* – und dann ham. Also, unglaublich, unglaublich. So viel kann ma' goar net nausschwitz'n, wie der nei'g'lassen hat. – Die Frauen ham alle ihr Sächla daham g'habt, ihre Sache, a paar Küh', a Gaaß, also Ziegen, und a paar Hos'n [Hasen]. – Und a weng a Gärtla. – Ja, a weng aan Garten. – Ja, aber net jeder. – Und vielleicht zwaa Äcker, und die Frau hat die Landwirtschaft betrieben, und der Mann is' auf die Erbert ganga. Und da hat die Frau dem Mann des Essen eben für die Woch'n über mitgeb'n müssen, weil der hat des Geld zum Trinken braucht. A Jammer. – Na, des Schlimme war eben des System, daß der Lohn ausg'rechnet wor'n is' vom Büro, und dann am Freidochmiddoch sin' die Lohntüten austeilt wor'n, da wor des Geld bar drin. Das hat natürlich scho' verführt. – Dann war Lohntütenball! – Hadl, nimm doch amol a Familie wie die Adens, mit zwölf Kindern, und der Vadder, a Maurer oder Maurergehilfe … Die ham solche Kessel mit Kartoffeln gessen, und des wor des einzige. Und wenn dann der

Mo' des wenige Geld no' vertrunken hat ... – Ja, des wor meischt net anders.«

»Es red' sich viel leichter über die Vergangenheit als – übers Jetzt geht no' –, als über die Zukunft«, gibt meine kluge Mutter zu bedenken, hier, unterm Pflaumenbaum, wo alles seine Ordnung hat, jetzt, im Moment. Manchmal frage ich mich, ob das Erzählen, die Rückschau, die dialogische Vergewisserung darüber, wie es mal war und wie sich die Zeiten geändert haben, etwas genuin Fränkisches ist. Ich kenne es in dieser Intensität, ob zu Hause oder auf Familienfeiern, nur aus dem Fränkischen. Vielleicht ist das anderswo nicht anders. Trotzdem meine ich: Wenn der Franke den Mund mal aufbekommt, hält ihn kaum mehr was zurück, kein Tsunami, keine Club-Niederlage, keine Benzinpreiserhöhung. So stoisch und stumpf und so genügsam epikureisch er sich gerieren kann (das ist kein Oxymoron), so inständig parliert er in alle Himmelsrichtungen, ist er erst mal in Schwung geraten.

Im Grunde ist der Franke ein singulärer »Narrateur« (Gerhard Polt). Und da verhält er sich schon richtig. Wer wissen will, wer er ist, muß sich vergegenwärtigen, wie er's geworden ist. Und wer irgend etwas von der Gegenwart verstehen möchte – vom heutigen Franken, von den aktuell hier herumgaunernden Gesellen –, kommt ohne Geschichte nicht aus. Und nicht ohne Geschichten.

»Wie die Schlauersbacher Mühle baut wor'n is', da hat der Maurer in Schlauersbach gearbeitet, und die Frau hat ihm middoch des Essen nunderdrogen in die Mühl', a weng a so a Supp'n«, erzählt der Hadl. »Und mir haua heut' a Schweinshax'n wech zur Brotzeit, ne. Ja, es is' so! Beim *Stern* ob'n hat a Brett g'hängt, da hat jeder Maurer sei' Achtel Schnaps zur Brotzeit trunken. Wie ham die do früher Schnaps trunken!

Aan Maurer ham mer g'habt, der hat in der Fleischkammer was machen müssen. War'n die Seiten [gesalzenes

Bauchfleisch] dro'm g'hängt, ne. Da hat er sich a so a Seitenstück da unter sei' Jack'n nunder. Dann is' er runterkumma, und na hat die Bäuerin g'sagt: Na, hast aan Schod'n? Aan Bruch hat die g'maant! Hast aan Schaden?! Na hat er g'sagt: Den Schod'n habt ihr!«

Ich neige bisweilen zur Sentimentalität, die ins düster Melancholische hineinzulappen und -zuschwappen sich anschickt. Meine Eltern sind, glaube ich, sehr geerdete Menschen. Ich wäre auch gerne geerdet, mit den Füßen und nicht so oft bloß mit dem Kopf und dem in ihm tosenden Gewimmel in der Welt und deshalb außerhalb von ihr. Geerdet zu sein (was für ein genaues, unkorrumpierbares Wort: geerdet) – das verleiht einem Halt. Ganz einfach – wäre es nicht oft so schwer.

»Des wird einfach romantiziert, die ganze G'schicht' do«, sagt mein kluger Vater, vermutlich auf mein Geschwafel übers Früher replizierend. »Des wor doch ein elendes Leben«, sagt meine Mutter. »Eijeije«, ächzt der Hadl. Und meine Mutter erzählt: »Moral wor zwor nach außen hin ... Aber eigentlich herrschte keine Moral. Die Pfarrer ham sich doch immer beklagt über die Bauern, die keine Ordnung ham, keine Zucht ham, überhaupt kaan Anstand, sich gebärden wie die Wilden. Und da is' schon was dran.« Und nun Du, Matthias, der Du so höflich, so zurückhaltend bist, daß Du Dich kaum einschaltest: »Es wird heutzudach alles ausgelachert. Weil wenn du G'schicht'n von der Fürther Kirchweih ... Wie's dort zugegangen is' ... Es gibt G'schicht'n, wo die getanzt ham im Bauernhof überm Kuhstall. A Festgesellschaft hat so rumgetobt, daß der erste Stock zusammengebrochen is', und dann ham die zwischen den Kühen weitergetanzt.«

»Des kommt doher«, meint mein Vater, »daß die Leut' im normalen Alltag unterdrückt worden sin'. Die durften ihre Empfindungen goar net äußern und mußten alles nunterschluck'n. Und amol im Johr ham s' Narrenfreiheit g'habt. Hadl, wann? – Lichtmess'. – An der Kärwa! Drum sin' die Kärwaliedli all' so deftig! Do hom se si' dann alles nausg'mährt, was si' ang'staut hat. Daher kommen diese zotigen, fast bis ins Pornographische reichenden Kärwa-lieder. Da hatten se Narrenfreiheit und is' keiner belangt wor'n dafür. Wir fohr'n etz dann schon a paar Johr' mit 'm Heimat- und Geschichtsverein mit dem Kärwawog'n immer rum und singa Kärwaliedli do drob'n. Da singa zwaa Pfarrer und a Diakon mit, die singa die dollsten Sachen. ›Heut' is' Kerwa, morg'n is' Kerwa, übermorgen den ganzen Dooch ...‹«

Das ist doch eine Tradition, die man schätzt. Hadl: »An Kirchweih hab' ich immer singa müssen. Drei Stunden hob' i g'sunga. Nix wiederholt. Ohne Buch. – Wo warst du Kärwabu'? – Do, in Dettelsau. Drei Stund' hob' i ... – Und sei' Christian erscht, der g'fällt mir a. – Ja, der kunn net singa, der wird immer so heiser. Ich bin ja net heiser wor'n, ne. Ich hab' vor der Bundeswehr ... Lauter, lauter! hom s' immer g'schriea. Grießmeier, sin' S' ruhig, Ihr G'schrei kann ich nicht mehr hör'n! Und ich bin immer direkt hin-term Feldwebel und hab' dem in die Ohr'n brüllt! Na ja, Kärwa: Da bist halt hi'komma, Baum aufg'stellt ... – Trink-fest mußte saa. Domols schon. – Wenn ich nüchtern wor, hob' i ja net singa könna. Amol, ich hab' vielleicht vier, fünf Mooß [Maß] g'habt, a weng mehr vielleicht, ne, da bin ich vorn rei' ins Zelt, ne, und da hab' ich gessen, ein Schäufele und sieben Kleeß'. Ich hob' dann immer essen könna, unheimlich! Aber die Zeit is' vorbei. Und drum sog' i, was der Wassermichl macht, der is' so alt wie ich: Die Kärwabu'm könna Kärwalieder singa, des is' a Sach' für die. Jugend, Kärwabu'm – alles hat seine Zeit. ›Mir sin' drei Brüder, und i bin der glennst' [kleinste], sin' all' drei recht sauber, aber i bin der scheenst' [schönste] ...‹«

Auf Reisen geht der Franke selten, und wenn er dann eine Schiffahrt auf dem Rhein unternimmt, passiert folgendes, wie mein Vater erzählt: »Auf jeden Fall ham s' dann gessen und bestellt, und der hat halt die Speisekarte g'lesen, hat bestellt Schnitzel mit Kartoffelpüree und Salat. Dann is' der Ober kumma mit 'm Essen und hat des hing'stellt zum Böhms Heiner, und da hat der Heiner g'sagt: Könna S' glei' wieder mitnemma! Aan Stopfer kriech' i daheim a! Ich hab' a Kartoffelpüree b'stellt!«

Stopfer ist Kartoffelbrei – und mit Apfelmus eine Delikatesse, für die ich meine Bibliothek verschenken würde. »Also, etz bräucht' mer scho' a weng intelligente G'schicht'n«, ermahnt uns allerdings meine Mutter. Hadl: »Die is' net grod intelligent.« Mutter: »Das beweist jetzt allen, daß die Franken doch doof sind!« Hadl: »Lieber fressen und saufen, hehehe!« Mutter: »Wen wundert's, daß die Franken keine…« Du: »Mir is' jetzt gar net aufg'fall'n, daß des kaa intelligent'n G'schicht'n wor'n.« Hadl: »Na eben, gell.« Vater: »Na, wo ma' doch immer socht, daß die Franken in Bayern für die Intelligenz zuständig sind und die Oberbayern für die Folklore. Des is' doch die Arbeitsteilung.« Hadl: »Ja, ja. Intelligenz. Mmhhh.« Vater: »Die Intelligenz kommt aus Franken. Hat der Erhard a immer g'socht, unser Altbundeskanzler Erhard. Die ganzen Nürnberger, die ganzen Renaissanceleute … Grundig, Schickedanz, Diehl…« Mutter: »Ja, aber die sin' halt scho' gescheitert. Sin' alle gescheitert.« Vater: »Na, der Diehl läuft noch.« Mutter: »Der Diehl. Der Diehl läuft noch.«

Das Bier läuft mittlerweile, das Band läuft weiter, und wir sind unterdessen bei welchem Thema angelangt? »Der *Kupfer* in Heilsbronn verkauft des Kilo Woscht um drei Euro. Ja, was will i denn do für Zutaten neido'? I will ja no' was verdienen, oder? Sie ham was weiß ich drin, sie ham alles drin. Der *Kupfer* kriegt sei Sei' [Säue] auch vo' Dänemark, weil es gibt kaum deutsche Bauern. Der braucht hunnert Schweine auf ei'mol, und die kunn kaa deutscher liefern. Also holt er s' vo' Dänemark. – Scho' goar net aus Franken. – Naa. Stell dir vur, wos do los wär'! – Wennst du jetz' net zum deiarn [teuren] Metzger gehst, wost dann vielleicht noch sog'n konnst: Des kommt aus der Umgebung ... Geh zum *Besenbeck*, da kummt des wohrscheinlich aus, was weiß ich, Niedersachsen oder sonstwoher. – Wenn's Niedersachsen wär'! Holland, Dänemark. – Ja, die EU hat den Metzgern meistens die Grundlage zum Selberschlachten entzogen. Jetzt hast dann die großen Schlachthäuser, die überregionalen, wo dann nur noch Viertel und so weiter bezogen wer'n, und du host keine Kontrolle mehr, wo die ihr Schlachtvieh herkrieg'n. – Die krieg'n ja kei' Schlachtvieh, die krieg'n ihr' Stücke. – Na, die *Anstalt* [die Metzgerei der Diakonie] schlachtet selber. Die *Anstalt* derf. Die hat den EU-gerechten Schlachthof. Der *Neukam* derf nemmer. – Die Metzgerei'n krieg'n heit' ihr' zwaahundert Scheifeli, zwaahundert Rindli, nicht mehr Sei', sondern die bestell'n ihr'n Dreck, die Stücke, die s' brauch'n. – Aber die Wurst ist doch der Stolz Frankens, oder? Neben dem Bier? – Ja. Ja. Scho'. – Ja, aber halt net wirklicher Stolz. – Weil man's auch wieder nicht nach außen trägt, sondern grad bei sich behält? – Ja. Ja. Also, ich glaub', die Italiener sin' stolz auf ihre Wurscht und auf ihren Wein, aber des kann ich bei den Franken net wirklich feststell'n. Des Schlimmste, was ich mal erlebt hab', war in 'ner fränkischen Wirtschaft, die mit Guinness-Wimpeln geschmückt war, wo i sag': Seid ihr komplett verrückt? Ihr schmückt euer Wirtshaus mit Guinness-Bier-Wimpeln! Und des find' ich typisch fränkisch halt. – Also, in Coburg die Woscht, die is' sehr gut. Eine andere Geschmacksrichtung, aber sehr gut. – Coburger mag i a, ja. – Die fränkischen Bratwöscht, die sin' scho' bekannt in Oberbayern. Die schwärmen von unserm Preßsack und von unsrer Bratwoscht. Da schwärmen die. Und des Schäufele. – Und der Preßsack ist 'ne ehrliche Wurst? – Ja. Des is' hauptsächlich

Schweinskopf. Es kunn no' sein, sin' Schwarten drin, aber des sin' Brocken: Ich seh', was ich ess'.«

Unser Reiseführer *Franken* von Ralf Nestmeyer informiert: »Zahllos sind die regionalen Spezialitäten, da gibt's das Nürnberger Gwerch, den Nürnberger Ochsenmaulsalat, Bamberger Leberklöß', Hofer Schnitz, Aischgründer Spiegelkarpfen, Altmühlhecht, Kartäuserklöße, in Würzburg die Hackersbrotzeit oder den Kärnerbraten.« Auf der Website der legendenumtosten Nürnberger Kneipe *Meisengeige* (www.meisengeige.de/speisundtrank) finden sich zahllose Links betreffs Bamberger Hörnla, Frankenwälder Zicklein, Bauerngeräuchertes et cetera. »Fränkisches Essen und Trinken sind, man muß es so deutlich sagen, dem bayerischen Angebot in allen Belangen überlegen«, behauptet Thomas Kraft (Bamberg) selbstbewußt und fährt den Sauerbraten, die Steigerwaldforelle und Hausmacherwurst auf. Coburger Bratwürste werden über Kiefernzapfen (Klaus Schamberger sagt: Tannenzapfen, wer hat recht?), Nürnberger über Buchenholz gegrillt und »meist in stabilen Naturdarm irakischer oder türkischer Schafe abgefüllt« (Kraft), nun ja. Und daß Herr Hoeneß vor einiger Zeit einen – anschnallen! – »Bratwurstdöner« auf den Markt gepfeffert hat, verdanken wir der grenzenlosen Weisheit des Kapitalismus.

Klaus Schamberger führt unter anderem im Angebot: Krautwickerla, Apfelküchla, Fleischküchla, Schwarzwurzeln (o ja! Was für ein göttliches Gemüse!), Spargel aus dem Knoblauchsland zwischen Nürnberg und Erlangen (nur bis Johanni!), Feldsalat. Ein nicht endender Lobgesang auf die Kartoffel, die der fränkische Bauer Hans Rogler 1647 als erster in Deutschland angebaut haben soll (siehe Nestmeyer), wäre hier nicht fehl am Platz. Eine feste, golden glänzende, leicht süßliche Kartoffel mit einem Stück Butter ist der elysische Beweis für die »sinnliche Gewißheit«, dafür, daß »die Sache *ist*; und sie *ist*, nur weil sie *ist*; sie *ist*, dies ist dem sinnlichen Wissen das Wesentliche, und dieses reine *Sein* oder diese einfache Unmittelbarkeit macht ihre *Wahrheit* aus.« (Hegel: *Phänomenologie des Geistes*)

Übrigens heißt es in der Gegend, in der wir uns gerade aufhalten, »Ka'doffelsalood« (wird angemacht mit Essig, Öl, Zwiebeln, Pfeffer, Salz und Fleischbrühe, eventuell etwas gebratenem Speck, no Majo!), aber »Ebbirn'stopfer« (von »Erdbirnen«).

Die fränkische Eßkultur (die gibt es, da muß ich dem Lothar Gröschel scharf widersprechen) überzeugt zumal durch ihre Selbstgenügsamkeit, durch ein schlichtes Bei-der-Sache-Bleiben: Den Ball schön flach halten, bloß gut muß es sein! So wird unprätentiös Edles verfertigt, das weder auf Repräsentation zielt noch nach Weltruhm strebt, weshalb es kaum verwundert, daß die fränkische Küche selten Eingang in die kulinarische Literatur findet. Wenigstens das Rezept für die Fränkische Hochzeitssuppe, wie sie meine Mutter zusammenzaubert, sei daher hier präsentiert: »Selbstverständlich wird da eine sehr gute Fleischbrühe gekocht. In der Brühe folgende Klößchen: Leberknödel (sechs alte Semmeln, ein Achtelliter warme Milch, fünfhundert Gramm Rindsleber, eine Zwiebel, hundert Gramm Speck, zwei bis drei Eier, zwei Eßlöffel feingehackte Petersilie, ein Teelöffel Majoran, drei bis vier Eßlöffel Semmelbrösel, Salz, Pfeffer), Semmelklößchen (fünfzig Gramm Butter, zwei Eier, Semmelmehl, Salz, Pfeffer, Muskat), Biskuits (vierzig Gramm Butter, zwei Eier, zwei gehäufte Eßlöffel Mehl, Salz, Pfeffer, Muskat, Petersilie nach Geschmack). Sowie feingeschnittene Pfannkuchen.«

»Etz gibt's a weng wos z' essen« ist einer der charmantesten Euphemismen, die ich kenne. Wie sagt die Figur Wurzel in Ferdinand Raimunds Theaterstück *Der Bauer als Millionär*? »Was das für ein schönes Bewußtsein ist, einen guten Magen zu haben. Ich bin mit meinem sehr zufrieden! Ein fleißiger Kerl! Alle Achtung für ihn.«

Aber (ständig diese »Abers« und »Allerdings« in diesen Episteln, Franken scheint eine hochgradig diffizil-dialektische Angelegenheit zu sein): »Die fränkische Küche verschwindet auch?« frage ich meine Mutter, und sie antwortet postwendend: »Ja.« Mein Vater: »Freilich.« Meine Mutter: »Es lecht ja a kaa Mensch mehr Wert drauf. Es wird doch net fränkisch gessen! Gut, hier gibt's no' die günstigen Gasthäuser, do geh'n dann die Leit' schon hin. Aber ansonsten … Die jüngeren Leut' bevorzugen doch, was weiß ich, italienisch. Also, die Kartoffel als solche wird nemmer g'schätzt.« Mein Vater: »Aufn Dialekt wird kaan Wert g'legt, und auf die Küche wird genausowenig Wert g'legt. Man verliert halt pausenlos die Identität, Stückchen für Stückchen. Wie so a Salami wird die langsam z'rückg'schnitt'n. – Also schreiben wir hier über etwas, das es gar nicht mehr gibt? – Ja. Drum is' des auch wichtig, daß mer's schreibt, bevor's ganz weg is'.«

Wer – zum Beispiel – sagt noch »Vergelt's Gott!«? »Mei' Großmutter hätt' nie ›Danke!‹ oder ›Bitte!‹ g'sacht«, erzählt meine Mutter, »sondern die hat g'sacht: ›Sei so gut‹, was mer jetzt ›Bitte!‹ sogt, und: ›Vergelt's Gott!‹ – ›Sei so gut‹, hat mei' Oma a g'sagt. – Ja. ›Sei so gut.‹ – ›Sei so gut, hol mer doch amol … – … hol mer mal die Budder ausm Kühlschrank!‹ – Dem Budder! – Des is' ja eigentlich viel scheener als: ›Könntest du, würdest du …‹ Da kann der andre durchaus sog'n: Nein.«

Zum Bier sage ich ja ungern nein. Das Bier der Brauerei Gundel in Barthelmesaurach im Landkreis Roth zählt indes nicht zu meinen bevorzugten Darreichungen, da scheinen mir der Imponderabilien zu viele zu obwalten. In Barthelmesaurach holt der Roth keinen Most.

Sondern beispielsweise: in Spalt, zwanzig Kilometer südlich von Dettelsau, wo es schon gefährlich stark aufs Frän-

kische Seenland und im speziellen auf den Großen Brom-
bachsee zugeht, dessen lieblicher Name sich zur Realität
verhält wie der Priester zum Gottseibeiuns.

Da hock' ich dann in einer fränkischen »Normalkneipe«
(E.T.A. Hoffmann), etwa im *Gasthaus Zur Krone*, und
schütte gänzlich berückt das Spalter Bier in die glänzend
mürb-verödete Rübe, diese Hopfenmalzweltkombination,
die man mit Glück sogar im Dunstkreis des Frankfurter
Bahnhofs aufstöbern kann (im strohrumdummbeuteli-
gen, abgreiferischen, alles an sich raffenden Deppen-Ber-
lin benötigt man dazu kein Glück).

Rund um Spalt liegt das älteste Hopfenanbaugebiet
Deutschlands. »In Spalt, in Spalt, dou wer'n di' Leit' goar
alt; sie kenna nix dafier, des macht des goude Bier« – mit
dem hiesigen Aromahopfen von allererster Güte. Den hat
meine Mutter als jung's Madla gepflückt:

»Wenn die Hopfendolden beziehungsweise der Samen
der Hopfendolden, der Bitterstoff, wenn der reif is', dann
wer'n die Stangen mit aam langen Gestänge runter-
g'schmiss'n, und dann liegen die lang am Boden. Dann
mußt dir mal vorstell'n: Dieses Kraut ist wahnsinnig rauh
und kratzig. Und dann fand des also folgendermaßen
statt: Die Hopfenernte war immer ungefähr im September.
Dann ham die Hopfenbauern je nach Größe des Hopfen-
gartens g'schaut, daß s' irgend so junga Madli z'amm'bringa,
die g'sagt ham: Ja, ich verdien' mir a bißel Geld. Des war'n
also Körbe von etwa zwölf Litern, und des war dann eine
Art Akkord. Deine Entlohnung ging nach der Menge der
Körbe, die du pro Tag gepflückt hast. Die Hopfengärten
lagen meistens a so a weng bergig. Da bist du, bevor die
Sonna auf'ganga is', auf die Hopfengärten g'latscht, und
dann hat jeder einen Schemel [Hocker] kriecht, und
der Bauer hat die Gestänge runterg'schmiss'n. Dann saßt
du da und hast diese lange Ranke von unten nach oben
ab'zupft. Jede einzelne Blüte mußt abzupf'n, und zwar

schnell, und du kannst nur den Daumen gebrauchen. Du versuchst – wie alle Tätigkeiten, a Sport, einen gewissen Reiz ausüben –, daß d' möglichst viel z'amm'bringst, hockst do und zupfst und zupfst und zupfst. Aber es is' net unlustig, weil du unterhältst dich ja dabei. Mittoch kommt dann die Hausfrau oder Hopfenbäuerin und bringt des Essen. Das Essen war auch gut. Nachmiddoch gibt's dann Kaffee, und dann reißt du diese Dolden ab bis Sonnen-untergang. Und am Abend is' mer dann mit 'm Bulldog ham g'fohr'n wor'n, und dann hast deine rauhe' Händ' g'wasch'n und eing'schmiert und warst froh, wie's dich langlegen hast könna.

Etwa zwei Wochen ging das. Und deswegen haste da im Spalter Land diese ganz hohen Gebäude mit den Zwi-schenböden, weil der Hopfen wurde ursprünglich auf dem Boden getrocknet. Zu der Zeit hat man dann schon so a Art Darre g'habt. Des is' wie beim Getreide. Des wird a ver-kauft nach Feuchtigkeit, und da muß der Hopfen natür-lich a ganz trocken sein.

So, wie viele Berufe reine Frauenberufe sind, so wor a des Hopfenpflücken a reine Frauensache. Ich hab' niemals in den Hopfengärten aan Mann g'seh'n, der zupft hat. Und der Lohn war pro Korb dann schon eine Mark. Später, glaub' i, wor's sogar einsfuchzig. Jetzt rechne des amol hoch: Wenn du zehn Körbe zupfst, mit zehn Körb'n worst scho' ganz schön schnell – würd' doch kein Mensch mehr machen!

Die ganze Kleidung roch bitter und nach Laub. Und weißte, da hast ja unten, wie bei jeder Ranke, so die dürren Blätter, und da hom mer uns, wir wor'n ja zu viert, vier Mädchen, dann ham mer g'sacht … Der Bauer war sehr umgänglich. Da hat er g'sacht: Des könnt ihr fei a rauch'n. War ja keine von uns Raucherin. Und dann ham mer g'sacht: Na, du, des woll'n mer etz mol probier'n. Und, gibst uns a g'scheit's Papier? Nee, hat er g'socht, da nimmst amal a Zeitung. Es war unglaublich! Des hat dir ja den Rachen ausgebrannt!«

Wir sind – in unserem kleinen Kreis – noch längst nicht ausgebrannt, der Erzählgeist flirrt frisch und kregel durch die abendliche Brotzeitstube, und Hadl, der ein ebenso begnadeter Witzeerzähler wie Gunther Beloch ist, erinnert an einstige Dorfgrößen, an archetypische Frankenschädel, etwa an den Geißelbrechts Michel, an den Gloosers Hanni, an den Wedel Schorsch, an den Frosch'n Gatschi [Gerhard Frosch]: »Der Geißelbrechts Michel hat zwaa glaane Gäule g'habt und hat Holz g'fohr'n, mit mei'm Vadder immer. Na, und der Michel is' mit mei'm Vadder alle Johr' aufs Oktoberfest g'fohr'n, und sei' Käddel [Käthe] hat 'n immer korzg'halt'n mit 'm Geld, der Michel hätt' ja alles versuff'n. Da hat der Michel im Odelwog'n [Jauchewagen] fuffzich Mark versteckt, daß s' die Frau nicht findet, ne. Dann kummt der Jasny vom Hönig und holt den Odelwog'n, will Odel mit fohr'n. Und des Faß is' fast scho' widder voll, und da kummt der Michel: Wo is' der Odelwog'n? Der Jasny: Michel, fohr schnell die Odel no' naus, ei'g'schöpft hob' i scho'! Etz hat der Michel den g'habt, etz is' er mit 'm Kartoffelkorb nochg'loff'n, hat die Odel g'siebt, bis er die fuffzich Mark wiederg'habt hat!

Und der Michel, dem seine Mudder oder Großmudder hom Zigeuner hierg'lassen. Die ham kei' Kinder g'habt. Etz wor des so, daß die do einfach so Zigeuner dog'lassen ham, und die ham dann die auf'zug'n [aufgezogen]. Und der hat dann den Hof versoffen. Des wor der Michel.«

»Ja«, hüpft mein Vater geschwind dazwischen, »der is' immer ham g'fohr'n, wie er no' mit die Gäul' g'fohr'n is', und dann hat er sein' Anhänger mit die zwaa Schimmeli vornweg vorm *Bischof* geparkt, am Gehsteig, direkt vor der Eingangstür, der alte *Bischof*-Papst is' kumma mit 'm Amerla [Eimer], hat des Tropfbier an die Deichsel hi'g'hängt, und na hom die zwaa Schimmeli ihr Tropfbier g'schlabbert, und der Michel wor drinna am Stammtisch g'hockt. Des wor noch eine Idylle!«

Aber warum fahren denn Franken, ausgerechnet Franken, ausgerechnet nach München? Ausgerechnet aufs Oktoberfest? »Die Franken wor'n Bayern«, sagt der Hadl, »die hom des Feindesbild net so g'habt. Wolfgang, was segst du? Die Franken, des wor'n kaa Franken fast g'wes'n ... – A echte Feindschaft gegenüber den Oberbayern kann ich mir aus unsrer Jugend net denken. – Ja, aber es is' wieder do. – Ja. Was momentan is', des is' irgendwie erklärbar. Die Franken ham etz a weng so a gemeinsames Gefühl entwickelt, Ober-, Unter-, Mittelfranken, und stellen fest, daß München überproportional Oberbayern bei der Verteilung der Gelder bedenkt und die Franken immer a weng hint'nochschaua. Zum Beispiel Infrastruktur: Warum brauch'n die Münchner unbedingt a dritte Startbahn? Nein! Bevor die Nürnberger a zweite krieg'n, muß München die dritte hom! Alles steckt ihr da unten nei'! Und do entsteht natürlich jetz' a Animosität. – Des wor früher nicht so! Da wor Mittelfranken einfach a Bezirk von Bayern. Nicht: Moment, wir sind Franken! Die rotweiße Fohna hast doch kaum g'seh'n! – Nach dem Reichsdeputationshauptschluß 1803 und dann nach 1806 gab's do wohrscheinlich a Zeitlang schon a gewisse Animosität. Des hat sie no' geb'n, nachdem der bayerische Kini und alles weg wor, nachdem mer a Demokratie wor'n sin', und da wurd' alles a weng gleichg'macht, und etz feiert des a Wiederauferstehung, diese Gegnerschaft.«

Und da wir gerade jenant, Blödsinn: elegant bei der fränkischen Geschichte gelandet sind, machen wir in den Worten meines Vaters und von Hadl weiter: »Die Markgrafen von Ansbach haben was mit den Bayreuthern gemeinsam? – Die Schwägerinnen. – Genau. Das sind alles Brandenburger: Hohenzollern, Brandenburg. Und die eine Fraa vom Wilden Markgrafen, des wor? – Die Schwester vom Alten Fritz. – Genau. Des hängt alles mit'nander z'amm': Ansbach, Bayreuth, Preußen. Und jetzerla: Augsburger Religionsfrieden 1555, wessen das Land, dessen die Religion, und weil des alles Brandenburger, Hohenzollern wor'n, wor'n die Markgrafschaften Ansbach und Bayreuth genauso protestantisch wie die Brandenburger. Daher kommt also die G'schicht'. Und dann wer'n die eingekesselt von den Katholen vo' Bamberg, Würzburg und Eichstätt. – Und wos hat 'n der Markgraf g'macht? Da hat etz sei' Frau a Buckerla g'habt, na hat er die Frau von Falkenhausen, derer hat er die Kinder … – … hat des Schlößla in Weidenbach baut … – … hat ihr Kinder g'macht. – Der hat dann sei' Jachtschlößle drunten g'habt, do is' er immer auf d' Jachd ganga, in jeder Beziehung. Waaßt, wo die Grenze zwischen dem Bamberger und dem Eichstätter Bischof durchganga is'? – Ja, des is' ja ungefähr do. – Is' genau do! Zwischa Hoch [Haag] und Wernschbach [Wernsbach].«

Doch retour zum Antagonismus zwischen Franken und Bayern: »Die Bayern wollten nicht, daß die Franken sich als Bayern fühl'n, denk' ich mir. Mir wor'n die Südpreußen. Da ham s' doch in Amberg scho' ›die Südpreußen‹ zu die Franken g'sacht, und jetz' ham die Franken ihren eigenen Stolz, denk' ich. – Ja, und der Protestantismus. – Und jetz' geht's ja den Bayern besser, wirtschaftlich. Die ham die Berche, die ham jetz' die schöne Landschaft. Früher hom die nix runterbeiß'n könna vo' ihr' schöne' Berche, vor zwaahundert Johr', da wor'n wir besser! Und etz is' natürlich auch so, daß wir … Wennst jetz' du schaust, die Flugbahngegner sin' ja auch die Katholiken, weil die war'n ja zuerscht do, und wir sin' rauf vo' Österreich her, und da ham mir nehmen müssen, was übrich wor. Alle Flußtäler sin' katholisch – Altmühl, Main meistens –, und die Evangelisch'n ham halt dann g'nomma, was übrich wor. Wir hom die Bettelhöch'. Also, Dettelsa is' die Bettelhöch'. – Die Leut' war'n bettelarm, die ham die Böden oben auf der Höch' g'habt, wo die Steine war'n und trokken, net so fruchtbar und so weiter ... Des wor'n die Bettelhöf'. Die andern, die Katholiken, saßen in den Tälern am Wasser. Aber die Franken war'n ja vo' ihrer freiheitlichen Einstellung her, die ihr'n eig'na Kopf durchführen ham wollen, schon viel aufgeschlossener gegenüber der Reformation. Ansbach und Nürnberg war'n unter den ersten nicht thüringischen oder sächsischen Städten, die zur Reformation über'treten sind, weil sie diese katholische Bevormunderei mit dem Klerus, Pfarrer, Bischöfe und Papst und so weiter einfach net ham wollt'n. Und das is' ein ganz dickes Pfund auf dem Gebiet, wennst des jetz' gegeneinanderlegst, wo die Unterschiede sind. Von do an geht's los: die Freiheit des Bürgertums, protestantisch, Nürnberg Hochburg und und und.«

Es ist höchste Zeit, daß meiner Mutter wieder das Wort erteilt wird, die den ganzen Kladderadatsch nüchtern jetztzeitbezogen taxiert: »Man konn ja eigentlich net begründen, Hadl, warum ma' etz sogt: die scheiß Oberbayern. Warum? Oder die sog'n: die depperten Franken. – Ja, wo's jetzt widder aufgeflackert is', war mit dem Dürer. – Mit dem Dürer! Ja. – Daß die uns zur großen Dürer-Ausstellung den ›Mann im Pelzrock‹ net geb'n ham. – Ja, genau. Und die Reichskleinodien sin' ja auch in München. Und jetzt, meines Erachtens, spielt noch a andere Sach' a Rolle – und zwar mit den Windkrafträdern. In Oberbayern sin' ja null Windkrafträder, fast kanne, weil die sog'n, das is' net wirtschaftlich, do is' net so viel Wind. Auf die Berge komma s' ja schlecht naufmach'n, ne. So, und jetz' pflastert mer also Franken und die Oberpfalz voll, daß die nemmer rundum schaua könna vor Windkrafträdern, und des schürt natürlich erneuten Braß.«

Nicht nur das. Hadl: »Was mit 'm Beckstein g'macht wor'n is', des stinkt auch manchen. Ja, die ham uns doch

richtig verarscht! Beckstein wor aufm Schild als Ministerpräsident, und dann werd's der Seehofer, der wor domols
Präsident vom VDK. Is' ausg'schied'n vo' der Politik, geht
wieder in die Politik und macht Ministerpräsident. Dann
brauch' ich doch nicht mehr wähl'n! Also, desweg'n ...
Aan Haß auf die Oberbayern hob' ich net. Es is' auch a
großer Unterschied, sin' des Oberbayern oder Münchner...«

Andererseits schlägt Hadl versöhnliche Töne an: »Da
ham mer Schulkamerod'n g'habt, Katholiken, ham mer
Freunde g'habt, Katholiken, mei' Schwiegertochter is' katholisch, dann kommt mer sich näher. Und früher wor des
getrennt! Da hat ja in Wolframs-Eschenbach...! Schau
amol u! Nach Untereschenbach ham die am Karfreidoch
Mist durchg'fohr'n, und die andern sin' halt no' an Aller-
heiligen mit 'm Mist durch Wolframs-Eschenbach g'fohr'n!
Ja! Mit Absicht! Hom s' g'macht! Des is' heut' nemmer. Ja,
ich waaß net, denk' i verkehrt oder wos, ich soch' mir einfach su: Wenn mir des net schaff'n, daß mir Franken und
die Bayern uns vertrog'n, wie woll'n si' dann mir mit Hessen und Baden-Württemberg vertrog'n? Wie woll'n si'
dann mir in Europa mit Frankreich und Österreich vertrog'n?«

Ich weiß es nicht. Derweil umtreibt mich die Frage, was
außerdem heit' nemmer so is' wie früher.

»Zusammenhalt ham wir schon noch im Dorf. Da gibt's
nix«, sagt der Hadl, der achtzehn Jahre zweiter Kommandant der Freiwilligen Feuerwehr war. »Warum bin ich net
Kommandant geword'n? I hab' aan Fehler g'habt. Ich wor
kein Schwarzer. Na wor der Vorstand vo' der CSU bei mir:
Ich soll doch zur Partei, weil alle Kommandant'n und
Stellvertreter sind bei der Partei. Da hob' i g'sagt: Ja, ich
geh' heut' noch zum Hönigs Georg. Des wor a Vorstand
vo' der SPD. Dann hab' ich meine Ruhe g'habt. Wollt aber
auch nicht Kommandant wer'n, weil wennst du auf der

Arbeit zwanz'g Mann hast, da kunn i net wechlauf'n, ne. Aber dei' ander' Froch' [Frage]: Was ich halt bedauern tu': Wenn ma' früher zwanzig Mann g'habt hat, hat mer a boar g'habt, die gibt's ja überoll, die sich nicht so helfen ham könna. Und die sin' eben do mitg'loff'n [mit durchgelaufen]. Die ham a weng a einfache Arbeit g'habt, hom a Mark weniger verdient in der Stund', aber die hom ihr Woar verdient, und des, sag' i, hat gepaßt. Und heute is' die Sach' leider so: Wenn einer Durchschnitt is', des reicht doch bald nicht mehr! Immer schneller, schneller, schneller! Wenn mer die Häuser oschaut ... So a Haus do: Früher hom sechs Mann a halb's Johr g'mauert, und heut' is' des in fünf Wochen oben. Ja, es is' scho' so. Es muß alles so schnell geh'. – Das liegt dem Franken eigentlich überhaupt nicht, oder? Langsam is' er schon? Oder gemütlich? – Ja. Also, ich hob' mir a nix sog'n lass'n. Einmal kummt bei der Lina – is' Kerchweihdonnerschdoch, da is' da scho' die Musik do – aaner daher und sacht zu mir: Ja, der da hinne' braucht aan Schirmständer! Na hat er aan Fehler g'macht. Hat er g'sacht: Presto, presto! Des is', glaub' i, schnell, schnell oder wos, ne. Der hat presto, presto g'socht, ich hob' mich rumdreht und denkt: Leck mich am Arsch! Hab' 'n steh'lassen und denkt: Gib' dir glei' presto! – Dir gib' i glei' presto! – Ja, des is' der Franke, ne. Is' in Ordnung. Presto, presto. Leck mi' am Oarsch.«

Das Kirchweihgebäck schlechthin war früher das Küchla, das auch zu jedem festlichen Anlaß, ob zur Konfirmation oder zur Hochzeit, im Dorf ausgefahren, also an Freunde, Verwandte und andere, die Gaben ins Haus gebracht hatten, verschenkt wurde. Der Brauch des Küchla- und Kuchenausfahrens ist passé.

»Für mich is' des a Wunder, daß diese Teigscheiben, wennst die ins heiße Fett nei'schmaaßt, aufgeh'n«, zollt mein Vater seiner Frau Respekt, und die hat aus dem Stegreif eine sagenhafte Allegorie des Fränkischen in petto: »Es paßt dann a widder zu dem Fränkischen: mehr Schein als Sein. Des haaßt: Du hast ein Mordsgebäck [riesiges Gebäck], und drinnen is' Luft. Wobei des grod die Kunst is' – daß die aufgeh'n.«

Und was mag uns das sagen – daß die Unterhaltung so weitergeht: »Da gab's doch auch die Mißratenen, aber die haben eigentlich am besten geschmeckt ... – Ja, die sogenannten Dutsch'n. Die war'n knusprig und fest. Aber den Bäckern passiert des heut' ja net. Da geht eins auf wie's andere. A Küchla – alte Regel – derf kaan Zug krieg'n. Der Hefeteig muß also ganz vorsichtig behandelt wer'n. – Da derf ma' kaa Fenster aufmach'n und kaa Tür, da muß mer die Küch'n immer hermetisch abriegeln. – So, und jetzt backen die des im Freien, in aaner großen Friteuse, hom die Rohlinge dort lieg'n, schmeißen s' ins Fett nei', und die geh'n auf wie sonstwas. Die ham do Chemie drin.«

Die traditionellen rohen Klöße sind ein ähnlich komplexes Kapitel: »Die Klöß' wor'n halt früher des Sonndogsessen. Die hat's net unter der Woch'n geb'n. Des war ja auch aufwendig. Kannst di' noch erinnern, wenn der Opa den Eimer voll Kartoffeln g'rieb'n hat? – Des wor ja grod des Erforderliche: a bißel Haut vom Opa und a weng a Blut, vom Kartoffelreib'n, des hat saa müss'n. Drum hat's so gut g'schmeckt dann. – Des war ja a aufwendich! Dann mußt s' auspress'n, und dann mußte gekochte Kartoffeln durchpressen. Die aus'preßten rohen Kartoffeln mußt dann widder brüha mit kochendem Wasser, aber net zu viel, daß se dir net auseinanderfall'n, und dann die gekochten nei' ... Also, des is' schon ein Aufwand. – Gibt's noch Gasthäuser, die rohe Klöße anbieten? – Naa. Des sin' alles Fertigklöße. Da würd' ja so a Kloß i waaß net was kost'n.

Die Großmutter, solang' die konnte, hat die immer kocht, weil die Mutter ja maastens dann am Feld wor. Die hat Kartoffelgerichte ... Des weiß etz kein Mensch

mehr. Und des schmeckt a nimmer so, weil die Voraussetzungen ganz andere sin'. Wennst dich erinnerst an
diese Baunzen do ... – Mhmhmhmhm ... – Was wor des? –
Kartoffelnudeln, so Fingernudeln. Des schmeckt alles nimmer so! Entweder is' der Gaumen scho' verwöhnt ... Die
Voraussetzungen sin' andersch. Erschtens amol kam do
Schweineschmalz nei'. Des gibt aan ganz andern G'schmack
als Öl! Und dann wor'n die bei uns ja in so ei'm Heißluft-
herd back'n. Des wor natürlich scho' anstrengend in der
Hitz'. Und da wor'n die aber so was von knusprig! Und da
muß mer sich vorstell'n, für acht Personen diese Dinger do
zu back'n! Des war fast ein Tagewerk. Und ich hab's amal
noch probiert. Ich waaß net, sin' die Kartoffeln a nemmer
so? I hab' gedacht, i muß des Ganze in den Müllaamer
schmeiß'n, weil des nur noch bappt hat.«

Langsam neigt sich der Abend dem Ende entgegen.
»Wenn mer des Franken jetzt sucht«, sagt meine Mutter,
»dann is' des ziemlich ohne Konturen, würd' ich sog'n.
Also, ich find' nicht sehr viel Typisches. Es gibt kaan
Kärwatanz mehr, es gibt's natürlich a keine Musiker mehr.
Da wor'n halt früher anne mit der Quetsch'n und der Kla-
rinette und mit aam Bombardon. Was wir erzähl'n, des is'
Vergangenheit. Ich find' des nicht mehr, in allen Bereichen. – Tanzen mer aan Betz'n [einen Schafbock] raus! So
was geht verlur'n, is' weg. Wo is' 'n nu' a Tanzbud'n [Tanz-
boden]? – Na ja, es gibt scho' noch Gruppen, die des pflegen, diese ... – Ja, das sind Gruppen. – Es is' nich' mehr
Allgemeinverständnis. – Wirtshausmusikanten gibt's auch
fast nimmer. – Unsere Windsbacher wor'n die letzten, mit
'm alten Zwick, der immer g'sacht hat, wenn er mit 'm
doppelten Teller rumganga is': Laßt mir bloß die Chine-
sen weg, die gelb'n, Silberna brauch' mer, Silberne! – Das
Ganze endet mit der Auflösung Frankens, der kulturellen? – Ja, seh' i schon so. – Schau, wir bringa kein vernünf-
tiges Bierzelt mehr z'amm'! Der Bischof hat die letzten

paarmal, als er noch a Bierzelt hatte, bis vor vier, fünf Johr' ... Des war allein rumg'stand'n. Die Straßenkirchweih is' jetzt das Große, nicht die Bierzeltkirchweih!

Na ja, so ändert sich alles. Man braucht des gar nicht zu beweinen. Des is' einfach mal 'ne Tatsache. Des geht irgendwie weiter. – In Osternohe hat 'n Freund von mir, der war da immer Kärwabu' und hat des mitorganisiert und ... Dieses Jahr war des widder, und da steh'n zwei stiernackige Bodyguards vorm Zelt und schau'n, daß, wenn se si' zum Fotzen anfangen, daß sie die Leut' raushau'n. Dann kommen die Leut' mit Autos ang'fahren und bringen Bier mit, des is' a Riesenevent, grauenhaft laute Musik, wo ich sach': Da bin i jetzt wahrscheinlich zu alt für den Quatsch. Und die Leut' aus 'm Dorf geh'n a nimmer hin, weil se sag'n, da fühl'n mer uns net wohl. – Unser' Kärwabu'm lassen a schwer noch. Des wor heuer eine reine Supersauforgie! Die durften von Kärwafreidoch bis Kärwamondoch net nüchtern wer'n. Die mußten durchgehend b'suff'n saa. Des war a absoluter Exzeß, der hatte mit Kirchweihvergnügen nix mehr zu tun. Die war'n in einer Tour voll im Tran!«

Einen anderen Punkt, Matthias, spricht mein Vater von sich aus auch noch an (Du darfst das als unbeabsichtigten Hinweis auf unsere nächste Station verstehen): »Die Landwirte sin' etz a mehr Energiewirte als Landwirte, wenn's so weitergeht. Drum siehst auch in der Flur überwiegend jetz' Mais. Früher war a Maisfeld die Ausnahme, weil ma' Getreide angebaut hat. Jetz' baut mer Mais an, aber nicht zum Füttern, sondern als Energiemais zum Vergären in den Biogasanlagen. Dann kommt die ganze Flur ins Ungleichgewicht. Das Wild geht nimmer raus, die mög'n net in die Maisfelder rein, die geh'n jetzt wieder rein in die Wälder und fressen da den ganzen Unterwuchs z'amm', statt draußen zu äsen. Und alles kippt in irgendeine Richtung wieder um im Moment. Des is' ganz rapide, wie des abflacht. Wennst nach Reuth nunderg'fahr'n wärst letztes

Jahr, da bist links und rechts durch 'ne Maismauer durch-
g'fohr'n. Da gibt's keine Feldblumen mehr, goar nix mehr.
Des wirkt sich in jeder Richtung aus. Diese ganze ländliche
Kultur is' voll in Richtung alternative Energie et cetera
pepe. Daß sich das so erschreckend auswirken kann, hätt'
ich nie gedacht.«

»Und die Wirtshäuser«, sagt meine Mutter, »die Wirtshäuser sterb'n genauso – oder sin' schon g'storb'n. Schau
doch mal in den Stammtischen! Es kummt doch keiner
noch. Und Stammtisch haaßt ja net bloß, sich besaufen,
sondern die Männer gehen hin, weil s' reden miteinander, früher hom s' Karten g'spielt … – Kadd'ln hat sich a
aufg'hört! – Ja. Also, wenn ihr mich fragt, du sogst zwor,
ich bin pessimistisch, aber: Ich seh' einen Einheitsbrei. –
Schau, ich bin etz zwaaasiebz'g Johr' alt. Wenn ich mich
jung fühlen will, muß i entweder in den Heimat- und
Geschichtsverein oder in den Kirchenchor geh'n. – Des is'
doch des Absurde, daß ich jetz' … Jetz' wer' ich fünfasieb-
zig, jetzt werd' ich noch Beisitzerin beim Diakonieverein,
weil s' kaan finden! Oder Kassenprüferin beim Heimat-
und Geschichtsverein. – Sie ergreift jetzt das ganze Ver-
einsleben. – Nein! Da siehst doch, daß des alles sterbend
is', daß kaa Nachwuchs da is'. – Man fühlt sich der Allge-
meinheit und auch der Geschichte verpflichtet, aber man
weiß gleichzeitig im Hinterkopf auch, daß des vergebene
Liebesmüh' is'.«

Lieber Matthias, das ist kein fröhlicher Abschluß der
heutigen Arbeit. Ich übergebe den Staffelstab an Dich.

Etwas wehmütig und herzlich grüßend:
Jürgen

Auf dem Hof

Fürth, den 14. 7.

Lieber Jürgen,

Heilandsack! Einen Buchstabenberg hast Du da wieder über mir ausgeschüttet. Ich möchte mich zum Pantomimen umschulen lassen bei all dieser formulierten Wucht und Herrlichkeit, dem Grauen und der Melancholie. Es würde mir an dieser Stelle genügen, ein bißchen aus dem Fenster in Richtung Frankfurt zu winken und dabei sehr sachte den Kopf zu schütteln. Schweigen möchte ich gerne wie ein kleiner Kiesel am Grund der Pegnitz, wenn sich da nicht dieser schwere Fehler in Deinem vorletzten Brief eingeschlichen hätte.

Deine Mutter hat uns keinesfalls Saure Zipfel gekocht und serviert, wie Du mir und dem Leser weismachen möchtest. Und auch darauf möchte ich unmißverständlich hinweisen: Hätte Deine Mutter Saure Zipfel zubereitet, wäre ich auch dann nach einem kleinen Bissen – wahrscheinlich hätte auch schon ein Hauch der im Zwiebelsud gekochten Würste gereicht, welchen meine Nase erschnuppern hätte dürfen – vor Deiner Mutter in Verehrung und Dankbarkeit niedergekniet. Allein, mitnichten hat Deine Mutter an diesem gnadenreichen Tag in Neuendettelsau Saure Zipfel gekocht. Deine Mutter hat einen Hackbraten serviert. Die Sinne schwinden mir noch immer, und das Wasser läuft mir noch heute im Mund zusammen, wenn ich daran zurückdenke, so zart war dieses Gericht, raffiniert ausgewogen in Geschmack und Würzung. Es war sofort ersichtlich, daß dies nicht der erste Hackbraten war, den Deine Mutter zubereitet hat. Wobei »zubereiten« zu profan klingt. Gezaubert hat die Kochmagierin in ihrer Alchimistenküche.

Lieber Jürgen, sei ehrlich: Diesen einmaligen, überirdischen Hackbraten hat Dir Deine Königsmutter schon öfter auf den Teller gehext. Ich will Dir noch etwas verraten. Ich erahne es nur, weiß aber bestimmt, daß es die unverrückbare Wahrheit ist: Der Hackbraten Deiner Mutter wurde von Mal zu Mal noch besser und phänomenaler. Das spielt sich in Sphären jenseits der Vorstellungskraft ab. Du bist mit Sicherheit von Jugend an andauernd von den Kochwundern Deiner Mutter derartig überwältigt worden, daß Du die Ausmaße dieses lukullischen Wahnsinns notgedrungen ignorieren mußtest. Anders kann ich mir die Verwechslung beim besten Willen nicht erklären. Ich versteige mich an dieser Stelle zu der Aussage, daß der himmlische Hackbraten Deiner Mutter die Kraft hat, einem unvorbereiteten, naiven Esser vollständig den Verstand zu rauben.

Ich mußte mir nach dieser Jahrhundertmahlzeit unbedingt einen kleineren Mittagsschlaf gönnen, aus Gründen des Selbstschutzes. Ich meine, mich erinnern zu können, daß ich, kurz bevor ich mich im Gästebett niederlegte, gegenüber Deinen Eltern noch erwähnte, daß ich gegen eine Adoption meiner Person ihrerseits rein gar nichts einzuwenden hätte.

Geschätzte Frau Roth,

sollten Sie dieses Buch einmal lesen, und sollte der gravierende Fehler Ihres Sohnes auch Ihr Mißfallen erregt haben, was mir mehr als verständlich erscheinen würde; sollten Sie darüber hinaus in diesem Zusammenhang darüber nachgedacht haben, Ihren Sohn Jürgen zu verstoßen, aber trotz des Ungemachs nicht auf einen alternativen Sohn verzichten zu wollen, so möchte ich noch einmal nachdrücklich darauf hinweisen, daß einer Adoption von meiner Seite nicht das Geringste im Wege steht.

Hochachtungsvoll:
Matthias Egersdörfer

Ich schlummerte selig, den symphonischen Nachklang des Hackbratens in Mund und Magen. Irgendwann erhob ich mich in inwendiger Glückseligkeit und trollte mich in den Garten. Vor einem kleinen Holzhäuschen bist Du mit Deinen Eltern und dem unübertrefflichen Hadl gesessen, und ihr parliertet munter drauflos, wovon Dein letzter Brief ein wunderbares Zeugnis ablegt.

Später, als die Sonne ermüdet von dannen zog und der Nachtwind sein kühles Lied in unsere Gesichter blies, kehrten wir ins Haus zurück, zu einer herzhaften Brotzeit. Hadl verabschiedete sich, und der Eßtisch wurde abgeräumt. Als Nachtisch gab es ein Gespräch über einige Belange der aktuellen Politik. Ich konnte gar nicht schnell genug schauen, wie in kürzester Zeit ein kontroverser Disput aufbrandete. Schnell waren die Fronten geklärt. Du hast mit allen Kanonen auf Deine Erzeuger geschossen. Deine Eltern hielten vehement dagegen. Es rauchte und schepperte, und ich saß mit offenem Mund am Spielfeldrand und beobachtete, wie der Feuerball funkensprühend zwischen den Parteien hin und her geschossen wurde.

Rasch begriff ich, daß mein Schwert zu kurz war, um in diesem Gefecht mitzukämpfen. Vielleicht mögen auch das fulminante Mittagsmahl und das üppige Abendessen das ihrige dazu beigetragen haben, daß ich mich während dieser Schlacht ängstlich in die Rolle des unparteiischen Beobachters zurückzog. Über die verhandelten Belange hinaus fürchtete ich, daß ich gerade Zeuge einer folgenschweren Familienentzweiung wurde. Schweren Herzens legte ich mich in dieser Nacht zu Bett, wußte mir keinen Rat und wanderte mit Orpheus in den Schlaf hinein.

Als ich am nächsten Morgen erwachte, lauschte ich erst vorsichtig, ob etwaiges Geschützfeuer im Haus zu hören sei. Aber alles war ruhig und friedlich. Der Pulverdampf war verflogen, und Vater, Mutter und Kind saßen in schönster Eintracht am Frühstückstisch. Der gestrige Disput war wie ein

Spuk restlos verschwunden – so, wie man einen Spritzer Kaffee mit einem feuchten Lappen von einer Wachstuchdecke wischt.

Wir genossen ein üppiges Frühstück, das es an nichts mangeln ließ. Wir wurden auf das herzlichste verabschiedet. Deine Mutter versorgte Dich noch großzügig mit einigen fränkischen Wurstwaren in Dosen. Sie ist eine treusorgende Frau mit Weitsicht und weiß vom schlimmen Elend in hessischen Metzgereien.

Wir fuhren davon. Im Rückspiegel konnte ich Vadder und Mudder winken sehen, bis wir nach rechts abbogen. Ganz achtsam brachte ich die Rede auf das Streitgespräch am Vorabend. Du lachtest nur kurz und sagtest, das sei bei den Roths so üblich. Man streite sich gern und leidenschaftlich nach allen Regeln der Rhetorik, und am nächsten Tag sei alles wieder vergessen und verziehen und bedürfe keines einzigen kleinen Nachwortes mehr.

Jetzt sagten auch wir nichts mehr und schnurrten mit heruntergelassenen Scheiben durch die fränkische Landschaft. Der Wind fuhr uns durch die Haare, und Miles Davis blies uns direkt aus den siebziger Jahren in die Ohren, die in so kurzer Zeit so viele Worte gehört hatten. Ich kann mir gerade fast keine schönere Art vorstellen, fossile Brennstoffe zu vergeuden, als mit Dir zwischen wogenden Feldern, Wäldern, Wiesen und Äckern, Städten und Dörfern auf schmalen Straßen unter der lachenden Sonne durch die Welt zu brausen. Es herrscht kein Sprechzwang zwischen uns. Keiner sagt etwas, nur weil er denkt, man müßte eine Stille übertünchen, die unangenehm berühren könnte. Wir sitzen nur da und fahren. Fahrtwind, Trompete, und jeder denkt sich seinen Teil im besten wortlosen Einvernehmen.

Wir fuhren zum Bauernhof Deiner Paten, und als wir das Auto unter der Hoflinde abstellten, war mir einmal mehr klar, wie sehr Du mit dieser Landschaft und den Menschen hier verbunden bist.

Wir wurden von Deiner Patin sehr herzlich begrüßt und durch das dickwandige Bauernhaus geführt, spitzten in die gute Stube, liefen durch die geräumige Küche und setzten uns dann an einen großen Holztisch in die Sonne.

Gestern hast Du mir dankenswerterweise eine Rede nach-gereicht, die Du anläßlich des Geburtstages Deiner Patin geschrieben hast. Ich möchte aus ihr zitieren, weil in ihr klar und deutlich der Ort und Deine Verwandten charakterisiert werden:

»In T. saßen wir an Sonntagnachmittagen in einer großen Stube, bevölkert und beseelt, bescheiden und beheimatet. Sie verschwinden immer mehr, die Räume, die mit solch einer mir zwanglos erscheinenden Fügung, mit Familie, Freund-lichkeit, der Abwesenheit von Fron in Verbindung stehen. Mag sein, daß ich ein falsches Ideal bemühe. Aber so wenige Details ich meinem Kopf zu entlocken vermag, so genau ist das Gefühl, von dem ich zu sprechen versuche. Wir haben schöne Stützwörter dafür: Geborgenheit, Wärme, Güte, auch Gemütlichkeit. Die deutsche Sprache kann ein Monstrum, eine fürchterliche Waffe sein, aber hier ist sie exakt und poe-tisch, plastisch und mimetisch. Gemüt und Gemütlichkeit, das sind für mich, in meinem Gefühlshaushalt – welch gräßli-ches Wort: Gefühlshaushalt –, also: in meinem Gemüt sind sie: meine Paten. Ja, gewiß, ich lasse weg, ich rede nicht von der Arbeit, der unermeßlich harten, auf solch einem Hof, den Sorgen, dem Kummer, den Schmerzen. Aber ich erlaube mir das heute, mit einer Verbeugung vor euch, meiner Patin und meinem Paten, wenn ich das darf. Wir haben uns selten gese-hen. Wenn wir uns sahen, habt ihr mich immer gefragt, wie es mir gehe, was ich mache. Ihr habt mich nie ausgefragt. Ihr habt gefragt. Ich glaube, es ist die schönste Eigenschaft des Menschen – neben der Fähigkeit zu lieben –, daß er fragt.«

Genau nach dem, was Du erwähnt hast, fragte dann Deine Patin. Du antwortetest, ich antwortete, und sie hörte auf-merksam zu. Als Du danach sagtest, daß wir eigentlich gekommen seien, um etwas von ihr zu erfahren, wunderte sie sich. Unser Ansinnen amüsierte sie fast ein bißchen. Was könne sie schon Wesentliches zu einem Buch über Franken beitragen…

»Also, für mich is' des schön, wenn der Winter vorbei is', und es kommt des Frühjahr, und es kommt die Natur wieder, und es wird g'sät und des«, formulierte sie vorsichtig, leicht unsicher, ob ihre Aussage einen Wert habe. »Der ganze Jahresablauf bringt immer wieder was Neues, ne, oder net? Is' des net schön? Und ich bin a gläubicher Mensch, des ham mir meine Eltern scho' mitgegeben. Ich freu' mich. Ich kann mich an eer schönen Blume freuen. Ich kann mich an aan Kalb freu'n. Ich kann mich an aan schönen Getreidefeld freu'n. Ich kann mich an allem freuen. Und dann denk' ich mir immer: Dann bin ich doch reicher wie die, die ja wohl a schöne Wohnung ham, aber drin wohnen in lauter Beton. Was soll ich sag'n? Dort wachsen Kirschen, freu' ich mich, ne. Es gibt so vieles. Und ich freu' mich, wenn die Enkelkinder kommen und die Kinder. Und da sacht der Pfarrer Kramer, des is' a alter, pensionierter Pfarrer: Mer kann sich zweimal freuen – wenn sie kommen und wenn sie wieder gehen. Hab' ich jetzt was Falsches g'sacht? Was soll ich sog'n, ne?«

Lieber Jürgen, ich kann nicht anders, als zu schreiben, daß ich in diesem Moment innerlich dahingeschmolzen bin – angesichts der schlichten und wahrhaftigen Anmut Deiner Patin. Dann kam schon Dein Pat ums Hauseck und begrüßte uns mit kräftigem Händedruck. Der knorrige Mann setzte sich neben seine Frau und antwortete auf die Frage, wie lange der Hof schon in Familienbesitz sei: »Seit dem 29. Juli 1760! Des Wohnhaus hat da unten gestanden bei der gleinen Scheune. Dieses Haus do, so, wie's jetz' steht, des hat mei' Urgroßvadder 1879 hier so hergebaut.«

In den folgenden Generationen, mit veränderten Anforderungen, waren Umbaumaßnahmen nötig. »Junge Leude und a junge Frau, wenn auf aan Hof kommt, no baut mer a neues

Haus. Und des war ja nicht mehr schön, des Haus. Aber ich selber hab' an dem Haus gehangen. Warum? Weil des mein Urgroßvadder erbaut hat, und zwar zweigeschössig, wie's jetzt steht. Des Haus war ein fränkisches Bauernhaus, und des hätte nicht mal wechgerissen werden dürf'n. Von doher bin i scho' froh, daß des innen und außen so restauriert wor'n is'. Es hat a net mehr kost' wie a Neubau.«

»Nu' ja«, entgegnete Deine Patin mit sparsamem Zweifel. »Und etz sog'n mer so: Da paßad'n noch mal zwei Familien nei', sog'n mer mol, mindestens noch mal eine, von de' Räumlichkeiten her«, sagte der Pat gelassen. Sofort entstand zwischen den beiden eine kleine Zwistigkeit, wahrscheinlich in ihrer Form weitaus älter als das Bauernhaus: »Wo wollerst 'n die hi'sperr'n, soch mer mol?! Na, horch amol! Also ... Nu' mol zwei Familien ...« – »Nein, i soch' bloß! Vom Platz her! Wos des Haus Platz hat!« – »Die vielen Gänge, die da drin sin', müssen auch geputzt wer'n, ne.« – »Na ja, gloar, gloar, aber ich soch' bloß, ich soch' bloß.«

»Des paßt scho' so, die Größe«, resümierte die Patin. »Mir sin' vorn'. Mir ham unsere Egg'n [Ecke]. Des is' immer a weng die Schmutzegg'n. Die Kinder ... No ja, jetz' sin' s' ja scho' größer. Sin' a boar liebe Lauser, wirklich woahr, muß mer sog'n. Mir sin' a glückliche Familie, des muß i a sog'n. Wir kumma gut zurechd mit'nander. Ich hab' denen versprochen, wie sie g'heirat' hem, ich helf' ihnen, solang' ich kann, und des mach' ich. Mir versteh'n uns gut, und mir ham eine sehr sympadhische Schwiegertochter. Is' a intelligente Frau und auch a sehr fleißiche. Die is' vom Beruf Krankenschwesder, arbeitet halbtags und hilft dann mit. Die geht in Stall. Melken tut sie nicht, das muß der Gerhard machen.«

Seit mehr als zweihundertfünfzig Jahren lebt und arbeitet die Familie hier. Ich staunte stumm. Die Rauchschwalben ließen es an Hochachtung mangeln. Akrobatisch stürzten sie durch die Luft, unbeeindruckt pendelten sie zwischen blauem Himmel und Stallfenstern hin und her.

Wir wollten wissen, wie sich die Landwirtschaft verändert hat. »Na, die hat sich rasant verändert«, sagte Deine Patin und legte ihre Hände auf dem Tisch übereinander. »Wie wir Kinder war'n, da mußt' des Heu noch mit 'm Rechen gewendet wer'n. Da mußt' mer's zuerst im Feld draußen mit 'm Rechen zu Schwaden machen. Dann ham mer's mit der Gabel raufg'stoch'n aufn Wagen. Dann wurd's heimg'fahr'n, und da wurd's do auf die sogenannte Brett'n – des is' a fränkischer Ausdruck, des is' der Heuboden – naufg'stoch'n. Jetzt geht des alles maschinell. Etz macht der Gerhard des alleine. Der hat jetz' die halbe Nacht g'mäht. Scho' vor die fünfziger Jahr'n kamen dann Feldhäcksler und solche Sachen. Nach und nach ging des immer weiter, weil die großen Ställ' gebaut wurd'n. Dann kamen die Pressen. Da wurde des Heu gepreßt, wenn's gedörrt war. Dann sind die wüsten Ball'n, die siecht ihr ja auch, die weißen Ball'n do draußen …«

Wir hatten sie auf der Fahrt gesehen, die großen weißen Ballen, die kontrastreich auf den grünen Wiesen lagen. Ich muß bei dem Anblick immer unweigerlich an meinen Kunstprofessor Peter Angermann denken. Er hat mit unzähligen farbenfrohen, scheinbar mühelos hingemalten Plein-Air-Bildern der Landschaft und insbesondere den weißen Ballen unter dem weißblauen Himmel ein unsentimentales, expressiv fröhliches Denkmal gesetzt.

Drei Bauern gebe es noch im Dorf, sagte Deine Patin. »Der do vorne, der hat umg'stellt auf Pferde. Der hat etz aan Pferdehof. Früher wor'n's nu' dreißig. Da wor'n halt viele, die ham nur zwei Küh' g'habt. Und des geht weiter so. Aber eines sag' ich euch: Mir ham so sechzig, siebzig Tiere. Ich möcht' kaan Stall ham mit hundert oder nu' mehr Küh'n. Dann hast so viele Kälber, und die Krankheiten, die sin' einfach da. Dann kriegen s' Durchfall und … – Rentiert sich das denn überhaupt noch, Viecher zu halten? Oder ist es nicht einfach günstiger, nur noch Biogas zu machen? – Na ja, nur noch Biogas … Also, ich hab' nix gecha die erneuerbaren Dinger do. Aber jetz' will ich dir eines sagen: Der hat da ja a solche Platt'n do hinten, Solarzellen, und der socht, da kummt a Haufen Geld nei'. Die ham des Geld g'habt und ham des bezahlt, und was jetz' da kommt, des läßt er auf die Bank lauf'n. Und des Biogas ... Also, im Herbst säen s' Roggen, der wird kräftig gedüngt. Im Frühjahr werd er dann abg'mäht und siliert. Dann wird das Feld bearbeitet und wieder kräftig gedüngt und wird Mais g'sät. Des is' immer der Kreislauf. Unser zweitjüngster Sohn schimpft a über Dünger. Aber daß do nu' viel mehr ge- düngt wird durch die Biogasanlagen ... Und spritzen müssen s' auch. Der Herr Doktor W., der war in Leverkusen, die solch's Gift herstellen, der socht: Des Gras wird mit 'm Mais fertich, aber der Mais nicht mit 'm Gras. Die müssen spritzen. Dann müssen s' die Biogasanlage füttern. Wir sagen halt ›füttern‹ dazu. Des is' ein enormer Aufwand. Hör mer auf! Unser Jüng- ster, der is' Techniker bei der Spiegelfabrik, der socht immer, des hat kaan Bestand. Des setzt sich net durch. Da kommt noch was andersch. Des is' zu aufwendig. Und dann kost' ja die Anlage auch viel Geld, ne.«

Auf dem Weg hierher war uns eine dieser Biogasanlagen aufgefallen. Der häßliche Klotz verschandelte recht eindrucks- voll, rücksichtslos und nachhaltig das liebliche Tal. Während der Ausführungen Deiner Patin kam mir wieder die *Tannhäu- ser*-Inszenierung von Sebastian Baumgarten in den Sinn, der ich im vergangenen Sommer im Festspielhaus zu Bayreuth beiwohnen durfte. Wie war das noch mal? Wie singt der Tannhäuser im wohlig mockeligen Venusberg drängend zur Venus – im Libretto steht die Regieanweisung:»auf das äußer- ste hingerissen, greift mit trunkener Gebärde in die Harfe« –, im ersten Aufzug, zweite Szene? »Doch hin muß ich zur Welt der Erden, / bei dir kann ich nur Sklave werden; / nach Freiheit doch verlange ich, / nach Freiheit, Freiheit dürstet's mich; / zu Kampf und Streite will ich stehen, / sei's auch auf Tod und Untergehen: – / drum muß aus deinem Reich ich flieh'n, – / O Königin, Göttin! Laß mich zieh'n!«

Die schlaue Venus antwortet »im heftigsten Zorne«: »Zieh hin, Wahnsinniger, zieh hin! / Verräter, sieh, nicht halt' ich dich! / Ich geb' dich frei, – zieh hin! zieh hin! / Was du verlangst, das sei dein Los! / Hin zu den kalten Menschen flieh, / vor deren blödem trübem Wahn / der Freude Götter wir entfloh'n / tief in der Erde wärmenden Schoß. / Zieh hin, Betörter! Suche dein Heil, / suche dein Heil – und find' es nie!«

Schöner und mächtiger kann man wohl kaum eine Biogasanlage besingen. Denn nichts anderes bleibt von der Wartburg übrig, wohin es den Dämlack Tannhäuser nach seiner Flucht verschlägt. Dort, in der sterilen, kalten Biofabrik, wird er sein unabwendbares Ende finden. Der *Spiegel* schrieb am 26. Juli 2011: »Der Buh-Orkan des Premierenpublikums für das Regie-Team war enorm.« Ich mag es bei keiner Oper, wenn Unmut, wie mir scheint, oftmals allzu leichtfertig und auf Grund allzu kurzer Gedanken unverhohlen geäußert wird. Hingegen hier, im grünen Tale, sähe ich es gern, wie eine aufgebrachte Menschenmenge in schillernden Kostümen diesen scheußlichen Bioreaktor aus Leibeskräften anbrüllte und auspfiff.

»Und dann die Windräder do«, warf Dein Pat ein. »Da schrei'n s' danach. Aber keiner will sie vor seiner Haustür hom. Und na schimpfen s' etzerla [jetzt], wenn Stromleitungen gebaut wer'n.« Deine Patin: »Vadder, etz muß i noch wos sog'n zu dem Stromverbrauch. Mer mißt' a weng spar'n. Wenn ich dran denk', wie ich do herkumma bin: Do wenn ein Licht im Gang gebrennt hat, der Opa hot's aufg'schraubt. Da is' g'spart wor'n. Aber des könna die Leut' nimma!«

Ich wollte dann wissen, wie der Arbeitstag eines Bauern ausschaut. »Mancher Daach is' kürzer, mancher Daach is' sehr, sehr lang – wie heut'«, erklärte Deine Patin. »Der Gerhard hat bis spät in die Nacht nei' g'mäht, und heut' früh um halb sechse is' er aufg'standen – er verkauft die Kälber aufm Markt, dann muß er beim Zuchtverband sein. Dann kommt einmal im Monat der Probenehmer und tut die Milch mit so automatische' Geräde messen, und der war heut' früh do. Und dann is' der um achte naus, und des geht jetz' scho' so zu, bis finsder werd. Aber mer derf des net vergessen, der Bauer hat auch Tage, wo net viel gemacht wird, wo mer mal sag'n kann – wenn's regnet –: Heut' tu ich nix. Mei' Mudder hat immer g'sacht: Wer sich nix versäumen traud, der traud sich a nix rei'hol'n. – Arbeiten Sie noch im Stall? – Na ja, so direkd nemmer. Wenn die Lisa net do is', dann mach' i a bißla mehr. Na fohr' i aan Schrot nei' und verwöhn' die Moggeli [Kälber]. Des g'fällt ihr immer goar ned. Aber die kenna mich scho'. Wenn s' mi' seh'n, dann blägt der aane, na streu' i halt a Schaafel drauf. – Steh'n Sie auch um sechs Uhr in der Früh' auf? – Naa. Ich geh' da so um siebene nauf. Ich hab' mein' Teil scho' davu'bracht. Ich hab' jahrelang gemolk'n.«

»Du machst aber nix mehr?« wandtest Du Dich an Deinen Pat. »Ich mach' da nimma viel.« – »Na ja. Und des geht ohne 'n Vadder a«, sagte Deine Patin und schaute ihren Mann liebevoll an. »Wenn er nur a weng do is' und soddert. Des macht er: soddern. Weißt du, wos des is'? Schimpf'n. Oder kridisier'n'. Manchmal muß mer halt schimpf'n, ne. – Aber Orgel spielst du noch ab und zu, oder? – Des mach' mer noch. – Jed'n Sonndoch. Da macht er's etz manchmal so, wenn fünf Verse an'geb'n sin', dann vergißt er halt, des zu spiel'n. Und wenn 'n der Pfarrer dran erinnert, dann spielt er noch nach. Aber dann soddert der den ganz'n Sunndoch. Etz waaßt, was Soddern is'!«

»Könna die Jungen amol in Urlaub fahr'n? – Bloß immer a boar Dooch fahr'n s' weg. Aber wennst Probleme mit die Kälber und mit die Küh' host, kunnst net aan fremd'n Menschen herdun. Man kann vom Maschinenring sich jemand' bestell'n, und den mußt du dann bezahl'n. Der kommt und dut melken und füttern, und der Bauer kann in Urlaub fahr'n, des geht. Im August woll'n se a paar Tage fort. Weil der äldeste Sohn is' jetz' doch scho' ziemlich fit in allem. Der kann dann helf'n.

Und dann dut er jemanden her, der die Stallarbeit macht. – Habt ihr jemals Urlaub gemacht? – Ham mer scho' g'macht. – A boar Dooch. Zwaa-, dreimal übernachded. Des war des Längste. Des ging einfach ned. – In die Schweiz sin' mer scho' so fuchzehn Mol nüber. – A wa, Vadder! Nein. Nein! Des waaß i bestimmt.«

Du hast mir erzählt, daß der Glaube für Deine Paten nach wie vor eine große Rolle spielt. Von Deiner Patin wolltest Du erfahren, wie es in der jüngeren Generation auf dem Land mit der Religiosität bestellt ist. »Des is' alles rückläufig«, sagte sie. »Es is' mehr wie in der Stadt. Wir sin' a sehr gabenfreudiche Gemeinde, des is' allgemein bekannt. Wie an der Kirchweih – wir sin' ja kaa große Gemeinde –, hom mir etliche hundert Mark eing'lecht. Gecha [dagegen] in der Stadt – wos is' 'n do? Do wor'n in der Johanneskirche amol fünf Personen drin. No muß der Pfarrer a predichen, ne. Und unser Pfarrer, den, wo mer jetz' ham, der war z'erscht [zuerst] in Jena, der hat g'socht: Wir wor'n amal zu dritt. Der Mesner, ich … Dann is' der Mesner nausgangen, dann wor'n mer nu' zu zweit. Na mußt' er a die Kirch' halt'n, hat er g'socht. Wennst die Kirche anschaust, wer da drin is' … Immer die gleichen. Wenich Junge, ganz wenich Junge. Du sollst den Feiertag heilegen, des is' überhaupt passé, weil wenn des Wetter paßt, dann wird sunntogs a gearbeitet.«

Dann kam der Gerhard vom Feld und begrüßte uns mit Handschlag und »Grüß Gott!« – »Ja, mir ham's grod g'socht«, bezog Deine Patin ihren Sohn sogleich in unser Gespräch ein. »Er hat g'frocht: der Glaube am Land. Was sagst 'n du dazu? – Ja, ja. Gott, was haaßt, die aanen glaub'n was, die andern glauben nix?« fragte er in seinem rasend schnellen Mittelfränkisch zurück. »Die aanen genna in die Kerch', die aanern geh'n ned in die Kerch'. Die glaub'n deswech'n a was. Aber in letzter Zeit had sich des widder a bißla gebessert, maan' ich. Die junga Leit' sin' wieder mehr in d' Kirch' ganga. Zumindest in meiner Altersgruppe sin' wieder welche do. Was ja a maßgeblich is', mergd mer a bei uns, des is' einfach der Dorfpfarrer. Der Pfarrer – ob der aan Wert hat oder net. Oder, auf deutsch g'sacht: Is' er a Depp oder ned? Des is' einfach so. Muß ma' doch ehrlich red'n. Weil unser Pfarrer, der, wo mir etzertla ham, der geht au' mal ins Wirtshaus, der haut a mol fünf oder sechs Bier hinder nei' und red' a weng dumm. Der dud ned bloß die Scheinheilichen an sich zieh'n. Der nimmt die ganzen Leut' mit ins Boot. Naa, des is' net des, was ich damit sog'n hab' woll'n. Er zieht halt net so Leut' ... Die genna desweg'n am Sunndoch a net in die Kerch'. Aber die sin' nachher beim Gemeindefest. Wo's die Sunndoch über-haupt ned g'seh'n hasd, aber da genna se nacherd hi'. Oder wenn amal was zu mach'n is' ... Da is' a Moaler, der moalt dann halt a mol do wos. Der kummt nachert auf die Kerch'. Und des is' doch mehr wert als wie alles andere, was ma' si' so denk'n konn. Und des nächste is', was ma' a verfolcht in letzter Zeit, daß sich so Gruppierungen bild'n, so Betkreise und Hauskreise. Des is' jetz' in unserer Kirchengemeinde noch nicht so stark. Aber die Leut', die wo in aan Betkreis genna oder ircherd [irgend] so was, die schädigen die Hauptge-meinde dementsprechend stark, daß sie net anwesend sind, daß sie do net mitmach'n, sondern ihr eigenes Ding zelebrier'n und sog'n: Schau, wos die da mach'n. Die sin' ja goar nix. Die erheben sich selber, sin' halt so erhaben von sich oder woll'n's a goar net sei' oder sind's doch und Zeich und Woar. Wie's halt so is'! Und des is' a weng a Problem aufm Land, da vom ganz'n Ding her. So soch' ich's direkt und grod raus, ne.«

»Sind diese Bethauskreise eine Art Sekten? – Des woll'n se net hör'n. Aber sie sind scho' so angehaucht. Und manche müss'n da sogar scho' aan Teil abführ'n vo' ihrem Lohn und solche Sachen ... Sind so entschiedene Christen, vom ganzen Ding her. Wenn mer des a so anschaut ... Wenn mer aan Posaunachor hat, wo zur Zeit vielleicht nur zehn, zwölf Mann kumma, wo mer früher zwanzig wor'n ... Die Leut' wandern nachher ab, weil sie sin' in so aam Bethauskreis drinna und sog'n: Mit der Kirch' will i nix mehr zu tun hob'n. Wie g'sacht, des steht und fällt mit aam Pfarrer, mit aam ganz normalen Pfarrer, sei's katholisch, sei's evangelische Kirche.«

Deine Patin erzählte, daß sie von Deiner Mutter gehört habe, Du würdest Religion als Märchen betrachten, und gab zu bedenken, daß man im Fall großer Not keine Hilfe mehr erbeten könne. »Sind Sie katholisch?« wollte sie von mir wissen. »Evangelisch«, antwortete ich knapp. Ich bin zwar schon in frühen Jahren aus der Kirche ausgetreten, fühle mich aber dennoch von meiner rudimentären christlichen Erziehung geprägt. Immerhin ein kleiner Rest scheint noch vorhanden zu sein. Der scheint auszureichen, damit ich mir unlängst bei einer nichtkirchlichen Beerdigung während des Herunterspulens diverser esoterischer Platitüden inständig einen theologisch geschulten Redner herbeiwünschte.

Der Gerhard fuhr fort: »Da sin' die Katholischen no' lumperder [lumpiger] wie die Evangelischen, muß i ganz deutlich sog'n, mol so richtig grod raus, mit dem ganzen Zeich do und alles. Aber is' a so. Is' a so. Daß si' da überhaupt no' so junge Leut' halt'n oder irgend so wos. Des, wos die da mach'n oder zelebrier'n, des is' ja unmöglich, vom ganzen Ding her.«

»Also, ich maan', ich schätz' den Papst auch«, ergänzte Deine Patin, »aber daß sie den als Heiligen Vater bezeichnen, des find' ich anmaßend.« Gerhard: »Ich schätz' den nur in derer Hinsicht, daß er unheimlich was draufhat, daß der mehrere Sproch'n konn und Zeich und Woar, daß se des fertich'bracht ham, die Katholisch'n, daß se solche intelligente' Menschen do hi'bringa. Aber von der andern Art und Weise her schätz' ich gar nix an dem. Do wor der Wojtyla besser, der Pole. Der wor der offenere Mensch als wie der, den wir etz ham. Der is' ja stockkonservativ, der do. Der mecht ja alles kaputt, was der auf'baut hat, mit die ganzen Abtreibungen, die ganze Woar und alles, und des Pädophile und die ganze Woar, des bringa die net raus. Nie mehr.«

Nach dem kurzen Ausflug in Bezirke des Religiösen kamen

wir wieder auf die Landwirtschaft zu sprechen. Mein Bild von der Agrarökonomie ist hauptsächlich von den Medien geprägt und erscheint mir weitgehend absurd. Ich fragte den Gerhard, was er darüber denke, daß die EU zum Beispiel die Vernichtung von Lebensmitteln subventioniert. »Wenn heit' [heute] der Bäcker zehn Weggle bäckt«, erläuterte er, ohne merklich Luft zu holen, »acht dud er bloß verkaaf'n, des sin' scho' mal zwaa, und der, wo die acht käfft, der ißt dann zwaa, und des andre bleibt a lieg'n und werd am nächst'n Doch wechg'schmiss'n. Wie's der da geht? Des is' einfach der Kampf. Du mußt da einfach mitmach'n, weil du kunnst ja net irgendwie im Dornröschenschlaf dich verheddern – ich will net so viel Ertrag, ich will do net so viel und Zeich und Woar –, weil da gehst under. Du kunnst des nemmer bezohl'n nachert. Des is' eben des Problem. Du mußt etz dein' Diesel kauf'n, du mußt dei' Ding kauf'n, du mußt die Maschinen, die wo etz bei mir do rumfohr'n, die mußt bezahl'n und alles. Und wenn Lohnunternehmer kumma, die woll'n abends ihr Geld hom oder in acht Dooch, ja. Und wenn du kaans hast, dann kumma die nemmer. Des is' ganz einfach nachher. Des is' einfach der Preisdruck.«

»Etz nu' mol auf die Frage zurück«, merkte Dein Pat an, »der Bauer schmeißt am wenigsten weg.« –»Ja, scho' gloar«, sagte der Gerhard. »Aber da geht zur Zeit des Gespenst … Der Dacian Cioloş [der EU-Landwirtschaftskommissar] will ja irgendwelche Flächenstillegungen wieder einführ'n. Bei uns wird zur Zeit jeder Raa' [Rain], jedes Ding g'mäht, weil mer einfach des Futter braucht, weil die Konkurrenz vo' der Biogas dementsprechend stark is'. Mittelfranken is' a sogenannte Biogashochburg, und speziell do in der Gegend sind se alle dementsprechend stark do. Da wer'n selbst Brachflächen, die wo von der Flurbereinigung als Landschaftsschutzflächen lieg'n'blie'm sin', die wer'n mittlerweile auch wieder g'mäht.«

»Wird denn heute wirklich weniger gespritzt als vor fünfzehn, zwanzig Jahren?« – »Wart amol«, sagte der Gerhard und verschwand im Haus, um kurz darauf mit einem Ordner in der Hand an den Tisch zurückzukehren. »Ich zeich' der mol was. Des is' des Sortenversuchsheft vom Amt für Landwirtschaft in Ansbach. Da wer'n sämtliche Sort'n wer'n do geprüft. Nehm' mer mal des Beispiel: Die ham etz aan ganz normalen Roggen angebaut, die gleiche Sorte, Schwarzrot, von 2005 bis 2011. Des sin' sieben Versuche. In denen Jahren, wo nix gespritzt wurde, Herbizid, Insektizid und des Fungizid … [Es folgt eine komplizierte Erläuterung zu verschiedenen Versuchsreihen.] Es werd scho', von der Empfehlung her, zurückg'fohr'n. Aber es wird immer trotzdem drauß'n g'spritzt. Wenn heut' die Schadensschwelle do is', dann kriecht ma' do a Fax oder irgend so was zug'schickt, und dann geht des los. Da fährt ma' einfach naus, schaut sich des an. Des is' etz des und des, des is' einfach zu machen. Des is' na der Effekt, wos i grod g'socht hob': Wenn der Landwirt sowieso scho' Getreide braucht und Fläche knapp is', dann fährt er lieber naus und spritzt des, na hat er zehn Doppelzentner mehr. Na braucht er scho' die Hektar net pachten und aus, fertich. Is' halt so.«

Alsbald standen eine große Pfanne mit brutzelnden fränkischen Bratwürsten, Kraut und selbstgemachtes Brot auf dem Tisch. Ich wollte eigentlich nichts essen. Nach der Verköstigung bei Deinen Eltern wollte ich mich in den nächsten Tagen ausschließlich von levitiertem Wasser ernähren. Aber meinen halbgaren Argumentationsversuch zerstäubte der Gerhard mit dem Hinweis, man habe doch immer wieder aufs neue Hunger.

Ich möchte den Eindruck vermeiden, ich sei verfressen. Ich hätte es mir jedoch nie und nimmer verziehen, unsere Gastgeber zu brüskieren und das phantastische Brot abzulehnen. Der Verzehr von Würsten und Kraut war der guten Erziehung geschuldet, die mir meine Eltern hatten angedeihen lassen.

Nach dem köstlichen Essen erzählte der Gerhard: »Ich hab's etz an der Kirchweih mit aam g'habt, der hot des gleiche erzählt, was die EU-Auflagen sin' und solche Sachen. Des is' der Wahnsinn. In Ansbach, die klaana Metzger, die hör'n alle auf. Warum? Weil der Preisdruck einfach dementsprechend hoch is' und die Auflagen eben dementsprechend hoch sin'. Oder die Bäcker ...«

Zum Schluß erlaubte er uns einen kleinen Einblick in seine umfangreiche Bürotätigkeit, die ein Bauer heute auf Geheiß der Herren in Brüssel regelmäßig zu bewältigen hat. Dieser tägliche Wust an schriftlichen Rechtfertigungen mutete im Hinblick auf die über zweihundertfünfzigjährige Geschichte des Bauernhofes mehr als absurd an.

Nach einer kurzen Führung durch die Stallungen und den Heuschober und einer herzlichen Verabschiedung fuhren wir – beeindruckt von diesen Menschen, ihrer schweren Arbeit, ihren unverbildeten Herzen und dem kräftigen Trotz gegenüber einer Obrigkeit, der es genau an diesen Attributen vollständig mangelt.

Lieber Jürgen, ich möchte mich herzlich bei Dir bedanken – dafür, daß Du mich an diesen Ort mit diesen besonderen Menschen geführt hast. Und bevor Du antwortest, warte bitte noch einen weiteren Brief von mir ab.

Ebenso herzliche Grüße:
Matthias

Die Erforschung der Hirnwurst

Fürth, den 16. 7.

Lieber Jürgen,

nach dem Besuch bei Deinen Paten führte unser Weg über Land und durch kleinere Ortschaften. Eine Anmerkung sei mir erlaubt, die dem flüchtigen Blick aus dem Auto geschuldet ist.

Sollte unser Land noch einmal von einem Krieg heimgesucht werden – bitte versteh mich nicht falsch: Ich sehne kein solch schlimmes Unterfangen herbei, und es gilt, ein solches Unglück mit aller Kraft zu verhindern –, aber sollte so eine Katastrophe unabwendbar sein, und deutsche Städte würden erneut aus der Luft bombardiert, dann sollte unbedingt darauf geachtet werden, daß diesmal auch kleinere Städte und Dörfer unter Beschuß genommen werden. Die Mafia der Fertigtüren- und -fensterhersteller hat in unseren Breiten großflächig für verheerende Zustände an vormals ansehnlicher Bausubstanz gesorgt. Das finstere Angebot an sardonischen Baumärkten sorgt für die schlimmste Versaubeutelung an, vor und in den Behausungen. Das Recht auf Scheußlichkeit wird überall bis ins letzte Detail ausgelebt. Derart gravierend ist das Elend, daß ich mir getönte Scheiben und eine Flasche Schnaps herbeiwünschte.

Die Sonne bestrahlte schlapp die Schlumpfhäuser herzloser Zwerge. Jedes durchgestrichene Ortsschild, das wir passierten, ließ uns befreit aufatmen. Rastlos fuhren wir weiter und labten uns an wogenden Feldern, an Himmelsblau und Fichtengrün. Ab und zu erspähten wir auch Behausungen, die auf Geschmack und Menschlichkeit schließen ließen, und wir flüchteten uns für die Dauer eines Wimpernschlages in die Erleichterung.

Am späten Nachmittag erreichten wir Egloffstein, saßen sogleich im von Vögeln bezwitscherten Garten und ließen uns von meiner Schwester und meinem Schwager Kuchen und Kaffee servieren, mit dem wir den Groll hinunterspülten.

Meinem Schwager Udo Richter hatte ich im Vorfeld unserer Reise von dem Vorhaben erzählt, mit Dir zusammen ein Buch über Franken zu schreiben. Er hatte mich darauf hingewiesen, daß ein Kapitel über die seltene und seltsamerweise weithin unbekannte Hirnwurst unerläßlich sei.

Zweck dieser Etappe war es nun, diese unbegreiflicherweise so unbekannte große Wurst mit Sorgfalt zu erforschen. Zunächst war eigentlich nur vereinbart gewesen, zu dritt mit ein paar Hirnwürsten im Gepäck einen lauschigen Ort aufzusuchen, um sich dort mit freiem Blick auf die Landschaft dem Genuß hinzugeben. Dann kam der umtriebige Schwager auf die Idee, weitere Freunde zu dieser Gaumenlabung einzuladen. Dem nicht genug, sollte sodann unter den Beteiligten auch noch die beste Hirnwurst durch demokratische Abstimmung ermittelt werden.

Auf Grund einer kleinen Unachtsamkeit gegenüber der Presse war quasi über Nacht der erste offizielle Hirnwurstwettbewerb aus der Taufe gehoben. Frau Heid, die Wirtin des fabelhaften Gasthofes und Hotels *Zur Post* in Egloffstein, stellte ihre gemütlichen Räume für die Veranstaltung zur Verfügung. Auch wenn keine Wurstwahlen stattfinden, ist das Lokal wärmstens zu empfehlen. In einigen Fürbitten schon habe ich kundgetan, daß die Englein die Tochter doch dazu bewegen mögen, die noble Wirtschaft in der Tradition der Mutter weiterzuführen.

Auf fünf großen Tischen standen die Würste, in Größe, Form und Farbe recht unterschiedlich, zur Verkostung durch die zahlreichen Juroren bereit. Jeder Gast bekam ein Formular, in das er zur jeweiligen Wurst eine kurze Beurteilung eintragen konnte, um nach Abschluß der Prozedur mit einer festgelegten Anzahl von Erbsen die besten Metzgereien und deren Produkte zu prämieren.

Bevor das gewaltige Wurstessen begann, erklärte mein Schwager: »Der Kern der ganzen Veranstaltung ist nicht, irgendeine Preisverleihung oder sonst einen Wettbewerb zu veranstalten, sondern es ist die wichtige Aufgabe, diese arme Wurst zu rehabilitieren. Das ist eine echte politische Veranstaltung, die der Hirnwurst das Recht zurückgibt, das man ihr die ganze Zeit verweigert hat. Das heißt, diese arme Wurst wird wegen ihres Namens diskriminiert. Und daß heute noch jemand allein wegen des Namens diskriminiert wird, das darf einfach nicht mehr sein. Da stimmen Sie mir doch alle zu, daß es endlich Zeit wird, daß man niemanden mehr auf Grund seines Namens irgendwo in die Ecke stellt oder auch in der Metzgerei hinten versteckt, ganz schamhaft, weil's sich keiner mehr auszusprechen traut. Das geht einfach nicht.

Die Hirnwurst ist das Schäufele in Wurstform. Diese Wurst stammt aus der Vormetzgerzeit. Metzgereien gibt's ja noch gar nicht allzulange. Die Metzgerei, wie wir sie heute kennen, ist eine Erfindung des 19. Jahrhunderts. Vorher wurde auf dem Bauernhof geschlachtet. Und der Schlachtherr hat sich eine Wurst machen lassen, und die ist schön aufgehoben worden. Der Schlachtherr wußte, daß er den Honoratioren etwas abgeben mußte. Das heißt, der Herr Bürgermeister, der Herr Pfarrer und der Herr Lehrer haben natürlich so eine Wurst bekommen. So kam diese Wurst zu ihrem Namen – weil sie für die Aristokraten hergestellt wurde.

Die Honoratioren eines Dorfes nennt man in manchen Gegenden auch die ›Hirnler‹. Das sind die, die mit dem Hirn arbeiten, im Gegensatz zu denen, die sich ausschließlich mit ihren Händen abmühen. So ist das eben einfach. Und in einer gewissen Bewunderung, aber auch mit einer gewissen Verächtlichkeit sind das die ›Hirnler‹. Deswegen wurde diese Wurst als Hirnwurst bezeichnet.

Die Wurst ist daheim aufgehängt worden. Es ist auch die

einzige fränkische Wurst, die man als Dauerwurst bezeichnen kann. Sie wird in einen fetten Darm verfüllt, einen Schweineafter. Da ist normalerweise nur Preßsack drin. Aber dieser Darm ist ein Konservierungsdarm, wegen der dicken Fettschicht. So eine Wurst darf eigentlich nicht in den Kühlraum, die muß an der Luft hängen.

So, und jetzt ist ab und zu einer nach hinten geschickt worden, in die Wurstkammer, und dann ist ein Rädla aufgeschnitten worden. Das ist die edelste Wurst, die Franken letzten Endes produziert. Und da ist eben keinerlei Hirn drin – nur Schweineschulter, ein bißchen Speck oder Fett und ein wenig Würze. Jeder Metzger hat da so sein Geheimnis, was er da reintut. Aber die Grundwürzung ist: Salz, Pfeffer, ein bißchen Majoran, ein bißchen Muskat. Und jeder macht die Wurstsuppe so, wie er die Konsistenz haben will.

Dann wird dieses Teil – was die Alten schon immer gewußt haben, die großen Köche erfinden das erst jetzt – bei Niedrigtemperatur im Wurstkessel gegart. Das erhält die Geschmackstoffe, des macht sie zart, zartschmelzend. Dann kommt diese Wurst, wenn sie ein bißchen abgetrocknet ist, in den Rauch. Der Rauch ist kein heißer Rauch mehr, das ist kein Garprozeß. Der Buchenrauch dient nur noch der Konservierung und als Geschmacksgeber.«

Ich konnte mich während des Vortrags meines Schwagers nur schwer konzentrieren. Die sosehr gelobte Wurst gab sich nämlich auch keineswegs bescheiden, sondern duftete mit Macht von den Tischen herüber. Erst die Erwähnung der BSE-Krise riß mich wieder aus meinen Wurstträumen.

»Kein Metzger traute sich mehr, ›Hirnwurst‹ draufzuschreiben«, erzählte mein Schwager. »Kein Mensch wollte während dieser Medienhysterie Rind essen, geschweige denn irgend etwas, das mit Hirn zu tun hat. Das war fürchterlich. Und dann haben die Metzger ruckartig gesagt: Na, dann nehmen wir halt den andern Namen. Dann nennen wir die halt Herrenwurst. So ist diese Wurst eine Herrenwurst geworden. Da gibt es aber natürlich auch a weng ein Problem. Egal, ob wir sie Hirnwurst oder Herrenwurst nennen, die Damenwelt, die vegan-vegetarisch-feministische, läßt sich weder von Hirn noch von Herren animieren, von Hirn schon gleich gar nicht. So kriegt auch kein Kerl mehr eine Hirnwurst zu essen. Denn wer kauft denn ein? Die Mädels.«

Jetzt wollte und konnte ich mich nicht mehr länger zurückhalten. Diese Wurst versprach mir, über ihre historische und geographische Einzigartigkeit hinaus, Freiheit und Emanzipation. Zum Glück kam mein Schwager auch schon zum Ende und eröffnete den Wettbewerb. Schnell schnappte ich mir Besteck, schnitt beherzt einige Rädle auf einen Teller und setzte mich, um zum Verzehr zu schreiten.

Bei mir am Tisch saß Klaus Schamberger, der zum erstenmal in seinem Leben Hirnwurst aß und wie ich das erstemal an einem Wurstcontest teilnahm. Die fränkische Dreifaltigkeit wurde komplettiert durch das dunkle Bier aus Hohenschwärz, das man im Gottesdienst loben sollte, und das sensationelle Brot vom Mühlbeck aus Egloffstein.

Ich hätte mir beim »Spezi« abschauen sollen, welch dünne Scheiben sich der Fuchs abschnitt. Zu spät wurde ich seiner Weitsicht gewahr und rutschte unvorsichtigerweise in einen argen Wurstrausch hinein. So muß es den Ankömmlingen am ersten Tag im Schlaraffenland ergangen sein.

Den Geschmack nahezu aller Hirnwürste dieser Welt im Mund, stürzte ich wie ein gefällter Baum in meine Bettstatt in der *Post*. Mir träumte in dieser Nacht, wir beide führen mit einem Auto mit Wursträdern durch die Gegend. Du saßest hinter einem Stadtwurstlenkrad und lächeltest mir zu, während Du eine qualmende Salami rauchtest.

Das war die Geschichte, wie wir auf unserer Reise durch die Welt der Franken einmal in einem staatlich anerkannten Luftkurort im Trubachtal unterhalb der Burg Station machten, um die Kaiserin der Würste selbstlos vor dem Aussterben zu retten. Über die Heldengeschichte berichteten auch einige

Zeitungen, das Radio und das Fernsehen. Selbstverständlich wurde der Gewinner des Wettstreits, der durch Erbsenzählerei einwandfrei hatte ermittelt werden können, in diesem Zusammenhang mehrmals genannt. Es wurde aber auch kolportiert, daß sich bei ihm die Freude über den errungenen Titel in nur nanotheoretisch ermittelbaren Grenzen hielt. Er soll obendrein leicht verärgert gewesen sein, daß nun plötzlich wildfremde Menschen aus aller Welt in seiner Metzgerei auftauchten und Hirnwürste von ihm haben wollten. Es sei nicht auszuhalten, und das Allerschlimmste sei, daß an ihm die ganze Arbeit hängenbleibe.

Ich beende mein Schreiben und sende wurstselige Grüße ins ferne Frankfurt, zu Dir, meinem Freund Jürgen.

Matthias

Fränkische Brauereikarte

Lieber Matthias,

noch immer habe ich den Gerhard im Ohr, wie er manche seiner gänzlich frankenuntypisch herausgeratterten Sätze mit der Endungswendung »von dem ganzen Ding her« versieht. Die idiomatische Grille, von dem oder von der »Ding« zu reden, ist nun wirklich mal ein herausstechendes ethnisches Merkmal, neben dem Gebrauch der Partikel »freilich« (»fei«), des »Flickwortes« (Wackenroder) »halt« und der Neigung zu expandierenden kruden Gesprächen über komplett opake verwandtschaftliche Beziehungen zwischen irgendwelchen Emmerts, Popps, Roths, Enzners, Eisenbichlers und so weiter und so fort ad infinitum.

Der Ding, die Ding, das ganze Ding … »Gehst halt zum Ding, der werd scho' a Hus'n [Hose] hob'n, die baßt.« Was verbirgt sich hinter dieser Usance? Geistesschwäche? Mentale Urfaulheit? Denkunlust? Sind's phylogenetisch bedingte Wortfindungsdiffizilitäten?

Mein Bruder Thomas mit dem Riesenkopf (nicht physiognomisch, sondern kognitiv!) schreibt mir, um Aufklärung gebeten, daß die Verwendung von »›Ding‹ sowohl auf umfängliche Kontextualisierung (vom gesamten Gesamtzusammenhang her) zielen kann als auch auf klare Konkretion (derjenige, welcher, nämlich genau der). Und sympathisch ist mir das Kommunikative, Appellative am ›Ding‹ (nun sag schon, nicht wahr). Also nicht notwendigerweise und mitnichten eine Verdummungs- oder Versumpfungsvokabel.« Zwecks Veranschaulichung schickt er mir obendrein einen kurzen, von ihm aus einem Festanlaß verfaßten Dialog, der den gesamten Gesamtzusammenhang in seiner ganzen umfänglichen Universalkomplexität an einem glasklar-luziden Konversationsbeispiel (aus einem Reader des Arbeitskreises Fränkische Linguistik und Erkenntniskritik) konkret erhellt, ja geradezu dinghaftfigurativ illuminiert:

»– Weißt, wen iech heid' im Dorf droffen hab'?

– Naa.

– Die Frau vo' dem, der damals, als mir des Haus baut ham, uns die Robbern [Schubkarre] g'lieha hat.

– Iech waaß ned, wer uns die Robbern g'lieha hat. Welche Robbern? Da woar ich im Weddshaus.

– Ach, hör doch auf! Du hast den doch noch selbst nach dera Robbern g'frocht! Auf der Kärwa. Du hast den doch damals auf der Kärwa kennag'learnt!

– Die Robbern – auf der Kärwa? Iech? Wann? Anasiebz'g?

– Wos i ned. Anasiebz'g, zwaarasiebz'g, fünfafuchz'g, is' doch woscht. Der mit der Robbern halt.

– Ahhh so, du meinst den Gessners Schorsch. Der uns die Kreissäge g'liehn hat?

– Wen?

– Den Gessners Schorsch, der uns die Kreissäge g'liehn hat; der Nachbar vom Brenninger, der mit der Säge, der Vorarbeiter beim Hornigl g'wesen is'.

– A Schmarr'n, der hat doch net Gessners Schorsch g'heißen. Zöllners Gerch hieß der!

– Und den hast droffen?

– Naa. Ned den Gerch. Den andern, den mit der Robbern. Der war G'sell' im Ort, hat damals allaah [allein] am Wald g'wohnt, der hat, glaab' i, immer so aan groß'n Hund g'habt, wie hieß der denn?

– Aan Hund hat der g'habt?

– Ja, so aan großen, wie aan Schäfer, aber a weng glanner.

– Der Ding?

– Jaaaah. Der Ding. Und der – der hat a neia Fraa [eine neue Frau].

– Die Anneliese? Ja, die kenn' i scho' längst.

– Na, ned Anneliese. Die hat aan andern Noma, wie Grit, Greta, so was Norwegisches.

– Norwegisch? Die Dingi?

– Genau.«

Ähnliche Wortfindungsschwierigkeiten hat man, wenn man vom Ansbacher Umland aus, im Umkreis der unspektakulär hübschen Dörfer Zellrüglingen und Wernsbach (mit barockem Kirchlein), wieder hundert Kilometer in nordöstlicher Richtung retourrauscht. Es gibt Gegenden, über die sich nicht mehr sagen läßt, als daß es sie gibt. Es gibt schöne Blicke auf Unschönes, etwa, auf einer mit Baumgruppentupfern verfeinerten Huckelei und Anhöhe stehend, auf die fürchterlich achtlos zusammengestückelten Randbebauungen und Ausfransungen fränkischer Mittelstädte.

Es gibt die unaufdringlichen fränkischen Landschaftsanmutigkeiten, geschaffen auch von pflegender Menschenhand, da möchte es mir ab und an das Herz zerreißen – und rundherum »summende Stille, leis' nur vom Schrei des Bussards getroffen, der gelassen hoch oben den Himmel auszirkelt« (Karlheinz Deschner). Und es gibt die Fränkische Schweiz, neben der Eifel meine deutsche Lieblingslandschaft, der ich mich noch einmal widmen will, ein wenig hilflos, denn dort ergeht es mir oft so, wie es der Frühromantiker Wilhelm Heinrich Wackenroder beschrieben hat: »Wenn ich auch genau aufzähle, was die Schönheit einer Aussicht ausmachte, Bäume und Felsen oder Wasser und Wiesen, wenn ich auch die Beschaffenheit, die Lage und die Entfernung aller dieser einzelnen Gegenstände bestimme, so kann ich doch nie die Idee von der individuellen Gegend lebhaft erwecken, die ich dem andern vor die Augen bringen will. Ich kann durchaus nicht die Höhe jenes Berges, die Breite dieses Wassers, die mannigfaltig gestalteten und gefärbten Baumpartien in Ihre Einbildung übertragen. [...] Die sinnlichen Schönheiten fürs Auge können nur durchs Auge im Original der Natur oder in Nachahmungen des Pinsels vollkommen empfunden werden.«

So ist es. Die Holdseligkeit dieser Gefilde ist schon richtiggehend unglaubwürdig respektive begrifflich nicht zu packen, unter kein Dach zu stopfen, nicht benennbar als Ganzes, ihrer gesprenkelten Vielfalt und jeweiligen hingehauchten Einzigartigkeit wegen. Wie blöde, stumm und stutzend sitze ich an einem Feldrain, auf einem Plateau, an einem Forellenbach, glotze, nominalistisch wohlgestimmt, hierhin und dorthin und sehe stets etwas anderes, Neues, eine Linie, Farben, Flocken und Flecken, Furchen, wellige Böden, wuschelige Büsche, ruhende Bäume, gestufte Hügel- und Felsformationen. Wortlosigkeit, schiere Dingheit, Daheit, »Weltheit« (Michael Tetzlaff).

Mein Pinsel ist die Kameralinse. Ich habe – allein und mit Freunden – die Fränkische Schweiz schon mindestens zwanzigmal bereist und Hunderte von Photos gemacht, an sich krümmenden Feldwegen hockend, im Gras an einem Lichtungshang liegend, eingerahmt von betörend schwingenden Waldungen, ein süßes Summen und Summsen und federfeines Flickern im Schädel, ehrend die Natur und ihr dankend, so dämlich, so halbdebil das klingen mag.

Die Fränkische Schweiz, ehedem Muggendorfer Gebürg genannt, ward erstmals 1791 von Georg Heinrich Rebmann als »romantisch« bezeichnet. Zu Beginn des 20. Jahrhunderts begann die touristische Erschließung, inklusive der lästigen bis lästerlichen Instrumente wie Vereinswesen und Wegenetze (heute gibt es sogar einen unschlagbar durchgeknallten »Wellness-Wanderweg«).

»An manchen Ecken des Wiesenttales wirkt die Landschaft mit ihren Hügeln, Steinhaufen, Burgen und Tälern wie der Nachbau einer Märklin-Eisenbahntrasse«, hieß es in der *Welt* vom 27. September 2010. »Die Fränkische Schweiz umgibt etwas Idealisches: Sie wirkt komponiert und ist doch nur eine herrliche Laune der Natur, die so zart und weich erscheint, daß sie fast undeutsch wirken könnte, wären da nicht die Höhlen und Burgen, die schon die Frühromantiker Ende des 18. Jahrhunderts zu Hymnen inspirierten.«

Allerdings haben die Pfingstreisenden Tieck und Wakkenroder 1793 zu den allbekannten Burgen und Teufels- und sonstigen Tropfsteinhöhlen nur den flachsinnigen, geschichtsverbrämenden Kram zusammengefaselt, den man bis in unsere Tage in Fremdenverkehrs-PR-Schmierenportfolios und in den von uns so geschätzten Reiseführern nachbetet. Da will man allzugern dazwischenfunken; und tut es glatt: »Auf [Burg] Veldenstein entsteht eine Vorliebe: Kostümierung. Schon als Kind in der Uniform der kaiserlichen Husaren, sieht er [Hermann Göring] sich an der Spitze seiner Truppen. Beim Spielen mit Zinnsoldaten benutzt er Spiegel – ›weil ich dann die größte Armee der Welt habe. Kommt der Krieg, werde ich dem Namen Göring bestimmt alle Ehre machen.‹« (*Göring – Eine Karriere*, ZDF 2006)

Kurios und drollig hingegen sind Tieck/Wackenroders Orts- und Menschenschilderungen (»In Ebermannstadt waren alle Leute sehr freundlich, besonders die Frauenzimmer, die im Katholischen fast alle blond sind, blaue Augen und einen gewissen schwärmerischen Madonnenblick haben«, doch, doch). Und wahrhaft zu berauschen vermögen insbesondere Tiecks Oden an die Natur. Angesichts des Tales der Wiesent, die im Halbkreis durch die Fränkische Schweiz gluckert und in Forchheim in die Regnitz mündet, notiert er: »Ich habe noch wenig so schöne

Tage als diesen genossen; es ist eine Gegend, die zu tausend Schwärmereien einladet, etwas düster Melancholisches und dabei doch so überaus freundlich. Oh, die Natur ist doch an Schönheit unerschöpflich! Hier nur ist der wahre Genuß, eine schöne Gegend veredelt den Menschen, eine schlechte macht ihn kleinlaut und scheu.«

Poetische Lebhaftigkeit als ethischer Imperativ, als Impuls und Medium der »ästhetischen Erziehung des Menschen« (Schiller) – welch ein ergreifend humaner Gedanke, mit einem Nachteil: »Das Rauschen eines Waldes, ein Bach, der vom Felsen fließt, eine Klippe, die im Tale aufspringt – es kann mich in einen Taumel versetzen, der fast an Wahnsinn grenzt.«

Das ist, ich wiederhole mich, die reine Wahrheit. Ein Lied in allen Dingen. Ein bis zum Irrsinn überbordendes Gegurgel und Gewindel und Geflatter und Gehüpfe und Geruhe in allen erdenklichen Grün-, Gelb-, Blautönen. Etwas »Filigranes, Tänzerisches« attestiert Renate Just der Fränkischen Schweiz (um – ich erinnere an Günther Kochs Diktum von der »oberbayerischen Schotterebene« – im Gegenzug hervorzuheben, südlich der Donau seien »die freundlichen Haine über Jahrzehnte plattgemacht worden für ein monotones Übernutzland«). »Es wachsen noch jede Menge unordentlicher Hecken; auf den Wiesen [...] stehen Glockenblumen und Margeriten, Wiesensalbei und Lichtnelken, an den Böschungen haldenweise die steifen Lupinen.«

Mit dem Copy-and-paste-Verfahren scheint sie sich geradewegs in meinem Kopf zu bedienen, wenn sie schreibt: »Ein gutes altmodisches Landpartiegefühl, wenn man da ganz allein das kalksteinsplittrige Weglein entlangtrapst«, wenn sie von einem »riesenspielzeughaften Überblick« schwärmt, in diesem »grünblaugoldenen Land«, und wenn sie sinniert: »Solange diese Art des versunkenen Landschaftsschauens noch nicht ganz verlernt ist [...], ist man versucht, der Menschheit eine Empfindungsfähigkeit für ihren Globus zuzuschreiben und damit eine Chance.«

Ich saß mal an einem der vielen linden Nachmittage in Morschreuth, bei ein paar Halben von Roppelt (aus Stiebarlimbach). Morschreuth liegt auf der Nord-Süd-Achse Windischgailenreuth–Wichsenstein, und die Einwohnerschaft hegt, so hoffe ich inständig, bis heute eine Linde. Da floß sie mir, o liebliche Poeterey, aus der Feder, eine winzige Reminiszenz an diese unvergleichliche Kleinwelt. Sie darf sich hier einschmiegen, es möge gestattet sein:

»Die Linde von Morschreuth – Der Baum steht. / Der Baum wächst. / Blüht der Baum? / Kaum. / Der Baum grünt. / Der Baum grübelt. / Was wird ihm blühen? / Dem Krummen? / Dem Stummen? / Eins, zwoa, g'suffa über die Rübe? / Aufs Dach? In die Krone? / Oder vierzig Böller / Aus heißen Wummen? / Der Baum, in Schuß, / Wird summen, wird brummen, / Noch wenn dies Lied verklungen.«

»Ein Schlaraffenland«, gewiß. Ein Landschaftsteppich, eine Landschaftsskulptur, eine Landschaftsassemblage, wie am ersten Tag der Welt gewebt und geformt und hingewürfelt. »Diese Ruhe liegt nicht bleischwer auf dem Land. Sie ist leicht und öffnet die Sinne.« (*Merian Nürnberg*, 2007) Doch die Vernunft, das Wissen und das Gewissen sagen uns auch das: »Nein, sie waren wohl keine gemütvollen, heimeligen Orte, die so liebenswürdig gestochenen und kolorierten Mühlen der Fränkischen Schweiz« – und: »Die guten Leute! Was scherte es einen reisenden Aristokraten der Romantik auf der Suche nach idealer Gemütslandschaft«, daß es den Bauern in ihrer kärglichen Lage an Wasser und an allem anderen mangelte. »Womöglich hatte ihnen soeben eine der feudalen Treibjagden Gärten und Fluren zermalmt – das Einzäunen war den Untertanen verboten, damit die Herrschaften zu Pferde freies Galoppieren hatten über Kohlrüben und Kartoffeln hinweg.« (Renate Just)

Das beste Buch über Franken stammt von Karlheinz Deschner: *Dornröschenträume und Stallgeruch – Über Franken, die Landschaft meines Lebens* (München 1989). Auch Deschner lobpreist sie, wie könnte der empfindsame Mann auch anders: »die schmal vergrasten Seitengründe«, »die kärglich schönen Hochplateaus«, »dies so preziöse Dolomitgeräkel: Kalknadeln, Felsstümpfe«, das »Drehn und Wenden der Kleinen«, der Wiesent, »ein einziges grünhinglitzerndes Glück«, »sanft in Waldbuckel gemuldete, unter prächtigen Baumkuppeln sich fast unaufhörlich grünhinsinnende Gründe«, »die Baumeinzelgänger am Himmel von Hollfeld nach Sachsendorf« – o ja, die liebe ich wie Deschner – und die Leere, die Weite: »Was mich betrifft, bin ich lieber auf Anhöhen.«

Aber man muß weiterlesen: »Mehr als zu anderen Landstrichen gehören zur Fränkischen Schweiz, wie zu ganz Franken, Schlösser, Burgen, Ruinen, alles überragend ›auf himmelhohen Klippen‹, so Gustav von Heeringen, ›Ritterburg an Ritterburg, Schloß an Schloß, Trümmer an Trümmer‹. Stritten doch da, auf der einstigen *terra slavorum*, die Hohenzollern, die Reichsstadt Nürnberg, die Markgrafen von Brandenburg-Bayreuth, kleinere Strauchdiebe auch, ›Raubritter‹ (o klassischer Pleonasmus!) und nicht zuletzt die Bischöfe Bambergs, die großenteils das Land beherrschten. Sie alle – nicht nur einer – waren die ›Geißel Frankens‹, Ausbeuter, Feuerleger, Mordbrenner: die gute alte Zeit.«

Bevor sich Michl Rudolf, ein Bewunderer Deschners, 2007 das Leben nahm, waren wir jedes Jahr wandernd oder automobilisiert in der Fränkischen Schweiz unterwegs gewesen, zunächst zu zweit, später mit den Frauen und einer wachsenden und wechselnden Gruppe von Kollegen und Freunden. In seinem schmalen Meisterwerk *Der Pilsener Urknall – Expeditionen ins Bierreich* (Leipzig 2004; Neuauflage: Münster 2012) hat er ein für allemal niedergelegt: »Benötigt der Wille zum Guten und Schönen in uns dringend Nachschub, blinken vor unserem inneren Auge alle Signallämpchen der Fränkischen Schweiz auf. Mit seinen sage und schreibe 386 Brauereien pro Quadratzoll wird dieses Bergundtaldreiangel zwischen Bamberg, Bayreuth und Nürnberg von den meisten verständigen Menschen ja für den Mittelpunkt unseres Universums gehalten. So richtig widersprechen mag man ihnen nicht. Jeder wahre Bierfreund war dort schon, und jeder wahre Bierfreund, der dort schon war, will auch dort bleiben.«

Ich würde gerne erzählen von einem Abend in Aufseß, an dem wir uns ungeplant und stundenlang ausnahmslos in den allerdümmsten Phrasen unterhielten und dabei lachten, wie vielleicht noch nie gelacht worden war. Oder erzählen würde ich gerne von einem höllischen Verkostungsnachmittag bei Tucher Bräu in Fürth, an dem uns der damalige Boß Franz Inselkammer nicht bloß glühend engagiert sein gesamtes Bombensortiment vortrank, sondern der Menschheit auch die Sentenz »Biertrinken ist erlebbare Realität« schenkte, die Michl in der Folge wie ein Zauberwort immer wieder aufgriff.

Er hat sich in der Fränkischen Schweiz wohl gefühlt; vielleicht war er an diesen versunkenen Tagen auch stundenweise glücklich. Denn geschrieben hat er über unsere Ausflüge: »Wiese, Wald und Weide wechseln wie nicht gescheit. Die Nachmittagssonne sengt auf die Hochalbflächen, die Luft flimmert, die Köpfe dampfen bedrohlich, und Flüssigkeitsaufnahme dürfte jeden Moment essentiell werden. Ein bißchen in den Schatten legen könnte auch nicht schaden – die Luft angucken, schweigen, Gedanken fassen oder in süßen Alpträumen schwelgen.«

Logiert haben wir meist im *Sonnenhof (Brauereigaststätte Rothenbach),* beschützt von der Burg Unteraufseß. »Sie sitzt etwas erhöht mitten im Dorf, wie eine alte Henne über ihren Küken, und ist einer dieser liebenswürdig verwohnten Ansitze des dauerhaften Fränkische-Schweiz-

Kleinadels; seit 1114 thronten die Reichsritter und Barone von Aufseß auf Unter-, Ober- und Höchstaufseß, das letztere ist abgebrannt. Sonst hätte es womöglich noch ein Allerhöchstaufseß gegeben, denn die Burgen erwuchsen, indem einander nicht grüne Brüder im Wortsinn immer noch eine draufsetzten, in ergrimmender Sichtweite des jeweils Düpierten.« (Renate Just)

In zeitgenössischen Berichten aus den dreißiger Jahren ist davon die Rede, daß die Aufsesser kaum am Gottesdienst teilnehmen, dagegen »blüht und gedeiht das Wirtshausleben«. Ein über die Landkarte schweifender Blick enthüllt mir, wo ich bereits überall gewesen bin, bierverkostend und raupengleich frohgemut, ja grün im Gemüt verweilend: in Litzendorf, Hollfeld, Heiligenstadt, Plankenfels, Unterleinleiter, Muggendorf, Pottenstein, Gößweinstein, Egloffstein, Gräfenberg; all die Weiler und geduckten Neben- und Zwischendörfer gar nicht zu nennen, in denen das Wirtshausleben blüht.

Die »Macher« (so sagt man wohl) des geschmacks- und sprachsicher in Szene gesetzten Blogs bierfranken.wordpress.com (die ›Macher‹ kenne ich weder persönlich noch ihren Namen nach) kümmern sich um »vergessene Brauereien« und »ehrliche Nullbiere« und vieles mehr und begründen ihr Tun eigennutzlos so: »Am Anfang stand ein Buch. Ein Buch, das uns wahrscheinlich nachhaltiger geprägt hat, als es Kafka, Dostojewski oder Kerouac vermochten. Die Rede ist von Stefan Macks *Fränkischer Brauereikarte* (mit damals noch 380 existierenden Brauereien). Erschienen Anfang der Neunziger, wurde dieses Buch zu unserer Bibel, mit welcher wir seinerzeit ins gelobte Land der Brauereivielfalt auszogen.«

Dieses allerverdienstvollste Buch mit einer Landkarte in einer eingeklebten Tasche ist dito mir eines der teuersten. Es wurde meines Wissens seit den neunziger Jahren nicht mehr aktualisiert und nicht mehr aufgelegt. Auf meiner zerfledderten Karte sind fast alle mit einem Punkt markierten Brauereien mit einem Haken versehen. Nicht wenige Brauereien, zu denen ich damals fuhr, sind mittlerweile im Strudel der unsinnigen Geschichte untergegangen.

Der Furie des Verschwindens zu wehren, will ich meine aktuelle, gleichwohl anfechtbare und zerbrechliche Top nine präsentieren. Licht aus, Spot an!

1) Held Bräu Bauernbier Dunkel – Das Dunkle schlechthin, ideal gehopft, makellos malzig, hochintelligent beschäumt. Verscheucht jeden Weltschmerz. Müßte zum Wahrzeichen der mittleren Fränkischen Schweiz ernannt werden.

2) Hauff Bräu Pils – Behauptet da jemand, der Franke verstehe sich nicht aufs Pilsbierbrauen? Dieses Exemplar werden wir noch in vierzig Jahren trinken – wegen seiner zierlich über einem formschön modellierten Körper schwebenden Hopfennote. Sogenanntes Jederzeitbier.

3) Nankendorfer Schroll Landbier – Unfaßbar reintönig und ausgewogen. Unbeschreiblich. Wie sich Malze und Hopfenpartikel ein inniges Stelldichein geben! Wir sind im Begriff, eine Schroll-Bier-Religion zu stiften.

4) Aecht Schlenkerla Rauchbier Märzen – Dafür braucht's Übung. Das erste Glas irritiert nicht wenige, das zweite gleichfalls. Fischig, ölig, ein Anflug von Schinken. Nach dem vierten Krug aber wendet sich das Blatt, und man dankt den Brauhexenmeistern für ihr extravagantes Tun.

5) Hübner Bräu Vollbier – Michael Rudolf hat's seinerzeit als »das beste Vollbier der Welt« bezeichnet. Ich selber habe zu diesem Mirakel aus Steinfeld geschrieben: »Das Einzigartige unter den Einzigartigen.« Eine dritte Meinung wird nicht geduldet.

6) Bamberger Gold – Ohne die glänzenden Erzeugnisse

der Braustätten Spezial und Fässla herabsetzen zu wollen – fragte man uns nach dem alles überragenden Bamberger Bier, wir zeigten sofort auf ebenjenes geniale Hopfenkunstwerk aus dem Hause Klosterbräu, von dem wir uns jedesmal nur unter Tränen trennen können.

7) Hebendanz Export Hell – Frei von Mätzchen, rechtschaffen süffig, überzeugend bernsteinfarben und in der Schaumgestaltung bravourös. Unser Lieblingsgrund, nach Forchheim zu fahren, zur Gaststätte des Hauses in der Sattlertorstraße. (Die *Brauerei Neder*, vier Schritte daneben, ist ebensowenig zu verachten.)

8) Spalter Premium Pils – Womöglich wegen des ge-/berühmten Spalter Hopfens ein fast norddeutsch anmutender Herbheitshammer. Hauen wir uns gerne rein und haut gut rein.

9) Schwarzes Kreuz Vollbier – Halbdunkles, nach Karamel duftendes und einen ganzen Strauß malerischer Gerüche entfaltendes Kellerbier aus Eggolsheim. Rarität nah an der Perfektion. Bloß am befremdlichen Etikett dürften sie noch feilen.

Nicht will ich mit dieser Liste andere Gigantentaten auf diesem weiten Felde ins Dunkel der Nichterwähnung verbannen (von Krug in Breitenlesau, Alt in Dietzhof und Pfister in Weigelshofen bis sonstwohin könnte ich die Namenskolonne nahezu endlos verlängern); und enden möchte ich heute nicht, ohne den Vorhang zu öffnen für Alex Mang alias Athanasius Katz, der in besagtem Bierfranken-Blog die »Resopal-Romantik« in der Gaststube der *Brauerei Heckel* in Waischenfeld besingt: »Blickt man aus einem Fenster nach außen, tritt das von Eckhard Henscheid beschriebene Phänomen auf, daß man – gänzlich unabhängig vom tatsächlichen Wetter – immer meint, auf der Straße niesle es gerade. Das muß an der Gemütlichkeit innen liegen, jedenfalls zieht es einen nicht mehr hinaus, wenn man mal drinnen sitzt.«

O ja und neuerlich ja: Das ist die Frankenwelt, die es zu bewahren gilt. Und ich führe meinen vierzehn Jahre alten Eintrag zu Heckel Hell aus *Bier! Das neue Lexikon* (Leipzig 1999) ins Feld: »Ungespundete, knallig gelbe, markerschütternd bittergehopfte, des Schaumschauspiels entbehrende Sympathiewerbung. Die großartig verlotterte Winzschwemme erfuhr ihre letzte Renovierung während der Bauernkriege. Der Franke widersteht und frischt seine Leber auf.«

Und dann? Was gewahren wir dann in ebendiesem Blog? »Wie neulich auf www.nordbayern.de zu lesen war, mußte unter anderem die Brauerei Schwarzes Kreuz in Eggolsheim schließen, weil eine Behörde Schädlingsbefall und erhebliche Verschmutzungen festgestellt hat. Wenn jemand weiß, welche Brauereien noch schließen mußten, bitte ich um Information hier in den Kommentaren.«

Ein Kommentar: »Auch die Brauerei Bräutigam in Weisbrunn und die Brauerei Thein in Lembach sind von dieser Sondereinheit der totalitären, kulturvernichtenden EU-Diktatur geschlossen worden. Wenn Schwarzes Kreuz wirklich nicht mehr braut, dann gehen fast fünfhundert Jahre Brautradition in Eggolsheim zu Ende. Man meinte, daß man die Brauerei weiterführen wolle ... Wer hätte Interesse daran, sich einem Spendenaufruf zur Rettung der Brauerei anzuschließen? Das meine ich ernst.«

Wohlgesprochen. Ja, da muß ein Unterstützerkomitee her. Und es sei aller Kulturbarbarei zum Trotz und den sinn- und kenntnislos durch die fränkische Naturfabelhaftigkeit skatenden und riverraftenden und auf Mountainmastertrottelbikes durch die Landschaftssegnungen rumpelnden und rasenden und alle Wahrnehmungsfähigkeit baumstumpfstumpf ignorierenden Vollspacken gesagt und hinter die Ohren gemalt:

Haltet ein.

Ende.

Mal Pause machen.

Haltet ein, und fahret, mit dem Bummelzug, nach Bamberg. Und schlendert dann gen Osten.

Punkt. Prost.

Matthias, sei von Herzen gegrüßt:

J.

Das deutsche Jerusalem

Lieber Jürgen,

ganz besoffen hast Du mich gemacht mit Deinem Gesang über die Fränkische Schweiz. Mir fielen da gleich die letzten Zeilen aus Gottfried Kellers Gedicht »Abendlied« ein: »Trinkt, o Augen, was die Wimper hält, / Von dem gold'nen Überfluß der Welt!«

Die Hersbrucker Bücherwerkstätte hat zu diesen zwei Strophen mal ein Porträt von jemandem gedruckt, der genau diese Weisung befolgt. Noch in Besitz reichlichen Haupthaars und mit einem weitaus schmaleren Bauch ausgestattet, wurde ich des Bildes ansichtig und verinnerlichte die Zeilen. Und genau des »goldenen Überflusses« wegen – Du erinnerst Dich vielleicht daran, daß ich während eines Zwischensnacks den Vorschlag unterbreitet hatte – wollte ich der Stadt Rothenburg ob der Tauber im Verlauf unserer Reise einen Besuch abstatten.

Aber Du antwortetest nur schroff, daß Dich »keine zehn Pferde in dieses aufgeschäumte Disneyland« brächten. Es half auch nichts, daß ich den Oberbürgermeister Walter Hartl zitierte, der in einem Grußwort auf www.rothenburg.de schreibt: »Rothenburg ob der Tauber ist wegen seines mittelalterlichen Stadtbildes weltbekannt und gilt als **die** romantische Stadt Deutschlands.«

Mein Hinweis, der Artikel »die« vor »romantische Stadt« sei fett geschrieben, tangierte Dich nicht im geringsten. »Rothenburg? Nie und nimmer«, hast Du gesagt, während Du eine Zigarette aus der Packung geklopft, selbige sogleich entzündet, inhaliert und mir daraufhin kalten Rauch in mein Gesicht gedampft hast. Ich konnte Dich auch nicht dadurch umstimmen, daß Rothenburg als »deutsches Jerusalem, die hochgebaute Stadt im späten Mittelalter gepriesen wurde« (Werner Dettelbacher: *Franken – Kunst, Geschichte und Landschaft*, Köln 1979). Ich las Dir, vollends vergeblich, Dettelbachers Ausführungen vor: »Entdeckt hatten das im Mittelalter stehengebliebene, einmalige Stadtbild die Maler, die von der Romantik und deren Sehnsucht nach der engen Geborgenheit des Mittelalters berührt waren.« Du hast nur geantwortet: »Nein.« Dieses Nein scheppert mir heute noch in den Ohren. »Ich war schon zweimal in dieser fürchterlichen Stadt, und das waren in jedem Fall zwei Besuche zuviel.«

Um weiteres Ungemach zu vermeiden, las ich nun den Dettelbacher heimlich. Zum Beispiel schreibt er: »Die ›Wallfahrten‹ setzten aber erst ein, nachdem Wilhelm Heinrich Riehl (1823–97) im Herbst 1865 das Tal bis Wertheim erkundet hatte und seine Studie ›Ein Gang durchs Taubertal‹ in der *Augsburger Allgemeinen Zeitung*, der damals meistgelesenen Zeitung Deutschlands, abgedruckt worden war. [...] ›Von vorn der enge Talgrund des Flusses, felsige Anhöhen, bedeckt mit Weingärten zwischen Buschwerk und Gestein, die Stadt mit ihren vielen Türmen und Mauern, wie eine große Burg, die Höhe bekrönend, dazwischen die Felsenzunge des eigentlichen Burgberges, auf welchem jetzt neben der alten Kapelle nur noch mächtige Bäume aufragen statt Bergfried und Palas. Von hinten (Osten) dagegen sanft ansteigende Ackerflächen, Hopfenstangen statt Rebenpfähle, und nur auf der langen obersten Linie des Hügelrückens Turmspitze an Turmspitze, die in seltsamer Silhouette von dem Goldgrunde des Abendhimmels sich abheben.‹«

Wahrscheinlich trägt das Gesamterscheinungsbild, das Riehl an eine Burg erinnert, zu Deiner Antipathie nicht unwesentlich bei. Ganz im urfränkischen Trotz verwurzelt, möchte ich trotzdem von zwei Besuchen der Stadt mit zwei verschiedenen Frauen berichten.

Da wird mir bewußt, daß somit der nächste Ärger programmiert sein dürfte. Ich höre schon die eigene Frau lamentieren: »Mit welcher anderen Frau warst du denn in Rothenburg?« Wahrscheinlich beschwert sich auch noch die andere, es falle mir wohl nichts Besseres ein, als mit meinen Liebschaften nach Rothenburg zu fahren. Vielleicht lastet doch ein Fluch auf dem Städtchen?

Es lohnt sich in jedem Fall, dort den Röderturm zu besteigen und rundumzuschauen. Wenn man ein Eckchen gefunden hat, an dem gerade keine Horden von Touristen aus aller Welt mit ihren Digitalphotoapparaten in Glückseligkeit kreischend herummarodieren, mag man sich mit ein bißchen Konzentration vorstellen, gerade ins Mittelalter zurückgereist zu sein. Zumindest würde es einen nicht besonders wundern, tauchte dort plötzlich ein lebensgroßer Playmobil-Ritter auf einem der Türmchen auf. Die japanische Schriftstellerin Yoko Tawada beschreibt dieses Phänomen in ihrem Essay »Ein deutsches Rätsel« (*Merian Franken*, 1995) wie folgt:

»Nun sind wir in der Stadt des Mittelalters angekommen, sagte uns die Fremdenführerin. ›Meinen Sie, daß die Stadt zwar im Mittelalter existierte, aber heute nicht mehr da ist?‹ Über meine Frage war sie anscheinend etwas überrascht. Aber sie fand gleich die richtige Antwort: ›Sie müssen selbst herausfinden, ob die Stadt des Mittelalters noch da ist oder nicht. Auf jeden Fall ist diese Stadt wie ein Bühnenbild, das das Mittelalter darstellt.‹ Das Wort ›Bühnenbild‹ gefiel mir gut. Ich konnte mir das Mittelalter nicht vorstellen als eine Zeit, die einmal dagewesen und irgendwann für immer vorbei war. Das Mittelalter muß ein Theaterstück gewesen sein, das immer wieder zurückkehrte, wenn es neu aufgeführt wurde.«

Rothenburg steht nachweislich auf dem Pflichtprogramm für Touristen aus Amerika und Asien, die sich Deutschland in vier Tagen reinziehen wollen. Wenn man sich beim Anblick der fremden Heerscharen fragt, was in deren Köpfen vorgeht, ist der Text von Frau Tawada auch recht aufschlußreich:»In den ersten zwanzig Minuten waren unsere Augen nur von verschiedenen Schaufenstern gefesselt. Keiner blickte auf die Dächer, Wände und Fenster der alten Häuser. Die Waren im Schaufenster wirkten zugänglicher als die alten Häuser, weil wir sie kaufen und mitnehmen konnten.«

Der Kampf der Kulturen führt bei Tawada, die 1960 in Tokio geboren wurde, zu eigenartigen Interpretationen:»Die mit Steinen gepflasterte Straße ähnelte dem Rücken einer Eidechse. Ein Ladenschild mit einer rätselhaften Form fesselte meinen Blick: Wenn die Zahl Sechs mit ihrem Spiegelbild zusammentreffen würde, könnte eine ähnliche Form entstehen. Als ich die Fremdenführerin fragte, was diese Form bedeute, sagte sie nur, das sei eine Bretzel. Ein B-rätsel? Ein schönes Wort. Im Schaufenster sah ich ein Brot, das genau dieselbe rätselhafte Form hatte wie das Ladenschild. Das war also ein B-rätsel. Wahrscheinlich hat diese Form eine Bedeutung in der Geheimsprache des Bäckers.«

Wer sich einmal selbst in rätselhaftes Staunen versetzen möchte, ist in Rothenburg am rechten Platz. Ich ging damals mit einer der Frauen im August bei geschätzten achtundzwanzig Grad Außentemperatur in kurzen Hosen in Käthe Wohlfahrts »World famous Christmas Store« und komme, wenn ich mich jetzt daran erinnere, nur schwer aus dem Staunen heraus. Lieber Jürgen, bitte tu mir den Gefallen und gib einmal bei Google das Wort »Wohlfahrt« ein. Der erste Eintrag ist eine Erklärung des Begriffs auf Wikipedia:»Unter Wohlfahrt (von mhd. wolvarn: Wohlergehen) versteht man Bemühungen um die Deckung der Grundbedürfnisse von Menschen und um einen gewissen Lebensstandard.« Gleich an zweiter Stelle erscheint geradezu bescheiden:»Käthe Wohlfahrt – Traditioneller deutscher Weihnachtsschmuck«.

Die »Deckung der Grundbedürfnisse« nimmt hier die Ausmaße eines gnadenlosen Overkills an. In diesem Haus gibt es »auf zirka tausend Quadratmetern Verkaufsfläche« (www.

wohlfahrt.de) alles nur Erdenkliche zum Thema Weihnachten in mannigfaltiger Ausführung. Hier lagern Tonnen von Weihnachtskugeln, Baumschmuck, Kerzenhaltern, Christbaumständern, Baumspitzen, Adventskalendern, Schwibbögen, Spieluhren, Engeln, Äpfeln und Trompeten. Kleine, große und mittlere Nußknacker stehen bereit. Räuchermännchen hoffen, bald irgendwo auf der weiten Welt aufgestellt zu werden, um dann am Orinoco, am Rio Grande oder am Ganges ein bißchen vor sich hin zu qualmen. Weihnachtspyramiden drehen sich ganzjährig. Im Herzen der Superschau stehen kleine Buden mit dem ganzen Plunder unter einem nächtlichen Sternenhimmel.

Herr Jürgen, ich will es offen gestehen: Ich hatte dort im Hochsommer in kurzen Hosen und Sandalen ein Weihnachtsgefühl, wie ich es selbst am 24. Dezember, bei leise rieselndem Echtschnee, bislang nie hatte. Scheiß der Hund ins Feuerzeug!

Ich grüße schamvoll errötet:
Matthias

Reichsparteitagsgelände

Lieber Matthias,

daß Du hast Gefallen gefunden an meiner Hymne auf die Fränkische Schweiz, will mir zwar behagen, aber Deine ungebührlichen, majestätsbeleidigenden Bemerkungen darüber, daß mir Rothenburg ob der Tauber – wie übrigens auch Wolframs-Eschenbach und das dortige, durchaus, es sei zähnemalmend eingestanden, recht instruktive Wolfram-Museum – am Allerwertesten vorbeirauscht, sind eine bodenlose, durch nichts zu exkulpierende Frechheit, weil Indiskretion!

Mannomann und Menschmeier! Alter Ausplauderer und Causeur und Schnabuleur! Reiß Dich mal am Riemen des Hans Sachs! Und molestiere mich nicht – hatten wir das nicht vereinbart? – mit diesem altfaulen Frankenburgenskribententum! Mit diesem Geschichtsklitterungsschamott und hypokritischen Historisierungsgerümpel!

Willste mir auf die Zwiebel geh'n, Schwedenknecht?

Notabene weißt Du auch sehr, ja haargenau, daß ich gegenüber der Weihnachtszeit und dem gleichnamigen Fest eine stabile Indolenz hege. Wolltest Du mich mit Deinem frankenromantischen Geraspel vom Gegenteil überzeugen? Nicht Dein Ernst, oder?

Die Realität sieht doch darüber hinaus so aus: Das Taubertal, wenngleich es seine reizvollen Nischen hat, war in den siebziger und achtziger Jahren »total vergiftet durch Heroin« (Heribert Lenz, Schweinfurt). Kein Wunder. Wer im nördlichen Bereich der in Würzburg beginnenden Romantischen Straße, die später die Frankenkleinodien

Feuchtwangen und Dinkelsbühl durchbohrt, zu leben verdonnert ist, wer im Dunstkreis dieser ältesten und bekanntesten Touristennepproute herumzuhängen sich gezwungen sieht, tagaus, tagein mit dem ubiquitären Gedöns à la »Inbegriff des deutschen Mittelalters« und »Knusperhäuschen der deutschen Seele« (id est Rothenburg) konfrontiert – bei dem »stößt Alkohol an seine Grenzen« (Volker Pispers). Der ist notgedrungen anders kalibriert. Das dürfte sich bis heute nicht geändert haben. Wahrscheinlich bringen die Amerikaner das Heroin der Einfachheit halber als Gastgeschenk mit.

Rothenburg (Du hast mich aufgestachelt, Matthias!) – was für eine spätmoderne Vermarktungs- und Verquastungskatastrophe! Nicht unerhebliche Teile des Areals innerhalb des häßlichen Wehrgangs sind so alt wie die Fachwerkbebauung am Frankfurter Römer. Schwindel, dazu penibelste Sauberkeit – zwei deutsche Kardinaltugenden vereinigen sich hier aufs eindringlichste. Nicht zu vergessen das allenthalbige Musealgetue in den Sektoren Folterwerkzeuge, Puppenhäuser, Mistforken und Reichsstadt.

»Weil in der Wirklichkeit alles Ruinöse an historischen Stätten üblicherweise in hausputzartigem Furor beseitigt wird«, regt sich Renate Just mit allem Recht der Welt über »derlei Geschichtsverniedlichung« im Gewande von »Holzschutzmittel-Fachwerk und Farbkasten-Verputz« auf. Dabei urteilt sie nicht einmal über Rothenburg. Da hätte sie einen weit größeren rhetorischen Aufwand treiben müssen.

Und dann das noch: »*Eisenhut*, das Traditionshotel am Platz, selbst Winston Churchill und Herbert Grönemeyer sind hier schon abgestiegen.« (Nestmeyer) Ja, leck doch die Kuh am Arsch! (War ich, glaube ich, auch schon drin, zum Biertrinken.)

Meine Antiromantische Straße verläuft etwa zwanzig Kilometer weiter östlich ungefähr parallel zur Romantischen Straße. Ich empfehle, will man ins Ansbachische und anschließend meinetwegen weiter gen Gunzenhausen/Fränkisches Seenland, die A3 an der Abfahrt Würzburg-Randersacker zu verlassen und die B13 in südlicher Richtung zu nehmen.

Ein paar Kilometer entlang des Mains, linker Hand die letzten Weinberge, im Winter ein trostloser Anblick, die Krume wie mit einer riesigen Maurerkelle an die Felshänge hingeschmiert. Im Sommer sind sie kaum ansehnlicher: tote Blättermeere. Der Weinbau greift ungleich schärfer in die Landschaft ein als das Bierbrauen. Nicht deshalb bin ich Biertrinker, aber der Gedanke rumpelte mir just durch die Rübe.

Dann: Ochsenfurt. Hart rechts über die uralte, vorbildlich verlotterte Brücke. Führe man geradeaus, käme man nach etwa fünf Kilometern nach Segnitz. In dem überschaubaren Dorf erinnert eine Gedenktafel an das Brüsselsche Handelsinstitut, ein jüdisches Internat, das Italo Svevo von 1874 bis 1878 besuchte. »Der Schulleiter Samuel Spier gehörte zu den Mitbegründern der deutschen Sozialdemokratie und hatte sich zur Zeit des ›Sozialistengesetzes‹ in die fränkische Provinz zurückgezogen.« (Gasseleder/Kraft) Hinter diesen Mauern entwickelte sich eines der wahren Genies der literarischen Moderne. »Hier erwachte er ›zu Gefühl und Vernunft‹, hier fand er durch die Lektüre von Shakespeare und deutschen Klassikern seinen Beruf als Schriftsteller, hier gründet sein Italien und Deutschland (Svevo = Schwabe = Deutscher) verbindendes Pseudonym.« (Bayern 2)

Gäbe es den *Zeno Cosini* nicht, die Welt wäre noch unerträglicher. Auch Svevos fragmentarische Erzählung über seine Zeit in Unterfranken, »Die Zukunft der Erinnerungen«, ist in ihrer tiefen Traurigkeit und ihrem zugleich gelassenen Ton ein anrührendes Prosastück, das die Schwierigkeiten des Erinnerns, des exakten Erinnerns zur

Sprache bringt und das Reisen als Verlusterfahrung beschreibt.

»Er war in heftiges Weinen ausgebrochen, und Vater und Mutter wollten ihn beruhigen, besänftigen. Ein großer Schmerz« – für solche Sätze (und nicht nur für solche) liebe ich Svevo. Wie gerne hätte man in gebührendem Abstand daneben gesessen, als er sie zu Papier brachte. »Die Mutter versuchte, den ungeheuren Schmerz zu besänftigen, und auch der Vater. Ihnen stand eine lange, große Trennung bevor, und sie hätten gern gewollt, daß der Abschied nicht allzu schwerfiele.«

In einem zweiten Rückblick erscheint Svevo das vormalige »Städtchen« Segnitz nur mehr als »Dorf«, »kleiner, armseliger, schmutziger. Das Internat war nicht mehr dort, nur noch Unrat.« Und er zeichnet die Industrialisierung der Landschaft am Main nach: »Auch die Landschaft selbst hatte sich verändert, denn die Hügel auf der rechten Seite des Flusses hatten ihre Baumbekrönung verloren, die von unten aus zu sehen gewesen war, und sogar das Flußbett, das zwischen großen Kanälen verlaufen war [...], war nun tiefer gegraben worden, und die Kanäle hatte man trokkengelegt und bepflanzt.«

Ich fahre indessen durch Ochsenfurt (das spätgotische Rathaus mit Ausnüchterungszelle: sehenswert). In der Uffenheimer Straße, am Ortsausgang, ist die Brauerei Kauzen beheimatet. An der Stirnseite des Hauptgebäudes hängt das Emblem des Instituts: ein zum Knuddeln drolliger, schelmisch dreinblickender Steinkauz, der mich immer behaglich lachen läßt. Er markiert gewissermaßen den Übergang von Wein- nach Bierfranken, aus der wärmeren mainfränkischen in die kargere, kühlere mittelfränkische Region mit ihren schlafenden Wäldern und nicht unbedingt redseligen Feldern.

Es geht steil hinan, »zu jener weiten, endlosen Ebene hin, auf der er einige regelmäßige Hügel sich erheben sah, wie auf einem naiven Bild« (Svevo). O ja, »welch weite Ebenen zwischen Uffenheim und Ochsenfurt« (Jan Orthwien: »Offenes Gedicht«), beschauliche Sachlichkeit, Leere, schöne Nüchternheit.

Nach, wer weiß, zehn Kilometern möge man links abbiegen und via Martinsheim und Gnötzheim nach Bullenheim brettern. Das Landschaftsbild hier: schon wieder buckeliger, vielschichtiger, bocksbeutelhafter.

Aber weiter und zurück auf mein Ackerplateau. Kein Haus, keine Scheune, kein Dorf. Irgendwann Oberickelsheim, Leere, Gollhofen, Leere, kerzengerade eine langgezogene Senke hinuntergedonnert, »Schönlärm« (Eugen Egner) aus der Musikanlage gibt dem Wagen zusätzlich die Sporen, in die Eisen: Uffenheim.

Am Ortseingang der ehemaligen Markgrafenstadt im Gollachgau lungert schmuck meine, weltweit gesehen, Lieblingstankstelle herum, die Aral-Tankstelle Wilhelm Windhagen (ein Name, den man sich merken muß). Sie gemahnt mich stets an die »so gerade noch betriebenen Tankstellen«, die »viel mit moderner Idylle zu tun haben«, weil sie »die Funktion der alten Dämmerschoppenpinte, ja sogar da und dort die des Feierabendtreffs unter der Dorflinde übernommen« haben, »die hochtechnologische Welt einer würzig duftenden Tanksäule mit dem trauten Bierflaschenöffnungsplopp und dem besonnenen Verzehr einer etwas unklaren Bockwurst« (Eckhard Henscheid) vereinend.

Da kaufe ich für den Rest der Strecke zwei Fahrbiere. Ich könnte mich rechter Hand in die Büsche schlagen, durch die Leere Richtung Röttingen an der Grenze zu Baden-Württemberg, wo noch der Brauch des Kalkspurenlegens gepflegt wird, mit dem man zwei Liebende zueinanderführt, doch ich surre weiter durch die mählich geringfügig feiner gegliederte und unvermindert vergessen wirkende Gegend, lasse die törichte Kultur- und anderweitige Betriebswelt hinter mir und das Kauzen-Bier in mich hineingluckern und mache jetzt einen –

– Schnitt. (»Cut.«)

Um, Matthias, auf den Pfad der Chronik zurückzukehren.

Der zweite Teil unserer Sommerreise stand nach dem Hirnwurstmassaker kurz vor seinem Abschluß. Von Egloffstein gondelten wir in Land und Leuten angemessenem Tempo zurück gen Nürnberg, wo wir zum letztenmal haltmachen würden.

In Mitteldorf stoppten wir kurz am *Metzgereigasthof Goldene Sonne*, dem Herr Moll in seinem fabelhaften Buch *Blumen und Wurst* ein Denkmal gesetzt hat, und zogen unsere imaginären Hüte. Im nächsten Ort, in Igensdorf, bist Du schon wieder auf die Bremse getreten. So kämen wir nach Mitternacht an der Noris an, dachte ich, aber Du brauchtest Tabakwaren, und ich, fiel mir da wieder ein, war ja von einer Zecke angefallen und sogar gebissen worden und benötigte eine Salbe.

Die Gunst des Himmels schenkt uns meist die schönsten Vorkommnisse. Festentschlossen, den Tyrosur- und Heroineinkauf rasch hinter mich zu bringen, betrat ich die Igensdorfer Apotheke und befand mich binnen weniger Sekunden am Ladentresen einer derart atemberaubend wunderhübschen Frau gegenüber, daß es mir ebendiesen verschlug und ich kaum in der Lage war, mein Begehr vorzutragen.

Vanessa G. Vanessa G. Gertenschlank. Leuchtende dunkle Augen. Blonder Pferdeschwanz. Ein Gesicht wie aus Elfenbein. Vanessa G.

Gelobt sei die Vorschrift, Namensschilder am Revers zu tragen. Gelobt sei die Zecke (ausnahmsweise).

Doch muß ich, Matthias, einen schroffen Schwenk machen. Du hattest ad hoc ein Treffen in Nürnberg arrangiert, mit Alexander Schmidt, Historiker und wissenschaft-

licher Mitarbeiter am Dokumentationszentrum Reichsparteitagsgelände – eine Folge Deiner Rede im Schauspielhaus
über die Kunstakademie, denn Herrn Schmidt hatten
Deine Ausführungen gefallen, und er hatte Dich deshalb
eingeladen, irgendwann mal im am 4. November 2001 eröffneten Museum vorbeizuschauen. So wurde uns das Pri-
vileg einer Privatführung und eines Austauschs über vielerlei Hintergründe zuteil.

Wir stehen im Nordflügel der NS-Kongreßhalle am Großen Dutzendteich, es spricht Alexander Schmidt:

»Das ist *der* Ort in Franken, den man aufsucht, einer der
am meisten besuchten Orte in Franken. Zweihunderttau-
send Besucher zählt das Museum jährlich. Was auf dem
Gelände abläuft, wage ich nicht einzuschätzen. Das ist
mittlerweile ein großes Tourismussegment.

Die Schiffstouristen aus den USA, die aufm Kanal ent-
langschippern und denen dann in dieser Rinne endgültig
langweilig wird, steigen am Nürnberger Hafen auf Busse
um und machen große Touren in der Stadt. Das Schiff
fährt oft weiter, und die steigen dann später wieder zu, da
haben sie sich ein Stück Kanal erspart.«

Die meistgestellte Frage soll lauten: »Where stood the
Führer?«

»Ja. Nürnberg ist für die Amerikaner die Stadt des Reichs-
parteitagsgeländes und die Stadt der Tribüne, auf der er
stand. Da wollen die hin. Und sie wollen unbedingt in den
Saal, in dem der Nürnberger Prozeß stattfand. Das ist bei
den Deutschen ganz anders. Für die ist der Nürnberger
Prozeß bei weitem nicht so wichtig wie für die Amerikaner.
Das liegt vielleicht auch daran, daß er als Ausdruck von
Siegerjustiz angesehen wurde.

Hier haben wir einen großen Plan von Nürnberg: der
mentale Kern für die Nürnberger, die Altstadt, und daran angedockt das riesige Reichsparteitagsgelände mit der
Hauptachse der Großen Straße, die genau auf die Nürnber-

ger Burg weist. Das war Albert Speers Absicht: Dieses damals so genannte neue Nürnberg dockt an das alte an und übertrifft es zugleich. Alles ist hier immer größer. Größer ist besser, das war deren Auffassung. Das merkt man auch an dem Gebäude hier. Hier gibt's Türen, die vier Meter fünfzig hoch sind. Für uns ist das ein Problem, denn sobald wir ein neues Fenster oder eine neue Tür brauchen, sind wir Zehntausende Euro los, so was führt ja kein Baumarkt.

Vom Gesamtgelände existieren noch die Bauruine der Kongreßhalle, die in einem Teil als Dokumentationszentrum genutzt wird, die Große Straße – wichtig als Parkplatz für den Club, als Messeparkplatz, als Parkplatz beim Volksfest, als Aufmarschstraße für die Wehrmacht wird sie jenseits von Filmen kaum mehr wahrgenommen – und das Zeppelinfeld mit der Zeppelintribüne.

Wir sind also hier in diesem einen Kopfbau. Das ist, von oben gesehen, ein Halbrund – Vorbild war das Kolosseum –, es fehlen der Mittelteil und das große Dach. Das sollte ja die Riesenversammlungshalle der NSDAP werden und ist heute der größte Bauklotz der Nazis in Franken, und er zählt zu den größten Hinterlassenschaften der Nazis in Deutschland. Der Nürnberger Baureferent Heinz Schmeißner hat nach '45 mal gesagt, das sei ein Felsklotz, der in der Gegend steht – ziemlich massiv, viele, viele Ziegel, außen dicker Granit, dazwischen Stahlbeton. Das hält auch noch wirklich lange, und insofern ist es für uns eine Herausforderung, wie man damit umgeht.

Jeder dieser verschiedenen Teile, die Speer zu diesem Gesamtgelände zusammengefügt hat, war Spielort für einen Teil der Nazibewegung: hier die NSDAP, da SA, SS, in der Luitpoldarena, hier die Wehrmacht mit dem Aufmarschfeld und dem Märzfeld, das Deutsche Stadion wäre für die SA und den Wehrsport gewesen, und das Zeppelinfeld war der Veranstaltungsort für alles andere, Reichsarbeitsdienst und so weiter.«

Siegfried Zelnhefer (*Die Reichsparteitage der NSDAP in Nürnberg*, Nürnberg 2002) schreibt über die »liturgischen Feierplätze«: »Die Konzeption der Bauten entsprach dem sich immer mehr zum starren Zeremoniell entwickelnden Reichsparteitagsablauf. Für jede Gruppe war ein Tag (und im Idealfall ›ihre‹ eigene Feierstätte) in dem einwöchigen Spektakel reserviert. In der zeitlichen Abfolge – Reichsarbeitsdienst, Politische Leiter, Hitlerjugend, SA und SS, Wehrmacht – drückte sich nicht nur die Stellung der jeweiligen Gruppierung im NS-Staat aus, sondern auch der Unterhaltungswert der öffentlichen Feierstunden.« Und zu den Plänen fürs Deutsche Stadion führt er aus, sie hätten »alle bis dahin gekannten Dimensionen« gesprengt. »Das größte Stadion der Welt sollte 405 000 Zuschauer fassen. Der oberste der fünf Ränge wäre in einer Höhe von rund achtzig Metern gelegen.« Die »Gesamtfläche sollte rund vierhundertfünfzig mal achthundert Meter betragen. Allein das Spielfeld wäre dreihundertachtzig Meter lang und hundertfünfzig Meter breit geraten. Als Hitler von Speer darauf hingewiesen wurde, daß dies nicht den olympischen Maßen entspräche, soll der ›Führer‹ geantwortet haben: ›[...] Ganz unwichtig. 1940 finden die Olympischen Spiele noch einmal in Tokio statt. Aber danach, da werden sie für alle Zeiten in Deutschland stattfinden, in diesem Stadion. Und wie das Sportfeld bemessen ist, das bestimmen dann wir.‹«

Alexander Schmidt: »Da vieles nicht fertig und nie benutzt wurde, fand das meiste auf dem Zeppelinfeld statt. Da sind die Panzer gefahren, da ist '38 ein Hubschrauberprototyp gelandet, da war der Reichsarbeitsdienst, dort der BDM und so weiter. Weitgehend vergessen ist die damalige Rolle des Frankenstadions. Es war das Stadion der Hitler-Jugend. Da ist der Satz gefallen: ›Der deutsche Junge soll sein flink wie ein Windhund, zäh wie Leder, hart wie Kruppstahl.‹

In keiner Stadionbroschüre, bei keiner Renovierung oder Neubauaktion ist das richtig erwähnt worden. Im Kern ist es ja ein wunderschönes Stadion aus den zwanziger Jahren, von Otto Ernst Schweitzer. Das ist fast alles plattgemacht worden. Bei einer Neubaumaßnahme ist denen das Tribünendach eingefallen, zufällig oder auch nicht. Die rückwärtige Fassade sieht man noch. Das ist eine der wenigen Ecken in Franken, wo die Weimarer Moderne wirklich mal daheim war – mit einem Nürnberger Baureferenten, der modern baut. Das ist ungewöhnlich für die damalige Zeit und wurde dann in der Nazizeit völlig überlagert.

Das Kennzeichen all dieser Gebäude ist: Es gibt immer eine Art Achse, ausgerichtet auf den Führer, der in der Mitte steht, oben, vorne, und die andern stehen unten. Am besten sieht man das an der Zeppelintribüne: in der Mitte der Führer, über ihm ein riesiges goldenes Hakenkreuz, hinter ihm die Naziparteielite, tiefer die Zuschauer, ganz unten die Teilnehmer, das Ganze zusammengefaßt wie in einer kleinen Burg, an den Rändern mit diesen Türmen. Das ist die Volksgemeinschaft, die sich nach außen abschottet. Und der Speer baut dann außen rum noch Flakscheinwerfer auf und bastelt in der Nacht diesen Lichtdom. Das ist eine unheimlich stimmige Inszenierung von Volksgemeinschaft, und das hat Menschen natürlich beeindruckt. Das war der Sinn der Parteitage.

Die Teilnehmer, locker eine Million Menschen, Nürnberg war gerammelt voll, haben in großen Zelten und Barackenstädten gelebt, mit eigenen Lagerordnungen. Da trainiert ein Volk den Krieg, eindeutig. Die lernen, in Lagern zu leben, zu marschieren, Einheiten zu bilden. Der Hilfszug Bayern, das war eine Lasterbatterie, hat die mit Essen versorgt, und der Hilfszug Bayern ist dann beim Überfall auf Polen mit dabei.

Ganz deutlich wird der Zusammenhang zwischen Propaganda und Krieg am Reichsparteitag '39, der im September stattfinden sollte. Jeder Reichsparteitag hatte ein Motto, 1939: ›Reichsparteitag des Friedens‹. Und der fiel dann aus wegen des Kriegs. Meine Großmutter zum Beispiel war noch beim Reichsparteitag dabei. Ich hab' sie mal gefragt, wie das war, und sie hat gesagt: Na ja, es war laut, man hat nix verstanden, und ich war nur zweimal da. Ich hab' sie das als Kind gefragt und schon damals gemerkt, irgendwie lügt mich meine Oma an. Später habe ich mir das ein wenig so erklärt: Wenn man da jubelt, und dann gibt's Krieg, der Mann geht in den Krieg, der kommt auch nicht wieder, und das war's dann, dann muß man als alleinerziehende Mutter durch die Nachkriegszeit – dann ist es nicht schön, sich zu erinnern, daß man damals gejubelt hat.

Auf dem Reichsparteitag hat nie auch nur einer vom Krieg gesprochen. Es war immer vom Frieden die Rede, daß man wehrhaft sein muß, natürlich, aber Hitler hätte nie gesagt, daß er einen Weltkrieg plant, den er ja schon vorbereitet hat ab '36, Vierjahresplan, da war die Sache eigentlich klar. Aber die Leute haben zuwenig nachgedacht. Wenn man sich dieses Bauwerk anschaut: Da ist eine Straße, auf der sollte die Wehrmacht marschieren, im Hintergrund die Burg, also von der deutschen Geschichte aus in die Zukunft, auf ein Feld, auf dem Krieg vorgeführt wird, am Ende des Feldes, in der Mitte, steht eine große Siegesgöttin. Das ist praktisch schon die gebaute Geschichte. Der Weg des Dritten Reiches ist in diesem Gelände hier drin.

Ich hab' mal mit Studenten *Triumph des Willens* von Leni Riefenstahl angeschaut, komplett. Die letzte halbe Stunde ist eine einzige Qual: nur Marschkolonnen über den Hauptmarkt – und noch eine – und die Berliner SA – und der Reichsarbeitsdienst, es geht immer weiter. Und Marschmusik, noch ein Marsch, und die Studenten sind unruhig geworden, mir ging's genauso. Das funktioniert heute nicht mehr. Damals war's total populär. Der Tag der Wehrmacht hier auf dem Zeppelinfeld war der beliebteste. Die Leute haben bis zu zehn Reichsmark Eintritt bezahlt, um das zu sehen.«

Dank Youtube kann man sich den dazumal filmtechnisch innovativen, international mehrfach ausgezeichneten Dreck, dessen Titel selbstverständlich vom Führer höchstpersönlich stammt, bequem zu Gemüte führen. Man vergesse dabei nicht Bertolt Brecht: »nachbar, euren speikübel!« – »Endloser Exerzierdrill bis zum Bewußtseinsverlust, unaufhörliches öffentliches Geheule, das ›Enthusiasmus‹ darstellen soll, billiger Flitterkram, auffällige Dekorationen, rasendes, hysterische Ausmaße erreichendes antisowjetisches Gekreische.« *(Izvestija)*

»Der Architekt Günther Domenig, er kommt aus der Grazer Schule, hat den Wettbewerb fürs Dokumentationszentrum mit einem klugen Konzept gewonnen, wie ich finde. Er hat gesagt, er wolle in diesem Gebäude kein Untermieter von Naziarchitekten sein, von Ludwig und Franz Ruff, die das gebaut haben. Franz Ruff hat von seinem Vater die Professur an der Akademie und das Bauprojekt Kongreßhalle geerbt. Er ist einer der wenigen echten Naziarchitekten. Das Gauhaus für Julius Streicher am Marienplatz – oder Willy-Brandt-Platz – ist von ihm, die SS-Kaserne ist von ihm, er kriegt als einziger in der Akademie regelmäßig Besuch von Hitler, und der Streicher ist auch immer dabei. Wir haben ganze Bildserien, auf denen die Herren die Baupläne für die SS-Kaserne oder für das Gebäude hier begutachten. Und der Domenig sagt: Ich bin auch Architekt, und ich mache was anderes, ich mache was dagegen. Mein Prinzip ist: Ich passe mich nie und nicht an. Ich gehe eigene Wege durch das Gebäude. Deswegen sägt er's einmal durch, mit diesem hundertdreißig Meter langen Keil oder Pfahl. Und er geht soweit, daß er von der Wand wegbleibt, daß er natürlich anderes Material nimmt, und er schafft es, daß man dieses Gebäude aus einer gewissen Distanz, fast wie ein Ausstellungsobjekt betrachtet.

Das Dokumentationszentrum gilt inzwischen tatsächlich als ein Wahrzeichen Nürnbergs. Nürnberg hatte sich mit dieser Vergangenheit nicht besonders angefreundet. In den Fünfzigern findet nichts statt, was daran erinnert. Da wird dieses Gebäude hier für Ausstellungen genutzt, zum Beispiel für die Ausstellung ›900 Jahre Nürnberg‹. Im Katalog heißt das Gebäude Ausstellungsrundbau, nicht Kongreßhalle, und in der Ausstellung findet das Dritte Reich keinerlei Erwähnung.

Die 68er Bewegung stellt dann neue Fragen, und in Nürnberg sind diese Fragen halt besonders mächtig und deutlich, weil dieses Gelände so groß ist, auch in Relation zur Größe der Stadt. Darauf muß man dann vielleicht doch reagieren, und so ist Nürnberg eine der ersten Städte, die 1983 eine Ausstellung eröffnet, in der es um die eigene Nazigeschichte geht, drüben in der Zeppelintribüne. Die ist gewissermaßen der Vorgänger dieses Museums, das daher auch mit dem Namen Hermann Glaser [er war von 1964 bis 1990 Kulturreferent der Stadt Nürnberg und ist Erfinder der Soziokultur in Deutschland] verbunden ist, der nach wie vor ziemlich umtriebig ist.

Das hier ist ein sehr internationaler Ort. Es gibt ja das Klischee, daß die Franken ein bißchen hinterm Mond leben und sehr lokalistisch sind, aber die Besucher hier haben einen relativ modernen Eindruck von Franken, denn die Architektur ist neu und ungewöhnlich.

Wenn man hier durch diesen Gang geht, sieht man, welches Bauvolumen da geplant war. Wir wissen bei vielen Räumen nicht mal, was da rein sollte. Wir haben hier eine Wandelhalle, eine Vorhalle zur Wandelhalle, und der Hof, den wir grade durchschritten haben, war aber erst die Vorhalle zur Haupthalle. In der Planung ist dieser Kopfbau doppelt so hoch, und wir wissen nicht, welche Wandel- und sonstigen Hallen über uns noch hin sollten.

In der Zeppelintribüne gibt's ja den berühmten Goldenen Saal mit Mosaikdecke. Im Prinzip ist das bloß ein Foyer eines Treppenhauses, durch das man auf den Mittelteil der Führertribüne gelangt. Es war wohl gedacht, daß der Hitler da hochgeht und dann unter dem goldenen Hakenkreuz erscheint. Faktisch ist der mit dem Benz vorgefahren und aus dem Volk nach oben gestiegen. Es gibt kein Photo von innen, auf dem mal die Tür offen ist. Also, die bauen einen riesigen Saal mit aufwendiger Natursteinverkleidung und aufwendigem Mosaik, und es findet nix drin statt.«

Wir gehen hinaus auf eine Plattform mit nüchternem Stahl-Glas-Geländer, die in den Innenraum der Kongreßhalle hineinragt. Die rotbraunen Ziegelrundmauern mit quadratischen Applikationen und Bogenöffnungen schieben sich als megatonnenschwere Sperrwände in den heute blitzblauen Himmel. Ein paar junge Bäume haben sich im Asphaltboden festgekrallt. Ein ins Sommerlicht getauchter brutaler Brocken, von nichts anderem kündend als von Überwältigung und Gewalt, von Gehorsam und Terror. »Worte aus Stein« (Zelnhefer).

»Was der Domenig auch macht, im Sinne einer Art des architektonischen Erlebnisses: Er dekonstruiert und verunsichert ein wenig. Manche haben ein Problem damit, hier rauszugehen, da geht's ja tief runter. Aber das ist eine ganz andere Möglichkeit, mit Höhe und mit Größe umzugehen. Dieser Blick ist schon was Besonderes. Es gibt in Deutschland kaum einen Ort, an dem man die Dimensionen der Naziarchitektur so erfahren kann. Dieses Gebäude ist flughafengroß. Daß man so eine Halle baut, in der Form …

Hier, wo wir jetzt sind, war ein Waldpark. Das Volksfestgelände war der Tiergarten. Die Große Straße war ein schmaler Damm, es gab noch vier weitere Seen. Da hinten war nur Wald, sonst nichts. Daß da jetzt Langwasser ist, das Messegelände, das alles ist eine Folge der Zerstückelung von Landschaft in der damaligen Zeit, und daraus wurde die Haupteinfallsschneise für die Nachkriegsbebauung. Ob das andernfalls auch so passiert wäre, glaube ich nicht.

Inzwischen betrachte ich diesen Bau auch als gigantische Landschaftszerstörung, die nach '45 leider fortgesetzt wurde, weil man eben nicht konsequent war. '45 hätte ich's logisch gefunden, den ganzen Scheiß wegzuräumen. Das wäre eigentlich eine schöne Aktion gewesen. Die Amerikaner haben nach ihrer Siegesparade auf dem Hauptmarkt sofort das Hakenkreuz über der Zeppelintribüne gesprengt, und ab dann war das ihr Soldiers Field. Da haben sie Paraden abgehalten und die Deutschen dazu eingeladen – um zu demonstrieren, daß eine neue Zeit begonnen hat. Aber eigentlich ... Ich bin mal mit einem alten Sozialdemokraten hier rumgelaufen, und der hat gesagt: Mensch, warum ist denn das nicht alles weg? Er kann's nicht mehr sehen. Da hab' ich gedacht: Da ist schon auch was dran. Heute bin ich dafür, das zu erhalten. Konsequent wäre der Abriß nur in der Zeit nach '45 gewesen.

Statt dessen machen die weiter und bauen hier ein Wohnviertel hin. Der vorhin erwähnte Nürnberger Hochbaureferent Heinz Schmeißner – er war im Baustab Speer gewesen und hat Speer auch große Gauforen vorgeschlagen – und der Architekt Wilhelm Schlegtendal haben den Wiederaufbau in Nürnberg federführend geplant. Die hatten schon vor '45 mit ihren Planungen begonnen und setzten die dann eins zu eins fort, bis in Details. Das Plärrer-Hochhaus gibt es bereits als Naziversion von Wilhelm Schlegtendal. Der schlägt vor, fast am selben Ort, ein paar Meter weiter an der Fürther Straße, einen Riesenturm mit

Satteldach hinzustellen, der so aussieht wie ein Deutsch-Ordens-Turm. Und 1953 baut er das Plärrer-Hochhaus, im Stil der fünfziger Jahre, klar. Flexibel waren die Leute schon. Und Franz Ruff, der das hier mit bewerkstelligt hat, baut dann später im Zabo [im Stadtteil Zerzabelshof], aus dem der Club weggezogen ist, die wunderbar scheußliche Siedlung Jochensteinstraße. Da macht der dann auch, wenn's Geld bringt, bolschewistisches Flachdach, das ist überhaupt kein Problem für den.«

Mir ist entfallen, wer die Architekten mal, cum grano salis, als große Verbrecher tituliert hat (nein, ich meine nicht Adolf Loos). Bis heute ist diesbezüglich keine Besserung eingetreten. Hal Fosters Buch *Design und Verbrechen* (Berlin 2012) sei diesbezüglich empfohlen. Aber weiter mit Alexander Schmidt:

»Na ja, nach '45 versucht man mit dem Bau hier immer wieder dies und das, aber es gelingt nie etwas wirklich. Erst: Ausstellungszentrale. Dann: das Stadion. Zu teuer. Dann gibt's Planungen, das zu überdachen. Wer braucht so eine Riesenhalle in Nürnberg? Kein Mensch. Dann, 1963, Vorschlag vom Bund Deutscher Architekten: doch sprengen, Hügel drauf, ist Scheißarchitektur, wir wollen das nicht. Wieder: zu teuer. Und man sagt auch: Gebäude noch zu wertvoll. Dann gibt es 1987 einen Plan, das Ding zu kommerzialisieren – und zwar richtig und vollständig: Rieseneinkaufscenter, großer, langer Pfahl nach außen, mit Steg in den Dutzendteich, längste Einkaufspassage Nürnbergs, oben Penthäuser mit Burgblick, Indoor-Golf-platz, Joggingbahn auf dem Dach, Swimmingpool. Aber das war '87 nicht mehr machbar. Da gab's dann doch erhebliche Bedenken, mit einem Gebäude, das so eine Geschichte hat, derart kommerziell umzugehen. Man hat den Investor dann verschreckt, und die haben dann die Pyramide in Fürth gebaut [einen gräßlichen blauen Glasberg am Main-Donau-Kanal].

Heute ist das unterste Kellergeschoß an Vereine vermietet – Ruderverein und so weiter –, da liegen sämtliche Buden vom Christkindlesmarkt, der gesamte Nürnberger Faschingszug ist hier eingelagert, ein muffiges Lager. Die anderen Ebenen, dreieinhalb oder vier, sind komplett leer. Wir wissen nicht, was damit tun. Und das würde eben auch noch mal erhebliche Investitionen erfordern.«

Alexander Schmidt händigt uns den Katalog zur tausenddreihundert Quadratmeter großen, in neunzehn Stationen untergliederten Dauerausstellung *Faszination und Gewalt* aus und macht eine Anmerkung: »Wir haben teilweise wieder viele Neonazis in Franken gehabt und haben sie immer noch.« Morde, Hakenkreuzschmierereien, Schändungen jüdischer Friedhöfe, Anschläge auf Flüchtlingsheime und offen antisemitische Äußerungen aus der »Normalbevölkerung« sind alles andere als Geschichte. Erst jüngst berichtete die *Fränkische Landeszeitung*, »daß die Neonazis in ländlichen Gegenden Fuß fassen« (»teils existieren dort bereits rassistische Bürgerinitiativen«), »aber auch Städte bekommen immer mehr Probleme mit den Rechtsextremisten«, etwa Nürnberg, Fürth, Hof und Coburg. Am selben Tag erschien in dem Blatt eine Anzeige des Kollegiums und der Schulleitung der Pestalozzischule Fürth: »In der Nacht von Sonntag auf Montag wurden vor der Pestalozzischule und im Schulsprengel Flugblätter aufgehängt, die unsere Kollegin Ruth Brenner auf das übelste diffamieren und gegen ihre Familie hetzen. Mit der dicken Überschrift ›Achtung! Ruth Brenner ist eine Linksextremistin‹ werden in dem ›Flugblatt‹ schlimmste Unterstellungen geäußert, die in keiner Weise zutreffen und gelogen sind. Hintergrund für diese menschenunwürdige Aktion ist das Engagement der Kollegin Ruth Brenner im ›Bündnis gegen Rechtsextremismus und Rassismus‹.«

Alexander Schmidt über ein paar Details der Ausstellung: »Da sind Photos drin, die so typisch, so urfränkisch sind, daß einem fast schon angst und bange wird. Auf einem meiner Lieblingsphotos sieht man so die Gänse und die kleinen Jungs und die Bauernhäuser, es gibt noch nicht mal eine richtige Straße, aber Nazis gibt es bereits. Das ist nur eins von sehr vielen Beispielen. Auch die Geschichte mit den Burgen ... Die Nazis klauen ja, die vereinnahmen. Die vereinnahmen die Burgen als Symbole und so weiter, und Franken kannst du halt als urdeutsche Landschaft und Nürnberg als urdeutsche Stadt nehmen. Das funktioniert. Und das funktioniert mit den Alpen halt nicht, das funktioniert mit Neuschwanstein nicht. München ist die Hauptstadt der Bewegung, aber taugt nicht als deutschlandweites Symbol. Das ist zu bayerisch. Wir sind die ersten Preußen, hier beginnt Deutschland, nicht in Bayern. Und es gibt ein paar Photos von Hitler in Lederhose – von Heinrich Hoffmann –, die wurden nie veröffentlicht, weil das Motiv zu bajuwarisch ist. Aber diese Posen hier in Nürnberg, die funktionieren. Da gibt's Hitler vor der Frauenkirche, Hitler in der Altstadt, Hitler auf der Burg, es gibt alles.«

Hermann Glaser »verfolgte im Umgang mit dem ehemaligen Parteitagsgelände ein Konzept der ›Trivialisierung‹. Die Bauwerke sollten durch belanglose Nutzung ihren Nimbus als ›Weihestätte‹ des Nationalsozialismus verlieren.« (Zelnhefer) Alexander Schmidt greift den Gedanken auf: »Das Schöne an dem Gelände ist jetzt, daß es wieder zurückerobert wird, durch Inliner und Skater und Fußballer und und und. Es gibt hier die Aufarbeitung, es gibt die Informationstafeln auf dem Gelände, aber absolut erwünscht ist auch die Banalisierung durch alltäglichen Gebrauch. Man kniet nicht vor der Führertribüne nieder, sondern man fährt halt mit dem Skateboard drüber.

Eine Anfrage, die wirklich zu skurrilen Gesprächen geführt hat, war: Treffen deutscher Schäferhundezüchter.

Viertausend Schäferhunde auf dem Zeppelinfeld – geht das? Oder geht das nicht? Wir haben diskutiert und irgendwann gesagt: Eigentlich geht's schon. Wir können ja nicht sagen: Pudel gehen, aber Schäferhunde nicht. Der Schäferhund ist halt ein Hund, der Hund kann jetzt wirklich nix dafür. Und deshalb haben wir das genehmigt, und die sind jetzt schon zweimal dagewesen.«

Wir sind zum Zeppelinfeld rübergefahren. Es hat sich in eine Autorennstrecke, in den Norisring verwandelt, auf dem jedes Jahr ein Lauf zur Deutschen Tourenwagen-Meisterschaft ausgetragen wird. Die Führertribüne liegt an der Start-Ziel-Geraden und ist mit einem riesigen babyblauen Werbebanner geschmückt.

»Das ist auch teilweise skurril«, meint Alexander Schmidt. »Da hängen die immer die große Schöller-Reklame ›Fröhliche Eiszeit‹ genau in die Mitte über die Führerkanzel. Für die Veranstalter ist das schon seit den fünfziger Jahren die ›Steintribüne‹. So heißt die offiziell bei Rennen. Die ist für die was ganz Besonderes, und die gehören zu denen, die stark daran interessiert sind, daß wir sie erhalten. Wir haben das Problem, daß das Ding ziemlich baufällig ist. Die Sanierung des ganzen Feldes würde uns wohl an die siebzig Millionen kosten. Da spotzt [spuckt] der Franke, zu Recht, und sagt: Pfff, gäb's nicht auch was anderes? Wir sind da in einer ziemlich blöden Situation, weil wir die Wahl haben: Entweder schauen wir dem Verfall zu, dann haben wir in zehn Jahren einen Zaun drum rum, und in der Mitte verfällt das Ding. Oder wir wurschteln weiter. Wir geben im Moment pro Jahr dreißigtausend Euro für Sanierungen aus, die ein Jahr später zum Teil wieder anstehen. Oder wir beißen in den sauren Apfel und machen eine Instandsetzung, heißt: eine vernünftige Wasserableitung und so weiter. Hat das Gebäude alles nicht. Wir zahlen auch für die Bausünden der Vergangenheit. Der Speer hat schnell gebaut, und schon '41/'42 sind erste Bauschäden aufgetreten. Vorbild ist ja der Pergamonaltar, und die Tribüne hat schon auch einen Nachteil: Sie steht nicht in Griechenland. Das ist eine offene Treppe, auf die es einfach draufregnet. Daß das Probleme macht, ist klar.

Was jetzt hier stattfindet, das finde ich, ehrlich gesagt, ein wenig zum Speien. Auf dem Feld ist immer der VIP-Bereich, mit Miss-Norisring-Wahl und den ganzen reichen und feinen Leuten. Da nimmt man das Historische überhaupt nicht mehr wahr. Da gibt's nur noch Bussi, Bussi und toll und die dicken Autos. Ich mag's nicht, aber es ist halt eine andere Welt.

Na ja, irgendwas müssen wir gegen den Verfall unternehmen. Wenn wir die weitere Begehbarkeit nicht garantieren können, stehen wir blöd da. Ja, seid ihr Nürnberger zu überhaupt nix in der Lage? Oder: Wollt ihr das alles verdrängen? Solche Fragen kämen dann auf.«

Wir sind an der Führerkanzel angelangt. Ich stelle mich sofort drauf, Du, Matthias, scheust wie das Pferd vor dem Dreifachoxer mit Wassergraben.

»Vielbesucht, vielbesucht«, sagt Alexander Schmidt. »Wir Historiker haben unseren Job eigentlich erledigt. Wir haben unsere Tafeln aufgestellt, unsere Ausstellung gemacht, wir bieten unser Bildungsprogramm an, und wir machen das weiter, was ich auch gut finde, aber von der Kultur kommt noch nicht viel. Das muß man ehrlich sagen.«

»Na, ich halt' da schon mal eine Rede«, sagst Du mit Blick auf die Führerkanzel. Daran wirst Du gemessen werden, Matthias.

Alexander Schmidt wundert sich ein wenig über etwas anderes: »Man muß wirklich sagen, die Nürnberger lassen sich schon eine Menge gefallen. Der Park, das Norisring-Rennen, Rockkonzerte, der Club – das passiert hier alles mittendrin. Die sind da schon geduldig. Wenn es immer heißt, die Franken seien intolerant, dann kann man das hier nicht sagen. Is' halt so. Macht nur. Is' bald auch wieder vorbei. In dem Stil reagieren sie da.«

Es wird Zeit für ein Mittagsmahl und das eine oder andere abkühlende Bier. Die *Gaststätte Bahnhof Dutzendteich* liegt gleich um die Ecke.

»Der Schriftzug müßte für mich nicht sein«, sagt Alexander Schmidt, »wenn man weiß, daß es den nur wegen der Parteitage gibt. Er wurde extra als Ankunftsbahnhof gebaut. Die Wirtschaft hat halt eine bemerkenswert große, überdachte Terrasse. Das ist der alte Bahnsteig für die Parteitagsbesucher.«

Wir sitzen auf der Terrasse, im Schatten, und Alexander Schmidt erzählt, auf Ebay seien neulich »Steine von der Zeppelintribüne« angeboten worden, »Kultsteine. Wir haben uns gefragt, ob wir versuchen sollen, das zu verbieten. Aber es ist uns wurscht, wenn den Schmarren einer kauft. Da kann sich ja jeder bedienen, da liegt genug rum.«

Und dann zieht Alexander Schmidt eine Art Resümee unseres Rundgangs, ein bedenkenswertes: »Hier draußen ist man im öffentlichen Raum. Da stoßen Geschichte und Gegenwart heftig aufeinander. Hier ist nichts geschützt, es ist alles vermischt, und deshalb ist das ein Ort, an dem man über die Nazis auch spotten kann, angesichts des teilweise Lächerlichen, des so armselig Größenwahnsinnigen dieser Architektur. Hier kann man bei einer Führung auch mal einen Witz reißen.«

Wir erwähnen, daß uns der dritte Teil unserer Frankenerkundung unter anderem ins Fichtelgebirge führen wird. Die folgenden Anmerkungen des klugen und zuvorkommenden Herrn Schmidt packen wir, lieber Matthias, ein, und in ein paar Tagen, wenn wir uns in Würzburg treffen, wickeln wir sie aus dem Hirnschmalzpapier wieder aus.

»Die ganze Geschichte mit Philip Rosenthal in Selb ist schon hochinteressant. Klar, die gesamte Gegend liegt heute in Agonie, das muß man wirklich sagen, gerade in Wunsiedel und Selb und auch in anderen Orten ist es hart. Da reißt man in Ortszentren Häuser ab, weil da keiner mehr wohnen will. Wunsiedel hat das Konzept, eine Stadt der Senioren zu werden, aus der Not geboren. Was machst du, wenn die Leute abwandern? Es war alles auf die Porzellanherstellung konzentriert, und heute will keiner mehr dieses Porzellan so richtig. Aber der Rosenthal war ein interessanter Mann. Da steht ein Bau von Gropius, mit Flamingos, für die Beschäftigten – ein Unternehmer, der sagt, ich mache was Schönes für die Arbeiter. Toll.

Und Wunsiedel – ja. Das ist bestimmt kein besonders progressiver Ort, aber als da diese Aufmärsche wegen Rudolf Heß stattfanden, gab es eine breite Basis, die dagegen demonstrierte – ›Wunsiedel ist bunt‹. Da war der ganze Ort auf den Beinen, das kann man schon so sagen. Und das war früher definitiv nicht so.«

Auf dem Rückweg legten wir am Verwaltungsgebäude der *Nürnberger Nachrichten* in der Marienstraße einen letzten Stopp ein, am Original-Gauhaus von Julius Streicher, in dem er sein Gauleiterbüro hatte – ein Sandsteingebäude mit einem typischen mittigen Balkon. Wo heute die zwei Ns an die Fassade montiert sind, »hingen früher ein Naziadler und ein Hakenkreuz, und an der Rückseite des Hauses, im Hof, ist Nürnbergs einziges öffentlich zugängliches antisemitisches Kunstwerk zu sehen, vom Akademieprofessor Wilhelm Nida-Rümelin: ein nackter germanischer Kämpfer neben einer deutschen Eiche, der gerade mit einem Schwert einer Hydra Köpfe abhacken will, und die Hydra ist das Weltjudentum, so die Erklärung im zeitgenössischen Stadtführer« (Alexander Schmidt).

Danach hatten wir von dergleichen, offengestanden, fürs erste genug und gingen unserer getrennten Wege in die Gegenwart.

Bis bald, es grüßt Dich wie immer herzlich (und, Du hast
es gemerkt, freilich schon lange nicht mehr wutschnau-
bend):
Dein Jürgen

Würzburger Erkenntnisse über das Nirwana

Fürth, den 28. 7.

Lieber Jürgen,

ich konnte Dir zu Anbeginn unseres letzten Reiseabschnitts leider nicht von Angesicht zu Angesicht gestehen, daß mir der Schluß Deines letzten Schreibens gar nicht geschmeckt hat. Dabei genoß ich den Anfang hinlänglich. Dein Poltern und Donnern haben mich wohltuend geschmerzt. Aber dann löst sich am Ende des Briefes alles Vorangegangene in reine Herzlichkeit auf, und der Zorn fliegt davon wie eine Stubenfliege durchs offene Fenster.

Durch meine mittelfränkisch-evangelische Prägung fällt es mir schwer, das reine Glück vorbehaltlos zu ertragen. Der in Nürnberg lebende Maler und Musiker Dan Reeder hat diesem Problem in seinem Bild »Paranoid Protestant Picture« auf zeitlose Weise ein Denkmal gesetzt. Im Hintergrund sieht man eine kleine Hütte, aus der heraus schäumendes Freibier in Krüge eingeschenkt wird. Eine Reihe von offensichtlich glückseligen Menschen steht an, um in den Genuß der kostenlosen Freude zu kommen. Im Vordergrund sehen wir im Abseits ein Selbstbildnis von Reeder, der dem ganzen Treiben skeptisch und mißtrauisch gegenübersteht. Es gelingt ihm nicht, die Gunst der Stunde uneingeschränkt zu teilen. Er sinniert auf Grund seiner Prägung über einen Nachteil oder zumindest ein böses Erwachen nach dem Glücksgefühl.

Ich trage schon schwer genug an der Tatsache, daß unsere gesamte Reise bislang vollkommen unproblematisch verläuft. Ohne die geringste Vorbereitung im Vorfeld telephonieren wir kurzerhand herum und brausen dann schlafwandlerisch zum jeweiligen Treffpunkt. Es stimmt auch, was mir Deine

Cousine verraten hat: daß alles, was Du tust, höchst intensiv getan wird. Wir brausen über Land, als hätten wir das Autofahren eben erst erfunden. Wir lauschen, reden und schauen und werden dabei nicht satt von der Welt. Nach unseren Touren muß ich immer etwa zwölf Stunden am Stück schlafen. Jedesmal erwache ich wie neugeboren und sage zu meiner Frau: »Weißt du was? Ich glaube, ich bin schon wieder ein ganzes Stück katholischer geworden.« Sie antwortet: »Ja, ja, du und der Roth. Da haben sich die zwei Richtigen getroffen. Wenn man euch beide in einen Sack steckt, zubindet und anschließend draufhaut – man erwischt immer den Richtigen.« Damit genug von Hosianna, Gold, Weihrauch und Myrrhe.

Unsere erste Tour führte uns nach Würzburg. Der *Große ADAC Städteführer* von 1990 schreibt: »Es ist immer wieder faszinierend, wenn auf der Fahrt Richtung Nürnberg nach der Autobahnausfahrt Kist linker Hand die Silhouette von Würzburg mit der Festung Marienberg auftaucht. Fast magisch zieht dieses märchenhafte Bild den Besucher an, und er wird nicht enttäuscht: Die Altstadt mit herrlichen Bauten und die bezaubernde Lage inmitten ausgedehnter Weinberge am Main bieten ein unvergleichliches Stadterlebnis.«

Von dieser Magie und Märchenhaftigkeit haben wir nicht viel mitgekriegt – vielleicht auch deshalb, weil wir aus entgegengesetzten Richtungen angereist waren. Zudem war es drückend schwül, und ich transpirierte sogar an den Ohrläppchen.

In Würzburg habe ich sozusagen das Handwerk des Spaßmachers erlernt. Kein Geringerer als Monsignore Jürgen Eichenmüller führte mich damals in die feine Gesellschaft der Komödianten der Comedy Lounge im Theater Chambinzky ein. Genau dort lernte ich, das Publikum zu beschimpfen, zu verwirren und gelegentlich auch zum Lachen zu bringen.

Quasi mit der Gebärmutter des Unsinns, Florian Hoffmann, hatten wir uns im *Standard* verabredet. Die Studentenkneipe schaut von außen aus wie ein irisches Pub und erinnert innen an eine Wärmestube in Zagreb. Der Service – eine sehr nette Dame – dagegen war tadellos zu nennen. Weitere Ausführungen zum Grad der Lieblichkeit dieser Person überlasse ich gern Dir, Herr Jürgen.

Kaffee und Toast – vollkommen schwer in Ordnung. Wie sich herausstellte, war Hoffmann nicht allein gekommen, sondern hatte die Crème de la crème der Clowns mit Würzburger Wurzeln verständigt. Auf unsere Eingangsfrage, warum Würzburg im Zweiten Weltkrieg so schwer in Mitleidenschaft gezogen worden sei, antwortete die schöne Unbekannte am Tisch: »Angeblich wollte man Würzburg nach dem Krieg gar nicht wiederaufbauen. Die Idee war, daß man Würzburg zerbombt stehenläßt, als Mahnmal. Das konnte man dann aber nicht, weil zu viele Leichen unter den Trümmern herumlagen und die Seuchengefahr zu groß war. Dann haben die Amerikaner gesagt: Dann bau'n mer's halt doch wieder auf.«

»Aber schön is' es net wor'n«, entgegnete Georg Koeniger, Ensemblemitglied des Totalen Bamberger Cabarets und Wahlwürzburger. Mit dem Hinweis, daß wir uns unbedingt die Residenz anschauen sollten, war das Thema Würzburg dann auch schon wieder abgehakt.

Nach dem Wesen des fränkischen Publikums gefragt, gab der Kabarettist Götz Frittrang zu Protokoll: »Meiner Meinung nach gibt es kein Nord-Süd-Gefälle im Publikumsgeschmack oder im Humor, es gibt allerdings ein Ost-West-Gefälle, da allerdings auch altersbedingt. Das heißt also, eigentlich ist alles egal, Hauptsache, man bringt's auf der Bühne. Der Franke an sich als Publikum ist wunderbar.« Florian Hoffmann (TBC) giftete dazwischen: »Die schneiden für ihr Buch eh alles Gute, was du sagst, einfach raus.« Frittrang ließ sich nicht aus der Ruhe bringen: »Ein Auftritt in Franken kann nie schlecht sein, weil du hast ja immer die Gewißheit, daß du nach dem Auftritt was Fränkisches essen kannst. Von daher ist man schon auf der sicheren Seite. Wenn du dagegen, wie ich, mal in Nordenham aufgetreten bist, im Bistro *City*, und dann ein Baguette mit Käse und Schinken kriegst, über das sie dir einen halben Liter Remouladensoße leeren, und du selber eigentlich an nix mehr glaubst, aber deine norddeutschen Kollegen schmatzend danebensitzen und sagen: Lecker, lecker, lecker, dann weiß man einfach, daß es zwischen Norden und Süden nie eine Aussöhnung geben kann. Nie.«

Frittrang, der am Bodensee aufgewachsen ist, stärkte sich mit einem fruchtigen Kaltgetränk und gestand: »Ich wußte eigentlich gar nicht, daß es Franken gibt, bevor ich in Bamberg studiert habe. Franken ist ja außerhalb von Franken relativ unbekannt. Das wissen, glaub' ich, viele Franken gar net. Wenn du jemanden aus Nordrhein-Westfalen fragst: Wo ist Franken?, ich bin sicher, die meisten würden eher was mit Frankreich als mit Bayern sagen. – Meinen Sie den Schweizer Franken oder was? – Menschen unter vierzig, außerhalb von Bayern, kennen Franken nicht.«

»Wobei Franken ja nicht nur einfach Franken ist«, erklärte der Jazzkabarettist Andy Sauerwein, »sondern Franken wird dann auch wieder unterteilt in Unterfranken, Mittelfranken, Oberfranken, und in Unterfranken wird's noch mal unterteilt in Würzburg und Aschaffenburg. Wenn du aus Aschaffenburg bist und sagst, du bist aus Aschaffenburg, wird immer gefragt: Ist des jetzt schon Hessen oder noch Bayern? Des ist eine Standardfrage, die du als Aschaffenburger immer gestellt kriegst. Und da mußt du sagen: Aschaffenburg.«

»Ich hab' das ja immer a bißel für a Überheblichkeit gehalten, daß Franken sich abtrennen möchte«, sagte Götz Frittrang. »Aber es is' mir eigentlich bisher nie bei irgendeiner anderen Region in Deutschland aufgefallen, daß es so viel Integrität und Eigenständigkeit gibt wie in Franken. Franken hat durchaus das Zeug zu einem eigenen Bundesland.« – »Das finde ich auch. Und es ist auch so, daß die politischen Entscheidungen alle in München getroffen werden«, führte Georg Koeniger den Gedanken fort. »Das merkst du, ob du vom Bayerischen Rundfunk ausgehst oder von den Politikern – wie viele dann wirklich was zu sagen haben. Selbst wenn der Ministerpräsident ein Franke ist, dann is' er a Depp oder irgendwie so. – Über München wollen wir nicht sprechen. – Nein, wir sprechen nicht über München. Wie heißt die Stadt? – Ich kann mir ein eigenes Land gut vorstellen. Dann würd's den Franken auch besser gehen. Franken ist größer als das Saarland. Ich meine, das sind vier Millionen Leute!«

Du warst von einer kurzen Zigarettenpause vor der Tür an den Tisch zurückgekehrt und wolltest wissen, wie sich Unterfranken von Mittelfranken unterscheidet. Koeniger meinte, die Dialekte wiesen gewaltige Gegensätze auf. Sauerwein lieferte die Belege: »Jeder Landesteil hat sein eigenes *Asterix*-Bändchen. Das hat mir einer der beiden Übersetzer, Gunther Schunk, erzählt. Die haben gesagt: Wir könnten den *Asterix* auf mainfränkisch machen. Da hieß es erst vom Verlag: Nee, auf fränkisch gibt's das ja schon. Und dann hat er gesagt: Nein, Moment, das gibt's nur auf mittelfränkisch, aber nicht auf mainfränkisch. Das ist wieder was anderes. Daraufhin gab's dann ein eigenes *Asterix*-Bändchen auf meefränkisch. Sonst gibt's ja nur *Asterix* auf hessisch, *Asterix* auf bayerisch. Daß der Dialekt an sich noch mal unterteilt wird, ist bei *Asterix*-Bändchen eher unüblich. Es liegt eben an der Sprache selbst. Die Sprachwissenschaftler nennen die Dialektgrenzen dann auch so. Die Mee-Maa-Grenze. Im Spessart läuft die Äppel-Öppel-Grenze durch: auf der einen Seite Äppel, auf der anderen Seite Öppel.«

»Ich hab' das Gefühl, daß Franken jenseits dieser beiden Gebirge, Fichtelgebirge und Spessart, aufhört«, brachte Georg Koeniger geographische Gesichtspunkte ins Spiel, »daß es zwar politisch ein bißchen weiter reicht, aber du hörst es eben auch. Die Wunsiedeler reden eigentlich wie in der Oberpfalz, und westlich des Spessarts wird eigentlich schon sehr stark hessisch gebabbelt, auch wenn die Aschaffenburger sich als Franken verstehen. Des is' denen wichtig, aber des franst da schon aus. Diese Gebirgskämme grenzen Franken ein.«

»Kannst du als Nei'geschmeckter einen Unterschied zwischen Mittel- und Unterfranken raushören?« fragte ich ihn. »Inzwischen scho', total. Im Zug gestern saß einer, da war ganz klar, daß der aus Nürnberch is' – oder jedenfalls Nürnberg oder Fürth. Das hast du an der Sprache gehört. Interessanterweise kann ich die Leute im Westfälischen nicht so genau lokalisieren wie im Fränkischen. Ich kann Westfalen und Rheinländer unterscheiden, aber zum Beispiel Sauerland und Münsterland, da wird's schwierig.« Frittrang merkte an: »Das mein' ich auch. Das sind Regionen, die sind nicht so klar abgegrenzt und nicht so eigenständig, wie Franken erscheint, zumindest nach innen. – Meinem Gefühl nach kannst du in Norddeutschland nicht so viele lokale Gags machen. Das ist ja sozusagen das einfachste Kabaretthandwerk, in einem Ort zu spielen und über den nächsten Ort herzuziehen. Das funktioniert in Franken immer, immer und todsicher. – Ich glaub', es gibt bei den Franken so 'ne schwache Außenwirkung, weil der Franke so zufrieden ist mit sich, daß er sich gar net so präsentieren muß. – Ist der Franke zufrieden? – Da gab es vor zehn Jahren diese *Spiegel*-Umfrage, wo die zufriedensten Menschen in Deutschland leben. Es stellte sich heraus, die leben zwischen Aschaffenburg und Miltenberg. – Das sind eigentlich kei' richtige Frank'n. – Geh mal nach Bamberg. Die Leute, die in Bamberg leben, die hängengebliebenen Studenten ... Des is' so schwierig, da wieder rauszukommen, weil das fängt dich ein wie ein Spinnennetz aus ganz vielen warmen, weichen Fäden. Alles ist gemütlich, lecker und schön. Aber wenn du nicht aufpaßt, wirst du eben so 'n verstaubtes Original an 'ner Theke, wie wir im *Standard*. Du hast dann irgendwann 'nen lustigen Hut auf, und alle kennen dich. Des is' halt auch so' ne Gefahr. Aber schön.«

Meister Hoffmann sang zum Abschluß noch das Hohelied auf die Spiritualität unseres Landstrichs: »In Indien und Tibet gibt's ja viele, die meditieren und behaupten, das höchste Ziel sei Nirwana. Ich finde, Franken ist genau das, was die alle anstreben. Die Franken sind Menschen, die wissen, wie's läuft, aber müssen's net so nach außen transportieren. Deswegen wissen auch so wenige von Franken, weil die Franken auch net wollen, daß da so viele andere Menschen dazukommen. Die Franken haben einfach zu Ende meditiert. Die sind angekommen. Die sind da und zufrieden. Die müssen sich net jedem aufdrängen. Die reden auch erst mal gar net so viel, die müssen ihre Weisheit net verströmen. Aber wenn du von denen was wissen möchtest, dann sind die immer für dich da. Wenn du eine Frage hast, dann kriegst du auch die Antwort, die du verdienst.«

So hatte uns der Gelehrte Hoffmann doch noch beinahe so etwas wie Erleuchtung zuteil werden lassen. Wir verabschiedeten uns von der munteren Gruppe, und vor der Tür merkten wir, daß es uns nach irdischen Dingen verlangte. Ich schlug vor, die in Laufweite gelegene *Weinstube Halbleib* aufzusuchen. Zum einen erfreute mich der Name außerordentlich, zum anderen hatte mir der Würzburger Kabarettist Mathias Tretter die Schenke wärmstens anempfohlen. Auch die Homepage ließ nur Gutes erwarten: »Wir laden Sie herzlich ein, um bei leckeren Speisen und einem guten Tropfen einige kurzweilige und genußreiche Stunden zu erleben. Genießen Sie in einer unkomplizierten Atmosphäre die typisch fränkische Küche in Würzburg. Nehmen Sie Platz in unserer gemütlichen Stube oder im Sommer im Freien im schönsten Weinhöfle Würzburgs. Testen Sie unser Weinsortiment, und lernen Sie kennen, daß der ›Franke‹ gar nicht so spröde ist, wie ihm allzu häufig unterstellt wird. In geselliger Runde läßt sich so manches geistreiche Gespräch führen, durchaus auch das eine oder andere Problemchen lösen oder gar die Kommunal- und Weltpolitik mitgestalten.«

Die Aussicht auf eine Problemlösung trieb mich, im Vertrauen gesagt, am wenigsten dorthin. Küche und Weinsortiment nährten schon eher meinen Willen. Allein, das Lokal blieb uns verschlossen – Ruhetag. Wir irrten in der Hitze ein wenig durch die Gäßchen und stießen schließlich, nachdem wir das *Weingut Juliusspital* und das *Wirtshaus Holzapfel* von außen begutachtet hatten, auf das *Wein-Bier- und Speisehaus Schnabel* in der Haugerpfarrgasse – ein gesegneter Ort.

In der vierten Generation, seit 1899, familiengeführt, kümmern sich die Schnabels in einem der ältesten Wirtshäuser der Stadt um das Wohl der Gäste. Beeindruckt saßen wir unter der Holzkastendecke und vor der stimmigen Wandvertäfelung mit Bildern und Stichen aus vergangenen Zeiten. Ein Mann am Nebentisch genoß in stiller Zufriedenheit seinen Schoppen. Kein Radio plärrte, und die Gedanken konnten sich in der guten Stube aufs feinste entfalten und ausbreiten.

Eine anmutige Kellnerin nahm unsere Bestellung auf. Ich meine, aus ihren Bemerkungen herausgelesen zu haben, daß ihr Anblick die freie Entwicklung Deiner Gedanken doch ein bißchen eingeschränkt hatte. Täusche ich mich?

Mein Müller-Thurgau mundete vorzüglich. Das geeiste Gurkensüppchen gab mir neue Kraft. Du hast ein Weizenbier getrunken. Weißt Du noch, wie es geschmeckt hat? Du wirktest unkonzentriert…

Danach führte uns unsere Reise auf direktem Wege in die JVA Würzburg. Ich war zu einem Auftritt eingeladen worden. Gisela Schmidt schrieb hinterher in der *Main-Post:* »Einen Vorhang gibt es nicht. Die Bühne ist eher ein großes Podest. Sonntags wird hier Gottesdienst gehalten. Manchmal kommt der Bischof. Aber heute nicht. Heute kommt Matthias Egersdörfer. Der hochdekorierte Kabarettist, der Obergrantler, der fränkischste aller Franken, der Mann, der seinen inneren Schweinehund gnadenlos von der Leine läßt, tritt in der Würzburger Justizvollzugsanstalt (JVA) auf. Das Publikum ist zahlreich. Hundertfünfzig von sechshundertfünfzig Gefangenen sind gekommen. ›Das Angebot hat sich an alle gerichtet‹, erzählt ein Vollzugsbeamter, der keinesfalls ›Wärter‹ genannt werden will, weil ein Gefängnis ja kein Zoo ist, ›aber wir haben die Anmeldungen ein bißchen gesiebt‹. Schließlich gehe es um ›deutschen Wortwitz‹. Und um den zu verstehen, seien gewisse Sprachkenntnisse nun mal erforderlich.

Die Frauen sitzen auf der Empore, die Männer unten. Sie tragen vorwiegend blau. Blaue Arbeitshosen, blaue Arbeitsjacken, blaue Tattoos. ›Kennen Sie Matthias Egersdörfer?‹ Ein Gefangener mit Glatze lächelt unsicher. ›Vielleicht aus dem Fernsehen? *Neues aus der Anstalt, Ottis Schlachthof, Mitternachtsspitzen*?‹ – ›Nee‹, sagt der Mann. Es wird viel ferngesehen in der JVA. Aber wahrscheinlich nicht unbedingt Kabarett.

Trotzdem gibt es hinter Gittern auch Kabarettisten. Sieben Gefangene, die als ›die Boygroup der JVA‹ vorgestellt werden, Egersdörfer als ›Vorgruppe‹ dienen – und von ihren Mitgefangenen mit lautem Jubel begrüßt werden. ›KiK‹ nennen sie sich, ›Kabarett im Knast‹. Zwei spielen Ukulele, fünf singen. ›Meine Zelle ist so schön, ich kann sogar vom Klo aus in die Glotze seh'n.‹ Ein witziger Auftritt, gut gespielt, schön gesungen.

Dann kommt Egersdörfer. Wie immer hat er sich die Haare fest an den Kopf geklebt, wie immer trägt er rotes Hemd zum grauen Anzug. ›Ich mache drei Kreuze, wenn ich hier wieder raus bin‹, sagt er und schaut griesgrämig ins Publikum, ›Sie ja wohl auch.‹ Frenetischer Applaus. Nur drei Männer in der zweiten Reihe haben den Gag nicht mitgekriegt. Von ihren Plätzen aus kann man zur Empore schauen. Zu den Frauen ...«

Nach meinem Auftritt wurden wir vom Gefängnisdirektor durch die Anstalt geführt. Unzählige Türen wurden vor uns aufgesperrt und hinter uns sofort wieder zugesperrt. Die Enge war bedrückend und belastend. Durch vergitterte Fenster blickten wir auf hohe Mauern und Wachtürme. Den Insassen werde am ersten Tag mitgeteilt, sagte der Direktor, daß in den Türmen Wachpersonal mit geladenen Gewehren bereitstehe, das auf jeden Gefangenen, der auszubrechen versuche, sofort schieße.

Für fünf Sätze wurde eine Zelle aufgeschlossen, in der ein Untersuchungshäftling saß und auf seinen Prozeß wartete. Tür wieder zu.

Wir waren sehr erleichtert, als wir wieder draußen waren. Der Direktor setzte einen Helm auf und fuhr auf einem Roller davon. Ein Mitarbeiter verriet uns, daß sie den Boß wegen seiner Kopfbedeckung hinter vorgehaltener Hand »Bob den Baumeister« nennen.

Plötzlicher Bierdurst plagte uns heftig. Wir fuhren ins *Little Tibet* in der Welzstraße im alten Hafengebiet. Eine trostlose Gegend. In einem Erfahrungsbericht im Netz heißt es: »Meiner Meinung nach das beste asiatische Essen in Würzburg, allerdings mutet das Ambiente etwas wie eine Garage an.«

Das stimmt nicht. Zumindest an diesem Abend strahlte das *Little Tibet* für mich wie ein goldener Tempel. Gierig sog ich die freie, frische Luft ein. Kühles Bier aus der Flasche erschien mir selten so köstlich und wohltuend. Das Nudelgericht mit Huhn und Gemüse war göttlich. Ich erinnere mich jetzt, beim Schreiben, an den Anfang von Alfred Döblins *Berlin Alexanderplatz*. Franz Bieberkopf steht starr vor dem Gefängnis und rührt sich nicht. »Die Strafe beginnt.«

Mit einem herzlichen freiheitlichen Gruß:
Matthias

Die Wirtshäuser im Spessart

Lieber Matthias,

mit einem Gefühl der eisigen Starre denke ich an unsere Stunden hinter Gefängnismauern zurück. Nie wieder! Ich saß auf der Empore, neben mir zwei Sicherheitsbeamte, auf der anderen Seite waren die inhaftierten Frauen plaziert worden, zum Teil waren es Mädchen.

Was wird ihnen zur Last gelegt? Wer von den Männern sind diejenigen, die des Mordes verdächtig sind? dachte ich. Und: Wie hält der Kerl, wie hältst Du das durch? Wann zerren Dich die Männer, die vor Dir in einem Halbrund hocken, vom Podest und schlagen Dich zusammen?

Ich verstehe gut, daß Du aus Gisela Schmidts Zeitungsbericht ausführlich zitiert hast. Du wolltest Deine Empfindungen vermutlich nicht preisgeben. Die gehen auch niemanden etwas an. Deinen Mut bewundere ich. Ich hätte das nicht gekonnt.

Ein Satz aus dem Munde des Gefängnisdirektors hat sich mir besonders eingeprägt: »Siebzig bis achtzig Prozent unserer Kunden sehen wir wieder.« Unter ihnen sind nicht die Mörder, die nach ihrer Verurteilung in Straubing verschwinden.

Du sprachst von der belegten Zelle, die man für uns nach ein paar unbesetzten, der Turnhalle, einer Gemeinschaftsküche aufgeschlossen hatte. Der junge Mann saß auf einem schmalen Bett, im Fernsehen lief eine Scripted-Reality-Soap. Er wirkte brav, fast ein wenig eingeschüchtert. Was er ausgefressen habe, wurde er gefragt. Betrug.

Seit Monaten in Untersuchungshaft. An der Wand klebten Photos von einer sehr schönen schwarzhaarigen Frau, von seiner Freundin, nehme ich an. Das war keine scripted reality.

Die Wärme an diesem Abend umfloß uns wie Honig. Ich habe gleich auf dem Parkplatz vor der JVA, weit draußen am Ostrand der Stadt, eine ungekühlte Flasche Bier hinuntergestürzt. Sie hätte sogar von Würzburger Hofbräu sein dürfen. Sogar ein Julius Echter Hefeweißbier Hell aus ebendiesem Hause hätte es sein dürfen, obschon das Gebräu, behaupten einige, vermutlich ein sanftes Getatzel von seiten des Staates oder wenigstens der städtischen Behörden verdiente. Statt dessen bekommt man in Würzburg, diesem Hort zähster stockkonservativ-obrigkeitshöriger Vernebelung und Bevormundung, einen Strafzettel, während man im Auto sitzt.

Ich wäre ja gern für den Rest unserer Frankenreise im *Wein-Bier- und Speisehaus Schnabel* hockengeblieben (man muß den vollständigen und bestrickenden Namen aus Respekt und der nötigen Ehrerbietung halber noch einmal hintippen), eine ähnlich behagliche und geschmackvoll möblierte Lokalität habe ich lange nicht mehr kennengelernt, und die offenbar vollauf mit allem und insbesondere dem Wein und ihrem Hiersein einverstandenen Rentner (Michael Glos dabei? Nö) erzeugten eine Atmosphäre, wie sie Gottfried Benn bedichtet hat und wie ich sie noch vor einigen Jahren in der Gaststätte im Würzburger Hauptbahnhof genossen habe.

Auch dieser Locus amoenus ist Geschichte, gleich der Fürther Bahnhofsgaststätte – ein Verderben, ein Verbrechen, anzulasten der Deutschen Bahn, die in Würzburg zudem die älteste Bahnhofsbuchhandlung Bayerns rausgekegelt und ausradiert hat, zugunsten der degoutanten Gesichtslosigkeit jener weltweit sich vermehrenden »Nicht-Orte« (Marc Augé), die den Stumpfsinn und die

Konsumgier füttern und alles und jeden tilgen, was und der sich nicht der Opportunitätsgewalt beugt.

Den Abend hatten wir jenseits der Innenstadt verbracht, folgenden Tags inspizierten wir sie. Um die fränkischen Frauen unter die Lupe zu nehmen, wie Du, abermals recht unverfroren, in meinem Falle insinuierst? (Bloß weil Du verehelicht bist, brauchst Du nicht den Keuschen zu mimen, Meister Eberswalder!) Die fränkische Frau an und für sich, die, wenn sie keine dumme Gans ist, liebreizend, grazil und eine Granate ist?

I wo! Seit ich Vanessa G. (in Worten: Vanessa G.) unvermutet ins Antlitz schaute, bin ich gebannt und abgeschirmt von aller anderen Weiblichkeit. Darauf mein Ehrenwort!

Und hätte ich, Meister Egloffmüller, ungeachtet dieser meiner Gestimmtheit, in Würzburg Anlaß zur Frauenschau gehabt? Hast Du vergessen, was uns im *Café Schönborn*, vis-à-vis der hochgotischen Marienkapelle, widerfuhr? Auf der Straßenterrasse?

Ich raune nur: »Würzburg macht Spaß«, wie es am Ortseingang heißt (früher warb man mit dem Slogan »Provinz auf Weltniveau«).

Also: vor dem *Café Schönborn.* An jedem Tisch sitzt jemand, aber keiner ist komplett besetzt. Tisch eins. Wir fragen höflich, ob wir uns dazusetzen könnten. Zwei strunzdoofe Schnepfen glotzen uns an, als ob wir sie zum Spontangeschlechtsverkehr auf dem Oberen Markt aufgefordert hätten. Und sagen nichts. Kein Wort.

An Tisch zwei: fläzt ein autistischer Pfosten und fingert an und auf seinem Smartphone herum, das gegelte Haupthaar ist ganglienreicher als das Zeug unten drunter. Wir stellen wieder unsere in zivilisierten Gegenden dieser Welt übliche Frage, freundlich, ausgesprochen freundlich. Hier, am Tisch unseres Frankenspackens, sind sogar drei Stühle frei.

Er läßt mindestens zehn Sekunden verstreichen, hebt dann den Kopf, stiert uns stumpf an und grunzt uns aus seinem Hirnbehälter entgegen: »Wenn's sein muß.«

Als wir bestellen – selbstredend das brillante, nach einem erzreaktionären Fürstbischof und Universitätsgründer benannte Julius Echter Hefeweißbier Hell –, frage ich: »Haben Sie Zigaretten?« In jedem vernünftigen Café erhältst du die Antwort: »Welche Marke wollen Sie? Ja, haben wir. Bringe ich mit dem Getränk.« Hier bekommst du kurz und knapp zu hören: »Drinnen haben wir zwei Automaten.« Ergänze: Hol sie dir selber, du blöde Sau.

»Würzburg! Eine saubere, vornehme, wenig bevölkerte Stadt«, schrieb Italo Svevo und erzählte, wie man seinen Vater behandelte, als er mit italienischem Geld zahlen wollte: »Der Hotelbesitzer stieg von einer Art Thron herunter, der sich hinter einer hölzernen Balustrade befand, entsetzt darüber, daß man ihm so etwas als Bezahlung andrehen wollte, und kam hervor, um den Gast zu überwachen. Er brüllte, brüllte regelrecht.«

Heinrich von Kleist richtete an seine (von ihm kaum begehrte) Verlobte Wilhelmine von Zenge am 14. September 1800 folgenden Brief: »Nirgends kann man den Grad der Kultur einer Stadt und überhaupt den Geist ihres herrschenden Geschmacks schneller und doch zugleich richtiger kennenlernen als – in den Lesebibliotheken. Höre, was ich darin fand, und ich werde Dir ferner nichts mehr über den Ton von Würzburg zu sagen brauchen.

›Wir wünschen, ein paar gute Bücher zu haben.‹ – *Hier steht die Sammlung, zu Befehl.* – ›Etwa von Wieland.‹ – *Ich zweifle fast.* – ›Oder von Schiller, Goethe.‹ – *Die möchten hier schwerlich zu finden sein.* – ›Wie? Sind alle diese Bücher vergriffen? Wird hier so stark gelesen?‹ – *Das eben nicht.* – ›Wer liest denn hier eigentlich am meisten?‹ – *Juristen, Kaufleute und verheiratete Damen.* – ›Und die unverheirateten?‹ – *Sie dürfen keine fordern.* – ›Und die Studenten?‹ – *Wir haben Befehl, ihnen keine zu geben.* – ›Aber sagen Sie uns, wenn so wenig gelesen wird, wo in aller Welt sind denn die Schriften Wielands, Goethes, Schillers?‹ – *Halten zu Gnaden, diese Schriften werden hier gar nicht gelesen.* – ›Also, Sie haben sie gar nicht in der Bibliothek?‹ – *Wir dürfen nicht.* – ›Was steh'n denn also eigentlich für Bücher hier an diesen Wänden?‹ – *Rittergeschichten, lauter Rittergeschichten, rechts die Rittergeschichten mit Gespenstern, links ohne Gespenster, nach Belieben.* – ›So, so.‹«

Eben, eben. Max Dauthendey beobachtete: »Die Kaufmanns- und Rentierbevölkerung, die Beamten, Professoren und Offiziere, dazu die unbekümmerte Studentenschaft gaben dem Stadtbild, bei Weinbergen und altersgrauen Kirchen, den Frieden der Lämmerherde.« Da möge man mir nicht verargen, ein zweites Mal den Zeugen Kleist hereinzurufen: »Nach Vergnügungen fragt man hier vergebens. Man hat hier nichts im Sinn als die zukünftige himmlische Glückseligkeit und vergißt darüber die gegenwärtige irdische. Ein elender französischer Garten, der Huttensche, heißt hier ein Rekreationsort. Man ist aber hier so still und fromm wie auf einem Kirchhofe. Nirgends findet man ein Auge, das auf eine interessante Frage eine interessante Antwort verspräche. Auch hier erinnert das Läuten der Glocken unaufhörlich an die katholische Religion, wie das Geklirr der Ketten den Gefangenen an seine Sklaverei. Mitten in einem geselligen Gespräche sinken bei dem Schall des Geläuts alle Knie, alle Häupter neigen, alle Hände falten sich; und wer auf seinen Füßen stehen bleibt, ist ein Ketzer.«

Ach ja, in so einer Stadt muß sich jemand wie ich wohl fühlen wie Schopenhauers Pudel. Die fränkischen Seelenkrämpfe, Matthias, die Du zu Beginn Deines Briefes geschildert hast, ereilen mich an den Gestaden des Mains auf ganz andere Weise. Würzburg macht auf mich grosso modo stets den abweisendsten Eindruck, den Eindruck einer ganz bestimmten katholischen Verkommenheit und Kaltherzigkeit. Hier ertränkte ich mal einen Liebeskummer tagelang in abscheulichstem Bier, als hätte mich die allgemeine Geschmacksschufterei im Biergewerbe im Sinne eines noch mal zu steigernden Elendsgefühls geradezu angelockt. Meine Cousine und der Gunther Schunk könnten ein langes, lautes Lied davon pfeifen. (Im Biergarten des *Würzburger Hofbräukellers* unterhalb der Festung Marienberg allerdings, das wirst Du bestätigen, sitzt es sich gut und schön, obschon die Maß daselbst »Muckimacher« genannt wird.)

Dito frage ich mich, wie die Weinbergwüsteneien mit der angeblichen Sinnenpracht des Katholischen korrespondieren sollen. Ist das nicht ohnehin alles institutionsimmanent-klerikaler Nepp und Betrug, mündend in Menschenschinderei?

»Und doch empfinde ich mich auf der alten Mainbrücke in Würzburg im Mittelpunkt einer beseelten Welt«, gab Wolfgang Koeppen zu bedenken, »der Main glänzt, silbert, bereitet den Nebel vor. Die neununddreißig Türme der Kirchen sonnen sich.«

»In Würzburg, wo der Main, die Stadt durchfließend, seinen schönsten Bogen zieht, wo die dreißig patinierten Kirchtürme stadtbeherrschend in den Himmel stoßen und generationenlang sich nichts geändert hat«, da wünschte laut Leonhard Franks Roman *Das Ochsenfurter Männerquartett* »eine Knabenbande«, die Stadt »niederzubrennen«. In seinem fünfundzwanzig Jahre später erschienenen autobiographischen Roman *Links wo das Herz ist* (1952) schildert er eine Vision: »Ganz Würzburg mitsamt dem Lehrer Dürr war in Flammen aufgegangen. Aber der Druck in der Brust war verschwunden gewesen.«

Frank hat unter den schulischen und kirchlichen Autoritäten furchtbar gelitten. »So eine Stadt bringt Böse hervor, die schon als siebenjährige Kinder Sünden beichten mußten, Verblödete, religiös Irrsinnige, Ehrgeizige, bucklig Geborene, heimliche Mörder, Krüppel, Asketen, Kinderschänder ... und auch Künstler. Und Menschen wie den Lehrer Mager.«

»Man hörte keinen Laut, Luft und Häuser zitterten, denn die dreißig Kirchturmglocken von Würzburg läuteten dröhnend zusammen zum Samstagabendgottesdienst. [...] Es roch nach Wasser, Teer und Weihrauch.« *(Die Räuberbande)*

1992 legte Peter Roos im *Ersten Würzburger Kulturbuch* mit einem Porträt der Stadt in den sechziger und siebziger Jahren nach, unter dem Motto »Verbauern in Franken«: »Diese Kackstadt.« – »Gewürzgurker *Main-Post.*« – »Würstlbuck.« – »Würzbuckel.« – »Das fränkische Schilda?« – »Klerikal. Wohletabliert, abgestanden, ranzig. Unter einer Glocke. Es passierte einfach nichts. Die vakuumverpackte Stadt barockte vor sich hin.« – »Alt- und Neofaschozeug.« – »Das komplette Arsenal reaktionären Schwachsinns.« – »Arisch-katholisches Würzburg.« – »Abgestanden, bewährt, saturiert. Kein Wind, keine Blähung, kein Geschlecht. Überall schwebten die kastrierten Engel umher. Überall standen die Kirchen herum und im Weg.« – »Überall die Selbstgefälligkeit derer, die sich ab sofort beziehungsweise schon immer im Besitz des Himmelreichs glaubten. In solchem Binnenklima hast du keine Chance.« – »Die versammelte Scheiße von Würgburg.«

Auswege?

Roos: »Das Nächste war ja Schweinfurt, wo nicht diese hiesige Schimmelpilz-Kultur gemacht wurde. Da gab's den Winfried Hümpfer, der den Kroetz entdeckt hatte und dorthin brachte. Martin Walser las da, und das Theater brachte nicht nur Schiller-Goethe-Sauerkraut.«

Gasseleder/Kraft: »Ein Ort, an dem ein literarisches Leben blüht, ist Würzburg trotz seiner anmutigen Lage und seiner gemütlichen Gastlichkeit nicht mehr geworden.«

Wir sind, Matthias, wie uns aufgetragen worden war und pflichtbewußt, wie die Frankenprotestanten sind, in die Residenz der »gefürsteten Gottesdiener« (Koeppen) – »Zwitterwesen [...], eine rein süddeutsche Erfindung. Es gibt sie in keinem anderen Land der Erde« (Paula Almqvist) – gegangen, in das, laut Napoleon, »schönste Pfarrhaus Europas«. Mauseln durften sie nicht, offiziell, die Fürstbischöfe, Kriege durften sie nicht führen, offiziell, also donnerten sie die Flügelbauten mitten in die Stadt, aus Langeweile und Prunksucht. Wer blechte und hatte zu gehorchen? »Dörfer waren von den Fürstbischöfen dienstverpflichtet worden, den stolzen Bau zu errichten. Sie wurden mit Wein entlohnt. Der Wein in den Kellern des Marienbergs, der Universität, dann der Residenz war die eigentliche Währung des Landes. Es gab wenig Geld. Alle waren arm. Bis auf die Reichen.« (Koeppen)

Cees Nooteboom (*Die Dame mit dem Einhorn – Europäische Reisen*, Frankfurt/Main 1997) stieg in Würzburg in einem »Hotel Bratwurst« ab, wie er schreibt. Er wollte dem »Höhepunkt dessen« huldigen, »was die europäische Baukunst zu bieten hatte. Französische Schloßarchitektur, Wiener Kaiserbarock sowie die sakrale und profane Architektur Norditaliens – alles floß in diesem Bauwerk zu einer vollkommenen, majestätischen Einheit des Stils zusammen.«

Vorher gehe er »durch verlassene Gassen, begegne einem einsamen Schwarzen, stehe für einen Moment auf dem weiträumigen Platz Auge in Auge mit der herausfordernd strengen Pracht des Gebäudes«, erzählt Nooteboom, und er fragt sich, »wie sich der Venezianer Tiepolo an diesem nördlichen Verbannungsort gefühlt haben mag«.

Schließlich betritt Nooteboom: das Treppenhaus. »Orgie gemalter Figuren.« – »Eine unglaubliche Rasanz in all diesen ins Rund geschleuderten Figuren, doch es herrscht auch Ordnung in diesem All.« – »Das ist so wahnsinnig gut gemacht, daß mich die Verzweiflung packt.« – »Ich renne wie ein aufgescheuchtes Huhn [...] hin und her, versuche, in meinem Führer zu lesen, Fragmente zu erkennen, versuche, die Gesamtkomposition zu sehen, versuche, der schneidenden deutschen Stimme eines Fremdenführers nicht zuzuhören.«

Das versuchen wir nicht. Wir fliehen Würzburg, das man, fährt man Auto, auch als Infrastrukturschneise, als – wie Stuttgart – Wurstkessel voller erbarmungslos ins Häusergewirr hineingeknüppelter, in sich verknoteter und um sich selbst herumwirbelnder Umgehungs-, Zufuhr-, Ableitungs- und Aufstauungsstraßen kennt, zusammengedengelt, während der Vernichtungsfuror über die Stadt fegte: »Die Fassaden der Bürger- und Adelshöfe, der Domherrnkurien, der einfachen Häuser dazwischen, das war fast alles noch da und wäre wiederaufzubauen gewesen. Man hätte es gekonnt, wenn man gewollt hätte. [...] Das Stadtkunstwerk Würzburg hat nicht der Flächenbrand von 1945 zerstört, sondern die Abrißorgie danach. Von *Wieder*aufbau kann keine Rede sein.« (Jörg Lusin)

Zugute halten muß man Würzburg die Stadtteile Frauenland und Heuchelhof. Und lobpreisen will ich den Spessart, da er in westlicher Richtung an der B 8 kurz vor Roßbrunn mit dem Dorf Mädelhofen aufwartet.

Wir sind auf einer meiner stark favorisierten deutschen Landstraßen unterwegs, und Du, Matthias, pflegst auf dem Beifahrersitz mal wieder Deinen Brauch des Mittagsschlafs des Gerechten.

Der Motor des moosgrünen BMWs surrt, mir mangelt es nicht an Ansprache, denn das Schweigen, Du hast es beschrieben, ist eine unserer uns verbindenden Stärken. Nachteil: Du verratzt neuerlich seelenbeschwingende Aussichten.

Hat man Glück und/oder genug Zeit, kann man im spärlich besiedelten Spessart (von Spechtshardt/Spechtswald,

Hans Sachs schuf die Abbreviatur Spessart) die Spechte, die guten Kameraden und ehrlichen Handwerker, lachen hören. Ruhe vor den Menschen haben sie, weil die »Seelenhirten von Mainz« das ausgedehnte Waldgebiet vor Urzeiten zum Jagdforst, ja weitenteils zum Sperrgebiet erklärten und »dem ›Mob‹ [...] sogar die Aufzucht von Enten« (Deschner) untersagten. Dialektik der Herrschaft: »Kein deutsches Gebirge wird so schön von einem Fluß umschlungen, kein Fluß so sanfthügelig von einem Forst hier umarmt wie der Main.«

Uettingen muß ich erwähnen. Da steht heutzutage an der Hauptstraße ein besonders furchteinflößendes Exempel neufränkischen »Bauens«, eine blaue Fertighausschachtel mit aufgepinselten Fachwerkstreben, benamst, es ist nicht zu fassen: *Fränkischer Landgasthof*. Grün und blau gehören sie alle gehauen.

Nein, nein, weiter, weiter und hinter Marktheidenfeld hinauf in den Waldhimmel und dann auf den Höhen dahin, »die unbegreiflichen Wuschelköpfe nur der Buchen«, rechter Hand, wahllos abzweigend, vielleicht mal »waldvergrabenere Gründe«, dort ein Handtuch von hochgrasig bewachsener Lichtung, ein »eigenartig wildes Durcheinander«, das, über die Jahrhunderte hat sich die Natur halbwegs erholt, an solchen Tagen, begossen mit Sonnenlicht, vergessen läßt, was dem Land einst angetan wurde: »Die Franken vor allem, christianisiert, fällten Götterhaine, heilige Eichen, uralte Linden, wüteten, zumal um Klöster, mit Axt und Feuer.« (Deschner; bitte lesen Sie sein Buch über Franken!)

Novalis: »Eine Landschaft soll man fühlen wie einen Körper.« Im Spessart weiß ich manchmal überhaupt nicht mehr, wie mir geschieht. Ich vergesse meinen Namen, ich schlendere planlos umher, berauscht vom linden Wind und tiefberührt von den leisen, wehmütigen, manchmal übermütigen Tönen der Vögel.

Einzukehren ist nicht ganz einfach. Die *Weyberhöfe*, schon am südwestlichen Rand der Traumhöhen, eine Neubaugebietssauerei wie in Dubai, ignoriere man streng. Frammersbach, ziemlich exakt in die Mitte dieser mit Waldsamt bespannten Gefilde hineingekerbt, erwähle man, genauer: die Gaststätte *Waldschloss-Bräu*. Das Pilsner robbt sich sehr, sehr nah an die Grenze heran, an der ich die Parameter der Pilsbierperfektibilität einbetoniert weiß, und die helle Fuhrmann's Weisse stelle ich neben meiner kleinen Marx-Büste auf meinem Schreibtisch aus. Ja, »es gibt nix Besseres als wie was Gutes« (Martin Schwartze).

Doch zurück auf unsere Route. Hinter Rohrbrunn, wo Wilhelm Hauff in einer Posthalterei den Schauplatz für *Das Wirtshaus im Spessart* fand, sinkt der Spessart allmählich Richtung Aschaffenburg hinab, links wie rechts nach wie vor wie unberührt, wie verzaubert wirkend. (Den »Path to Cultural Landscapes« des UNESCO-Geoparks und des Archäologischen Spessartprojekts umfahren, s'il vous plaît!) Nach wenigen Kilometern kauert rechts neben der Straße das *Forsthaus Echterspfahl*, mein Wirtshaus im Spessart, mein Ritualrasthof, den ich, gleich, bei welchem Wetter, nie links liegen lasse. Unter der Woche: eine geradezu religiöse Ruhe, wundersam. Falls keine Karren karriolen.

Man wird es mir nicht abnehmen, aber Du, mein Freund Matthias, schliefst schon wieder beziehungsweise einfach weiter, auf dem Parkplatz. Nachdem Du Dich irgendwann doch zu mir gesetzt hattest, kam ein Fremder an unseren Tisch, ein Fan von Dir, der, so stellte er sich vor, Künstler Stefan F. Konrad. Er erklärte uns, daß das Waldgasthaus früher »Jockel« genannt wurde, nach einem Förster. Von hier aus fuhr man ins Holz.

Wir brachen gen Miltenberg auf, von Rohrbrunn via Dammbach, Eschau, Großheubach. Bisweilen halte ich mich ja selbst für narrisch, weil ich nicht genug von solchen Landschaften bekomme. Über Stufen und enge Kurven treppelten, ja fielen wir geradewegs hinab, dann weitete sich das Tal wie ein Delta und wurde von wogenden Getreidefeldern geflutet. Milchblau die Wälderstriche am Horizont.

In einem der Käffer zerbröselte unwürdig das *Gasthaus zum Ochsen*, das einzige Gebäude, das unseren Augen geschmeichelt hätte, wären sein Zerfall und sein Niedergang nicht so schmerzlich eindrücklich gewesen. Gewiß, »die [...] Gemälde vom häuslichen Idyllen- und Landlebenglück entzücken nicht den Landmann oder Bürger, der es hat, sondern den Hofmann, der es entbehrt und der's auf jenen genießet; und wohl einen Fürsten, aber nicht seine Schnitter können Gesänge von frohen Schnittern laben«, schrieb Jean Paul in den *Palingenesien*. Aber ersetzen wir den Hofmann durch den Städter und den Landmann durch den wohlhabenden Dorfbewohner heutiger Prägung, dürfen, können, müssen wir wiederholt und unnachgiebig fragen: Was veranlaßt die Menschen, ihre Umgebung, ihre Straßenzüge, ihre Ortskerne und -ränder derart zu verkleistern, zu verstümmeln, zu zerstören? Warum reihen sie eine schauderhafte Scheußlichkeit an die andere, »blickfängerisch herausgeputzt [...], jüngste Abscheulichkeit, Spessart-Pils, Hollywood-Schaukel, Jauche, allerlei sommerfrische Kunst dazu, diskret an der Hauswand« (Deschner)?

Schon meinem Bruder Thomas entfuhr in sehr jungen Jahren im Fränkischen (es gibt Zeugen): »Das ist eine schöne Gegend – eigentlich die schönste Gegend! Nur schade, daß da überall Häuser rumstehen.« – »Alles Malerische«, daran erinnert Hermann Peter Piwitt in *Heimat, schöne Fremde* (Göttingen 2010), müsse, »wie schon Mussolini verlangte, verschwinden«, und Uwe Dick grantelt in *Sauwaldprosa* (St. Pölten 2008): »Auch hier baut man großspurig. Auch hier glasklinkert's und eternitet's. Auch hier sind sie gräßlich am Werke, die Krawattlzwerge mit den

Monsterträumen, die Kleinhirnbesitzer mit Hubraum, die G'schaftler der Zerstörung.«

Das Phänomen ist nicht auf Franken begrenzt, selbstverständlich, aber hier ärgert und bedrückt es mich am meisten und am stärksten. Überall alles »zugehauen mit Produktions-, Kauf- und Lagerhallen für Möbel und Autos. Wenn dabei in ihren gewaltigen, höchstens eingeschossigen Flachbauten genauso viele Arbeitskräfte (in der Regel weniger) wie vorher tätig sind, heißt das ›Wachstum‹.« (Piwitt) Überall ein Brei aus ewig indifferenten Siedlungen und Agglomerationen, die genausogut in Hessen oder Rheinland-Pfalz herumunwesen könnten.

Beinahe tröstend, auch des harten Kontrastes wegen, empfängt uns vor einer Rotsandsteinwand der vielgerühmte dreieckige Marktplatz von Miltenberg (»Perle des Mains«), der sich zum Schnatterloch hin zuspitzt, an seinen Schenkeln hängen schief bis zu viergeschossige Fachwerkhäuser aneinander. Adorno verlieh ihm den Titel des »schönsten mittelalterlichen Marktplatzes« (»Amorbach«, in: *Ohne Leitbild – Parva Aesthetica*, Frankfurt/Main 1967).

Rechts das Schwarzviertel, links führt die gepflasterte Hauptstraße, vorbei am Alten Rathaus, zum wohl ältesten Gasthaus Deutschlands, zum *Riesen*, das nach der jüngsten Renovierung ausschaut, als habe man über ihm ein paar Farbeimer zuviel ausgekippt und die Fassade anschließend mit einer durchsichtigen Plastikhaut überzogen.

Mein alter Freund Hermann Neubert, Historiker, Winzer und Leiter des in der ehemaligen kurmainzischen Amtskellerei residierenden Museums der Stadt Miltenberg, ist da. Zusammen mit unseren Miltenberger Kumpeln Kalle, Wolfgang und Ramazan, einem unverwüstlichen Schwerenöter, sowie dem uns eines Tages zugelaufenen liebenswerten Ratterkopf Fuffi aus Ebern in den Haßbergen haben wir über die Jahre unzählige Ausflüge ins Fränkische unternommen. Wir haben ganze Gaue leergetrunken, dissolutdesolate Endlosdiskurse vom Zaun gebrochen, Wirtsleute glücklich gemacht und in den Wahnsinn getrieben, Ehen gestiftet, Eintracht gesät, Franken verflucht und heiliggesprochen. Städtenamen, Brauereinamen, Wirtshausnamen wabern in meinem Gedächtnis herum, nach Details fahnde ich meist vergeblich. Eine Neuauflage erheischt diese altmodisch-höchstmoderne Form des Zeitvertreibs und geselligen Vergnügens dringend, sofern der Kalle wieder zur Vernunft gekommen ist.

Hermann stammt aus Iphofen bei Kitzingen und lebt ebenda mit seiner Frau, einer promovierten Linguistin. Biertouren absolviert er ab und an auch mit anderen Freunden: »Du steigst in den Zug, fährst in irgendeine Biergegend, trinkst dir deine Seidla und fährst abends wieder heim. Was Schöneres kann's doch net geb'n. Und du hast einen sehr humanen Preis. Du hast da Brotzeiten, wo du nach wie vor net mehr als zwischen drei und vier Euro bezahlst und a hervorragende Qualität kriegst, und des is' schon ein Aspekt, der für mich Franken noch ausmacht. Ich kenn' des weder in Hessen noch in Altbayern, noch in Württemberg. Und außerhalb des Großraums Nürnberg, Fürth, Erlangen, Schwabach triffst du schon noch des Franken an, was ma' sich vorstellt. Du kannst in Franken nach wie vor ganz gut leben. Und du kommst auch schnell weg, wenn dir mal der Deckel aufn Kopf fällt.«

Und ich, Matthias, haue jetzt endlich aus diesem Brief ab.

Herzlich und durstig grüßend:
Jürgen

Schnellgericht als Delikatesse

Fürth, den 30.7.

Lieber Jürgen,

laß Dir gesagt sein: Es kann sehr gnadenreich und angenehm sein, sich neben Dir auf dem Beifahrersitz zusammenzurollen wie der Bär in der Höhle mit vier Rädern. Du steuerst uns wachen Blickes durch Zeit und malerische Landschaft, während ich im Takt der monotonen Fahrgeräusche meine Augen schließe und mich dem Schlummer hingebe. Hoch lebe der Mittagsschlaf!

Selbst ein kurzes Mockeln auf dem Sofa nach dem Frühstück ist nicht von der Hand zu weisen, wenn man justament bemerkt hat, daß der Kaffee keine Wirkung entfaltet, weil sich eine Restmüdigkeit im Organismus befindet. Klingt es nicht schön und fast schon ein bißchen poetisch, wenn man sagt: Ich habe den Spessart verschlafen? Ich plädiere dafür, in einer Zeit des pausenlosen Gehampels, der pausenlosen überreizten Angst, bloß nichts verpassen zu dürfen, sich in der Kunst des absichtlichen Verschlafens zu üben. Seit einigen Jahren zum Beispiel versuche ich, Silvester komplett aktiv im Schlaf zu versäumen. Meiner Frau mangelt es hier leider noch ein wenig an sittlicher Reife, um diese Wohltat in ihrer gänzlichen Schönheit zu begreifen. Bundestagswahlen, Oscar-Verleihungen, Weltmeisterschaftsendspiele, Marslandungen, Vorstellungsgespräche und Filme von Wim Wenders bieten sich geradezu an, in stabiler Seitenlage schlummernd begleitet zu werden. Viel zu selten besucht man gute Freunde und streckt sich gleich nach der Begrüßung auf der Chaiselongue aus, um nachhaltig zu ruhen.

Angenehm ermattet, wurde ich also von Dir selbstlos und

sanft durch Unterfranken chauffiert. In Gedanken lief ich noch einmal durch die Residenz, im warmen Regen der Worte des Fremdenführers, und verlor mich schnell im Ungefähren. In Miltenberg war ich wiedererstarkt und brachte mich zurück in eine aufrechte Position.

Wir fuhren über den Main in die Stadt. Das *Meyers Konversations-Lexikon* von 1906 schreibt: »Miltenberg, Bezirksamtsstadt im bayerischen Regierungsbezirk Unterfranken, am Einfluß der Erf und Mudau in den Main, Knotenpunkt der Staatsbahnlinien Aschaffenburg–M. und M.–Walldürn, 130 m ü. M., hat eine neue evangelische und kath. Kirche von 1383 mit schönem Portal, Synagoge, Franziskanerkloster, Progymnasium, Handelsschule, Waisenhaus, Amtsgericht, Forstamt, Elektrizitätswerk, Samenklenganstalt, Sandsteinbrüche, Steinhauerei, Mahl-, Säge-, Öl-, Gips- und Lohmühlen, Wein und Obstbau, Handel und (1905) 4120 Einw., davon 353 evangelische. Hier Denkmal der am 11. April 1814 bei der Mainüberfahrt ertrunkenen sächsischen Freiwilligen. M. wird als Sommerfrische besucht. Über der Stadt das alte Bergschloß M. Das Schloß gehörte schon lange dem Kreisrichter a. D. Conrady, und die Sammlungen bilden nach seinem Tod (1903) eine Art Familienfideikommiss. Die Originalien sind jetzt in München.«

Vielleicht mag der Verbleib der Miltenberger Sammlungen in München auch sein Scherflein dazu beigetragen haben, daß Hermann Neubert kein schönes Bild von der Landeshauptstadt zeichnete. »München find' ich total langweilig«, sagte er, während wir am sonnigen Nachmittag vor dem schon von Dir erwähnten Gasthaus *Zum Riesen* saßen und auf die Bedienung warteten. »Also, des is' so was von scheiße. Und dann diese Sparkassenbauten, wenn mer von Norden da reinfährt, des is' doch irgendwo einfallslos.«

Da flammte der fränkische Zorn auf die Weltstadt mit Herz wieder einmal in bunten Farben vor uns auf. Neu an dieser Ausprägung der Antipathie war mir, München Häßlichkeit

anzulasten. »Auch dieses ganze 19. Jahrhundert, was da stattfindet, des is' a net meins. Das 19. Jahrhundert kann meinetwegen in kleinen Villenvororten reizvoll wirken. Da sind dann
schöne Sachen entstanden. Aber innerstädtisch ist 19. Jahrhundert kei' so richtig prickelnde Sache, meines Erachtens.«

Um das Gespräch wieder auf Franken zu lenken, fragte ich
Hermann, auch auf die Gefahr hin, von Dir, dem passionier-
ten und ausschließlichen Profibiertrinker, sogleich mit Hohn
und Spott überschüttet zu werden, ob er mir einen Weißwein
empfehlen könne. Als hätte ich auf einen Knopf gedrückt,
ging Dein Gesottere schon los, daß der feine Herr jetzt Wein
bestelle – und noch einige Frechheiten mehr, die ich dem
Leser ersparen möchte. Dessenungeachtet antwortete Hermann: »Die ham aan ganz guten Schoppen von dem Knapp,
des is' noch der einzige hauptberufliche Winzer hier. Kann
mer ohne Bedenken weiterempfehlen. Beim Weißen gibt's
zwei, die man empfehlen kann. Des is' etz der Müller-Thurgau
von hier. Außerdem der Homburger Silvaner, des is' was Besonderes, weil der kommt vom Kallmuth. Des is' a ganz besondere Lage, a Muschelkalk, a singuläre Lage, da würd' ich
den Homburger Kallmuth nehm'. Und wenn du dann noch
einen willst, dann würde ich den Riesling pur mineral vom
Weingut Rudolf Fürst bestellen. Des is' der absolute Topwin-
zer in Franken. Der is' auch vor zwei oder drei Jahren Winzer
des Jahres im *Gault-Millau* gewesen. Der hat wahnsinnige
Preise, drum muß mer jetz' net derschreck'n, für 'n Schoppen
fünf fuchzig. Aber des is' dann scho' a richtig Guter.«

Genau in dieser Reihenfolge bin ich dann über den Abend
stetig die Leiter des köstlichen Rebensaftgenusses hinauf- und
hinuntergestiegen, bis meine Bäckchen vor Glück rot strahl-
ten.

Hermann verfügt über selbstertrunkene Fachkenntnis und
besitzt einen Weinberg. »Ich mach's ja wirklich etz nur noch
so a ganz klein's bißle nebenbei. Ich hab' ja früher gedacht,
ich könnt' mir da so a Art zweites Standbein schaffen, und

hab' diese Lehre noch gemacht. Aber des is' eigentlich vorbei. Ich hab' damals, '90, dann auf öko umg'stellt. Ich war der erste und bin damals noch verlacht wor'n. Kein Mensch wollte des. Aber die Ökonische ist eine der Nischen, die du noch suchen kannst, wo du dich von andern a bißel abheben kannst. Die zweite ist, daß du eben dann so was wie VDP [Verband Deutscher Prädikatsweingüter] machst. Und die dritte ist: Du mußt einfach wachsen. Die Winzer in dieser normalen Größenordnung, die so fünf Hektar haben, wo mer normal 'ne Familie ernähren kann, und die einfach so weiterwirtschaften wollen, die wer'n wahrscheinlich, denk' ich mal, verschwinden. Um auch international konkurrenzfähig zu werden, müssen diese Betriebe hier immer weiter wachsen. Aus meiner Jugend kenn' ich noch Betriebe, die ham so ein, zwei, drei Morgen, des is' ja net amal a Hektar, und a bißle a Landwirtschaft g'habt. So sind die über die Runden gekommen – im Sommer noch mal beim Straßenbau a weng g'schafft oder so was. Aber des war der Lebensunterhalt. Bis vor kurzem hat mer gerechnet: Ungefähr sechs Hektar, des wär'n dreißig Morgen, brauchst du, um eine Familie zu ernähren. Diese Grenze geht immer weiter rauf. Also, des wird weiterwachsen, und die kleinen Betriebe, die knapp an der Grenze sind, um überhaupt existieren zu können, werden meines Erachtens verschwinden. In Iphofen gibt's, glaub' ich, noch zwanzig Winzer, die selbst vermarkten. Des war'n amal über hundert. Und in Iphofen gab's, als ich in der Schule war, hundertdreißig Milchablieferer. Des weiß ich so genau, weil a Freund von mir hat die Milchsammelstelle g'habt. Jetzt gibt's nur noch einen Milchbauern, einen von damals hundertdreißig.«

Höchst erfreut über meine Schoppen, die von Glas zu Glas immer besser schmeckten, wollte ich mir von Hermann die geographische Bier-Wein-Linie zeichnen lassen. »Die alte Weingrenze schließt einigermaßen mit dem alten Mittel- und Oberfranken ab. In Geiselwind und im Steigerwald franst es natürlich aus. Mittlerweile hat sich natürlich die Weingrenze verschoben. Am Wein kannst du ganz deutlich den Klimawandel seh'n. In Mittelfranken gibt's jetzt auch diese Boxbeutelstraße, bei Ipsheim und Sugenheim da hinten naus. Da gibt's jetz' auch scho' Wein, und zwar net zu knapp. Die Grenze verschwimmt. Aber die Wein- und Biergrenze ist auf jeden Fall diejenige, die Ober- und Mittel- und Unterfranken getrennt hat. Weiter, jenseits des Mains, würde ich das mal ausnehmen. Die Haßberge, Rhön und so weiter, des hat ja wieder einen anderen Charakter. Aber südlich des Mains, wenn man Mainviereck, Maindreieck nimmt, bis zum Steigerwald – sozusagen die Westtraufe des Steigerwalds war auch gleichzeitig im Grunde die Ostgrenze des Weinbaus. In Iphofen war eigentlich Schluß. Iphofen is' ja auch im Grunde a kleine ökologische Nische. Weil mit dem Schwanberg is' des halt so a kleines bißchen geschützt. Da sind diese besonderen Südhänge. Da sieht mer ja auch, vor dieser Flurbereinigung gingen die Weinberge so auf eine Höhe von dreihundertvierzig, dreihundertfünfzig Metern. Nach der Flurbereinigung sind sie dann auf dreihundertachtzig ang'hoben worden. Jetzt gibt's scho' im Hangtal Weinberge bis über vierhundert Meter.«

Der traditionelle Weinbau befindet sich, auch bedingt durch den Klimawandel, in einem permanenten Wandel. »Natürlich wird's besser für den Rotwein«, meint Hermann. »Wir werden hier künftig wahrscheinlich andere Rebsorten anbauen müssen. Ich denke mal, die Spätburgunder wer'n Granatenweine werden. Vielleicht kann mer dann auch noch andere Weine anbauen, die es jetzt meinetwegen in Norditalien gibt. Aber für den Weißwein wird's schwer werden. Da wer'n sich andere Gebiete entwickeln müssen. Der wird weiter nach Norden geh'n. Beim Bier gibt's des Problem net, weil die ham andere Grundstoffe. Da verändert sich des net.«

Lieber Herr Jürgen, ich möchte ausdrücklich darauf hinweisen: Man kann nur schlecht gleichzeitig Greuther-Fürth- und

Club-Fan sein. Sehr wohl ist es aber möglich, sowohl Wein als auch Bier hochzuschätzen. Meister Neubert gibt dafür ein leuchtendes Beispiel ab. »Unterfranken is' scho' so a gesegnete Region«, stimmte er seinen dualen Lobgesang an. »Die sin' so zwischendrin und ham beides. Du hast auf der einen Seite die Möglichkeit, in diese tolle Bierregion zu fahr'n. Du hast aber auch noch diese Weinkultur. In der Regel is' es so, daß du in der Gegend, wo a Weinkultur herrscht, auch meistens des bessere Essen kriegst, wenn du von Brotzeiten oder Bratwürscht' absiehst.«

Die fränkische Bratwurst scheint in der Gegend rund um Miltenberg weitgehend unbekannt zu sein. Nach dem Verbreitungsgebiet der guten Wurst gefragt, gibt Hermann seine eigene Theorie preis: »Die Bratwurstgrenze verläuft a bißel östlicher von Würzburg, des geht bei uns in Iphofen langsam an. Steigerwald bis ungefähr Ansbach im Süden. Im Osten, würd' ich sagen, verläuft sie bis zur Oberpfälzer Grenze. Dann hört die klassische Bratwurscht auf. Dann bis kurz nach Forchheim. Nimmer bis Bamberg. Die Bamberger g'hör't meines Erachtens nimmer dazu. Die is' scho' gebrüht, die schmeckt nimmer. Dann gibt's Enklaven. Coburg natürlich. Des is' a eigene Wurscht. Aber des is' so dieses klassische Bratwurschtgebiet. Außerhalb, also hier zum Beispiel, kannst du keine Bratwurscht essen. Ich bin halt Bratwurschtfan und bin zu Tode erschrocken, als ich die erste hier gegessen hab'. Die ham des net begriffen. Also, Bratwurscht kommt ja zum einen, vom Wortstamm her, etymologisch, schon vom Braten, aber auch, des kannste im Fembohaus in Nürnberg nachlesen, von der Zusammensetzung von Bratenfleisch, also was verwurschtelt werd. Und bei uns kommt net irgendwas nei'. Sondern a Bratwurscht is' tatsächlich nach wie vor in Franken a Delikatesse, auch wenn's a schnelles Gericht is'. Des is' was Besonderes, daß ma' so a Schnellgericht als Delikatesse bezeichnen kann.«

Wurstfreund Neubert klagte wegen der widrigen Umstände

in Miltenberg: »Das is' hier scho' mal von der Fleischkonsistenz her, die da verwurschtet wird, a ganz andere Sache – und dann halt auch die Würzmischung, wie grob die is' und so weiter. Und des beherrschen die hier überhaupt net. Von Gewürzen keine Spur. Die hat auch keine Farbe und nix. Des kann mer hier net essen. Ich hab' wirklich Testessen gemacht und fast alles durchprobiert. Ich kenn' jetzt hier in der Gegend drei, wo mer Bratwürschte essen kann. Des is' einer da auf der Höhe in Reichartshausen im Odenwald. Rudi heißt der. Des sind ganz ordentliche. Der war vielleicht mal in Würzburg in der Lehre. Dann gibt's noch zwaa andere Metzger, die ma' auch nehmen kann. Aber alles andere außen rum … Die ham net verstanden, um was es bei der Bratwurst geht.«

Nach so viel barscher Wurstkritik an den weinfränkischen Metzgern fügte Hermann noch ein Lob auf den gesamten Stamm der Franken an. Ihm mißfällt nämlich schon lange der uralte Witz, daß sich während der Völkerwanderung im Frankenland nur die Fußkranken niedergelassen haben sollen. Hermann empfiehlt, den Sachverhalt von der anderen Seite zu betrachten: »Ich sag' ja immer, des is' a völliger Schmarr'n. Die ham doch genau erkannt, um was es geht. Die sind die Klügsten g'wesen, die sin' dageblieben, weil's da am besten war.«

Von uns gänzlich unbemerkt war die Sonne hinter unserem Rücken verschwunden, und der Mond mit seinen Sternenkumpanen hatte in der lauen Sommernacht die schwarze Himmelsbühne betreten. Ein Schoppen nach dem anderen hatte in der hübschen Hand einer aristokratisch arroganten Bedienung den Weg zu unserem Tisch gefunden. Auch mehrere Seidelein Bier dürften auf diese Weise unter Deine Nase geschoben worden sein, und Du hast stetig und ohne zu murren die schäumenden Getränke sauber weggetrunken. Die Zungen lockerten sich, und die Gedanken lösten sich merklich aus ihren Verankerungen. Von den vollmundigen Gesprächen magst Du bitte in Deinem nächsten Brief des weiteren Rechenschaft ablegen.

Es kam, wie es kommen mußte. Als unsere bunte Heiterkeit einen Grad erreicht hatte, an dem wir uns ganz unabhängig vom Gram der Welt fühlten, wollte uns das Dominafräulein auf einmal das Segel der guten Laune zerschneiden, indem sie unmißverständlich darauf hinwies, es sei dieses Glas, welches wir gerade zum Munde führten, das letzte gewesen, das wir heute unter Gottes Himmel getrunken hätten.

Wir brümmelten ein bißchen, trollten uns und tranken in der gemütlichen Stube mit gutmütigem Jähzorn weiter. Mein Seinszustand war, gelinde gesagt, sehr respektabel zu nennen. Zwar konnte ich noch Gedanken fassen, aber der Mund war nur noch in der Lage, sehr reduziert Auskunft zu geben. Ich meine, mich auch an eine gewisse Lautverschiebung in Deinen Äußerungen erinnern zu können.

Gerade hatten wir den sinistren Plan ausgeheckt, dem *Riesen* dergestalt dauerhaft zu schaden, daß wir Wein- und Biervorräte schamlos vertilgen wollten und die Wirtsleute gezwungen wären, so lange Mineralwasser und gelbe Limonade auszuschenken, bis die Trauben am Rebstock nachgewachsen wären und neues Bier gebraut worden wäre. Aber es kam anders.

Ich habe vergessen zu erwähnen, daß sich spät in dieser Nacht an unserem Tisch noch der wackere Freund und Namensvetter Jürgen hinzugesellt hatte. Er warf unsere Pläne schnurstracks um und fragte, ob wir nicht gewogen wären, noch eine kleine Schiffspartie auf dem Main zu unternehmen. Ein einvernehmliches »Jawoll!« dröhnte aus unseren Kehlen. Wir beglichen umgehend die Zeche. Du warst beim Trinkgeld und mit Deinen Komplimenten dem wohlfeilen Fräulein gegenüber recht großzügig.

Die Nachtluft kühlte meine heiße Stirn, wenngleich ich ein wenig irritiert war ob der leichten Schwingungen und der sachten Bewegung des Straßenbelags. Ich glaubte beinahe, das Kopfsteinpflaster sei die Haut eines Lebewesens, das sich sanft im Schlaf bewegt.

So standen wir am Ufer des Mains und trotzten dem Kreisen der Welt, als Jürgen der Zweite auch schon mit seinem Nachen angetuckert kam, um uns Leichtmatrosen an Bord zu bitten. Mein Gleichgewichtssinn hatte sich wahrscheinlich schon vor Stunden unbemerkt verabschiedet. So versuchte ich, den Mangel durch fröhliches Brüllen zu übertünchen, um auf das Boot zu gelangen.

Mit Juchzern und Gebell legten wir ab, und dann fuhren wir auf dem samtschwarzen Main in ein überwältigtes Schweigen hinein. Die Gestirne krönten unsere glückseligen Häupter, wir atmeten bebend die reine Sommernachtsluft. Sanft raffte der Kahn am Bug die Wellen, als schöbe er der Liebsten ganz sachte den tintendunklen Rock über das Knie. Eine Gruppe Enten beschwerte sich leicht düpiert und flog aus unserer Bahn, um sich kurz danach an anderer Stelle im Schattenkleid des Flusses niederzulassen.

Wie gemurmelte Gedichte zogen Bäume und Büsche am Ufer vorbei. So war ich im Zauber der Nacht zum Seefahrer geworden und dachte an meine Braut und ihren ruhigen Atem im einsamen Bett daheim, wie der Wellenschlag des Mains. Jetzt, am Schreibtisch in Fürth, werden meine Augen feucht. Das wird Flußwasser sein, was da drückt.

Sei herzlich umarmt, mein lieber Kapitän!
Dein treuer Seemann Matthias

Welträtsel Franken

Frankfurt am Main, den 31.7.

Lieber Matthias, mein Freund,

ich danke Dir für Deinen bewegenden Brief, und ich will Deine Bitte um Vervollständigung gerne aufgreifen.

Recht lange sind wir zum jetzigen Zeitpunkt der Rückschau schon durch Franken gestreift, und ich bin mir nicht sicher, ob wir belastbaren Antworten auf unsere Kardinalfragen haben näherkommen können.

Die Franken seien der Welt ein Rätsel, heißt es gemeinhin in Oberbayern, und es halte sich, schrieb unlängst die *Fränkische Landeszeitung,* das »Gerücht von der Widersprüchlichkeit des fränkischen Wesens«, um es freilich stante spede zu dementieren und seltsamerweise zu konkludieren, »eine fränkische Eigenart« sei, »Extreme instinktiv abzumildern, alle weltanschaulichen Ecken und Kanten zu glätten. Daher wirkt zum Beispiel das Traditionsbewußtsein der Fränkin und des Franken folkloristisch, aber selten reaktionär.«

Hm. Hm.

Der »Tag der Franken« fand zum Beispiel mal in Schwabach statt. Da konnte man sich alberne Trachten angucken, rotweiße Heimatschnuller kaufen und Herrn Seehofer lauschen, wie er über »Franken« als »ein starkes Stück Bayern« laberte, gekrönt von der sprachlich-gedanklichen Ungeheuerlichkeit, Bayern verdanke »besonders den Franken«, daß es ein, man halte sich fest: »Premiumland« sei.

Vorläufer dieser in jederlei Hinsicht prädementen Narretei war der bis 2004 vom Fränkischen Bund veranstaltete

»Frankentag«. Der Fränkische Bund tritt dafür ein, ein Bundesland Franken zu schaffen. Gegründet wurde er von Kalkköpfen aus dem Umfeld der Republikaner, heute gibt er sich parteineutral und betreibt zum Beispiel das *Franken-Lädla* in der Nürnberger Altstadt. Muß es natürlich geben, gibt ja sowieso alles und jeden Stuß.

Schwerer wiegt, daß diese Esel mit Nachdruck etwa die Rolle Frankens im Nationalsozialismus wenn nicht leugnen, so aufs schwerste relativieren. Und ob es dieses (territoriale) Franken vor 1806 überhaupt gegeben hat, fragen sie sich selbstredend umgekehrt auch nicht.

»Franken sind keine Bayern – 200 Jahre sind genug!« Unter diesem Banner stänkert man auf Facebook und sonstwo gegen die »selbstherrliche, zentralistische, weiß-blaugerautete Fürstenherrschaft der Wittelsbacher« und unterschreitet dabei wahrlich jedes Tiefstniveau spielend, der Mief qualmt aus jeder Zeile, das Gegeifer ist unerträglich: »Immer mehr Franken unterstützen fränkische Firmen, die ein klares Bekenntnis zu ihrer Heimat ablegen. ›Geschäftemacher‹, die den ›Franken‹ nur für ihre eigenen Interessen benutzen, werden nicht unterstützt.«

»In Franken wohnen die Kranken« (Blalla Hallmann)? Oder hat Gustav von Heeringen recht, der im 19. Jahrhundert im Band über Franken aus der Reihe *Das malerische und romantische Deutschland* das Bild vom Schatzkästlein variierte: »Franken ist der freundliche Name eines freundlichen Landes«?

Die »Liebe der Franken zum Kleinen« (Wolfgang Buhl: *Franken – Eine deutsche Miniatur*, Würzburg 1978) ist nicht zu bestreiten, und die Kleinräumigkeit, Nachhall des machtpolitischen Durcheinanders und Gezerres und Geschiebes zwischen den Bistümern (Bamberg, Würzburg, Eichstätt), den Burggrafen und dann Patriziern Nürnbergs und den Markgrafen (Ansbach, Bayreuth, Kulmbach), also zwischen, wie es mein Vater auf den Punkt bringt, Kirche,

Bürgertum und Adel, ist nicht zu übersehen. Aber wie fing das denn alles an?

Frank und frei meinte: »keinem unterworfen zu sein und von freier Abkunft zu stammen« (Anna Schiener: *Kleine Geschichte Frankens*, Regensburg 2008). Doch erst mal siedelten Kelten, zum Beispiel auf dem Staffelberg, danach passierte »eine ganze Zeit« (Gerhard Polt) nichts, und irgendwann – »Bedrohung aus dem Westen« (Schiener) – rückten die Franken an, die sich im 3. Jahrhundert als von den Römern so bezeichnete »Kühne« zusammengeschlossen hatten.

Der Ausdruck meines belesenen Bahnerfreundes Martin Zahn trifft es besser: »Ordinäre Wirtshausschläger« waren die Franken, »grimmige Marodeure« und »wilde Krieger« (*Barbaren – Die Franken*, History Channel), die sich nicht wuschen und immerfort herumgrölten, »unzivilisierte Invasoren«, die peu à peu den Römern den Garaus machten und eine »neue Weltordnung« installierten.

Mit König Merowech, Nachkomme eines Meeresgottes, ging's im 5. Jahrhundert richtig los: Einmarsch in Gallien, viel Alarm und Gemetzel. Weiberheld Childerich I. besiegt noch im Schulterschluß mit den Römern die Westgoten, doch 482 verdrischt und zerhackt der Superbarbar Chlodwig I. die Römer und setzt brutal die Herrschaft der Merowinger durch. Mitte des 6. Jahrhunderts ist das Fränkische Reich nördlich der Alpen Europas Zentralmacht, und die Unterwerfung des Ostens, also Frankens, beginnt. Man haut den Alemannen und den Thüringern aufs Haupt, und Franken wird frankisiert. Nur in weiten Teilen des heutigen Oberfranken lebten, was sich an Ortsnamen ablesen läßt, weiterhin Slawen.

Auf fränkische Art Probleme lösen hieß, Köpfe mit der Axt zu spalten. »Politische Hebel« sind »Gewalt und Betrug« (Friedrich Engels: *Zur Urgeschichte der Deutschen*, in: *MEW* 19). Sowie: das Christentum. Der übergetretene

Chlodwig I., »ein Mafiaboß« (History Channel), der bedenkenlos Rivalen und Unterkönige erledigte, schuf auf einer Blutspur »die Achse von Westeuropa« und förderte die Mission nach Kräften. Die Kirche freute sich fortan. Während die fränkischen Eisenmänner den ersten Kaiser, diesen Karl den Großen, ins Rund der Weltgeschichte schleuderten und derselbe das »Schwert im Namen Gottes« nicht nur gegen die Sachsen erhob sowie Massentaufen durchführen ließ, rafften die Pfaffen zusammen, was zu stehlen war: »Durch Drohungen mit ewiger Höllenstrafe erpreßten sie förmlich immer ausgedehntere Schenkungen, so daß Karl der Große noch 811 im Aachener Kapitular ihnen dies vorwirft und außerdem, daß sie die Leute ›zu Meineid und falschem Zeugnis verführen, um euren Reichtum [der Bischöfe und Äbte] zu mehren‹.« Daneben: »Betrug, Taschenspielertricks [...], Urkundenfälschung.« (Engels)

Merowinger, Karolinger, Grafen und Herzöge: Sie unterwerfen nach und nach das, was wir heute Franken nennen. »Nach der Zeit Karls des Großen entwickelte sich die Pfalz Forchheim zum bevorzugten Aufenthaltsort ostfränkischer Könige [die westfränkischen hatten in Frankreich zu tun, notabene]. Die meisten Königshöfe lagen nicht nur an bedeutenden Fernstraßen, sondern auch an schiffbaren Flüssen.« (Schiener) Da nisten auch die Kirchen mit ihrem zusammengeraubten Reichtum. Die »Staatsmaschine« (Engels) hat unterdessen durch permanenten Krieg und die Zwangsverpflichtung und Ausplünderung der Gemeinfreien deren Willen gebrochen: »Die Last wurde so unerträglich, daß, um ihr zu entgehen, die kleinen Freien massenweise vorzogen, nicht nur den Rest ihres Besitzes, sondern ihre eigene Person und die ihrer Nachkommen den Großen, besonders aber der Kirche zu übertragen. Dahin hatte Karl die freien kriegerischen Franken heruntergebracht, daß sie lieber Hörige und Leibeigene wurden, um nur nicht in den Krieg zu ziehen.« Kurzum: »Ergebung in die Knechtschaft«, »Vernichtung des Standes der Gemeinfreien«, »Spaltung des Volks in große Grundbesitzer, Vasallen, Leibeigene« (Engels).

Wir sparen uns: die Ottonen, die Salier, die Staufer, schließlich das »Gewirr kleiner und kleinster Gebiete« (Schiener), der Domänen des ab etwa der Mitte des 13. Jahrhunderts lokal herumgaunernden Adelsgesockses, bis die Zollern aufräumten, »mit Verstand, Rücksichtslosigkeit und einer gewaltigen Portion Glück« (Schiener). Aus Burggrafen wurden Markgrafen, aus Markgrafen Kurfürsten von Brandenburg, aus Kurfürsten Könige von Preußen und aus Königen von Preußen hernach Kaiser des Deutschen Reiches. Franken selbst freilich einten sie territorialpolitisch ebensowenig, dazu bedurfte es des »Weltgeistes zu Pferde« (Hegel), Napoleon.

Wir befinden uns, grob gesagt, am Anfang des 19. Jahrhunderts. »Ein einheitliches fränkisches Bewußtsein existierte kaum. Dafür entdeckten die Romantiker überall ›altfränkische‹ Traditionen.« (Schiener) Wolfgang Buhl: »Als Wackenroder und Tieck die Romantik erfanden, wurde eine Landschaft zu ihrem Symbol, die selbst keinen einzigen Romantiker hervorbrachte, auch gar nicht kreieren konnte, weil ebenjener Ideale, also des Alten, um nicht zu sagen: Altdeutschen, Wiederbelebung einer Region zutiefst fremd sein mußte, deren politische Nullsituation am allerwenigsten durch Retrospektiven veränderbar war.«

Mein Freund Hermann, lieber Matthias, sieht das genauso: »Wennst im Lexikon nachschlägst: Der Begriff ›Altfranken‹ steht da nach wie vor, zumindest im letzten Brockhaus, und des bezeichnet eben genau des, was du so beschreibst: Idyllen und den ganzen Quatsch. Die Franken sind schon immer ein sehr mobiles Volk gewesen. Schau dir zum Beispiel den Maschinenbauer Klett an. Daraus is' dann irgendwann mal MAN und so weiter entstanden.

Jetzt ist MAN angeblich 'ne Münchner Firma. Hat doch mit München so viel zu tun wie sonst noch irgendwas! Des is' a Nürnberger Firma g'wesen! So muß mer des seh'n!«

Und was das Selbstbewußtsein und die Arroganz der Oberbayern betrifft: Die profitierten nach dem Krieg nicht nur wie höchstens noch die bayerischen Schwaben jahrzehntelang von generöser Alimentierung durch den Bund, sondern wucherten und wuchern obendrein mit einem zweiten Pfund. Gerhard Polt hat es mir vergangenes Jahr so erklärt:

»Ein sogenanntes Mir-san-mir-Gefühl wird ja auf die Bayern projiziert, wobei du schon unterscheiden müßtest. Es gibt auch im Bayerischen von der Geschichte her große Unterschiede. Oberbayern ist einfach grundsätzlich was anderes als der Bayerische Wald oder Teile Niederbayerns, von Franken wollen wir jetzt einmal gar nicht reden – oder von Schwaben oder vom Allgäu, ist ja eine ganz andere Mentalität. Das Oberland hatte ein starkes Bewußtsein, im Gegensatz zu vielen anderen Gegenden. Der Hof wurde nicht zertrümmert, der Hof mußte existieren, während ihn die anderen zertrümmert haben. Die haben dann zersiedelt. Überall waren Häusl-Leut' mit einer anderen Mentalität. Der Großbauer mit seinem Riesenhof hingegen hatte, ich sag's einmal vorsichtig: eine bestimmte asoziale Einstellung, asozial in dem Sinne, wenn einer sagt: I bin noch nie auf jemanden angewiesen gewesen. Ich brauch' keinen. Und einer, der behauptet, daß ich auf irgend jemanden angewiesen sei, ist ein Lump. Also: Absolute Autarkie ist eine Vorstellung, die es aus dieser Geschichte heraus gibt. In reichen Gegenden Oberbayerns hat's so eine Art Mentalität bestimmt gegeben.«

Man betrachte die Angelegenheit auch einmal aus der Sicht der Heraldik. Der goldene, rotbewehrte Löwe auf dem bayerischen Staatswappen symbolisiert die Oberpfalz, der blaue, goldbewehrte Panther vertritt Ober- und

Niederbayern, die drei schwarzen, rotbewehrten Löwen stehen für den Regierungsbezirk Schwaben. Und was bleibt für Franken übrig? Ein lächerlicher rotweißer Rechen – drei (beziehungsweise fünf) flinke, elegante, kraftstrotzende Raubtiere gegenüber einem Werkzeug, mit dem man das nutzlose Herbstlaub zusammenfegt und nicht mal eine Feldmaus erschlagen kann.

Hermann Neubert reibt sich die Augen: »Oftmals bezeichnen sie sich hier als die Schwanzquaste des bayerischen Löwen. Ich kann vielleicht für den Untermain sprechen, weil i jetzt schon lange hier bin. Des is' a anderes Bewußtsein als des im eigentlichen Franken. Die hier sagen zum Beispiel, sie fahren nach Franken, wenn sie bloß nach Würzburg fahren. Das ist eigenartig. Und was mich hier irritiert hat, ist, daß hier Bayernfahnen gehißt werden. Es gibt auch 'nen Verein, der heißt Weißblau-Königstreu. Die laufen auch dementsprechend rum. Aber des kommt vielleicht daher, daß die Leute am Untermain a biß'l entwurzelt waren nach dem Reichsdeputationshauptschluß. Die waren ja sechshundert Jahre lang mainzisch gewesen, und zwar im Grunde im Zentrum des sogenannten Mainzer Oberstücks, des Kerngebietes des total zerfransten Mainzer Bistums. Da ham die sich immer zugehörig g'fühlt. Und als sie dann nach Bayern gekommen sind, wußten sie net genau, was sie damit anfangen sollten. Also, die Bindung an Franken ist meines Erachtens auch heute net so groß. Selbst unser Bürgermeister hat sich so a leicht bayerisches Idiom angewöhnt, im Tonfall und in der Art, wie mer betont. Ich hab' sogar den Verdacht, daß da die CSU-Politiker dementsprechend eingestimmt und geschult wer'n.

Wobei – ich kann des nimmer hör'n! Dieses Salonbayerisch, des was in München und Umgebung g'sprochen wird, ich find' des gräuslich. Da is' mir's echt lieber, wenn einer breit bambergerisch oder würzburgerisch oder sonst irgendwie spricht, des is' irgendwie echter. Dieses Salon-münchnerisch is' doch irgendwie aufg'setzt, da paßt was net. – Ja, es klingt folkloristisch lackiert. – Ja. Ich frag' mich immer, was des soll. Und wenn du mal reinguckst in die Fernsehzeitschrift: *Der Bulle von Tölz, Die Rosenheim-Cops, Die Kufstein-Dingsbums* – allein im Voralpenland gibt's wahrscheinlich zehn, zwölf Mordkommissionen. In Wirklichkeit gibt's keine einzige dort, und die haben die allerlahmste Kriminalitätsstatistik. In Frankfurt, da is' was los, und natürlich gehört auch das Verbrechen dazu. In München is' nix los, des is' alles so brav. Und insofern versteh' ich net ganz, daß die sich hier so zu Bayern zugehörig fühlen. Die sind also irgendwie bayerisch, und die Sprache ist hier natürlich schon südhessisch.

Die sogenannte Appel-Apfel-Linie oder auch Germersheimer Linie läuft hier südlich von Amorbach durch, quer durch den Spessart und durch den Odenwald schräg nach Germersheim am Rhein runter – zweite Lautverschiebung und diese ganzen G'schicht'n. Die Oberdeutschen sagen eben Apfel, und hier sagen se schon Appel oder Peffer, weil die des Pf nimmer sagen. Mir g'fällt der Dialekt hier, der hat a weng was G'schertes. Die Aschaffenburger sind noch a biß'l näher an Frankfurt und sprechen noch a biß'l hessischer. I glaub', mit dem Zwiespalt kommen die net ganz zurecht. Von der Sprache her g'hör'n sie zu Hessen. Auch auf die Arbeit fährt man eher nach Aschaffenburg oder Frankfurt als nach Würzburg.

Es is' hier gar net so einfach mit der Identität. Die Miltenberger war'n früher ganz stolz, weil sie a ganz wichtige Region und Stadt war'n, und des is' a bißele verlorengegangen. Jetzt sind sie der letzte Zipfel, die Abgehängten.«

Franken als Ganzes zeichnet indes in der Tat aus, daß sich hier wie nirgendwo sonst Dialektabstufungen und -differenzen erhalten haben, auf engstem Raum mitunter.

»Der Franke ist ein Gewürfelter.« (Hans Max von Aufseß) Klaus Schamberger geht so weit und sagt: »Es gibt keine fränkische Sprache, sondern ungefähr so viele Dialekte wie Städte, Dörfer, Flecken, Gehöfte und Misthaufen.«

»Im Grunde reden ja alle irgendeinen Dialekt«, sagt Hermann. »Es gibt keinen, der richtig dialektfrei reden kann, vielleicht mal abg'sehen von den Göttingern. In Franken läuft die erwähnte eine Hauptmundartgrenze durch, die zweite trennt das Mitteldeutsche vom Niederdeutschen, die Benrather Linie bei Düsseldorf, sie wird auch Maken-machen-Linie genannt. Innerhalb des sogenannten oberdeutschen Sprachraums is' das alles noch mal weiter differenziert. Die Steigerwaldlinie trennt das Unterostfränkische vom Oberostfränkischen – Nebel, Nabel oder aans und eens und so weiter. Des is' der, sagen mer mal, Würzburger Raum, der dann a noch amal untergliedert ist. Da sin' a Elemente dabei, die ins Hennebergisch-Thüringische reingehen. Man sieht des sehr schön: Des fängt in der Rhön an und verstärkt sich dann bis nach Coburg, und nach Norden hin kommt das Hennebergische, das bis zum Rennsteig gesprochen wird. Des südliche Thüringen is' eigentlich fränkisch. Der Rennsteig is' a richtige geographische Grenze. Jenseits des Rennsteigs fangen dann Mitteldeutsch, Thüringisch, Sächsisch an.«

Es sei dem fränkischen Dialekt »sonderbar mitgespielt worden von den Sprachgelehrten«, haut Friedrich Engels dazwischen. »Hatte Grimm ihn in Französisch und Hochdeutsch untergehen lassen, so geben ihm Neuere eine Ausdehnung, die von Dünkirchen und Amsterdam bis an die Unstrut, Saale und Rezat, wo nicht gar bis an die Donau und durch Kolonisation ins Riesengebirge reicht. [...] Reduzieren wir vorerst das fränkische Sprachgebiet auf seine wirklichen Grenzen. Thüringen, Hessen und Mainfranken haben absolut keinen andern Anspruch, dazugerechnet zu werden, als daß sie zur Karolingerzeit unter Francia mit einbegriffen wurden. Die Sprache, die östlich des Spessarts und Vogelsbergs und des Kahlen Astens gesprochen wird, ist alles, nur nicht Fränkisch. [...] In Mainfranken ist ein Gemisch slawischer, thüringischer und hessischer Bevölkerung mit bayerischen und fränkischen Elementen durchsetzt worden und hat sich seinen aparten Dialekt ausgebildet. Nur wenn man den Grad, in welchem die hochdeutsche Lautverschiebung in die Dialekte eingedrungen, als Hauptunterscheidungsmerkmal anwendet, kann man diese drei Sprachzweige dem Fränkischen zuweisen.«

Engels hat im Grunde recht. So, wie vor der fränkischen Expansion gen Osten in Franken gar keine Franken lebten, so sprachen eben die (West-)Franken (Westgermanen) nicht fränkisch im heutigen Sinne, sondern niederfränkisch, ripuarisch, moselfränkisch, rheinfränkisch, oberfränkisch (pfälzisch) und so fort. Ob diese Mundarten allerdings einer Sprachfamilie angehörten, ist umstritten.

Die intensive dialektale Aufsplitterung des heutigen Franken hingegen verdeutlicht beispielsweise ein Blick in den *Kleinen Bayerischen Sprachatlas* von Manfred Renn und Werner König, in dem exemplarisch nur die gröbsten Isoglossen verzeichnet sind. Während im meist auffallend homogenen oberbayerischen Sprachraum der Kater »Kater« heißt, heißt er bei Aschaffenburg »Kaara«, östlich davon »Kooder«, nördlich von Würzburg und in der Coburger Gegend sowie der Rhön »Heinzer« beziehungsweise »Heinz«, vom Taubertal bis zum Aischgrund »Koozger« oder »Katz(g)er«, im westlichen und südlichen Mittelfranken »Kooda«, im Nürnberger Land »Brack«, im Bayreuther Raum »Bens/Benz«, im Fichtelgebirge »Haans/Haanz« und in Teilen des Frankenwaldes »Heiner«.

Das wunderschöne Wort »g'näschig« (unleidlich, beim Essen wählerisch sein), das sich mir früh ins Ohr gesetzt hat, ist jenseits der Linie – ungefähr – Hof–Lichtenfels–Bam-

berg–Schlüsselfeld–Ochsenfurt–württembergische Grenze
unbekannt. In dieser Zone kann sich der Franke nicht
zwischen »schneukisch«, »schnäubisch«, »näschert«, »stü-
risch«, »schnüppisch«, »schnupperig«, »herrisch« und
»heikel« entscheiden. Und bei der Odel, die weite Teile
Mittelfrankens und einige Partien Oberfrankens an die
Oberpfalz und Oberbayern bindet, ist endgültig alles zu
spät: »P(f)uhl«, »P(f)udel«, »Sudel«, »Sutte«, »Trotze«,
»Mistbrühe«, »Misthül(b)e«, »Strotze«, »Mistsuhle«, »Mist-
lache«, »Mistwasser«, »Sor«.

Kurz hinter Aschaffenburg verläuft übrigens die Dimi-
nutivgrenze, die Demarkationslinie zwischen -chen/-schen
und -lein/-la (Mädchen versus Mädlein). Ab Würzburg ist
die Synkopierung obligat (»g'schneit«, »les'n«).

Weitere Charakteristika sind syntaktischer und gramma-
tikalischer Natur. Typisch für fränkische Mundarten ist
zum Beispiel die flektierte Konjunktion (»weilst du«), für
allgemein süddeutsche Dialekte der Verlust des Präte-
ritums (hier sagt kein Mensch: »Er ging nach Hause«, sondern man benutzt immer das Perfekt).

Sprachhistorisch betrachtet vermutet man, daß die
oberdeutschen Mundarten (im Gegensatz zu den praktisch verschwundenen niederdeutschen) erhalten blieben,
weil sie infolge der zweiten Lautverschiebung und über
ihre abgeschwächten Vermittlungsvarianten, die Regio-
nalvarietäten, besser mit der Lautung des Hochdeutschen
interagierten.

Und zu guter Letzt: Stupend markant ist die Dialekt-
grenze zwischen Fränkisch und Oberpfälzisch (Nordbai-
risch). Sie ist nahezu identisch mit der Bezirksgrenze.

Matthias, mittlerweile waren wir beim x-ten Faust-Bier
aus dem – wohlgemerkt! – Willibecher angelangt, während Du Dich durch die Weinkarte gehangelt hast, Deine
Neigung wenn nicht zum Kosmopolitismus, so doch zur
innerfränkischen Versöhnung demonstrierend. Ich bin in

der Getränkefrage stur, Weinmainfranken bleibt für mich kulinarische Terra incognita.

Auf die Zersiedelung, die progredierende Verhäßlichung Frankens kamen wir noch einmal zu sprechen, denn sie ist dem Hermann ebenfalls seit längerem ein Dorn im Auge. »Roggen, Rüben, Bauplatz, des is' die beste Fruchtfolge«, hatte der Hadl gesagt und erläutert: »Wir ham in Dettelsau zwei Häuser, die meiner Ansicht nach noch aan Baustil hom. Ich hab' auch gebaut, aan Stock drauf, also zweckmäßig, aber unbedingt schön net. Da spielt natürlich auch der Preis a Roll', für den Quadratmeter Bauplatz, da muß i des ausnütz'n.«

»Angesteckt alles, befallen, vermessen, erschlossen, bereinigt« (Deschner) – wie erklärt sich Hermann das flächendeckende Desaster?

»Wenn mer sonst über die Flur gegangen is', hast du g'seh'n: den Streuobsthain, dann den Kirchturm, und dann kommt des Dorf. Und jetzt siehste irgend a Umgehungsstraße, und dann kommt die Siedlung und dann, richtig erdrückt, vielleicht noch des Dorf. Aber da kommt ja meistens keiner mehr rein. Die fahr'n auf der Umgehungsstraße vorbei.

Ja, des is' a Versaubeutelung, die allgemein is'. Da hilft auch des System der Gewerbesteuer mit. Jede Gemeinde meint, sie müßte ihr Gewerbegebiet ausweisen, um Gewerbesteuer einzunehmen. Meines Erachtens müßt' mer dieses Steuersystem komplett und radikal reformieren, daß dann zum Beispiel mehrere Orte, die so eng zusammengewachsen sind wie hier, so wie Miltenberg, Bürgstadt, Kleinheubach und so weiter, einen Entwicklungsplan aufstellen und sagen: Dort kommt unser Gewerbegebiet hin, nur da! Nicht wie jetzt. Allein Großheubach hat drei oder vier Gewerbegebiete, Miltenberg zwei, im Osten von Bürgstadt wieder welche. So sieht dann die Landschaft aus. Der Slogan ›Der Main, wo er am schönsten ist‹ – pfff ... Schau mal vom Engelberg runter ins Maintal, und sag mir dann, ob da der Main am schönsten is'. Von Bürgstadt bis nach Klingenberg ist alles nur noch ein einziges Gewerbegebiet, weil diese Bürgermeister wie nasenblutig sind und eins nach 'm andern ausweisen! Dieses Gewerbesteuersystem is' a Katastrophe. Des is' ganz schlimm.

Und unsere Altorte bluten aus. Jeder will so 'nen Neubau ham. Gott sei Dank gibt's jetzt a leichtes Umdenken, zumindest bei Ortschaften, die aan historischen Kern ham, daß mer sagt, wir können einfach net wild drauf-los weiterentwickeln nach draußen und immer neue Bau-gebiete ausweisen, und der Stadtkern oder der Ortskern oder der Dorfkern geht komplett flöten. Des wird ja wahr-scheinlich in kurzer Zeit passieren, daß die ersten Dörfer wieder brachliegen. In Dörfern, die früher mal so hundert, hundertzwanzig Einwohner g'habt ham und a kleines biß'l abseits sind, will keiner mehr leben. Und die alte Bau-substanz will keiner erhalten. Die ziehen dann irgendwo hin und bauen sich a Häusle ins Grüne, und des is' die Katastrophe.

Und die Bauernhöfe ... Angefangen hat die BayWa. Ich nenn' die die Glasbausteinverbrecher. Die BayWa is' früher durch ihre Futtermittel- und Getreidehändler auf jeden Bauernhof gekommen. Und wenn du dir die Bauernhöfe anschaust, die nach 1960 entstanden sind, sehen die alle katastrophal aus. Die ham alle die BayWa-Metalltür, die ham alle die BayWa-Glasbaufronten. Die BayWa war ja einer der ersten großen Baumärkte. Da sind ja keine Bau-fachleute dabeigewesen, sondern das waren Saatgutver-käufer, die plötzlich auch Haustüren verkauft haben. So entstehen diese Scheußlichkeiten.

Und dann entsteht so was wie diese Jodelarchitektur. Die BayWa hat gesagt: Mensch, da in Oberbayern, des sieht doch wunderbar aus, da lass' mer doch solche Bal-kone produzieren und verkaufen die dem Bauern im Spessart oder in der Fränkischen Schweiz. Und dann find'st du plötzlich die Häuser mit dieser Jodelarchitektur. Ich könnt' kotzen, wenn ich so was sehe. Aber des is' eben kei' fränkisches Phänomen, sondern des find'st überall, wo solche Konzerne Fuß fassen.

Die Leut' verlieren ja jeglichen Sinn für Proportionen. Es wer'n so breite Fensterfronten gemacht, ohne Unterteilung, Panoramafenster, des ging auch um 1960 rum los. Die Fenster sind doch die Augen des Hauses! A Haus wird doch gegliedert und strukturiert dadurch, wie ma' die Fenster ansetzt! Und des muß auch 'ne vertikale Proportion ham! Aber du siehst fast nur noch horizontale Fenstergliederungen.

Oder wenn die dann sagen: Wir decken des fränkischrot ein. Auch dann machen die irgendwie so 'nen Krampf. Und noch schöner sin' Blumenfenster. Der untere Bereich is' durchgehend verglast, weil dann kannst du innen deine Blumen stehen lassen, wenn du des Fenster aufmachst. Da überleg' ich mir, wie weich muß mer in der Birne sein, daß einem so was einfällt.

Der nächste Fehler, der gemacht wurde, is', daß die Baupläne net mal mehr ein Bauzeichner bringen muß, sondern daß im Grunde jeder Maurermeister jetzt Baupläne einreichen kann. Und die gehen in Musterhaussiedlungen und lassen sich dort inspirieren, oder die gehen zur BayWa, und dann sagen die: Du brauchst keinen Architekten, den Plan mach' i gleich mit. Des geht. Und dann kommt so ein Müll raus.

Aber die Entwicklung is' natürlich nur bedingt aufzuhalten oder zurückzufahren, denn rückfahren kannst du in vielen Bereichen gar nix mehr. Und aufhalten?«

Ich schließe mich trotzdem Karlheinz Deschner an: »Nur weil ich Pazifist bin, schlage ich vor: sofortige Zwangsarbeit aller Verantwortlichen, peinlich genaue Zurückversetzung alles Verschandelten, in Tag- und Nachtschichten,

262

keinesfalls in den ursprünglichen, sondern vorherigen Zustand, zwischenzeitlich Prangerstehn wegen Erregung öffentlichen Ärgernisses und Vergewaltigung Wehrloser, anschließend Verstoßung aus dem Dienst, Verlust der Pension um mindestens zwei Drittel und lebenslange Bewährung.«

Und jetzt Kloß mit Soß' oder BMK (Bratwurst mit Kraut)!

Von Herzen grüßt:
Dein Jürgen

Im Garten von Achim und Heribert

Fürth, den 1. 8.

Lieber Jürgen,

nach der opulenten Nacht erwachte ich nach kurzem Schlaf im verregnet-vernebelten Miltenberg. Das ist wirklich eine schlimme Entwicklung beim Älterwerden. Nach einem großzügigen Trinkgelage treibt es mich am nächsten Tag stets zu viel zu früher Stunde aus dem Bett. Wie ein Untoter gelange ich nur fragmentarisch zu Bewußtsein und leide zähneklappernd in vollständiger Jämmerlichkeit.

Ein dicker, unablässig schnurrender Kater saß mir im Genick. Oder sollte ich ihn besser »Kooder«, »Brack« oder, vorgreifend auf unser nächstes Reiseziel, »Kaara« nennen? Du kannst auch von Glück reden, daß an diesem Tag kein Schönheitswettbewerb im Terminplan stand. Reichlich zerknittert und mit eigenwilligen Frisuren bemühten wir uns, mit Kaffee und Mineralwasser den Brand zu löschen, und bestiegen, noch Brötchen kauend, unser treues Gefährt, um unsere Pflicht zu erfüllen.

Aschaffenburg war unser Ziel, wir hatten uns dort mit den Grandseigneurs des gezeichneten Witzes, Achim Greser, geboren in Lohr am Main, und Heribert Lenz, geboren in Schweinfurt, verabredet. Die Stadt hat sich inzwischen zum Hort von Humortitanen gemausert. Urban Priol ist hier geboren, und ich bin glücklich und stolz, daß ich in seinem komfortablen *Hofgarten*-Kabarett frühe humoristische Versuche unternehmen durfte und trotzdem immer noch regelmäßig eingeladen werde. Hat in »Aschebersch« nicht auch der vielfach preisdekorierte Lyriker und *Titanic*-Autor Thomas Gsella seine Heimstatt gefunden?

Anläßlich eines Besuches bei dem manischen Zeichner-duo schien mir im Vorfeld ein Aufenthalt in der Traditions-gaststätte *Schlappeseppel* Gesetz zu sein. Schließlich verfertigten die Herren jahrelang grandiose Illustrationen für die Bierdeckel des Lokals und konnten selbst schon zum Inventar des Hauses gezählt werden. Ein besonders schöner Bierfilz aus dieser Serie ziert seit langem meine Küchenwand. Auf ihm sieht man, liebevoll akribisch gezeichnet, in einem fränkischen Wirtshaus einen Herrn in Hemd und Pullunder zu einer Frau mit Kurzhaarfrisur sagen: »Wenn ich mich entscheiden müßte: Du oder die Kneipe ... Ganz klar: Du, Helga! Aber knapp vor dir doch die Kneipe ... Denkbar knapp!!«

Aber die Hochzeit des *Schlappeseppel* scheint vorbei zu sein, mußten wir vor Ort erfahren. Bereits am 1. August 2011 war in der *FAZ* zu lesen gewesen: »In dem Aschaffenburger Traditionsgasthaus *Schlappeseppel* soll Bier aus Miltenberg ausgeschenkt werden. Das sorgt für Empörung, nicht nur bei Stammgästen. – Das Traditionslokal *Schlappeseppel* wechselt nach dreiunddreißig Jahren die Brauerei und wird seinem Namen untreu. Der Besitzer des Lokals mit Kultstatus, der einundachtzig Jahre alte Konrad Vogel, hat das Auslaufen des Vertrags mit der Eder & Heylands Brauerei in Großostheim dazu genutzt, sich einen neuen Bierlieferanten zu suchen. Seine Wahl fiel auf das Brauhaus Faust. Der Biermarkenwechsel ist keine Lappalie, wie Vogel nicht nur von Stammkunden zu hören bekommt. [...] Für Faust hat er sich nach seinen Worten entschieden, weil das Brauhaus wie der *Schlappeseppel* über eine lange Tradition verfüge (es wurde 1654 gegründet) und ein in der Region verwurzeltes Familienunternehmen sei.«

Nach der Entscheidung des Besitzers hagelte es Proteste. Demonstrationen fanden statt, sogar Mahnwachen wurden abgehalten. Allein, es half alles nichts. Auf www.main-netz.de brachte ein Nutzer unter dem Kürzel »chw74« das Dilemma auf den Punkt: »Des is' ja so, als ob im Augustiner-Biergarten in München nur noch Löwenbräu ausgeschenkt werden würde.«

Bei Achim und Heribert im Garten wird freilich noch Schlappeseppel gereicht.

Lenz: In Schweinfurt ist der Hitler mit Tomaten beworfen worden, im Stadtteil Bergl.

Greser: Die Geschichten über die, die unverbesserlich geblieben sind, bis zuletzt, und Geschichten darüber, daß Leut', die wenige Tage vor Kriegsende die weiße Fahne rausg'hängt haben, dann noch aufgehängt oder erschossen wurden, die kenn' ich sowohl aus meiner Heimatstadt Lohr als auch aus Aschaffenburg. Hier ham sie besonders wild gewühlt und die Leiche von einem an 'nen Laternenmast g'hängt und ihn verfaulen lassen, zur Abschreckung.

Lenz: Das Aschaffenburger Schloß is' net durch die Luftangriffe zerstört wor'n, sondern durch die Artillerie. Die ham also ziemlich lang durchgehalten in Aschaffenburg. Aber was wär' aus dem ganzen Dritten Reich geworden, wenn Goebbels ein Franke gewesen wär'? Wollt ihr den dodoalen Kriech? Des hätt' nie geklappt.

Roth: Schweinfurt heute is' eine tote Stadt, oder?

Greser: Nimmer. Die hat doch nach der Wende 'nen ganz merkwürdigen Wechsel vollzogen.

Lenz: Kugelfischer hat sich im Osten völlig verausgabt. Die standen knapp vorm Ende. Aber in den letzten Jahren ham s' ein unglaubliches Steueraufkommen gehabt und ham die Stadt rausgeputzt. Die ham ein Rieseneinkaufszentrum und dafür noch amal in der Stadt einen kleinen Bahnhof gebaut! Und das Schäfer-Museum hat regen Zulauf. Der alte Georg Schäfer hat 19. Jahrhundert gesammelt. Das ist mittlerweile ein Superausflugsziel. Und dann gibt's noch das Willy-Sachs-Stadion. Der war ein großer Hitler-Anhänger, die ham ja durch den Krieg a gut verdient. Es gab lange

Diskussionen, ob man's endlich umbenennen muß. Is' aber so geblieben.

Greser: In Unterfranken is' überhaupt nix los.

Egersdörfer: Die Aschaffenburger wollen keine Hessen sein, oder?

Greser: Nee, woll'n die net. Des is' das Phänomen eines Grenzstammes, der sich besonders hart behauptet. Die hängen schon ihre bayerischen Fähnle raus und pflegen diesen blöden Folkloremist mit der Bayernkultur. Unser Nachbar is' ein besonders herausragendes Exemplar. Der is' König-Ludwig-Fan.

Lenz: Der hat sich zu dessen Geburtstag die Haar' so färben und so frisieren lassen. Und dann läuft er immer rum wie König Ludwig, mit 'nem Umhang aus dem Theaterfundus.

Greser: Er tut zwar so, als ob's witzig gemeint ist, aber ich glaub', das ist ihm bitterer Ernst. Auf jeden Fall ham die a große Vorliebe für Lederhosen und so 'nen Mist. Also, die Gegend hier is' identitätsarm. Das hat aber vielleicht auch 'nen Vorteil. Damit sin' die auch net so hartköpfig.

Roth: Aber ihr wohnt hier in unmittelbarer Nachbarschaft der Frankenstolz-Arena …

Greser: Des is' a Matratzenfirma, die sich clevererweise so benannt hat.

Lenz: Stolz is' des falsche Wort, eher Eigensinn im Sinne eines Minderwertigkeitsgefühls. Ich hab's in meiner Jugend erlebt, daß die einen ausgelacht ham, wenn mer in München war und erzählt hat, ma' kommt ja auch aus Bayern. Deswegen versucht man heute ein bißchen sektiererisch, die Freiheit Frankens einzufordern.

Greser: Dieser Segregationswille is' größer geworden, zuletzt auch wegen der Dürer-Geschichte. Als einen Grund ham die in München angegeben, der Tourismus leide. Da wird die Gesinnung offenbar, die Protektoratsgesinnung der Drecksbayern uns gegenüber.

Lenz: Des is' nur ein Beispiel von vielen, daß die Bayern alles abzugreifen versuchen. Hier ham mer so a Sammlung von Korkmodellen von klassischen Gebäuden – Kolosseum und so weiter, wunderschön, ziseliert –, und die wollten die Bayern a abzocken. Aber da hat sich tatsächlich Widerstand geregt, erfolgreich.

Egersdörfer: Was zeichnet denn die Unterfranken aus?

Lenz: Das is' sehr unterschiedlich. Ich find' zum Beispiel, daß die Leut' in Lohr eloquenter sin' als die bei uns in Schweinfurt. Die sind unglaublich maulfaul, was sich dann manchmal löst, indem sie eruptiv cholerisch ausbrechen, wenn sie's nimmer aushalt'n. Des is' auch komisch. Weil sie eben net so eloquent sin', verhaspeln sie sich, des is' sehr lustig.

Egersdörfer: Die Schweinfurter Gegend is' eigentlich fast noch schlimmer als Nürnberg. Die Leut' sind wirklich ganz, ganz stumm.

Lenz: Ja.

Greser: Das is' ja ein Code, den ma' mitkriegt, wenn mer dort geboren is' und uffwächst. Also, die Spessartfranken sin' sehr schollentreu, heimatverbunden, unglaublich, bis zur tränenvollen Sentimentalität. Davon bin i auch infiziert. Wenn ich auswärts einem Unbekannten begegne, der sich sprachlich als Franke herausstellt, genießt der bei mir sofort einen Vertrauensvorschub. Stammesbruderschaft, irgendeine merkwürdige Gefühlslage…

Roth: Die Arroganz der Oberbayern gegenüber den Franken wiederholt sich dann in der Arroganz der Mittelfranken gegenüber den Unter- und Oberfranken. Das ist mein Eindruck.

Greser: Ja.

Lenz: Is' es net Ignoranz?

Egersdörfer: Ignoranz.

Greser: Aber es fehlt auch an Selbstbewußtsein, merkwürdigerweise, kollektiv. Die Schwaben zum Beispiel, die trumpfen uff in Berlin. Die Bayern erst recht. Mir san mir. Wenn i des scho' hör', da schwillt mir scho' der Kamm. Das sagt in Franken eh niemand: Mir sinn mir. Des gibt's in keinem Wörterbuch. Es gibt auch kei' Entsprechung.

Egersdörfer: Wie sieht's mit den Landmetzgereien hier aus?

Greser: Gibt's noch – richtig familienbetriebsorganisierte, mit wunderbar dicken Weibern hinterm Tresen, die strahlen vor G'sundheit und Lebensfreude und vermitteln ein Urvertrauen in die Ware, daß ma' sich jedesmal überkauft und das meiste dahemm verschimmelt. Aber die Konkurrenz is' halt groß. Jeder Supermarkt hat jetzt sei' Wursttheke. Es is' ein unüberschaubares Angebot, und du weißt überhaupt net, ob da noch a Metzgerhand mit dabei war oder ob des alles nur computergesteuerte Wurschtelmaschinen sind, die irgendwelchen Kram da rausdrücken.

Egersdörfer: Was is' 'n mit eurem Engagement für die Brauerei Schlappeseppel?

Greser: Mach'n wir noch. Der *Schlappeseppel* war ja vor dem Streit über die ausgeschenkte Biermarke zuletzt eine Touristenattraktion – wie des Hofbräuhaus in München.

Lenz: Die Leut' sind ja angeblich auch hergefahr'n und ham nur die Bierdeckel rausg'holt und ham noch nicht mal a Bier getrunken. Da hat sich der Wirt beschwert. Besonders bedauerlich is' halt, daß die Bierdeckelserien damals im *Schlappeseppel* entstanden sind und daß das halt jetzt vorbei is'.

Roth: Ihr geht nicht mehr in den *Schlappeseppel*?

Greser: Extrem selten. Heribert hat's sogar a Zeitlang boykottiert. Jetzt wer'n die Einbußen durch das Gezänk auf dreißig Prozent g'schätzt. Es hat nur Verlierer gegeben. Die Leut' sind unzufrieden. Vorher hat's richtig so aan Wutbürgeruffstand gegeben, wie sonst gegen ein Atomkraftwerk. Mit 'nem Sarg sind se rumgelaufen. In dene' Netzwerken im Internet gab's Aufständ'. Es war ja alles sinnlos, is' ja a privates Geschäft.

Lenz: Es gibt also noch revolutionäres Potential in Franken.

Greser: Es muß um Bier und Wurscht geh'n, da geh'n die Leute auf die Straße! Zu Recht!

Roth: 2004 habt ihr beide während eines Interviews mit mir einhellig gesagt, der *Schlappeseppel* sei das beste Wirtshaus im Umkreis von fünfzig Kilometern. Würdet ihr das heute noch sagen?

Lenz: Vom Interieur her auf jeden Fall.

Greser: Da gibt's a andere Großwirtschaft neben dem *Hofgarten,* und des is' eigentlich a a schöne Wirtschaft mit Patina, a alte Gelärmwirtschaft mit schönem Biergarten. Da is' a immer voll. Da geh' ich gelegentlich ma' hin.

Lenz: Und hier gibt's ja noch zwei Stadtteilkneipen. Die *Brezel, Pizzeria Zur Brezel,* griechische Spezialitäten …

Greser: Drei Kulturkreise unter einem Dach! Extrem häßlich eingerichtet, aber mit so 'nem ganz lebhaften Publikum, hauptsächlich aus Speckrentnern, Leuten aus dieser Generation, die gar net weiß, wo se hi'soll mit ihrer Rente, wo se die überall verprassen, versaufen, verjubeln soll, um unsere Zukunft zunichte zu machen.

Lenz: Und ein großartiges Schauspiel gibt's seit einiger Zeit. Der Kater von Achim, Eckhard heißt der, rennt jetz' auch mal rüber in die Kneipe und guckt, wenn der Achim drüben is', da geht er rein.

Egersdörfer: Gibt's einen erkennbaren Unterschied zwischen Hessen und diesem Franken hier?

Greser: Gastronomisch schon. Da merkt ma' den Selbstbehauptungswillen der Leute schon deutlich – wie da noch aus großen Biergläsern ausg'schenkt wird, und Apfelwein is' hier auch, sagen wir mal, ein traditionelles Bauerngetränk, a Arme-Leuts-Alkohol halt für dahemm. Da wird kein Kult drum rum gemacht wie in Hessen. Und die Küche is', i weiß net, ob i mir des einbild', hier viel besser und variantenreicher.

Roth: Was hat denn der Hesse außer Grüner Soße? Gar nix, oder?

Lenz: A großes Maul.

Greser: Un' nix dahinner!

Egersdörfer: Is' der Hesse selbstbewußter als a Franke?

Lenz: Ja, ja.

Greser: Unbedingt.

Lenz: Und weißt, was ganz schön is', hier genauso wie in Frankfurt? Daß du am Tisch angemacht wirst, so mit 'nem harten, derben Witz. Es wird gegenseitig rumgefrotzelt. Des kenn' ich aus meiner Gegend gar net.

Greser: Es hat seinen Charme. Des is' net böswillig, es is' von Neugier und Unterhaltungsbedürfnis geprägt. Des is' gut hier, muß mer echt sagen. Aber es fehlt hier hinten und vorne so an 'ner kulturellen oder intellektuellen Spitze. Hier gibt's kei' Studentenleben…

Roth: Aber es gibt doch den *Hannebambel*…

Greser: Ja, da trifft sich so die kritische Linke, die ökologisch bewegte oder wie auch immer. Ja, sind scho' a paar … Na ja, a Bier wird immer g'soffen dann, und a Brotzeit wird dazu g'macht, und dann is' meistens die dickste Luft schon wieder raus aus allem, aus jedem Widerstand, dann is' es a wieder gut. Des is' fränkisch und eigentlich auch ein Modell, des wird viel zuwenig beachtet oder exportiert als staatsmentalitätsbildendes Modell.

Lenz: Der Franke hat natürlich a bewegte Geschichte hinter sich. Jetzt hat er vielleicht kaa Lust mehr.

Greser: Die Franken war'n mal a weltbestimmendes Volk. Irgendwann is' ihnen die Lust vergangen, vielleicht weil die Bratwurstvorräte erschöpft war'n.

Roth: Du meinst, der Franke hat sein Soll in der Weltgeschichte erfüllt?

Greser: Vielleicht is' es a so a Phänomen wie bei den Griechen. Die sin' ja a sinnlos stolz auf ihre dreitausend Jahre alte Geschichte und jetzt a nur noch 'n Schrotthaufen an Politik und Gemeinwesen und Gemeinwirtschaftlichkeit. Aber der Stolz ist ungebrochen. Vielleicht is' es beim Franken ähnlich.

Egersdörfer: Wie schaut's mit den Volksfesten aus?

Lenz: Die Lohrer Spessartfestwoche is' erstaunlich. Das is' a Fünftausend-Mann-Zelt, und des is', glaub' ich, jeden Tag einigermaßen voll.

Greser: Abends immer brechend voll.

Lenz: Hier is' des Volksfestzelt nie oder kaum mal voll.

Greser: Die Spessartfestwoche is' so a Bürgerfest, immer am Anfang der Sommerferien in Bayern, und des is' die Regel, daß die Leut' da die Woche noch verbringen und dann verreisen. Des Volksfest hier macht derselbe Festwirt, deswegen is' der Vergleich da besonders gut. Des is' eher so a Unterschichtenfest, wo dieser Vergnügungsfuhrpark dominiert. Und in Lohr ist das Schwergewicht wirklich auf dem Treiben im Bierzelt. Das is' scho' gut. Des is' 1945 gegründet word'n. Find' i a a tolle Idee – nach 'nem Krieg a Volksfest, um die Depressionen offensiv anzugeh'n.

Roth: Dein früheres Stammlokal, Heribert, den *Haberkasten* in Schweinfurt, gibt's den noch?

Lenz: Ja.

Greser: Heribert steht immer noch unter Verdacht, daß er bei den Nazis a mitgemacht hat, deswegen will er a gar net so viel drüber red'n. Aufarbeitung, Aufarbeitung, Aufarbeitung, Transparenz! Was woll'n die Lait' alles wiss', die neigierigen?! Die Lait' woll'n alles wiss'!

Lenz: Die soll'n was schaff'!

Egersdörfer: Der Jürgen Dahlke von der *Disharmonie* in Schweinfurt is' für mich auch so 'n Klassischer, der ganz wenig nur sagt.

Lenz: Da weißt du nie: Kann er mich nicht leiden? Ich saß mit dem scho' in seinem Büro, und der hat nix g'sacht, und ich wußte nicht, was ich hätt' sagen soll'n. Wir saßen uns schweigend gegenüber.

Egersdörfer: Ich bin da öfter aufgetreten, und ich dachte, er verabscheut mich.

Lenz: Genau. Des geht mir genauso.

Egersdörfer: Maximaler Haß eigentlich. Was für ein Arsch. Des Arschloch kummt wieder. Aber des hat er net so gemeint, gar net.

Greser: Des stimmt. Die Small-talkanstrengungen von Franken, die sind hart, o Gott. Un' wie? – Na ja. Muß ja. Also, eine Art Ehrbegriff is', glaub' ich, ziemlich tief verankert, Konventionen, die net irgendwo konstruiert sind – daß mer das und jenes halt net macht. Des is' aber sehr diffus. Was mir einfällt: Gab's mal 'nen Finanzskandal in Franken? Des Franken strotzt ja nur so vor Ehrlichkeit, Redlichkeit, die Abwesenheit von Gier … A Finanzkrise in Franken? Oder geht des gar net?

Roth: Gibt's fränkische Spiele? Kartenspiele, Würfelspiele?

Lenz: Ich kenn' nur fränkische Schlachtplatte. Des wird in Schweinfurt sehr gepflegt. Des wird von Anfang bis zum Ende der Schlachtung der Reihe nach vorg'führt. Am Anfang die Gretelsupp', die Fettsuppe mit den Fleischbrocken, bis zum Schluß dann Blut- und Leberwurst und Kartoffelbrei aufgetischt wer'n. Des is' richtig ein Event, über mehrere Stunden läuft des.

Greser: Aber die Fitneß-, G'sundheits- und Ökovegetarieridioten werden doch immer mehr. Die vermehren sich auf Kosten unserer großartigen Tradition.

Lenz: Aber in Nürnberg find' mer so was net – wie in Berlin. Der Prenzlauer Berg gilt ja auch als unterwandert von reichen Ökos, die mit ihrem Modellkinderwagen spazierengehen.

Egersdörfer: Um was es jetzt geht, das sind diese Ökospießer.

Greser: Ja. Die sind die Gefahr.

Egersdörfer: Das is' die Gefahr. Die scheißen dich wirklich zu mit irgendaam Scheißdreck. Mit diesen Biogasanlagen … Und wenn i im Zug hock' und diese Solarfelder seh' … So 'n schönes dampfendes Atomkraftwerk im Aischtal is' mir da doch lieber.

Lenz: Da werd' ich sentimental.

Greser: Die menschliche Artenvielfalt geht ja auch flöten dadurch. Des is' ja a rigorose Vereinheitlichungstendenz, die des ganze Korrektheitsg'schwerl in die Welt setzt.

Lenz: A Choleriker, a Übergewichtiger, der fällt weg.

Greser: Die Drecksau, die stirbt aus. Schad'.

Egersdörfer: Auf der Liste der bedrohten Arten: die dumme Drecksau.

Greser: Wenn mer so an ethnologischen Blick auf die Gesellschaft richtet, sie als Pavianhügel betrachtet, is' es tatsächlich a großer Verlust, des Aussterben von ungelenk gewachsenen, knorrigen Charaktererscheinungen.

Roth: Gibt's im *Schlappeseppel* noch die Bedienung mit den großen Augen?

Greser: Die is' rausg'schmiss'n worden, weil sie einem Gast, der was essen wollt', die Essensbestellung ausgeredet hat: Das würd' ich nicht nehmen. Des würd' ich heut' net nehmen.

Heribert Lenz hat ja die Architekturmodelle aus Kork im Schloß Johannisburg schon kurz angesprochen. Mir liegt daran, darauf hinzuweisen, daß eine Inspektion der weltweit größten Sammlung dieser Art sehr lohnenswert ist. Der Hofkonditor Carl May und sein Sohn Georg bildeten ab 1792 die berühmtesten Bauwerke des antiken Rom nach. Mir stand der Mund offen beim Betrachten der minutiös gearbeiteten Exponate. Wikipedia weiß noch folgendes: »Dargestellt wurden überwiegend antike Gebäude, da Kork sich besonders gut dafür eignet, die charakteristischen verwitterten Maueroberflächen wiederzugeben. In der Regel wurden sie in großen Maßstäben und mit großer Präzision, häufig auch mit archäologischem Anspruch hergestellt. An den Fürstenhöfen des 18. Jahrhunderts waren sie hochgeschätzt, und obwohl (oder weil) wegen des hohen Aufwandes nur einige hundert Stück hergestellt wurden, waren sie an allen wichtigen Fürstenhöfen vertreten.«

Gern hätte ich mich mit Dir in der kuriosen geschrumpften Welt des Hofkonditormeisters umgesehen. Aber unser straffer Zeitplan duldete kein Verweilen. Mit dem Krähen des Hahnes bestiegen wir den grünen Flitzer und sausten schon wieder weiter – wovon Du im folgenden singen und sprechen sollst.

Mit herzlichen Grüßen:
Matthias

Vom Odenwald ins Fichtelgebirge

Frankfurt am Main, den 2.8.

Lieber Matthias,

in der ganzen unfränkischen Hektik haben wir glatt vergessen, daß wir kurz vor unserem kleinen Symposium mit Achim und Heribert geschwind in Amorbach im hintersten westlichen Zipfel Frankens gewesen waren, auf meinen Wunsch hin. Adorno hat 1966 eines seiner feinsten Feuilletons über sein »Urbild aller Städtchen« verfaßt, mimetisch Gedächtniseindrücke skizzierend, Bilder eines »von Karpfen bevölkerten, sympathisch riechenden Weihers«, Bilder aus der »Vorwelt Siegfrieds, der nach einer Version an der Zittenfelder Quelle tief im waldigen Tal soll erschlagen worden sein«, Bilder von einer Fahrt über den Main: »Die Laute der Fähre über dem Wasser, denen man schweigend nachhorcht, sind so beredt, weil sie vor Jahrtausenden nicht anders waren.«

»›Sie sehen ja selber, was hier los ist: Amorbach ist tot, tot. Die Geschäfte: Leerstand, Leerstand, Leerstand. Es ist traurig‹«, war neulich, am 9. Juli, ein Einheimischer im Deutschlandfunk zu hören. Ja, Matthias, das sehen wir. Auch das weichgelbe, fabelhaft proportionierte, unaufdringlich elegante *Hotel Post* mit seinen drei Sprossenfensterbändern ist verwaist. Direkt gegenüber gibt man das sich um die Platzecke knickende und windende *Hotel Badischer Hof* (»Das gastliche Haus«), in dem Max Planck und Helmut Kohl wiederholt logierten, dem Verfall preis. Die Fassade bröckelt, der mehrgliedrige gläserne Eingang schaut aus wie ein U-Bahnsteig in Frankfurter Vorstädten.

Adorno sprach »von der geliebten *Post*«. Dort kam er »mit der Sphäre Richard Wagners [...] in Berührung«, der Maler Max Rossmann brachte »Sänger des Festspielensembles dorthin. Etwas von dem üppigen Lebensstil mit Kaviar und Champagner teilte sich der *Post* mit, deren Küche und Keller übertrafen, was man von einem ländlichen Gasthof hätte erwarten dürfen.«

»Die politischen Verantwortlichen haben kein Interesse, etwas daraus zu machen, daß gerade nach der Rückkehr aus dem Exil für Adorno Amorbach, so wörtlich, ›der einzige Ort auf diesem fragwürdigen Planeten ist, in dem ich mich im Grunde noch zu Hause fühle‹«, hieß es im Deutschlandfunk. »Sogar die Bezeichnung ›linke Socke‹ fällt für den weltberühmten Denker bei der Recherche in Amorbach.«

Wir machten uns auf die Socken und nahmen jene Umgehungsstraße, gegen deren Bau inmitten der »Amorbacher Kulturlandschaft« Adorno in einem Brief an die Stadtverwaltung protestiert hatte, unter dem Hinweis auf die »planerischen Verwüstungen der Moderne«.

Da wir aber jetzt von Aschaffenburg Richtung Schweinfurt aufbrachen, auf Anraten Achims und Heriberts über die B 26, via Lohr und Arnstein, erinnere ich mich gerade an eine kurze Reise mit den beiden durch ebendiese Gegend.

In Lichtenau, in der Nähe von Lohr, machten wir Rast. Wir waren im Naturwaldreservat Hafenlohrtal, in einer ungeheuer stummen Landschaft. Grau staffelten sich die Buchen am Hang, das Bächlein gurgelte durch mattgrüne und blaßgelbe Wiesen, ein paar Fichten punkteten durch dickes Grün. »Dies ist eine alte Landschaft. Die gibt es gar nicht mehr; hier ist die Zeit stehengeblieben. Wenn Landschaft Musik macht: Dies ist ein deutsches Streichquartett. Wie die hohen Bäume rauschen, ein tiefer Klang, so ernst sehen die Wege aus ...« Das schrieb Kurt Tucholsky in dem

Text »Das Wirtshaus im Spessart«, den er 1927 über eine Zech- und Wandertour mit seinen Freunden Jakopp und Karlchen veröffentlicht hatte.

Nun, lieber Matthias, rollten wir über die Landstraße, eine Zeitlang hinter einem Lastwagen der Bäckerei *Wehner* her, was mich freute, dann hinter einem Riesenbulldog – würzige Landluft, präsentiert von Deutz-Fahr.

Du hieltest eine viertelstündige Vormittagssiesta, ich hatte mir ein Landschaftsphotographierverbot auferlegt. Die Beweise wären wieder erdrückend gewesen. Oberbayern kann einpacken und nach Hause gehen, diese »herzleere Gegend« voller »Pfaffenunsinn« und »Abscheulichkeit« (Jean Paul).

Hinter dem Schweinemarkt in Arnstein entzückte mich der Wegweiser zum Brauer-Internat, und kurz vor Schweinfurt bretterten wir auf die A 70, um Schweinfurt en passant abzuhaken (Friedrich Rückert: »Hättest Mainfurt, hättest Weinfurt / – weil du führest Wein – / heißen können, aber Schweinfurt, / Schweinfurt sollt' es sein!«) und die flach und fad sich dahinstreckende Ackersteppe östlich der Stadt zu durcheilen.

Bei Haßfurt verließen wir kurz die Autobahn, um am Ortsschild Karlheinz Deschner (unbekannterweise) zu grüßen und ihm alles Gute zu wünschen. An der Tankstelle hast Du ein »Stürmer«-Snickers gekauft, weil es Dich »angelacht« habe. Ich erwarb Bier, Du übernahmst das Steuer, was mir die Gelegenheit gab zu erläutern, daß Haßfurt auch den monumentalen Ehrenbürger Tom Hintner hervorgebracht hat, den Chefgraphiker der *Titanic* und Generalsekretär der Hintner-Jugend der Partei Die Partei (Leitspruch: »Wir brauchen eine Kinder- und Jugendbewegung, weil wir eine Kinder- und Jugendbewegung brauchen!«; offizieller Gruß: »Hi Hintner!«).

Etwas später, auf Bamberg zu, sah »nicht die ganze Landschaft nach Selbstmord aus« (Silke Burmester), es hatte sich also erheblich gebessert. Ja, da näherten wir uns abermals einem fränkischen Territorium, das mir lieb und teuer ist; wo ich zum Beispiel mal an einem Rosenmontag morgens um halb zehn im *Fässla* saß. Zehn, fünfzehn Biertrinker. Schweigen. Unendlich würdevoll. Ein Mann schüttelte aus einem Glas die Resttropfen Schnaps ins Bier. »Halt dei' Babb'n«, knurrte ein anderer irgendwann. So hätte das den ganzen Tag weitergehen können.

Aber auch hier (»Himmel! Welch ein Bier!« jauchzte Jean Paul), angesichts der »Symphonie in ›B‹ [...] – Bürger, Burg, Barock, Brez'n und das berühmte Bier« (www.bierstadt.de), hilft es nichts, auch hier muß man sich mit dem Januskopf Franken herumschlagen, in seiner katholischen Variante diesmal; da hilft es nichts, sich immerzu gemütvoll auf das »Bier, das Natur-, Welt-, Erlebnis-, Kultur- und Friedensgetränk« (ebenda) zu berufen, selbst wenn man den Weltseelenforscher Hegel in die Manege schickt, der Bamberger Bier »gut« (Hermann Glaser: *Georg Wilhelm Friedrich Hegel – Weltgeist in Franken*, Gunzenhausen 2008) fand, ja als »ein gutes Bier« (Hegel an Schelling) einstufte.

E.T.A. Hoffmann, der in Bamberg seine »Lehr- und Marterjahre« verbrachte, wurde schikaniert, er versuchte sich vergeblich zu wehren. »Seine erste Theaterpremiere lief schief, das Orchester sabotierte ihn, er quittierte seine Anstellung als Musikdirektor.« (Thomas Kraft) Und pokulierte sich um Kopf und Kragen. »Das einzige, was man in Bamberg machen kann«, läßt Thomas Kraft den Künstler Mike Rose zu Wort kommen, »ist, entweder wie ein Wahnsinniger zu arbeiten oder sich zu besaufen.« Der Schriftsteller Tom Wolf 1998, in *Öde Orte*, über die Stätte der einzigen Papstgrablege nördlich der Alpen: »Der Main biegt noch immer beschämt vor der Stadt ab und nimmt nur widerwillig die neuralgisch veraltete Rednitz auf, die aus Bambergs Rattenloch, dem ›Klein-Venedig‹ genannten

Viertel, zu ihm hingerauscht kommt. Bunt beschmiert protzt mitten im Flußzentrum der Stadt neben dem Wand-schriftzug ›Bäckerei Fick‹ das Insel-Rathaus, von der Brük-kenheiligen Kunigunde mit einem irren Lächeln kom-mentiert. Nach altem Herkommen, über dessen Unsinn niemand mehr so richtig Bescheid weiß, betet jeder Heimi-sche täglich den Bamberger Reiter an.«

Wer »von der Unteren Brücke auf Klein-Venedig blickt, wer denkt da wohl daran, worauf all das beruht, was es gekostet, an Blut, an Tränen, Unrecht, Not?« fragt Karl-heinz Deschner unerbittlich und zu Recht. Heinrich II., der Gründer des Bistums, war ebenfalls ein Massenmörder. Von 1004 an führte er einen Krieg nach dem anderen, gegen den Markgrafen von Schweinfurt, er massakrierte in Italien die Bevölkerung von Pavia, dann die Westfrie-sen, die Flandern, jahrelang ging es so weiter. »Alles wurde restlos ruiniert, sogar die Taktik der verbrannten Erde angewandt«, »Angriffskriege« bis 1018. Selbstverständlich wurde Heinrich II. »auf Betreiben Bambergs durch Papst Eugen III., den Verbrecher des katastrophalen Zweiten Kreuzzugs, heiliggesprochen, weil er, laut Kanonisations-bulle vom 14. März 1146, ›nicht nach Art eines Kaisers, sondern wie ein Geistesmann gelebt‹.«

In Bamberg war Jahrhunderte später der Geistesmann und »Hexenbrenner« Bischof Fuchs von Dornheim tätig. »Die schlimmsten Hexenverfolgungen Europas fanden in Franken statt, in den Fürstbistümern Bamberg und Würz-burg«, schreibt Anne Schiener. In Bamberg hatte das »wahnsinnige Brennen« gemäß der »Peinlichen Halsge-richtsordnung« (»peinlich« heißt: folternd) »derart über-handgenommen, daß [es] um 1619 ausgesetzt werden« mußte. »Man konnte sich das Morden einfach nicht mehr leisten. Sieben Jahre später wurde die Vernichtungsma-schinerie erneut in Bewegung gesetzt.« Nun lynchte man wohlhabende Bamberger Bürger. »Der Fürstbischof und seine Beamten bereicherten sich an deren Vermögen und ›verdienten‹ die ungeheure Summe von 500000 Gulden.«

Deschner: »Die Stadtchronik des [...] kleinen Gerolzhofen meldete 1616 ›an hexischen Leuten 99 Personen‹«, über die folgenden Jahre dann »›in summa 261 Hexenleute [...], auf dem Schieß- oder Henkerswasen größtentheils verbrannt, aber auch strangulirt oder mit dem Schwert hingerichtet‹ [...]. Nie war die Menschheit herrlicher erleuchtet als durch den Scheiterhaufen.«

Dennoch nehme ich mir mitunter die Haltung heraus, daß mich die Geschichte am Arsch lecken kann, sonst drehst du durch. Und so evoziert die Gegenwart bei mir folgendes Bamberg-Bild:

Im wahren Mekka der Bierverständigen gibt es noch neun Brauereien, unter denen sich vier der sieben besten Braustätten der Welt befinden: Greifenklau, Klosterbräu (die älteste der Stadt, existiert seit 1533), Spezial und Fässla.

Kaum zu entscheiden, wo man rund um die Regnitz die Tage bei Bier und Palaver verdödeln soll. Im in der Oberstadt gelegenen, idyllischen Greifenklau-Biergarten? In der unbeschreiblich schönen Bierstube von Klosterbräu? Oder in der Oberen Königstraße am Rande der Altstadt, wo sich – eine echte Globalsingularität – zwei Großkaliber der Braukunst, Spezial und Fässla, exakt gegenüberliegen, zehn Schritte voneinander entfernt?

Weder in den Gaststuben noch im Hausflur, in der Schwemme des *Fässla,* in der man nach guter Sitte ruhig schon mal in den Morgenstunden ein wunderfeines Gold-Pils oder das mahagonifarbene Vollbier Zwergla verputzt, plappert irgend jemand über »Branding« oder ähnlichen Schmarren. Selbstverständlich belästigt einen auch der urfreundliche Gastwirt Roland Kalb nicht mit Floskeln aus dem dunklen Reich des Marketings. Wer's nicht nötig hat, bläst sich nicht auf.

Er komme jeden Tag aus Buttenheim mit dem Zug hierher und trinke sein Bier, sagt ein Herr, der sich zu uns an den Tisch gesellt hat. »Mir hom halt noch a Gemütlichkeit«, meint er. Über uns hängen Lampen, die kleinen Bierfässern nachempfunden sind, vis-à-vis spielt ein Bub' mit seinem Vater stillvergnügt Karten, am Tresen wird in sagenhafter Beschaulichkeit die Zeche beglichen, und im hintersten Eck hört man eine Frau ausrufen: »Der is' a Philosoph!«

Nein, sagt der Herr, zwischen Spezial und Fässla gebe es keine Konkurrenz, beide hätten ihre hochzufriedenen Kunden, und das Wichtigste sei: »Die wollen nicht größer werden.«

Der Wille zur Genügsamkeit ist der Garant für ein gedeihliches Auskommen, für ein Leben ohne Hatz und Krampf. Hier wird Bier getrunken – und fertig. »Zur Not«, geben die jetzt eingetroffenen Schafkopfstammtischler kund, lasse man sich »mit der Feuerwehr ins Wirtshaus bringen«, aber dann herrsche Ruhe – Ruhe vor dem Gewühle da draußen in der Arbeits- und Geschäftswelt.

Und schließlich sagt einer der vier Kameraden, der Gewerkschafter unter ihnen, auf Bamberg liege ein Segen. Nie habe irgendeine Naturkatastrophe das »fränkische Rom« heimgesucht, Bamberg sei ein wahrlich erlesenes Stück Welt, selbst wenn es wochenlang regne, laufe in Bamberg nicht mal eine Unterführung voll.

Und darauf gibt man allzugern eine weitere Runde aus.

Unterdessen setzten wir, Matthias, unsere ethnographische Exkursion Richtung Nordosten fort, auch um unseren »Landschaftssinn« (Jean Paul) weiter zu schulen. Allein, was gewahrten wir? Ab Bayreuth zogen sich schwere Wolkenvorhänge zu, ölig-schwärzlicher Tann versperrte die Sicht, »nadelholzstarrende Steilschluchten« (Deschner) erwarteten uns, alles Grazile des Bamberger Landes geriet in Vergessenheit, und die Temperaturen wurden immer skandalöser.

Nicht, daß ich gegen das granitene Fichtelgebirge, ein »stark erodiertes Rumpfgebirge« (Anna Schiener) mit »breiten Waldwüsten« (Engels), auf das wir zusteuerten, etwas hätte, im Gegenteil. Je weniger besiedelt, desto lieber ist mir ein Landstrich, denn um so größer ist die Aussicht auf einen stillen Ort.

An der Autobahn ein Schild: »Genußregion Oberfranken – Land der Brauereien«. Die Wölfe kehren zurück, hatte man uns gesagt. Hinter Bad Berneck, wo ein Getränkemarkt mit dem Slogan »Lust auf Durst?« verzweifelt um Kundschaft buhlte, kastelten uns Fichtenwaldrigipswände ein.

Kürzlich, lieber Matthias, schaltete ich aus Versehen den Fernsehkasten ein, und die N24-Wetterdame Miriam Pede verkündete: »Mit viel Sonnenschein kann ich tatsächlich dienen. Okay, zur Zeit regnet es im Fichtelgebirge, hab' ich erwähnt. Aber das ist ja auch schon fast zum bald Vergessen.«

Ludwig Tieck hielt zur berühmten Frankenreise im Mai 1793 fest: »Das Wetter war sehr trübe, und es regnete sogar etwas. [...] Wir kamen in eine ziemlich uninteressante Gegend. Das Wetter ward immer unangenehmer; ein kalter, schneidender kleiner Regen trieb uns entgegen; ein feuchter Nebel stieg aus den Bergen und Wäldern auf. Die Wege waren sehr häßlich.« Sein Kompagnon Wackenroder schob hinterher: »Der Boden ist durchaus sehr hoch, die Luft immer etwas rauh und kühl [...], die Gegenden oft felsig, wüst und einsam. [...] Die Wiesen sind vortrefflich. Ochsen findet man in gewaltiger Menge; aber man sieht auch fast nichts als Ochsen. [...] Die Dörfer haben hier überall ein sonderbares Aussehen.«

Deine Spürnase, Matthias, führte uns am Ochsenkopf (vulgo: Rappelkopf) vorbei, am »Fürsten der Berge« (Johann Will) und dümmsten Gipfel Frankens (aus dem zu allem Überfluß der Weiße Main entspringt), und nach

Neubau bei Bischofsgrün (da steht jedes Jahr der größte Schneemann Deutschlands). Wackenroder berichtete vor beinahe exakt zweihundertzwanzig Jahren: »Wir sahen, es ist wahr, an manchen Orten vielleicht zwanzig Meilen weit, aber was? [...] Bischofsgrün ist ein Dorf [...]; das Wirtshaus ist hier schlecht, und der Wirt betrügt.« Tieck sah's so: »Auf dem Gipfel [des Ochsenkopfs] war nichts als wild durcheinandergeworfene Klippen, die dem Berge oben ein sehr sonderbares Ansehen gaben. Es war oben ziemlich kalt. [...] Ich wurde es auch sehr bald überdrüssig.« Und: »Hinter dem letzten Ort fror ich, wie man nur im Winter frieren kann. Das Wetter ward immer schrecklicher; die Wolken hingen so dicht über die Erde, daß wir oft mitten hindurchschritten und kaum einige Schritte um uns sehen konnten.« Bischofsgrün? »Sehr kalt ist es hier, etwas, das mir allein schon die schönste Gegend verleiden könnte. [...] Das Wirtshaus im Dorf äußerst schlecht [...].«

Nun ja. Und der unvermeidliche Karl Immermann zum nämlichen Casus? »Morgen wird der Ochsenkopf bestiegen und dann hinüber nach Wunsiedel. Ich freue mich sehr auf dieses ernsthafte, tannendunkle Gebirge. Gott gebe schönes Wetter.«

O ja.

Im Fichtelgebirge, einer typischen Grundgebirgslandschaft, fallen an zwei Tagen im Jahr weniger als fünfzehn Kubikmeter Regen pro Quadratmeter. Unablässig mußte ich an Ror Wolfs Jahrhundertgedicht »wetterverhältnisse« denken: »es schneit, dann fällt der regen nieder, / dann schneit es, regnet es und schneit, / dann regnet es die ganze zeit, / es regnet, und dann schneit es wieder.« Wie schrieb der französische Civilgouverneur von Bayreuth, der noble Baron Camille de Tournon, Anfang des 19. Jahrhunderts? Man befinde »sich in einem Lande, für welches der Winter bis zum 1. oder 15. Mai dauert, ja selbst bis zum 1. Juni auf den Bergen des Fichtelgebirges. Die Ernte der Gerste und des Hafers findet erst am 1. oder 30. August statt und oft noch später. [...] Es gibt selbst Punkte, wo der Schnee auf die Ähren noch vor ihrer Reife fällt.«

Mit Theodor Fontane zu jeremiaden: »Zwischen drei und vier natürlich Wolkenbruch.«

Eben. »Im Fichtelgebirge werden alle Ihre Urlaubsträume zu erfüllten Stunden!« *(Fichtelgebirge Gastgeberverzeichnis 2012)*

Wir rumpelten die Fichtelseestraße hinunter und über einen Parkplatz und einen Waldweg direkt ans Gestade des nebelumrahmten, moorfarbigen, dräuenden Gewässers, eines auf siebenhundertfünfzig Metern gelegenen ehemaligen Stauweihers. »Eine sehr merkwürdige Gegend.« (Tieck) Ohne Ankündigung machtest Du Dich nackert und schrittest in die unheilvoll schwappende Brühe hinein, um brustschwimmend ein paar Kreise um freundliche erdbraune Enten zu ziehen. Nicht einmal ein Handtuch hattest Du bereitgelegt.

Ich klapperte zum Gotterbarmen mit den Zähnen und glotzte alternierend in den Nebelschlick und auf die sklerotischen Wurzelwülste der lustlosen Fichten um mich herum. Wie verrostet wirkte diese Waldwelt, und das Wetter war im Grunde genommen eine einzige maßlose Unverschämtheit und Blamage. Ja, »der Sommer im Fichtelgebirge ist« etwas Unvergeßliches«, nämlich eine einzige »vitale Verwöhnkultur« *(Fichtelgebirge Gastgeberverzeichnis 2012)*.

»Es war anfangs neblich und ziemlich kalt«, notierte Tieck vollkommen wahrheitsgemäß, um dann einen »vortrefflichen Schnaps« und den »Charakter der Leute in dieser Gegend« als »vortrefflich« zu belobigen. Wir erblickten lediglich eine demotiviert von dannen ziehende Grundschulklasse und kaum »die Schönheiten einer fast unermeßlichen Landschaft«, insbesondere »sehr interessante

Waldpartien«, hinter denen jedoch alsbald ein »Sumpf«
(Tieck) tückisch auftauchte, »und oft sanken die Pferde bis
an die Brust in den Kot«. – »In einem Sumpf den Hals zu
brechen, ist zu einem solchen Spaß gerade der unange-
nehmste Ort von allen.«

Wir sattelten den BMW und zuckelten hinfort, Tröstau
vor Augen, späterhin Wunsiedel (Wonsiedel) – beziehungsweise »das idyllische Sechsämterland um Wunsiedel« mit seinen »sanft gebösrhten Sockeln« und »vorwiegend mittelmäßigen Äckern« (Siegmar Gerndt: *Unsere
bayerische Landschaft – Ihre Landschafts- und Naturschutzge-
biete*, München 1970). »Wir kamen durch den Weg weiter
zurück, wo ich einige Male auf einem Seitenfußsteige bis
an die Knie in den Sumpf sank«, ächzte Tieck. »Ein toter,
stiller Wald war um uns her, die ganze Natur wie ausgestor-
ben, kein Laut, wie weit unser Ohr reichte.« Ja, »zu wünschen ist, daß hier in der Folgezeit niemand unser Beispiel
nachahmen möge.«

Ohne zu wissen, daß wir uns ziemlich genau auf den
Spuren der romantischen Pioniere bewegten, kämpften
wir uns unverdrossen vorwärts. »Das Wetter war immer
noch sehr schlecht.« (Tieck) Na dann.

Wunsiedel (Tieck: »Die Stadt ist klein. [...] Sie hat ein
sonderbares Aussehen«; Wackenroder: »Die Straßen gehen
bergauf, die Häuser sind ziemlich gut«) empfing uns nicht
in Gestalt des Bürgermeisters, zum Glück, denn »Bürgermeister Schmidt« ist ein »langweiliger Mann« (Tieck,
jawoll); sondern in Form energisch verwitternder Häuser-
wände, heruntergewirtschafteter hölzerner Fensterläden
und Hoftore, unlesbarer Wegweiser, graubrauner, geduck-
ter Häuserzeilen, merkwürdig zusammengewürfelter nied-
riger Bauten, allesamt in schmutzigen Farben gehalten,
von Schaufenstern mit Billigstangeboten, der stillgelegten
Sechsämtertropfen-Manufaktur sowie eines artigen klassizi-
stischen Ortskerns. Das ImmobilienCenter Wunsiedel der

Sparkasse Hochfranken offerierte geräumige Einfamilienhäuser für ein paar zehntausend Euro.

Jean Paul erblickte hier das Licht der Welt. Und weil wir mittlerweile vor der Fichtelgebirgshalle (»Kunst in der Provinz«) standen, in der unter anderem »Messen« zum »Lebensmittelpunkt Fichtelgebirge«, der »Ball der Festspielstadt Wunsiedel«, Workshops zur »Hundeerziehung« und Vorträge über »Neue Perspektiven für die Gastkultur im Fichtelgebirge« stattfinden, sei an eine Warnung von Heribert Lenz erinnert: »Der Oberfranke is' a ziemlicher Rappelkopf, a Sturkopf.«

Dessen sollten wir gewahr sein, gewärtigten wir doch unser nächstes Interview, über welches Du nun Mitteilung machen magst.

Herzhafte Sonnengrüße entsendet:
J.

Weltuntergangsphantasie

Fürth, den 3. 8.

Lieber Jürgen,

es freut mich, daß Du von meinem heldenhaften Bad im Fichtelsee berichtest. So hat der Leser nach der mehrmaligen Erwähnung meiner die Welt ignorierenden Mittagsschläfe die Möglichkeit, eine ganz andere Seite meiner Person kennenzulernen. Mehr als kühn sprang ich ins graue Naß. Das kalte Wasser griff mir ohne Gnade ans Herz. Ich prustete und wollte mich schwimmend aus der grimmigen Umklammerung lösen. Schob Wellen von mir weg. Aber der dunkle, eisige See gab mich nicht frei. Ich kämpfte tapfer. Mein Lebenslicht glomm schon auf kleiner Flamme, als ich der blöden Brühe den Sieg überließ und mich mit trotzig-matten Schlägen und Tritten ans Ufer rettete. »Für wie toll hältst du dich eigentlich, du dummer, dunkler Tunkensee?« flüsterte ich, noch während ich im erbosten Lebensglück die Tropfen vom zitternden Leib wischte, und ein paar Zeilen aus dem Gedicht »Schilflieder« von Nikolaus Lenau kamen mir in den Sinn, als ich mich am Ufer hastig wieder anzog: »Trübe wird's, die Wolken jagen, / Und der Regen niederbricht, / Und die lauten Winde klagen: / ›Teich, wo ist dein Sternenlicht?‹ // Suchen den erlosch'nen Schimmer / Tief im aufgewühlten See. / Deine Liebe lächelt nimmer / Nieder in mein tiefes Weh!«

Der Wettergott ließ sich durch mein selbstloses Opfer nicht umstimmen. Stur und stumpfsinnig regnete es ohne Unterbrechung weiter. Ich fror den ganzen restlichen Tag. Die Scheibenwischer des BMWs wischten während unserer Fahrt mit dem Ziel, Frau Schmidt zu treffen, beharrlich die Himmelstränen beiseite.

In Wunsiedel angekommen, beschwerten wir uns umgehend über die scheußliche Witterung und das stoffelige Fichtelgebirge im allgemeinen. Frau Schmidt widersprach uns entschieden: »An schönen Tagen is' es bei uns hier wunderschön. Heut' is' natürlich a schlechter Tag, wenn's regnet. Bei uns is' eine wunderschöne Landschaft, wenn der Raps blüht zum Beispiel – wie in der Toskana im Frühjahr. Sie müssen noch mal kommen bei schönem Wetter.« In diesem Punkt mißtrauten wir den Ausführungen der Frau Schmidt.

»Ich bin überzeugte Fränkin und bin gegen die Bayern«, erklärte die beherzte Frau. Mir war dabei, als legte mir jemand eine Wärmflasche auf die Brust. »Ich sag's immer wieder: Ich zähl' mich zu den Franken. Ich hab' in Unterfranken g'heiratet und fahr' ganz oft in die Weingegend, und mir gefällt's da auch sehr gut, und ich denk', Franken gehört scho' irgendwie zusammen. Wobei ich natürlich immer mal denk', daß Oberfranken vielleicht scho' es schwächste Glied is', weil's halt auch kalt bei uns is', also vom Klima her. Und es is' ja immer so: Wie es Klima is', so sin' die Leute irgendwie. Des spiegelt sich ja so 'n bißchen wider. Die Oberfranken sind vielleicht a bißchen verschlossener im ersten Moment. Aber dann, wenn mer sie hat, hat mer sie. Die Leute sin' halt mehr ehrlich. Also, ich will jetz' net sog'n, daß die Mittelfranken net ehrlich sin'. Also, so a bißel erinnert's mich an den Norden. Ich bin annersch, natürlich, weil ich beruflich mit vielen Leuten zu tun hab'. Aber wenn mer jemand so von em Dorf ... Die sin' erscht ma' so 'n bißchen vorsichtig, sach' ich jetz' mal. Aber dann ... Wir reden net fränkisch. Unser Dialekt ist an die Oberpfalz und das Egerland angelehnt. Mir in Wousiedel, mir rier'n. Mei' Großmutter und mei' Mutter, die ham a alle so gered'. Aber so kann ich mit mei'm Mann net reden. Als Hesse, da versteht der kei' Wort. Am Telephon kannst ja des net machen. Ich war ma' in so einer Dialektgruppe, die gibt's leider nimmer.«

Unserem Eindruck, daß wir uns hier in einem dauergrauen,

eisigen Zonenrandgebiet befinden, widersprach die lebens-
frohe Frau mit Vehemenz: »Wir sin' doch seit '89 die Mitte
Deutschlands. Und vorher war's so: Des war es erste Urlaubs-
gebiet, des die Berliner hatten. Die ham hier zum Beispiel
ganz viele Wohnungen gekauft. Wir war'n von Berlinern teilweise überflutet. Es is' ja jetzert a nimmer. Manche ham halt
noch Wohnungen hier, klar. Im Herbst gibt es jetzt einen
Wettbewerb zur Altstadtbelebung. Es is' halt so: Durch die
Supermärkte und die ganzen Sachen wird ja des aus der Altstadt rausgezogen. Die Innenstadt von Wunsiedel is' scho'
sehr schön, mit dem Museum, mit dem Rathaus, klassizisti-
scher Stil. Scho' schön. Wir ham alles für Senioren hier. Aber
jetz' kommen ja junge Leute aus Spanien. Des is' ja des Neu-
ste. Unser Bürgermeister is' da runtergeflogen, und jetz' kommen tatsächlich einige Spanier hier an, die in Firmen aufgenommen werden und hier arbeiten können. Die Wohnungen
sind scho' hergerichtet. So wird alles mögliche probiert, daß
es net nur a Seniorenstadt wird. Aber des muß fei der Bürgermeister selber sog'n. Net, daß ich hinterher eins auf die Mütze
krieg'!«

Als Kind bin ich mit meinen Eltern mal nach Wunsiedel
gefahren. Im Freilufttheater der Luisenburg verliebte ich mich
damals Hals über Kopf in Pippi Langstrumpf. In den Jahren
danach habe ich von der Stadt nur noch im Zusammenhang
mit Naziaufmärschen am Grab von Rudolf Heß gehört.

In der Luisenburg, erzählte Frau Schmidt, können kleine
und große Buben ihr Herz beim Anblick von Fräulein Langstrumpf und anderen Damen immer noch verlieren. Die Belä-
stigungen durch die braune Brut sind jedoch inzwischen Vergangenheit. »Des Grab von Rudolf Heß is' aufgehoben«,
sagte sie erleichtert. »Die Angehörigen ham kein' Wert mehr
drauf gelegt. Ach Gott, war des ein Theater, wie des damals,
seit 1987 … Da war'n ja sämtliche Fernsehanstalten, die's
gibt, von Amerika über Holland über sonstwas, da. Die Zimmer in Wunsiedel und Hof war'n ausgebucht. Die wollten alle

Zimmer mit Blick zum Friedhof, daß die des alles ham filmen können. Dann hat mer des irgendwie an der Backe g'habt. Ma' wußte ja net, was des für Auswirkungen hat. Später sind die Demos verboten wor'n. Aber die ersten Jahre war des ganz schlimm. Da hat mer richtig Angst ham müssen. Des is' Gott sei Dank vom Tisch.«

Am Ende unseres Gesprächs stellte sich zu meiner Freude heraus, daß Frau Schmidt eine große Verehrerin der Opernwerke von Richard Wagner ist. »Ich bin halt seit meinem dreiundzwanzigsten Lebensjahr bayreuthsüchtig«, sagte sie mit Begeisterung in der Stimme. »Ich war einmal in einer *Tristan-und-Isolde*-Aufführung, des war als erstes Stück scho' ganz schön hart. Es is' einfach 'ne andere Welt. Ma' taucht in 'ne andere Welt ein. Und es is' einfach die grandiose Musik von Wagner. Da kann kei' Verdi mit, kei' Mozart. Wenn einen der Wagner gepackt hat, gefällt ei'm nix anderes mehr, finde ich. Mir g'fällt halt das Dramatische, des Gewaltige vom Wagner, auch die Weltuntergangsphantasien, die Überwältigungsphantasien, die ja in der Wagnerschen Musik ganz zentral sind. Es is' einfach total grandios. Da denkt man, des gibt's jetz' gar net, was da jetzt für Sachen raufkommen ausm Orchestergraben. Damals hab' ich g'merkt, des is' meine Welt, und des will ich jetz' jedes Jahr ham. Ich hab' mich da immer wieder um Karten bemüht, auch über Musiker, und hab' wirklich Glück gehabt, immer mal wieder welche zu kriegen.«

Ich selbst durfte im vergangenen Jahr Zeuge von den *Meistersingern* in der Inszenierung von Katharina Wagner werden, und ich habe mich noch nie so königlich in einer Oper amüsiert wie damals auf dem Grünen Hügel. Es war zum Brüllen komisch, als auf der Bühne gelbe Reclam-Büchlein herumgeschleudert wurden und man sich trefflich ertappt vorkam – und dann gleich noch mal, als ein gespieltes Publikum in schillernden Gewandungen und Smokings hinauffuhr, vor dem echten Publikum in schillernden Gewandungen und

Smokings. Da war ich in meinem braunen Cordanzug ein bißchen erleichtert, wobei ein solcher Anzug in den Pausen, in der Masse des polierten Auditoriums, eher ein wenig lästig sein kann. Ich fühlte mich ungefähr so wie an manchen Tagen im *Body-Sport-Club* in Fürth, wenn muskelbepackte Herkulesse bei meinen kläglichen Versuchen, mit meinem Bäuchlein mickrige Gewichte zu stemmen, leicht mitleidig dreinschauen.

Doch ich legte meinen Minderwertigkeitskomplex schnell ab und amüsierte mich glänzend, als die Wagner-Enkelin den moralinsauren Sängerwettstreit mit zweifelhaftem Pathos recht respektlos in eine ätzende Schlagershow verwandelte, auf deren Höhepunkt der Gewinner mit einem großen Pappscheck belohnt wurde. Aber leider blieb ich mit meiner Begeisterung allein.

»Die *Meistersinger* im letzten Jahr ham mir nicht so gut gefallen«, meinte Frau Schmidt. »Ich verfolg' ja die Festspiele scho' seit fünfunddreißig Jahren, und die alten Inszenierungen, die net unbedingt schlechter war'n, die ham mir wesentlich besser gefallen als das Regietheater, des sie jetz' größtenteils machen. Damit kann ich net so viel anfangen. Ich mein', die Musik bleibt, und wenn's ei'm da mal zuviel wird und zu modern, was die da machen, dann macht mer halt einfach mal kurz die Augen zu. Das Festspielhaus is' ja extra so gebaut, daß mer auf jedem Platz, auch auf der Galerie ganz oben, eine gleich gute Akustik hat. Vom ersten Moment an is' mer gefangen von der Musik. Das hat der Wagner extra so gemacht. Deswegen wollt' er's ja auch in Bayreuth ham. Der König Ludwig hat des auch ziemlich gefördert.«

Einen kleinen Fauxpas gestand uns die Wagner-Expertin schließlich doch noch. »Ich hab' mir letztes Jahr die Premiere vom *Tannhäuser* gegönnt. Da is' die ganze Prominenz rum'gangen, von der Veronika Ferres und sonstwas. Ich weiß jetz' gar net, war die Merkel a da? Und plötzlich war ich aufm Roten Teppich. Ich bin falsch gegangen, und … Ach Gott, hab' ich gedacht, wo bin ich jetz' hin? Dann hab' ich versucht, wieder zurück ... Ich konnt' ja net über die Absperrung. Da bin ich dann runter zu dem *Steigenberger*-Restaurant und war scho' wieder raus. 's erzählt mei' Mann dauernd: Plötzlich war sie aufm Roten Teppich. Aber unbeabsichtigt, werklich. Und ich hab' die Merkel ma' g'sehn. Des war vor a paar Jahren, kurz nachdem ma' sie so angegriffen hat mit ihre' Schweißflecken. Mein Mann und ich, mir war'n dag'stand'n und ham uns unterhalten. Auf amal schau'n mer so ... Sag mal, des is' doch ... Da war überhaupt kei' Mordsaufwand und Zeuch. Da war die Merkel mit dem Herrn Professor Sauer. Do war nix weiter. Mit noch 'nem Ehepaar standen die do. Die is' ja auch Wagner-Fan.«

Ich meine, gemerkt zu haben, daß das inflammierte Gespräch über Herrn Wagner nicht uneingeschränkt Deine Zustimmung gefunden hat. Aber vielleicht quälten Dich auch nur Hunger und Durst. Auf unsere Frage nach der hiesigen Gastronomie verriet uns Frau Schmidt: »So a typisches Lokal is' die *Schelter* in Wintersreuth. Da kann ma' a, wenn des Wetter gut is', draußen sitzen. Die schlachten halt selber viel und wurschten selber, des macht's a aus. Viele lieben hier Schlachtschüsseln, zum Beispiel im *Bräustüberl* in Schönbrunn. Da hebt's mich scho'. Des kann ich net essen, diese fetten Würschte. Aber des mögen die Leut' hier in der Gegend. Wenn irgendwo Schlachtschüssel is', da rennen die scho' gleich hin.«

In die erwähnte Gaststätte in Wintersreuth sind wir dann auch gefahren. Zuvor statteten wir allerdings dem Friedhof noch einen Besuch ab und starrten kurz auf das Stück rasenbewachsener Erde, unter dem sich einst das unheilvolle Grab von Heß befand. An anderer Stelle gedachten wir des Startenors Peter Hofmann, der hier seine letzte Ruhestätte gefunden hat.

Die Biere in der *Schelter*, von der munteren Wirtin flink gezapft und serviert, schmeckten redlich und gut. Ich bestellte die Spezialität des Hauses: angebratene Göttinger mit Sauerkraut. Um es mit dem höchsten kulinarischen Lob der Familie Moll zu sagen: Das kann der dümmste Mensch essen!

Am Ende des Abends war aus Frau Schmidt eine Freundin geworden. Es regnete zwar immer noch, aber das machte nichts mehr. Der Tag klang in Wärme und Wohlgefallen aus, und ich beende an dieser Stelle meinen Brief mit einem herzlichen Gruß:

Matthias

Erotikbierbrauerei

Frankfurt am Main, den 4.8.

Lieber Matthias,

zwei, drei ergänzende Worte noch zu Deinem einfühlsamen Brief.

Die *Schelter* respektive *Gaststätte Wiesental* ist wahrlich famos, und ich als Adorateur des Sauerkrauts sehe mich geradezu gezwungen, das hier als »G'mach« bezeichnete Edelmahl gesondert hervorzuheben, da es durch die Beigabe von Kartoffelstärke zu einer gar deliziös cremigen Spezialität gerät, die mir wie ein Echo auf die zauberhaft spröde und zugleich verlockende Landschaft mit ihren Rundungen, Wiesenbuchten, Waldbögen und Grünschattierungen dünkt. War es nicht Arno Schmidt, der in der Mittelgebirgsnatur alleweil geile Weiberärsche und -brüste wahrzunehmen glaubte?

Vorher jedenfalls hingen wir noch in der sogenannten Kulturkneipe *Ewige Baustelle* in Wunsiedel, der »Stadt der Brunnen«, rum. Da gingen alle Künstler hin, hatte Frau Schmidt gesagt, »des is' halt so originell, des hat a Kunsterzieher vom Gymnasium, der auch Stadtrat is', aufgebaut. Da kommen die Leute bis von Regensburg und sagen: So 'ne schöne Kneipe hat net ma' Regensburg. Der hat e alte Sache umgebaut. Da sin' zum Beispiel so Glasbausteine im Fußboden, wo mer glaubt, ma' fällt jetz' runter.«

Daß die Regensburger nicht ganz dicht sind, war mir schon länger bekannt. Und daß diese »Künstler« in eine derartige Neoneppkitschlokalität statt in ein solides Wirtshaus trippeln, stellt ihnen das ihnen gebührende Zeugnis aus. Vier minus, gerade noch bestanden.

Die gute Frau Schmidt freilich muß oder mag das anders sehen, wir leben in einem freien Land. Ist ihr Recht, ihr gutes. Stehen wir drüber. Mensch, da scheißen wir uns doch nix!

Daß vor und nach den Luisenburg-Festspielen in Wunsiedel, der »guten, lichten Stadt« (Jean Paul), alles dunkel wie die Nacht ist, möchte ich indes nicht bezweifeln. Ich habe von Dir, Matthias, ein Photo geschossen. Du stehst an der Ecke Jean-Paul-/Egerstraße und blickst derart finster drein, als hätte ich Dir just Deine Lieblingsmätresse ausgespannt. Na ja, als Maskottchen von Wunsiedel wärst Du mit diesem Bild eine Topbesetzung.

Genächtigt haben wir in einem mittlerweile geschlossenen Hotel direkt an der Luisenburg, diesem »gerühmten Granitgepurzel«, das »ganze Volksschlangen ansaugt« (Deschner). Abends fiel ich, umwölkt vom Getöse einer *Blues-Brothers*-Inszenierung, in einen unerquicklichen, mahrreichen Schlaf, morgens weckten mich unablässig herbeiströmende und herumlärmende Schulklassen aus dem gesamten wahnsinnig gewordenen fränkischen Raum. Dieses Ausflugs- und Festivitätsgewese ist ein bleischwerer Fluch.

Kann durchaus sein, daß die hiesigen »ansteigenden Felsgruppen« in ihrer »Mannigfaltigkeit, Mächtigkeit und Ausdehnung [...] einzigartig in Europa sind« (Gerndt), aber ich teile im wesentlichen, was Dieter Richter über Jean Pauls Reiseintentionen schreibt: »Große und vielbesuchte Sehenswürdigkeiten reizen ihn in der Regel nicht, jedenfalls teilt er kaum etwas davon mit.« (*Jean Paul – Eine Reise-Biographie*, Berlin 2012) Und ebensosehr leuchtet mir ein, was der Wunsiedeler Titan und Humanist selber zum besten gab: »Wir vergaßen unter dem Sehen das Reden und unter dem Reden das Sehen. Aber nicht das Bier.« Und: »Sie sahen erfreut dem Freuen zu.«

Das ist es. Es ist das Jean Paulsche »Vollglück in der Beschränkung« – eine Formulierung übrigens, die sich überraschend ähnlich zehn Jahre früher bei unserem Freund und Kameraden Tieck findet: »Wie reizend ist die Idee [...], mit jeder Staude, mit jedem Hügel vertraut zu werden, in einer glücklichen Beschränktheit die Wünsche und Gedanken sich in einem kleinen Zirkel um einen Mittelpunkt drehen zu lassen.«

Also gut. »Als ich erwachte, fand ich mein Gemüte in einer sehr faulen Stimmung. Ich hatte nicht die mindeste Lust, die Reise (nach Arzberg) mitzumachen.« Warum? »Die Gegend um Wunsiedel ist gar nicht besonders schön, etwas öde.« Tja. Und: »Die Gegend um Wunsiedel ist sehr kalt.« (Tieck)

Gleichwohl knatterten wir ein paar Kilometer nach Schönbrunn hinüber, um der Brauerei Lang unsere Aufwartung zu machen, einem 1853 gegründeten Familienbetrieb, in dem »die verschiedenen Rezepturen von Generation zu Generation weitergegeben« (Prospekt) werden, ergänzt um »innovative Sonderabfüllungen«, etwa das nunmehr schon wieder praktisch obsolete Starkbier Benedikt XVI. oder das hochgefährliche Erotikbier, letzteres mutmaßlich zwecks Ankurbelung der im Fichtelgebirge immer weiter sinkenden Geburtenrate. Was sagt der Vatikan eigentlich zu derartigen Markenliaisons?

Mit den vielbeschworenen fränkischen Biertraditionen ist es, bei Lichte betrachtet, vielerorts jedoch nicht mehr weit her, wie der zuvorkommende, auskunftsfreudige Juniorchef Richard Hopf (sic!) bestätigt: »Es is' mir a zu Ohren gekommen, von Vertretern – i weiß net, ob's Realität is' –, daß selbst so eingefleischte Kernbetriebe wie Kitzmann in Erlangen ins Straucheln kommen. Nürnberg is' ja in dem Sinn scho' fast strukturlos. Die paar Gasthausbrauereien sind ja auch so a Täuschung. Warum des niemandem auffällt ... Die Mittelständler, die Hunderttausend-Hektoliter-Betriebe, brechen weg, und die Gasthausbrauereien machen auf. Deshalb bleibt die Anzahl der Brauereien konstant. Aber des is' ja net die Wahrheit.«

Er hat schlicht recht, nimmt man die Bamberger Gegend und die Fränkische Schweiz aus. Denn der Biermarkt teilt sich in etwa so auf: »In Deutschland gibt's zwölfhundert Brauereien, in Bayern sechshundert, in Oberfranken irgendwas mit dreihundert. Da, würde ich mal sagen, fallen in die Kategorie Hausbrauerei zirka fuffzig bis hundert, bei den Familienbetrieben wie wir sind's vielleicht auch hundert, kleine Brauereiwirtschaften in der Bamberger Region vielleicht achtzig – und zwanzig große.«

Die Brauereistrukturen in den größeren Städten seien durch die internationalen Konzerne vernichtet worden. »Und des Schlimme is', meiner Ansicht nach«, fährt Richard Hopf fort, »daß die sich auch alle Mittelständischen unter den Nagel gerissen ham und jetzt auf die Kleinbetriebe losgehen. Denn die ham auch Absatzrückgänge, ganz klar. Wo soll's herkommen? Der Bierabsatz sinkt, hier kommt die oberfränkische Altersstruktur dazu, Bevölkerungsflucht, die Kaufkraft sinkt – deshalb müssen die auch in andere Märkte rein und kaufen zu. In Hof zum Beispiel hat's in den letzten sechs Jahren fünf Brauereien weggerissen. So geht das reihum.«

Ich als Bierforscher, Matthias, schätze solche offenen Worte sehr. Wie oft schon habe ich Brauereiverbandseseln und -verbrämungstölpeln zuhören müssen, die auch allzugern den weitverbreiteten Etikettenschwindel leugnen, der, genau besehen, ein Wirtschaftsverbrechen ist. Richard Hopf: »Da sagt der Nachbar: Okay, ich unterstütz' die kleine Brauerei, Falter zum Beispiel, kenn' ich, kauf' ich, dann sin' mer bei der Firma Scherdel angelangt, die es in Wahrheit herstellt, die wiederum gehören zu den Kulmbachern, die Kulmbacher gehören zur Brau Holding International, und die Brau Holding International gehört zu neunundvierzig Prozent, glaub' ich, Heineken. So, und ruckizucki is' mer mit der kleinen Hausmarke beim internationalen Großkonzern gelandet.«

Lang-Bräu versucht sich auch durch die heutzutage offenbar unvermeidlichen Events zu halten und zu verteidigen. »Kurz und intensiv« laute das Motto des alle zwei Jahre an Pfingsten stattfindenden Brauereifestes mit zirka dreizehntausend Besuchern pro Wochenende. Allerlei Unterhaltungsaufwand, und sei's eine Segelflugzeugtaufe oder eine Panzervorführung, wird da betrieben, Spektakel sei unumgänglich, wenn man pro Jahr nur zwölftausend Hektoliter Bier produziere: »Unser Kerngebiet is' ganz klar dreißig Kilometer um den Schlot rum, allerdings ham mer seit der Wende auch in den neuen Bundesländern Verkaufspunkte. Damals war a wahnsinniger Bedarf da, und was man an Menge verkaufen konnte, konnte man dort verkaufen. Das hat auch vielen oberfränkischen Brauereien schließlich das Genick gebrochen, weil die ihre Kapazitäten weiter ausgebaut und zu stark investiert ham. Ab dem Jahr 2000 ungefähr is' nämlich das Ostgeschäft wieder relativ schnell eingebrochen. Mit unseren, sag' ich mal, Bierspezialitäten, dem Erotikbier und solchen Sachen, ham mir auch immer wieder mal Getränkehändler von weiter weg, die dann a so a Produkt wollen und brauchen. Des sin' jetzt net die wahnsinnigen Mengen, von denen man leben kann, aber es sin' halt auch Türöffner.«

Wir trinken Pils. Erotikbier könne er »in der Öffentlichkeit nicht ausschenken«, sagt Hopf junior schmunzelnd. Wie sei das hernach in aller Welt bestaunte Bier denn entstanden?

»Mir ham damals a Sudhausautomatik eingebaut, weil mer auch als kleiner Betrieb rationalisieren muß. Aber am Anfang gab's viele Störungen, da mußte man eingreifen und den Fehler beheben. Wir brauen ausschließlich nachts, und mein Vater hat a Klingel neberm Bett, wenn der Computer a Störung meldet. Dann geht er rüber und drückt auf den Entstörknopf. Und eines Nachts is' er extrem leichtbekleidet rübergegangen ins Sudhaus, und man konnte den Fehler nicht mehr beheben, und er mußte den Sud per Hand weiterführen, fast nackt. Und da hat er eben, er erzählt des so, Schwingungen und Kräfte gespürt, er mußte an Frauen denken, des war alles nicht normal. Er hat gemerkt, da paßt was net, hat des Bier dann separat testen lassen von seinen Freunden und Bekannten und ihr Feedback eingeholt. Und da kam mehrfach unabhängig voneinander die Aussage: Wir mußten den Fernseher gar nicht mehr einschalten. Also hat er g'sagt: Okay, das is' was Besonderes. Wir haben das dann mit dem entsprechenden Aufzug – Etikett, Kronkorken und so weiter – aufn Markt gebracht, und ruckizucki waren wir ausverkauft. Klar, jetzt mußten wir des weitermachen.«

In der Presse wurde bald »der Erotikbierbrauer aus dem Fichtelgebirge« herumgereicht, »alle möglichen Fernsehsender war'n da, ham des aufgenommen, Brauer nackt am Sudkessel und so, des is' dann scho' Vollgas los'gangen«, selbst in Taipeh war man ganz wild darauf. Ein Problem tauchte dennoch rasch auf: »Den Bereich Erotik kann man im Foodbereich nicht schützen – und wenn, dann nur sehr speziell. Und da werden Unsummen verlangt. Es gab schon viele Kopien. Wir ham zum Beispiel an Beate Uhse nach Berlin geliefert, ins Deutsche Sexmuseum, und die ham dann g'sacht: Jawoll, wir machen des selber, über die Flensburger Brauerei, und ham dann ein sogenanntes Popp-Bier entwickelt und uns wieder rausg'haut aus dem Marktsegment. Gut, solche Sachen passieren, davor kann mer sich nicht schützen.«

Wir machen einen Rundgang übers Gelände und steigen in die Kellergewölbe hinunter. Ein lebensgroßer Aufsteller von Jürgen Hopf senior, Zeitungsausschnitte mit Politikervisagen und Berichte aus Magazinen wie *Playboy* und *Penthouse* an den Wänden. »Und das Erotikbier darf nach wie vor nur Ihr Vater machen?« – »Korrekt, ja. Er sagt auch immer, er hat scho' zwoundzwanzig Kilo abgenommen und is' scho' richtig ausgelaugt. Er weiß nicht, wie lang er da noch durchhält.«

Manche Biertouristen kämen »angegast« hierher, an die Pforte des Erotikbierkellers. Richard Hopf öffnet sie und fährt den Computer hoch. »Des is' der Erotikkeller. Wenn dann fünfzig Leute in dem Raum steh'n und a weng a Stimmung is', dann is' es da scho' immer ganz lustig. Hier reift und lagert und festigt sich die Erotik.«

Also sprach Zarathustra von Richard Strauss hebt an, an der Rückwand erscheint als Pappkamerad zwischen den Fässern der Chef, nur mit einer Lederhose angetan. »Chef is' allgegenwärtig«, sagt sein Sohn, deutlich zur Selbstironie fähig, und wir müssen angesichts der durchaus charmanten provinziellen Dämlackelhaftigkeit der Szenerie lachen.

Auf dem Rückweg, in der Flaschenabfüllung, kommen wir noch einmal auf das Wesentliche zu sprechen. »Des is' auch a großes Thema«, erläutert Richard Hopf. »Die Flaschenfüllerei is' einfach des Aufwendigste und des Teuerste. Und viele Betriebe sag'n dann irgendwann, wenn es a Schrotthaufen is': Wir investieren in die Füllerei nix mehr, lassen des Bier irgendwo anders abfüllen. Was is' dann die Folge? Es is' nicht machbar, so Kleinmengen abzufüllen, weil sich's einfach net rentiert, und dann sagt mer irgendwann: Okay, man schrumpft sein Sortiment ein, ma' macht nur noch die und die Sorte, daß mer aan Tank vollmachen kann, daß mer den hinfahr'n kann und daß der Abfüllbetrieb auch mit der Mindestmenge des abfüllt. Und des is' auch ein Grund, warum so viele Sorten und Strukturen verlorengehen. Irgendwann heißt's dann der Einfachheit halber: Jetz' machst des Bier gleich selber und haust meinen Namen drauf. Des is' ganz oft der Fall. Und dann, schwuppsdiwupps, is' die Brauerei weg.«

Es tat sich mir das Herz zusammenziehen, Matthias, ob dieser Trostlosigkeit, die in einem Starrsinn der Betroffenen kulminiert, der fränkisch zu nennen nicht falsch ist, wie Richard Hopf bestätigte: »Die Brauer sin' alle Sturköpfe, besonders die älteren, und Kooperationen gibt's so gut wie keine, außer sie sind kurz vorm Ende. Dann überlegen sie sich: Könnt' mer net und Ding und Ding ... Die Erfahrung ham mir scho' oft g'macht. Und wenn auf irgendwelchen Versammlungen, Brauerstammtisch und so weiter, irgendwas ausg'macht wird, daß mer sagt: Jawoll, wir setzen ma' jetz' irgendwas generell fest – es funktioniert nicht. Dann schießt sofort wieder einer rein. Mag sein, daß des der oberfränkische Sturkopf is' – oder halt diese Umsatzgeilheit.«

Ernüchtert zogen wir mit einem solidarischen Kasten Lang-Bräu im Kofferraum von dannen. Bedrohlich das aschige, ausfransende Wolkengekleckse und -gewirl über dunklen Fichtenbuckeln Richtung Bayreuth. Auffällig und nicht minder beklemmend die stattliche Präsenz der Grünen Minna allerorten. Trübe-Tassen-Stimmung alsdann in der Richard-Wagner-Straße.

Matt und müde besuchten wir das Jean-Paul-Museum, das, welch Obszönität, im ehemaligen Wohnhaus des Erzantisemiten und Hitler-Förderers Houston Stewart Chamberlain eingerichtet wurde. Wenigstens der Pavillon mit ein paar Informationstafeln im Garten ist recht beschaulich. Durchs Franz-Liszt-Museum (Sammlung Ernst Burger) nebenan quälten wir uns ebenso hindurch. Haus Wahnfried, dieser potthäßliche Prunk- und Trutzklotz, war glücklicherweise wegen Umbauarbeiten geschlossen.

In seinem Rücken, am Rande des Hofgartens, wo Hitler stets inbrünstig Andacht hielt, ruhen Cosima und Richard Wagner samt Hund Russ, der laut Grabstein allhier »wacht«, wahrscheinlich über die ordnungsgemäße Einsammlung der Exkremente seiner Artgenossen. Nein, nein, dieses Architektur- und Gartenensemble löst bei mir nichts als Ekel aus.

Was das Wagner-Nazi-Geraffel hier anstellte, kann man in sämtlichen Details Brigitte Hamanns brillanter Monographie *Winifred Wagner oder Hitlers Bayreuth* (München/ Zürich 2002) entnehmen. Der unermeßliche, mörderische Unflat fand bekanntlich seinen dokumentierten Abschluß in Hans Jürgen Syberbergs Film *Winifred Wagner und die Geschichte des Hauses Wahnfried 1914–1975*, in dem die Nazitrulla, die bis zu ihrem Tod fleißig Neonazis hofierte, begeistert bekundete: »Wir alte[n] Nationalsozialisten haben nach dem Krieg einen neuen Namen erfunden, weil man in aller Öffentlichkeit nicht mehr über ihn [Hitler] reden konnte. Und wenn man über ihn reden wollte, dann haben wir ihn USA genannt. Das heißt auf deutsch: unser seliger Adolf.« Und: »Also, wenn Adolf Hitler hier zum Beispiel zur Tür hereinkäme, ich wäre genauso, so, so fröhlich und so, so glücklich, ihn hier zu sehen und zu haben, als wie immer.«

Ich erspare mir und Dir, Matthias, Einzelheiten zu »Hitlers Freundin«, zum Lügner Wieland, »Hitlers Günstling« (Hamann), und zur Bande drum herum, zu dieser »musikalischen Sekte« (Oskar Panizza). Sie waren nachweislich allesamt Antisemiten und Kriegstreiber und Wahnsinnige und Schwachköpfe durch und durch (was eine Einschätzung von Wagners Musik nicht berühren soll, obwohl ich da mehr oder weniger zu Georg Kreisler tendiere: »Seine Opern sind bis heute nichts als ein gutes Geschäft, rational, berechnend, langweilig und patriotisch«).

Ja, das alles ist »wirklich beschissen« (Winifred W. 1918). Und wie sah's in Bayreuth, dieser Bauerntrampelstadt, in der jeder Unfug selbstverständlich *Lohengrin Therme, Parsifal Apotheke, Metzgerei Parzen Feinkost* oder *Reifen Wagner* heißt und man immer noch von der »Ostmarkstraße« nach Passau spricht, früher aus?

Markgräfin Wilhelmine mokierte sich 1732 über die adeligen »Vogelscheuchen« und »ganz verteufeltes Ragout«, Voltaire erblickte später einen »wunderlich stillen Ort« mit »allen Annehmlichkeiten«. Jean Paul hingegen, den der Idiot Nietzsche als »Verhängnis im Schlafrock« titulieren wird, ergötzte sich am »Zaubergürtel« der Natur, am »so grün angestrichenen Präsentierteller von Gegend« und an den »wie schimmernden, aus dem Äther gesunknen« Baulichkeiten, während er bald »den baireuter Hunden und Hündinnen«, den »illiterarischen«, nicht mehr viel abzugewinnen vermochte: »Bayreuth hat einen Fehler, daß zu viele Bayreuther darin wohnen.«

Ein paar Jahre zuvor hielt unser Kumpel Tieck angesichts der Eremitage fest: »Die Wasserwerke sind wirklich prächtig; sie gingen nur gerade nicht.« Also ging er mit Wackenroder in den *Goldenen Anker*: »Die Offiziere waren so armselige Geschöpfe, als man nur armselig sein kein. Ihre Unterhaltung war ohngefähr die, wie man sie bei den Hallischen Studenten [...] antrifft, wenn sie besoffen sind [...]; keinen Funken von Verstand oder Laune, die allergemeinste Lustigkeit des Pöbels, mit einem Phlegma des Geistes und einer Faulheit des Körpers, die ordentlich ekelhaft. Sie waren im höchsten Grade preußisch.«

Damit hat Napoleon 1806 dankenswerterweise aufgeräumt. Sein Statthalter, der edle Baron Tournon, schrieb über die »interessante Provinz Bayreuth« folgendes: »Bayreuth liegt in einer herrlichen, weiten Mulde, welche vom Maine (Mein) durchzogen wird; es ist eine der schönsten Städte Deutschlands.« Sie habe »ein ebenso malerisches als angenehmes Aussehen, von welcher Seite man auch nahen mag. Das neue Schloß auf einem schönen, viereckigen Platze zeigt in seiner Einfachheit eine regelmäßige und edle Fassade, aus welcher ein Vorbau mit korinthischen Säulen heraustritt. Die Häuser in den anstoßenden Quartieren sind gut aus Sandstein gebaut.«

Bon. Und des weiteren? Die Eremitage? »Dieses Schloß, im Halbkreis gebaut, mit einem säulengetragenen Umgang, ist armselig und geschmacklos. Eine lächerliche Dekoration sind die gemauerten Säulen, welche mit einem Überzuge von Kristallstücken und anderen bemalten Stoffen bedeckt sind. [...] Viel Geld ist aufgewendet worden, um die schöne und edle Einfachheit des Ortes zu verderben. Leicht wäre es, diese Spuren des etwas gotischen Geschmakkes vom Markgrafen Friedrich verschwinden zu lassen.«

Na schön. Und die von Jean Paul so geliebten Bayreuther? Eine kleine Auswahl: »Obgleich mager, sind sie in ihren Bewegungen keineswegs gelenk und gewandt [...]. Das weibliche Geschlecht ist eher unter als über Mittelgröße, hübsch gebaut, obwohl etwas zu stark in seiner Jugend. [...] Die Menschen kommen im Bayreuther Land im allgemeinen mit geraden Gliedern zur Welt. Tölpel (Kretinen) sind unbekannt. [...] Ihre Gemütsart ist im allgemeinen weich; Verbrechen, selbst Streitigkeiten sind selten. [...] Man ist sehr selten einer Roheit ausgesetzt, selbst nicht bei dem letzten Landbewohner, und der Fremde darf im Gegenteil auf Gefälligkeit, Artigkeit und Achtung selbst bei den Leuten inmitten der Wälder rechnen.«

Bitte sehr. Was noch? Zwar seien »die Brauereien« die »wichtigsten Fabriken«, und die »Vortrefflichkeit des Bieres« entgeht dem Herrn Baron ebensowenig, doch führe der allgemein »starke Biergenuß« zu »allgemeiner Behäbigkeit«: »Sehr selten hört man Singen im Freien; Schweigen herrscht fast immer in den Bierschenken; der Tanz selbst ist eintönig und ohne Heiterkeit. Bei Volksfesten, wo der Mann aus dem Volke sich ungezwungen seinen Gefühlen zu überlassen pflegt, hört man fast niemals Ausbrüche von lodernder Freude.«

»Volksgebräuche« also »findet man bei den Bayreuthern nicht.« Statt dessen dies: »Die Sitten bezüglich des Umganges der Geschlechter sind sehr verderbt unter dem niederen Volk [...]. So kann man sich eine Vorstellung von der Lüderlichkeit machen.«

Das wollten wir überprüfen. In der *Rollwenzelei* an der Königsallee, in der Jean Paul dichtete und nach Kräften »Trinkunfug« trieb (siehe Günter de Bruyn: *Das Leben des Jean Paul Friedrich Richter – Eine Biographie*, Halle 1975), geht das nicht mehr. Folglich nahmen wir vor dem nächstbesten Etablissement Platz, der Gaststätte *Zum Oberen Tor* in der Richard-Wagner-Straße. Es geschah nichts.

Ob Lüderlichkeit und verderbte Sitten eher auf dem Grünen Hügel zu besichtigen wären, im Dunstkreis des schönen, fast feingliedrigen Festspielhauses?

Nein. Nichts. Dito: absolut nichts.

»Das mit Bayreuth geht eindeutig zu Ende, auch wenn die Leute nach wie vor dort hinflattern. Das ist alles sehr dumm und vulgär«, sagt der große Wagner-Kenner Eckhard Henscheid. In seinen Memoiren *Denkwürdigkeiten* (Frankfurt/Main 2013) hingegen legt er im Festspielzusammenhang ein gutes Wort für »das ja doch insgesamt sehr manierliche Volk der Franken« ein – trotz der »Wagner-Läden. Nibelungen-Anstecknadeln (Frickas Widder. Das Roß im Ring). [Des] Tafelgeschirr[s] mit Wagners störrischem Kopf. [...] Wagner-Krawatten.« (Romain Rolland)

»Wer nach Bayreuth fährt, tut es, um einige Denkmäler zu besichtigen«, konstatieren Franz Piontek und Joachim Schultz im Nachwort ihrer Anthologie *Bayreuth – Ein literarisches Porträt* (Frankfurt/Main/Leipzig 1996). So sei es. Und die Autobahn ist ein Segen, ein Segensschweif, auf dem wir hinwegfliegen gar geschwind und ach sogleich.

Sei von Herzen gegrüßt (während ich die Wagner-Marzipanbüste von Frau Schmidt vertilge):
Jürgen

Bis zum Rest der Mauer

Fürth, den 5. 8.

Lieber Jürgen,

was ist das nur für ein verwunschener Sonntag, an dem ich versuche, diesen Brief zu schreiben! Starke Rückenschmerzen zwangen mich in aller Herrgottsfrühe aus dem Bett. Das angetraute Weib schlummerte indessen unbeirrt weiter. Mit einer Tasse starken Kaffees wollte ich fehlende Lebenskraft aktivieren. Es mißlang gründlich. Das Getränk schmeckte mehr als abscheulich.

Ich fürchtete, eine Maus sei in der Kaffeemaschine verstorben. Aber kein Kadaver ließ sich finden. Auch Reste von Schimmel oder Spuren bitterer Arznei waren nicht zu sehen. Ich reinigte die Maschine systematisch und brühte ein zweites Mal auf. Ich goß Milch dazu. Was soll ich schreiben? Es schmeckte genauso widerwärtig wie beim erstenmal.

Ich untersuchte das Kaffeepulver gründlich. Hatte eine Taube hineingeschissen? War mir über Nacht der Geschmackssinn abhanden gekommen? Verzweiflung wanderte den gequälten Rücken hinauf. Zu guter Letzt stellte sich heraus, daß die Milch sauer war. Jetzt trinke ich Fencheltee, und Du magst es entschuldigen, wenn es mein nachfolgender Bericht an fröhlicher Farbigkeit mangeln läßt.

Nachdem wir aus Bayreuth geflohen waren, führte uns unsere Route weiter ins dunkle Herz von Oberfranken hinein. Am Himmel hetzten graue Wolken wie hungrige Wölfe hintereinanderher. Die Straßen waren leer und verschlammt. Einmal überholten wir einen verbeulten Lastwagen, der einen Berg Knochen geladen hatte. Es schauderte uns. Der unrasierte Fahrer lenkte das scheppernde Fahrzeug mit handlosen

Armstümpfen. Grün und böse leuchteten seine wimpernlosen Augen zu uns herüber.

Wir atmeten heftig, und unsere Seelen zitterten im dunklen Schatten der Vorahnung. Die Landschaft hier und die öden Ortschaften werden bestimmt nicht oft photographiert. Wakkenroder drückt es so aus: »Die Gegend nördlich von Naila hat [...] einen kalten, trockenen Anstrich.« Außerdem schreibt er trocken und ganz unromantisch: »Naila, ein kleines, schlechtes Städtchen.«

Viel geändert hat sich im Wandel der Jahrhunderte offenbar nicht. Leo Fischer, Torsten Gaitzsch und Michael Ziegelwagner bezeichnen die Stadt, in der Bundesinnenminister Friedrich aufgewachsen ist, in einem Reisebericht, der im Oktober 2011 in der *Titanic* erschien, als »Klein-Istanbul nahe Hof«. Ohne größere Übertreibung schreiben sie an anderer Stelle: »Regenwolken lachen über Naila, das Schuhhaus *Schuh-bi-Du* freut sich auf die bevorstehende Räumungsklage.« Und auch folgende Beobachtungen bedürfen keinerlei Korrektur: »Da alle wichtigen Geschäfte jetzt, Freitagmittag, seit Stunden geschlossen haben, liegt ein müder Zauber über dem verschlafenen Extremkaff, in welchem nur der Baumarkt eine Art Leben entwickelt. [...] Die Gastronomie verbarrikadiert sich schon um halb zwei gegen Durst-Terroristen; das *Café Puccini* verscheucht potentielle Gewalttäter mit seinem Ekelkaffee auf Blumenwasserbasis.«

Wir bezogen unsere Unterkunft im *Grünen Baum* am Marktplatz. Die Dame, die uns die Zimmerschlüssel aushändigte, war sehr freundlich. Sie ohrfeigte uns nicht. Nach einer kurzen Ruhezeit im sauberen Zimmer besuchten wir Frau Lang, um über die vielleicht verborgenen Schätze der Gegend Auskunft zu erhalten. Allerdings konnte sie unser Vorhaben, ein Buch über Franken zu schreiben und in diesem Zusammenhang auch der hiesigen Gegend ein Kapitel zu widmen, nur schwer nachvollziehen. »Nu' ja ... Nu', was woll'n Sie denn da schrei'm?« fragte sie uns gleich zu Beginn, noch vor dem Haus.

Lang: Ja nu' ... Do seg'n Se scho', do hom mer den Weidenstein, des is' so 'ne Aussicht dau. Un' des is' der Spitzberg.

Egersdörfer: Da wandern Sie immer nauf am Wochenende?

Lang: Naa.

Roth: Es sterben schon einige Orte aus hier in der Gegend,
oder?

Lang: Viele Häuser wer'n wohrscheinlich demnächst leer
stehen, weil die Junge' alle fortmüssen. Weil hier is' ja net
so viel Betrieb wie in die Städte und irgendwo andersch.
Also Arweit. In Naila gibt's scho' Arweit. In Bobengrün is' a
Puschenfabrik. Awer sonst ... In Bad Steben, nu' ja, is' a net
so viel. Is' halt des Bod. Da gibt's a wenicher zum Arweiten.
Aber so ... Die, wo da studiert ham, un' die, die müssen alle
woanersch hi', gell.

Egersdörfer: Da bleiben bloß noch die alten Leut' da?

Lang: Da bleiben bloß die alten Leut' noch da, irgendwann.

Roth: Is' aber schon 'ne ärmere Gegend hier – von Franken?

Lang: Ja, früher war des scho' net so. Mir hatten a klaane
Landwirtschaft. I bin do ja gebor'n, mei' Geburtshaus. Der
Vater, der haut sich nur mit der Landwirtschaft ernährt, gell.
Paar Kühe. Awer sin' scho' auskommen eigentlich.

Roth: Ham Sie damals Zonenrandförderung bekommen?

Lang: Bitte?

Roth: Zonenrandförderung – oder wie das hieß. Als es die
DDR noch gab, war das hier ja Zonenrandgebiet.

Lang: Naa, da ham mir nix kriegt, naa. Kriegt ham mir da nix.

Roth: Wenn man diese Bücher und Reiseführer anguckt – über
den Frankenwald steht fast nix drin.

Lang: Also, gehen S' halt amol rei'.

Wir gingen in die gute Stube und setzten uns in den grauum-
wölkten Wintergarten.

Lang: Ich bin hier aufgewochsen. Früher sin' mer a nit waaß
wohin kumme'. Ich mußt' mei'm Vadder helfen bei der

Landwirtschaft, gell. Un' mir hodden a die Wies'n un' die Felder. Do hint'n wor der Stall. Is' halt alles jetz' weg, gell. Mir hom's dann auf'geben, weil entwedder ma' hat viel Landwirtschaft oder … Des Kleine is' olles nix mehr. Mei' Monn is' donn arbeiten gegonge', erscht amol, un' dann hod er sich selbständig gemocht.

Egersdörfer: Was macht denn jetzt hier den Frankenwald aus? Was ist das Spezielle an der Gegend?

Lang: Olso, früher hod mer ja viele Urlauber. Die wor'n da unten, des wor a Gasthaus. Da wor'n viele Berliner da. Jede Woche sin' da welche kommen mit 'm Bus. *Gasthaus Fauken* hod des geheißen. Des wor immer belegt. Sin' dann halt spazieren'gange' im Froschbachtal. Ober jetzert is' … Des *Fauken* gibt's nimmer. Sin' donn nach Lichtenberch. Hom die in Lichtenberch die *Harmonie* gekauft und mochen awer a gutes Geschäft mit gutem Essen. Ober keine Übernachtungsgäste ham se nimmer. Des is' alles vorbei. Komme' keine Berliner Busse mehr. Nach Bad Steben schon.

Roth: Fühlen Sie sich als Fränkin?

Lang: I fühl' mi' scho' als Fränkin. Weil wenn mer nach Sachsen kommt, dann sog'n die immer: Na, ihr in Bayern. Da sog' ich: Mir sin' eigentlich Franken. Die Bayern is' a onnerer Menschenschlog wie die Franken, stimmt's? Die Franken sin' a bißele mehr rauher nach außen so, gell, ober innen ham s' aan weichen Kern, stimmt's? Un' der Guttenberch, da wor'n mer ja so stolz, weil des a Franke is'. Ober der hod sich halt donn jetzert sein ganzen Zeug vermasselt. Da hab' ich geheult, wie der Guttenberch weg is'. Wir wor'n so stolz auf den Guttenberch.

Egersdörfer: Na, jetz' aber der Friedrich, der Innenminister, kommt ja auch aus Naila …

Lang: Un' da sin' mer a stolz drauf. Genau. Nu' ja, un' zu Pfingsten, da ham wer in Bobengrün drin den ganz'n CVJM, also Christlicher Verein Junger Menschen. Da is' immer eine

Pfingsttagung. Do komme' die Menschen un' die Jugend vo' ganz Deutschland. Is' Wahnsinn, da komme' jedes Jahr mehr. Da wird jetzt auf dem Weidenstein da immer a Kreuz aufgestellt, des is' dann nachts beleuchtet. Scho' schön.

Egersdörfer: Is' des hier a evangelische Gegend?

Lang: Ja, wir sin' evangelisch. I mein', in Bad Steben gibt's a katholische Kirche. Ober eigentlich is' hier a evangelische Gegend.

Roth: Gehen Sie in Naila einkaufen?

Lang: Ja, aber auch in Bad Steben. In Bad Steben, da hom mer ja auch den *Neukauf* in Bau. Da gibt's ja auch a bißchen alles. In Bad Steben ham mer a an Geschäften genug. Nu' ja.

Roth: Also, die Gegend stirbt noch nicht ganz aus hier?

Lang: Nein. Ich mein', Bad Steben is' ja a Kurort, wo eigentlich scho' viele Leute hingehen, gell, und a viele Leute wohnen. Un' des stirbt a net aus. Bad Steben auf keinen Fall.

Egersdörfer: Wos muß mer denn Ihrer Meinung nach g'seh'n hom im Frankenwald?

Lang: Wos mer geseh'n ham muß? Na ja, bei uns gibt's eigentlich net so viel zum Seh'n. Bei uns tun se immer nur die scheene Aussicht bewundern. Wer kommt, sochen se: Ham Sie eine schöne Aussicht! Ja, un' des genieß' mer halt auch. Wenn mer älter is', genießt mer's mehr. Als Kinder hat mer des net geseh'n.

Roth: Und die Straße stört Sie nicht?

Lang: Da sim ma' so aufgewachs'n. Des sin' mer gewöhnt. Da ham se dann mal wos gebaut. Da war die Straße gesperrt. Da is' kaa Auto gefahr'n. Da hat was gefehlt.

Roth: Was würden Sie jetzt in der näheren Umgebung, im Umkreis von vierzich, fuchzich Kilometern, empfehlen? Was man sich anschauen sollte?

Lang: Ach so! Nu' ja, wor'n S' scho' mol in Bad Steben? Den Kurort amal besichtichen? Da müssen Se ma' nach Bad Steben geh'n. Bad Steben is' scho' schön.

Egersdörfer: Wie schaut's in Hof aus?

Lang: Na ja, Hof ... Hof is', glaab' ich, a a bißel scheener geworden etz'. Un' Naila is' a scheener gewor'n. Olles a weng schön gewor'n. Ja, un' dann ham mer des Höllental. Marxgrün, dann rechts geht's ins Höllendal, in die Hölle. Erscht kummt der Ort Hölle, un' dann kommt das Höllendal. Da müssen Se amal hin. Ober da muß mer halt au' lauf'n.

Roth: Warum heißt der Ort Hölle?

Lang: Ja, des is' des Höllendal, wo a sehr bekannt is'.

Egersdörfer: Und gibt's besonderes Essen hier in der Gegend?

Lang: Essen? Also, hier bei uns ... In Bad Steben gibt's auch einiche Gasthäuser. Do gibt's den *Hubertus*-Gasthof. Da ham mer a scho' gefeiert drin. Do gibt's eichentlich scho' etliche Gaststätten, wo ma' gut essen kann.

Roth: Und was ißt man dann?

Lang: Da gibt's alles. Wenn Sie nach Lichtenberg gehen in die *Harmonie*, da gibt's das beste Essen. Aber es is' a deuer.

Egersdörfer: Und a uriger Landgasthof, hier in der Nähe, können Sie uns da was empfehlen?

Lang: Die *Harmonie*, ja, die is' da oben nauf. Da is' ja a a Burch. Lichtenberch nauf ... Un' die Peggy, ham Se bestimmt a scho' g'hört, in Lichtenberg des Mädchen, wo verschwunden is', scho' viele Jahre. Da is' ja Lichtenberch ganz berühmt wor'n. Drum sin' mer im Fernsehen. Heut' kommt wieder, um elfer, hat mir die Nachbarin vorgesacht, a Sendung. Des geht weiter, die Peggy. Da ham se aan ei'gesperrt. Der soll die umgebracht ham. Ober des is' net der Fall. War neun Jahre, des Mädchen. War spurlos verschwunden. Ham se nie aufgefunden. Und do is' Lichtenberg in ganz Deutschland berühmt geworden. Lichtenberch ... Un' da ob'n ham mer des alte Schloß. Des is' a Bauernhof jetzert. Do wor'n, glaub' ich, Raubritter oder irgendwie, vo' Lichtenberch her. Un' früher hat's die Hammerwerke geb'n. Ober da weiß ich net so Bescheid. Da müßten Se mit jemand ander'm sprechen. In Thierbach wohnt ein Herr Siegert, wenn mer von Marxgrün raufkommt rechts oben der Bauernhof. Un' der kennt sich aus, weil des is' unser Schreiberling. Der mocht für die *Frankenpost* Artikel, superschöne Artikel. Der waaß alles. Da könnt' mer sich ja mal befragen bei ihm. Da erfahr'n Sie noch viel, viel mehr. Un' in Wallenfels sin' doch die Flößer. Wallenfels, da geht eigentlich erscht richtich der Frankenwald los. Da kunn mer sog'n, daß finster is'. Die baue' die Flöße dann, ihre Ding', selber, aus Baumstämme'. Hom S' scho' mol a Floßfahrt gemacht?

Egersdörfer und Roth: Nein.

Lang: Nee? Also, ich a noch nit. Ower unsere Tochter hat scho' a paar gemocht. Der Sohn, glaab' ich, a. Mei' Mo', glaab' ich, a net. Aber, ja, des is' … Mer werd hold a weng naß, gell. Ne ja, wos soll ich Ihne' weiter noch sog'n?

Die Floßfahrt haben wir ausfallen lassen, zugunsten eines Abendmahls. Wir fuhren durch die Hölle. Karlheinz Deschner merkt dazu an: das »Dorf Hölle, dies einnehmend hübsch übrigens«. Wir fuhren durch einige Dörfer, die mich an Sarajevo nach dem Krieg erinnerten. Verwaiste Ladengeschäfte glotzten stur vor sich hin. Häuser, die die Letzte Ölung schon vor einigen Jahren erhalten hatten. Straßen, bei denen man vergessen hatte, sie zu Ende zu bauen. Rauhe, karge Landschaft. Wolken darüber, die es eilig hatten.

Wir kamen zum Schloß Issigau. Der Schloßhof steht Campinggästen zur Verfügung. Es berlinerte sehr an den Tischen vor der Gaststätte. Eine Katze zischte vorbei. Ein an einem Tischbein angeleinter Hund besann sich seiner Instinkte und riß das Möbel einfach um. Geschirr fiel zu Boden. Stimmen wurden laut. Der Hundehalter züchtigte das Tier. Der langhaarige Vierbeiner begriff nichts. Junge Menschen tranken haltlos, wahrscheinlich um sich auf die dunkle Nacht im Zelt vorzubereiten.

Wir atmeten frische Luft und bissen in ein sehr gutes Wiener Schnitzel. Nach dem Essen rauchten wir. Halbwegs glücklich sahen wir den Schwaden hinterher. Ein Jüngling gab Auskunft über sein Befinden: »Ick geh' jetzt kotzen.«

Wir zahlten und fuhren zurück ins nachtdunkle Naila. Eine Spielbank leuchtete verführerisch. Vielleicht hätte ich an diesem Abend meine Altersrente oder einen Sportwagen gewonnen. Aber Du wolltest das Glück nicht mehr herausfordern. Also tranken wir in der Stube des *Grünen Baums* noch ein letztes Bier. An einem Tisch nebenan murmelten ein paar Gäste in trauter Runde.

Der Wirt wünschte uns eine gute Nacht. Bevor ich mich ins Bett legte, schaltete ich den Fernseher ein. Zu später Stunde wurde die traurige Geschichte von der ermordeten Peggy bebildert. Dem Bericht zufolge läuft der Mörder nach wie vor frei herum, oder er hat sein Geheimnis mit ins Grab genommen. Ich atmete einmal schwer aus, nachdem ich Fernseher und Licht ausgeschaltet hatte.

Bevor wir Naila am nächsten Morgen verließen, erwarben wir in der *Konditorei Baderschneider* eine Tüte Anisbrezeln, die mir ein guter Freund, mit dem ich gelegentlich im *Babylon* in Fürth einige Biere trinke, empfohlen hatte. Wenn man zu dem Gebäck noch Ouzo trinkt, dürfte sich zimmerpflanzengroßes Glück einstellen.

Über Schnarchenreuth, Tiefengrün und Untertiefengrün gelangten wir recht zügig nach Mödlareuth. Das Dorf wurde einst vom Eisernen Vorhang in zwei Hälften geteilt, die Amerikaner nannten es »Little Berlin«. Das Deutsch-Deutsche Museum versucht den Irrsinn zu erklären. Ein Rest der Mauer gibt dort Auskunft über die absurde Geschichte.

Außer uns stapfte noch eine Schulklasse den ehemaligen Grenzverlauf ab. Ich schüttelte den Kopf angesichts des Todesstreifens, der Nachbarn und Verwandte getrennt hatte. Auf die Wachtürme kann man jetzt hinaufklettern, als wäre man auf einem Abenteuerspielplatz. Die verschiedenen perfi-

den Sicherungsmaßnahmen werden an anderer Stelle präsentiert. Bei mir stellte sich das Gefühl ein, als liefe ich durch
die Überbleibsel eines schlechten Becherovkarausches und
hätte gerade drei Paar Tennissocken geschluckt.

Ich koche mir jetzt eine Tasse Grünen Tees und grüße Dich
herzlich:
Matthias

Keine imperialen Gesten

Lieber Matthias,

beim Blick auf die Landkarte fiel mir ein, daß Herbert Wehner mal mahnte, man solle »nicht an Namen herummachen« (was er selber freilich ständig tat), aber vielerlei Ortsnamen verleiten einen regelrecht dazu. In Niederbayern zum Beispiel, wo mein großer Bruder leidenschaftlich und höchst sorgfältig als Zahnarzt praktiziert, wimmelt es auf kleinem Raum nur so vor Frauensattlings, Dirnaichs, Sackstettens, Piesenkofens, Blindenhaselbachs, Heißprechtings, Huldsessens, Ulrichschwimmbachs, Obertattenbachs, Schneckings, Beutelhausens, Unterunsbachs, Lederhubs und Eds.

Im Frankenwald hingegen, die flüchtige Inspektion enthüllt es, wird man mit betörend wohligen Dorfnamen überschüttet und beschenkt. Von Nordosten nach Südwesten fallen mir ins Auge: Zollgrün – nein, das ist schon Thüringen, aber: Gottsmannsgrün, Hadermannsgrün, Heroldsgrün, Froschgrün, Carlsgrün, Hermesgrün, Geroldsgrün, Hertwegsgrün, Christusgrün, Dreigrün, Lippertsgrün, Weidesgrün, Haidengrün, Uschertsgrün, Wolfersgrün, Windischengrün, Baiergrün, Volkmannsgrün, Hildbrandsgrün, Walberngrün und – mittendrin – Schwarzenbach.

Den Kollegen von der *Titanic* (und auch ein wenig Dir, Matthias) muß ich nicht nur der Namensmagie wegen in einem Punkt in die Parade fahren. Mitnichten ist der Frankenwald, »die grüne Krone Bayerns«, eine »oberfränkische Schundlandschaft«, sondern weitenteils ein Frieden ausstrahlendes, hochgefälliges Ensemble aus Wäldern, gerstengelben Ebenen, glanzgrünen Tälern und unspektakulären Panoramen. In einer solchen Umgebung kann ich all den Weltquatsch und die verheerende Menschheitsgeschichte vergessen.

Sicher, der hiesige nördliche Teil Frankens ist für viele fix und fertig. In einem Kurzfeature des Deutschlandfunks aus dem Jahr 1978, auf das ich mal im Rahmen einer Recherche in anderer Sache gestoßen bin, wird ein Tankwart aus Berg bei Bad Steben gefragt, wie er seine Heimat finde, »beruflich und überhaupt«. Er sagt: »Von meinem Job her ist es des Letzte. [...] Ansonsten is' bei uns gar nix drin. [...] Klimatisch is' es des Letzte. Des is' a Grund, wegzuzieh'n von hier.« Wenn jedoch der Nürnberger Raum Metropolregion ist, dann ist der Frankenwald für mich Ruhepolregion. Und dagegen erhebe ja einer die Stimme!

Frau Lang war schon eine besondere Granate. How not to do an interview – selten ließ man mich derart krachend gegen die Wand laufen, und später, auf dem Zimmer im *Grünen Baum*, ward ich zu allem Überfluß und -druß auch noch Opfer eines Bierbetrugs. Die dritte Flasche Zwergla Premium Pilsener aus der Minibar war leer, und irgendein vorher hier aufhältiger Arsch hatte den Kronkorken akkurat wieder draufgestopft. Oder war's die Putzfrau gewesen? Der sei es gegönnt.

Nun aber hurtig von Mödlareuth aus die sechzig Kilometer nach Kulmbach unter die Hufe genommen! lautete unsere Devise. Baron Tournon zufolge würde uns ebenda »das breite, schöne Maintal« in Empfang nehmen. »Nichts ist malerischer und angenehmer als diese Landschaft, wenn die zahlreichen Obstbäume mit Blüten bedeckt sind.«

Bei Münchberg hüpften wir von der Autobahn herunter und durchschnitten anschließend schwachbesiedelte

Wald- und Ackerbezirke. Auf der Höhe des Hot Spots Mannsflur machtest Du den Vorschlag, Kulmbach via Guttenberg anzusteuern, da müßten wir mal nach dem Rechten schauen, und außerdem sei der Event-Hopping-Faktor unserer Frankenforschungsreise bei weitem noch nicht ausgereizt.

Hätten wir es bleibengelassen! Zwei Kilometer hinter Mannsflur stießen wir auf Tannenwirtshaus, das häßlichste Straßendorf Europas. Am Ortseingang hat man einem uralten, zweistämmigen Baum radikal die Kronen abgeschlagen, die trockene Rinde zerbröselt, zwei letzte kümmerliche Äste hängen im Wind. Ein Menetekel. So wird die Erde irgendwann überall aussehen.

Einstweilen sieht es in Tannenwirtshaus aus wie in einem Irrenhaus: eine schauderhafte *Getränke Oase* hinter einem Jägerzaun mit kieselsteinbesetztem Sims, daneben ein einbetoniertes Kapellchen, danach Vorgarten-, Blockhütten-, Haustür-, Erker-, Garagen- und Leichtbauhallenverbrechen, die den Meteoriten, mit Karl Kraus zu reden, davor zurückschrecken lassen einzuschlagen.

Unserem allerwiderlichsten »Täuscher«, »Blender«, »Dieb« und »Hochstapler« (Thomas Steinfeld), Herrn Guttenberg mit seiner »strizzihaften Wurschtigkeit, die dem Plebs noch mal zeigt, wer den Hammer schwingt« (Willi Winkler), gedachten wir wenn schon nicht eine zu verpassen, dann ordentlich die Meinung zu geigen. Am schmiedeeisernen Tor des Schlosses unweit von Tannenwirtshaus gewährte man uns keinen Einlaß. Genaugenommen klingelten wir vor Abscheu nicht mal, und ich erinnerte daran, wie Helmut Schmidt am 5. November 1959 in einer berühmten Bundestagsrede Karl Theodor zu Guttenberg, den Großvater des ehemaligen Falschvereidigungsministers, abgemeiert hatte: »Es fällt mir schwer [...], nicht zu beklagen, daß die Deutschen niemals eine Revolution zustande gebracht haben, die dieser Art von

Großgrundbesitzern die materielle Grundlage entzogen hätte.«

Wenig später preßte sich die Plassenburg »mit ihren zyklopischen Mauern, schönen Toren, mächtigen Türmen, zierlichen Erkern und Rundbögen« (Jakob Wassermann) in den schlechtgelaunten Himmel. »Die Gegend um Kulmbach ist göttlich«, schrieb Tieck, und die Stadt liege zu Füßen eines »Amphitheaters von Bergen«. Ja. Aber auf einem dieser Berge spielt sich eben eines dieser zahllosen fränkischen »Tyrannen-Nester« (Deschner) auf, bei dessen Anblick die Wut die Sicht auf das »sehr schön vollendete und geschlossene Landschaftsgemälde« (Wackenroder) trübt.

Jakob Wassermann hat den unter preußischer Herrschaft inhaftierten französischen Soldaten mit der Novelle *Die Gefangenen auf der Plassenburg* ein Denkmal gesetzt. Sie waren das genaue Gegenteil der barbarischen hohenzollerischen Knechte und Handlanger. »Alle waren sehr höflich, und keiner bettelte. Sie halten sich reinlich und ordentlich, sind beliebt und werden wieder gut begegnet«, beobachtete Wackenroder, und Tieck urteilte: »Die Franzosen betragen sich sehr gut und werden fast allgemein geliebt.« Er sehe, »wie tief bei den Franzosen die Idee der Gleichheit schon in der Seele liegt«.

»Wir trieben uns nachher noch etwas herum, aßen mit einigen einfältigen preußischen Offizieren«, fügte Tieck an. Wir, Matthias, pfiffen auf den Adelsburgenmumpitz und begaben uns ins Grünwehr am östlichen Rand Kulmbachs. Die geduckten grünen und verkohlt-verrußten Wohnhausfassaden ließen den Entschluß reifen, lediglich geschwind im auftrumpfend blaugetünchten *Kommunbräu* einzukehren.

Das Kommunbräu-Hell? Zitronig. Ansprechend rezent. Nicht unnötig hefig. Du goutiertest parallel einen Grünen Kloß mit Soß'. Ich nahm derweil bereits das dezente Kommunbräu-Bernstein zur Brust, um gestärkt und beseelt die beinahe letzte Etappe unserer Abenteuerrundfahrt in Angriff zu nehmen, hinunter in den südöstlichen Zipfel Frankens, an den Rothsee bei Hilpoltstein, wo der große Dichter Hermann Peter Piwitt und seine Frau Ingrid Kolb ihr Urlaubsdomizil bezogen hatten.

In Piwitts Buch *Heimat, schöne Fremde* heißt es: »Ich wollte nichts als das gute Glück, hier und jetzt [...]. An einem der neuen Seen im Nürnbergischen machten wir halt. Nichts wollte ich an mich heranlassen als das Wasser und das Land, so, wie ich es mir erträumt hatte. Und wirklich gesellte es sich zu, als gäbe es nichts anderes als den Rosengarten bei Hilpoltstein neben der Burg [...], und am Rothsee kam die Sonne, kurz bevor sie unterging, noch einmal hinter den Wolken hervor. [...] Herzlich freundlich fand ich die Leute, meistens; soweit man sie verstand. Daß die Fränkische Rezat bei Roth zur Pegnitz wurde und, nachdem sie in Nürnberg die Pegnitz aufgenommen hatte, als Regnitz zum Main floß, erklärten sie meinem wunden Kopf so, daß ich es zum erstenmal im Leben behielt und verstand. In Altenfelden aßen wir unser letztes Schäufele, so rund und gelb wie der Sonnenball.«

Der Sonnenball rollte wieder einmal, wie hätte es anders sein sollen, auf einem anderen Firmamentfeld als jenem über Franken herum. Der Wind peitschte das anthrazitfarbene Wasser auf, Hermann fror und klagte, es sei seit Tagen nicht daran zu denken, im Wasser ein paar Bahnen zu ziehen.

Wir zogen uns in die Ferienwohnung am Rande eines Maisfeldes zurück, unsere Pflicht bei Zwetschgenkuchen und Kaffee zu erfüllen – nämlich Ingrid Kolb und Hermann, die seit vielen Jahren in Hamburg leben, auszufragen, um endlich ein vollgültiges Urteil über Franken und seine Bewohner fällen zu können.

»Ich bin, da war ich zehn oder elf oder zwölf, über einen

Lehrer, den ich sehr geliebt hab', auf Franken gestoßen«, erzählte Hermann. »Der hat immer von seinen Fahrten in der Jugendbewegung durch Franken erzählt und mich so begeistert, daß ich dann immer davon geträumt hab', da hinzukommen. Und dann hab' ich später beim Erlanger Poetenfest in der Fränkischen Schweiz einen Lehrer kennengelernt. Das war 'n typischer Franke, glaub' ich. Der war nämlich sehr scheu und auch eher bescheiden. Aber er hörte auch nicht zu, wenn ich irgendwas sagte, das er nicht auf Anhieb begriff. Da guckte er so weg. Und seine Frau war so 'ne Deftige. Na ja, die haben mir auf Anhieb gefallen, und er hatte so 'ne Mischung aus Strenge und Güte und Gewährenlassen. Und dann bin ich auch gleich auf die Küche geflogen. Schäufele esse ich immer.«

»Der Franke ist den kleinsten Dingen zugeneigt, manchmal auch den blödsinnigsten«, umriß Hermann die geistige Physiognomie der Einheimischen und erläuterte: »Es gibt so viel kleinräumige Kultur. Gute, sympathische Kultur ist in Franken versammelt, Kirchen und Schlösser und … Allerdings hier in Hilpoltstein machen sie jedes Jahr einen fürchterlichen Aufmarsch. Das heißt Burgfest, und sie feiern die Rückkehr der Gräfin Elisabeth, die hier einfach als Witwe mit ihren vier Töchtern gelebt hat. Die hat überhaupt nichts von Wert getan. Aber das wird gefeiert, als wäre es ein wahnsinnig historisches Ereignis gewesen, in mittelalterlichen Gewändern von Landsknechten, Zauberern, Quacksalbern, Ortshonoratioren, die bejubeln, was diese Gräfin alles für Hilpoltstein getan hat.«

»Und dann reitet sie im schönen Samtumhang durch die Stadt«, Ingrid Kolb lachte, »und die Leute rufen: Sie lebe hoch, hoch, hoch, hoch! Der ganze, mit Menschen gefüllte Marktplatz macht da mit – eine einzige Jubelfeier auf Grund der Wohltaten dieser Frau, die historisch völlig belanglos sind. Irgendwas Wichtiges hat sich hier nie abgespielt. Aber es is' nett.«

Hermanns fränkischer Lieblingslandstrich ist die Fränkische Schweiz. Bei Ingrid Kolb verhält es sich etwas anders: »Mein Vater war Oberfranke, er kam aus Bad Berneck, und meine Schwester und ich sind dann in München aufgewachsen. Wir waren aber als Schulkinder in den Ferien immer in Bad Berneck. Das Fichtelgebirge is' mir sehr, sehr nahe, weil es eben Kindheit is'. Ich erinner' mich noch, als wir anfingen, hier Ferien zu machen. Da warst du, Hermann, am Anfang ganz betört von den Leuten hier. Diese stille Freundlichkeit und das Unaggressive, das hat dir sehr gefallen.«

Hermann: »Ja. Es ist ein selbstgenügsames, in sich kauerndes Völkchen, das sich kaum über den Main traut. Du hast nicht mit hochnäsigen und groben Berlinern oder Münchnern zu tun. Ich weiß nicht, was das eigentlich is'. Dieses Kleinräumige, das hab' ich immer ganz gern gehabt.«

Ingrid Kolb fiel ein damit zusammenhängender Aspekt auf: »Ich hab' das Gefühl, das gilt für fast alle Orte hier. Diese Kleinbürgerlichkeit ruht ganz selbstbewußt und selbstzufrieden in sich. Wir waren jetzt in der Dürer-Ausstellung, und Hermann is' natürlich sofort aufgefallen, daß die ganzen Beschriftungen vor Lokalpatriotismus strotzten – was das alles mit Nürnberg zu tun hat und wie wichtig Nürnberg für ihn war und so weiter. Das kann ja stimmen, aber es war schon sehr schulterklopfend.«

»Aber es ist keine imperiale Geste wie bei den Oberbayern«, warf Hermann ein und lenkte das Augenmerk auf weniger Liebenswertes: »Was mich bedenklich stimmt ... Also, wenn du Bamberg anguckst: Da hat sich ja nie jemand, der etwas zu sagen hat, darüber Gedanken gemacht, wo zum Beispiel die Hexen verbrannt wurden. Daß da mal ein Schild steht! Oder diese Erinnerung auf der Brücke an unsere tapferen gefallenen Soldaten ... Da ham sie jetzt vor einigen Jahren ein ganz kleines Schildchen dazugehängt, das auch an die Opfer des Nationalsozialismus erinnert. Also, die Neigung, sich die Geschichte der Gewalt zu vergegenwärtigen, haben sie nicht.«

»Seine Pflicht zu tun, seine Pflicht erfüllt zu haben, gibt fränkischen Menschen ein Gefühl der Zufriedenheit, erfüllt sie mit Stolz«, behauptet Heinz Burghart, ehemaliger Chefredakteur des Bayerischen Rundfunks, in seinem Buch *Bayern! Deine Franken – Seit 200 Jahren ein Staat – Vorbild für ein föderatives Europa* (Nürnberg 1998). »Leistung muß sich lohnen«, das sei der Franken Credo. »Dabei laufen sie kaum Gefahr, die eigene Leistung zu überschätzen. Sie sehen sie und beurteilen sie genauso nüchtern wie die Welt um sich herum.« Leistung muß sich lohnen? Wählt ganz Franken FDP?

Augenscheinlich nicht. Aber Ingrid Kolb verdeutlicht, was damit gemeint ist: »Wenn man immer sagt, die Franken seien eher zurückgenommen und nicht auftrumpfend und vielleicht in gewisser Weise bescheiden, dann muß man auch sagen, daß in Bayern die Franken einen wahnsinnig hohen Prozentsatz der hohen und höchsten Beamten ausmachen. Ich hab' mal die interessante Theorie gehört, das hänge mit dem Protestantismus zusammen. Die Evangelen haben eben sehr viel früher städtisches Bewußtsein entwickelt und sich den Wissenschaften geöffnet, und wichtige Teile ihrer Eliten, also die Pfarrer, hatten auch Kinder. Durch diese über Jahrhunderte fortgepflanzte Art, sich auch den neuen Dingen gegenüber zu öffnen, waren sie privilegiert. Da wird in München auch drauf geachtet – nach dem Motto: Der Pförtner is' a Altbayer, aber alles, was drüber sitzt, sind Franken. Es leuchtet ein, obwohl die ganze Mentalität, auf die man hier trifft, das erst mal nicht enthüllt und man nicht das Gefühl hat, daß die das Sagen haben. Also, Intelligenzforscher haben gemessen, die unterste Stufe is': katholisch, Land, Mädchen. Hier is' 'ne andere Kultur gewachsen.«

Bei Heinz Burghart, der den ehemaligen Regierungspräsidenten von Mittelfranken, Heinrich von Mosch, zitiert
(»Die Altbayern haben die Berge, wir Franken haben den
weiten Horizont«), finden wir das bestätigt: »Der Typ
›Staatsbayer‹ ist seit mehr als hundert Jahren und derzeit
besonders stark in München vertreten: der Franke nämlich, der an seiner Heimat hängt, sie nie verrät, eher werbend für sie eintritt, doch dem ganzen Bayern sich verbunden, ja verpflichtet fühlt. [...] Es spricht für die Altbayern,
daß sie Bayern weitgehend von Franken regieren und verwalten lassen. [...] Nur dann allerdings erträgt die bayerische Bevölkerung fränkische Dominanz, wenn diese durch
›fränkische‹ Eigenschaften wie Sachkenntnis und Sachlichkeit, Hilfsbereitschaft und Fleiß [...] gerechtfertigt ist.«

Sind wir jetzt am Ziel? Haben wir das Rätsel gelöst? Den
Frankenstein gefunden?

Nein. Nein. Nein. »Andererseits, Franken is' keine gesellige Gegend, wo die Leute sich verändern und voneinander lernen«, schränkt Hermann ein, »Oberfranken noch
weniger als Mittel- oder Unterfranken. Die ham alle die
gleichen Überzeugungen. Sie können ja auch gar nicht
anders. Sie leben in ihren Familien und mit ihren Festtagen und Umzügen und Burgfesten, und das war's.«

»Beim Franken«, sagt Ingrid Kolb, »fällt einem wirklich
eher ein, was er nicht is'. Ich bin ja in München aufgewachsen und kenn' die Oberbayern sehr gut. Bei denen
is' sehr auffallend, daß sie, wenn sie einen zum Beispiel
Schlawiner oder aan Hund nennen, das halb moralisierend und halb ehrfurchtsvoll tun. Dieses Trickreiche, auch
bei den Bauern, wie mer sich gegenseitig aussticht oder
irgendwas abjagt, des findet man hier überhaupt net.
Hund sam mer, des würde hier keiner sagen.«

Nein, die »›Mir san mir‹-Gockelei« (Burghart), die kennt
man in Franken nicht, die haßt man, wie es Achim Greser
deutlich zum Ausdruck gebracht hatte, aber Ingrid Kolb

fiel dessenungeachtet »noch was Lustiges zu den Ober-franken ein. Ich war schon berufstätig, und bei einem der seltenen Verwandtenbesuche wurde ich gefragt, was ich jetz' grad so mache. Ich war grad beim *Spiegel*, und da hab' ich gesagt: Ich arbeit' jetz' beim *Spiegel*. Und dann sagt einer aus der Cousinrunde ganz selbstbewußt: Ah, so was lesen mir hier net! Des find' i scho' bemerkenswert.«

Als wir nach Hilpoltstein aufbrechen wollten, steckte hinter dem Scheibenwischer meines Autos auf dem ob des dauerwidrigen Wetters völlig leeren Parkplatz ein Knöll-chen: »Nach § 3 Abs. 7 der Gebührensatzung des Zweck-verbandes Rothsee vom 03.02.2011 wird bei Nichtentrich-tung der festgesetzten Parkgebühren eine Gebühr in Höhe des dreifachen Tagessatzes fällig.«

Sie kriegen ihre sechs Euro. Soviel kosten mittlerweile ja zwei Weißbier, die uns unsere Gastgeber im *Gasthof Zur Post* in Hilpoltstein spendierten. Und inmitten unseres zwanglos-freundschaftlichen Geplauders sprach Hermann dann doch noch eine kleine Warnung aus: »In der Frän-kischen Rhön ist es furchtbar. Ich wollte ja immer mal einige Berge besteigen. Aber der Kreuzberg zum Beispiel is' auch als Wallfahrerberg versaut. Und gigantische Wirts-häuser sind da drauf. Und stinkig wirst du behandelt, von dem Personal, das offenbar zuwenig Geld kriegt von der Kirche.«

Wir wollen das bedenken, lieber Matthias.

Biergrüße:
Jürgen

»Lieber schütt' mer's weg«

Fürth, den 8. 8.

Lieber Jürgen,

nachdem wir uns schweren Herzens von Ingrid Kolb und Hermann Peter Piwitt verabschiedet hatten, nahmen wir unser letztes Reiseziel ins Visier. Ich traue mich kaum, es in die Tastatur zu tippen: Wir fuhren auf der A 9 schnurgerade nach München. Das launische Wetter hatte sich wieder einmal kurzfristig anders entschieden. Geradezu katholisch drückte uns die Hitze in die Fahrzeugsitze. Schwül wie im Beichtstuhl war es in kürzester Zeit. Wir kurbelten die Fenster herunter und ließen vom Fahrtwind noch einmal die melancholischen Trompetentöne von Miles Davis in die Landschaft blasen.

Wir hatten vor, den Schriftsteller, Musiker und Spaziergänger Michael Sailer zu besuchen, um von ihm abschließend Auskunft über die Essenz des Fränkischen zu erhalten. Insbesondere seine großartigen Geschichten über die Abenteuer der absurden Helden Jackie und Hubsi (sie sind zu finden in drei Büchern mit dem Titel *Schwabinger Krawall*) in einer durch und durch seltsamen Münchner Vorstadtwelt haben mir geholfen, mein fränkisch verbrämtes Bild von der Landeshauptstadt nachhaltig zu erweitern. Spätestens als Hubsi in einer dieser hochkomischen Erzählungen auf die Idee kommt, einen Rest Kokain mit Mehl zu strecken, und den Protagonisten nach dem Abusus der neuartigen Substanz lange Nudeln aus der Nase hängen, was dazu führt, daß die beiden mit einem längerfristigen Lokalverbot belegt werden, habe ich an die Existenz eines andersartigen München zu glauben begonnen. Vorher schien mir die Stadt ausschließlich von Menschen bewohnt zu sein, die gerade einem exklusiven Modekatalog

entsprungen sind und den Espresso stets mit brillantbering-
tem abgespreizten kleinen Finger trinken.

Michael Sailer lebt in Schwabing, und mit ein bißchen
Glück kann man das andere München dort selbst entdecken.
Als Gastgeschenk überreichten wir dem Münchner Literaten
zwei Anisbrezeln aus Naila.

»Naila war ja früher das gefürchtetste Loch bei den ganzen
Lehramtsstudenten«, erinnerte sich Sailer. »Weil wie's noch
a Zonengrenze gab, war des, wenn du in Bayern Lehrer werden wolltest, halt des Äußerste, Entfernteste, Letzte überhaupt, was es gab. Wenn der Professor einen nicht mochte,
hat er immer gesagt: I schick' di' nach Naila, du kummst nach
Naila.«

»Was ist für einen Anarchisten aus Schwabing liebenswert
an Franken?«

»Mei, des Liebenswerte ist zugleich des Verabscheuungs-
würdige, beziehungsweise es is' eigentlich net verabscheu-
ungswürdig. Es is' nur reichlich seltsam. Der Franke hat bestimmte Verhaltensweisen, die ich noch nie irgendwo sonst
auf der Welt gesehen hab'. Zum Beispiel ham mer diesmal in
der Fränkischen Schweiz festgestellt, daß der Franke des beste
Bier der Welt braut, er trinkt's aber nicht. Der hat Brauereien
mit wunderschöne' Biergärten. Kann mer super sitzen. Da
fährt der Franke zu Hunderttausenden hin, mit dem Motorrad, hockt si' dann in den Wirtsgarten rein und verzehrt einen
Spezi und fährt wieder heim. Des macht der wirklich. Außerdem is' a Fahrt in die Fränkische Schweiz immer so was wie a
Zeitreise. Da is' die Kirmes so, wie sie anderswo 1930 war.
Sieht mer a an die Plakate. Da hat si' überhaupt nix verändert.
Da sin' in die meisten Pensionen die Zimmer immer noch
gleich.«

Auf unseren Fahrten übers fränkische Land waren uns
immer wieder seltsame Plakate aufgefallen, die Rockkonzerte
ankündigten und in Titelei und Aufmachung sehr stark an die

achtziger Jahre erinnerten. Was meinte der Gitarrist, Sänger und Musikexperte Sailer dazu?

»Des is' wahrscheinlich a ähnliches Phänomen wie des mit die Biergärten. Die wollen des Schlimme. Alles, was schlimm is', bewahren die. Als Musikhistoriker muß mer sag'n, die achtziger Jahre waren eigentlich des Schlimmste aller Zeiten. Die gehen aber in Franken weiter, wahrscheinlich bis 2080. Die hör'n da einfach net auf. Die stehen da drauf, die wollen genau des ham, was des Schlimmste seit dem Zweiten Weltkrieg war – von diesem Dauerwellen-Fahrradhosen-Rock bis zu den Schlagern, die es damals gab. Dieses Fürchterliche, des Schrecklichste, was es je gab, lebt in Franken einfach immer weiter. Ich vermute, daß so a Art Lagerkoller wahrscheinlich dahintersteckt. Die hassen sich alle. Des merkt mer auch bei manchen. Es gibt viele Franken, die äußerst freundlich und sehr zuvorkommend sind. Aber bei manchen merkt mer so diesen fränkischen Grundton, daß die eigentlich überhaupt kei' Lust ham zu leben. Die hassen des eigentlich. Die hassen sich selbst und die andern. Deswegen beschallen sie sich mit Achtziger-Jahre-Musik, nennen dann a ihre Kapellen so und trinken ihr eigenes Bier net.

Die geben's aber a ungern her. Zum Beispiel is' ja eine der besten Brauereien überhaupt die in Sachsendorf [bei Aufseß]. Wenn mer da Bier trinken will, dann schämt mer sich in Grund und Boden, weil die wollen des net. Die kommen net zum Bestellen. Und wenn du dann mal bestellt hast, dann schauen s' di' an, als hätt'st ihnen grad aan Nagel in den Fuß nei'g'haut. Dann stell'n s' dir des Bier hin. Wenn du ›Danke‹ sagst, schauen s' di' an, als hättest du ›Arschloch‹ g'sagt. Und wenn du noch a Bier willst, dann mußt extra reingeh'n un' sag'n: Könnt' ich vielleicht noch a Bier ham? Darauf wird dann noch mal nachg'fragt: Woll'n Sie wirklich noch eins?

Also, des is' a sehr eigenartiger Menschenschlag manchmal. Ma' merkt's auch, wenn mer anreist, wenn mer zum Beispiel den Fehler macht, von Bayreuth aus mitm Bus zu fahr'n. Da gibt's aan Bus am Bahnhof, und den findet mer aber net. Der is' hinter aam Parkhaus versteckt. Das steht aber nirgends, daß der da hält. Dann kannst bei der Bahn nachfragen. Die sagen dir dann: Ja, der is' da hinten, hinterm Parkhaus. Der kommt dann generell zwei Minuten zu früh. Dann gibt's aan Busfahrplan, den niemand versteht, weil die Busse alle im Kreis fahren eigentlich. Und du mußt ständig umsteigen. Dann sagt der Fahrer natürlich a die Haltestelle net an. Also mußt immer raten. Es gibt in manchen Orten zwei Haltestellen. Da steht dann dort, daß er um zehn Uhr an der einen und um zwölf Uhr an der andern hält. Des is' dann aber genau umgekehrt, so daß du immer zwei Straßen hinterherlaufen und ›Halt! Halt!‹ winken mußt! Dann mußt ständig umsteigen, weil die Linien alle ringförmig geh'n. Des Erstaunlichste beim Umsteigen is': Du steigst dann aus einem Bus aus, gehst drei Straßen weiter, mußt dann noch zehn Minuten auf den nächsten Bus warten mit a ander'n Nummer, und es sitzt derselbe Fahrer drin. Der wechselt unterwegs die Nummer und fährt sämtliche Routen ab. Und wenn du ihm aber in Bayreuth beim Einsteigen sagst, du möchtest nach Aufseß, dann läßt der dich viermal umsteigen. Da hockst jeweils zehn Minuten irgendwo in 'nem Ort rum, bis er wieder daherkummt mit demselben Bus mit 'ner ander'n Nummer. Des is' wirklich wahr. I weiß die Haltestelle nimmer, aber einmal sin' mer in Sachsendorf umg'stieg'n, und da wor des a mit die zwei Haltestell'n, wo dort steht, am Donnerstag hält er hier, und dann hält er aber um die Ecke und fährt einfach an dir vorbei.«

»Nach einer deiner Reisen durch Franken hast du mal gesagt: ›Die Baumärkte sind schlimmer als die Waffen-SS.‹«

»Des Konzept dahinter is' mir net klar. Des mit der Waffen-SS is' klar, weil die Wirkung der Waffen-SS läßt nach siebzig, achtzig Jahren langsam nach. Un' des, wos die da machen, des wird bestimmt zwei-, dreihundert Jahre anhalten. Un' dann kann mer's nie mehr rückgängig machen, weil keiner

329

mehr weiß, wie's war, weil a niemand mehr die olden Plätze und Häuser wiederherstellen kann. Es gibt a paar so Traditionalisten, zum Beispiel des *Gasthaus Klomm* in Zochenreuth, wo man das Held-Bräu aus Oberailsfeld ausschenkt. Herr Klomm, der Wirt, hat des so renoviert und restauriert, wie ihn sei' Urgroßvater gebaut hot, im Prinzip. Und der schämt si' aber total dafür, weil sei' Frau muß arbeiten gehen, während er da dieses Wirtshaus macht, in dem mer übrigens nie was zu essen kriegt, weil sich's net lohnt, weil keiner hingeht, weil die Franken natürlich sag'n: Des schaut zwar neu aus, aber des is' ja wie neunzehnhundert. Da könn' mer net neigeh'n. Da geh'n sie lieber zu McDonald's oder gegenüber in die Metzgerei.

Un' die machen etz überall so Mehrzweckplätze, hab' i festgestellt – wobei mir nicht ein einziger Zweck aufgeht. Da tun s' irgendwas wegreißen – weiß mer ja nimmer, was da war –, dann kommt so a Platz hin, der mit Kies aufgeschüttet wird, un' so a paar so Betondinger mit runden Kugeln, wo dann wahrscheinlich nachts irgendwas leuchtet. Und zwischendrin zwei, drei Buchsbäume. Für wos des guat is', weiß kei' Mensch. I nehm' an, des is' zur Abschreckung, weil du kommst in den Ort rein, und das erste, wos du siehst, is' dieser Platz. I nehm' an, neunzig Prozent der Leute kehr'n sofort wieder um, weil s' sog'n: Hier wer'n mer höchstens g'foltert.«

»Das heißt, der Franke will eigentlich gar nicht, daß irgend jemand zu ihm vordringt?«

»I weiß net genau. Bei die Biergärten is' es ja wieder a bißel anders. Da will er scho', daß mer kommt. Aber dann will er einen wirklich foltern. In Breiten- oder Tiefenlesau, weiß i etz a nimmer genau, ham die den gesamten schönen Biergarten vollständig abgerissen und eine riesige Kühl- und Lager- und Brauhalle da hingebaut und dann aber festgestellt, daß noch Platz geblieben is', un' da ham s' dann den Biergarten wiederaufgebaut, allerdings halt etz mit Kies und Beton. Wenn mer da sitzt, is' mer nach ungefähr zehn Minuten abgestumpft.

Also, dann macht des a nix mehr. Dann wird mer wahrscheinlich Franke.

Der will schon, daß die Leut' kommen, die, wo halt mutig genug sin'. Die macht er dann fertig. In Ahorntal zum Beispiel, im *Bären*, konntest du hinten im Garten sitzen und beim Frühstück oder beim Abendessen dieses wunderbare Schloß am Berg oben anschau'n. Des hat der Wirt bemerkt, daß die Leut' da immer naufschau'n und seinen herrlich beschissenen, häßlichen Sechziger-Jahre-Bau überhaupt nicht würdigen. Deswegen hot er eine riesige Wellblechhalle hingestellt, a weiße, von der ma' net weiß, für was sie gut is'. Aber sie verdeckt des Schloß. Des g'hört so zu dem dazu. Du kommst dann und sagst: Warum sieht mer etz des Schloß nimmer? – Ja, weil etz ham mer des da hing'stellt. Dann schaut er, wie's wirkt. Un' wenn mer dann sagt: Mein Gott, wie traurig, was für eine Scheiße – dann freut er si'.«

»Trotzdem fährst du da gerne hin.«

»I mog des Bier gern. Un' des is' ja zwischen den Dörfern eigentlich wirklich wunderschön, die Landschaft'n. Da stellen s' zwar hin und wieder irgendwo so a Mehrzweckhalle oder was hin. Aber die nutzt keiner. Die wächst dann nach a paar Jahren wieder zu.«

»Du bist ein Freund der fränkischen Landschaft ...«

»Die Landschaft g'hört zu den wenigen Dingen, die's in Schwabing net gibt. Wobei man sagen muß, das Dorf Hekkenhof mit dem *Kathi-Bräu*, des is' eine der Ausnahmen, die irgendwie einfach net kaputtgeh'n wollen. Da ham s' a Bushäuschen hingestellt, aus Beton, direkt an den Ortsrand, ich schätz' mal, vor vier Jahren. Des is' inzwischen derartig kaputt und verfallen, die Farbe abgeblättert, der Beton bröselt ... Also, do is' es komischerweise so, daß des Alte eher bleibt als des Neue. Wenn mer in drei Jahren wieder hinfahr'n, dann is' des Bushäusel wahrscheinlich weg. Da liegt so a bißel weißer Staub no' auf der Straße, und der Rest is' weg. Übrigens hängt da einer der schönsten Busfahrpläne überhaupt aus. Da steht a Linie drauf mit Montag bis Freitag und Zeiten von 6 Uhr bis 24 Uhr. Un' es is' genau ein einziger Eintrag drin: einmal in der Woche um 16 Uhr 4, an einem Tag, aber nur in der Schulzeit. Dafür is' da des Buswartehäusel hi'g'stellt wor'n. Wir sin' mit dem dann gefahr'n, weil i g'sagt hab': Jetz' möcht' i wissen, ob's den gibt. Wir wollten ja wieder nach Bayreuth, und die Linie hält nur da. Hat si' dann natürlich rausgestellt, daß der Bus durch Aufseß durchgefahr'n is', mit 'ner anderen Nummer wieder. Des war alles völlig sinnlos. Der hat die ganze Strecke abgefahr'n un' ständig die Nummer gewechselt. Aber diesmal sin' mer sitzengeblieben.«

»Die Städte interessieren dich nicht in Franken?«

»Es gibt immer a paar schöne Plätze in den Städten, die mer mal anschauen kann. Es gibt sogar zwei sehr schöne Städte: Bamberg und Coburg. Coburg is' in der Innenstadt un' Bamberg eigentlich insgesamt relativ schön. Aber die restlichen Städte ... Des hat, wenn mer ausm Bahnhof rausgeht, immer so was Woolworthmäßiges. Du kommst dir immer so vor, als wärst mit der U-Bahn von Schwabing an irgend so aan Randbezirk von Großhadern oder so g'fahr'n, wo halt nur lauter so seltsame Gebäude aus den sechziger und siebziger Jahren rumstehen, von denen noch nie jemand g'wußt hat, warum die überhaupt gebaut worden sin'. Wo dann mal draufstand: Kaufhalle – oder Kaufring. Kein Mensch hat je begriffen, für was des da is'. Ansonsten fahr'n die da ja eh nur Auto. Kann mer a Zeitlang zuschauen, wie der Franke Auto fährt.

Was an den Städten ärgerlich is', besonders wenn mer auf Reisen is', is', daß in Franken jeden Tag, schätz' i mal, ungefähr sechs Millionen Brez'n hergestellt wer'n, und nicht eine einzige davon is' eßbar. Des is' a so a Phänomen, mit dem, glaub' i, die Franken sich wieder gegenseitig ihren Haß zeigen. Es gibt ja sowieso nur drei oder vier so Bäcker, die überall sin'. Du schaust dann die Auslage an un' denkst: Oje. Un' des is' dann immer noch schlimmer. Ma' kann's nur wegschmeißen. Des gleiche gilt wahrscheinlich, des weiß i aber net genau als Vegetarier, für die Wurstkultur in Franken, die mir a immer ein Rätsel bleiben wird. I find' an sich schon die Haltung, die sich dahinter ausdrückt ... Daß mer Tiere erst tötet, was ja okay is', wenn ma' sie essen will, aber dann tut mer sie zerhäckseln und in ihren eigenen Darm reinquetschen. Vorher zieht mer ihnen die Haut ab und läßt die aus, bis des Fett rausgeht. Und in diesem eigenen Fett brät mer dann die Tiere, die zerhäckselt in ihrem eigenen Darm drinhängen. Die Inquisition hätt' wahrscheinlich frohlockt vor Glück, wenn sie auf solche Ideen gekommen wär'. Na, Gott, Würschte gibt's a anderswo. Aber manchmal hab' i das Gefühl, daß in Franken überhaupt nur Würste ...«

»Probier doch mal die Anisbretzel aus Naila für uns.«

»So stellt mer si' den fränkischen Selbsthaß vor. Graubraun. Dann hat wahrscheinli' der Bäcker g'sogt: ›Jesses naa, etz hab' i gestern a Brez'n gebacken, die hat mer essen können.‹ Un' da hat sei' Frau g'sagt: ›Des derf nimmer vorkumma. Da tust Anis nei'.‹ Des is' interessant. Also, es schmeckt wesentlich besser als die normale fränkische Bretze', weil's a bißel Würze hat. Aber dann sollen s' die Lauge weglassen. Biestiges Volk.«

»Kannst du dir als bekennender Anarchist den Franken zumindest in Einzelexemplaren als Anarchisten vorstellen?«

»I glaub', der Franke, zumindest aufm Land, ist zum großen Teil schon ein Anarchist, weil zum Beispiel die Regierung von Bayern, die ja für ihn zuständig is', obwohl sie des gar nix angeht, ignoriert er generell. Ich hab' nirgends a große Werbung für die CSU oder diese Ortsverbände g'sehen. Des gibt's da anscheinend gar net. Die gehen zur Feuerwehr und halt aufs Kirchweihfest. In Oberbayern, wenn du in irgendaam Dorf ausm Zug aussteigst, dann bist du praktisch scho' in der CSU drin. Da hält si' der Franke scho' mal fern. Und dann eben diese merkwürdige Konformität der Lebensraumzerstörung durch dieses ganze Betonieren und Schreddern und Zublechen – des machen die ja vollkommen unabhängig voneinander. Des tun die ja, glaub' ich, grad weil mer des eigentlich net tut. Also, des is' vielleicht so a Art von negativem Anarchismus, der sogt: Mir könnten eigentlich a total schönes Leben hom, mit unserer Einstellung, so, wie wir leben. Aber mir nutzen diese Einstellung und diese Freiheit, die mer uns da selber verschafft hom, lieber dazu, die Welt um uns herum kaputtzumachen.«

»Also ist der Franke Masochist?«

»Vielleicht scho' a bißel.«

»Lustgewinn aus selbst zugefügtem Elend?«

»Unter anderem.«

»Sadomasochisten?«

»Aber freuen tun se sich daran. Freuen tun se sich zweifellos dran.«

»Gibt's 'nen Haß der Oberbayern auf diese ewig nörgelnden Franken, die immer sagen: Wir werden benachteiligt, wir werden übergangen, wir werden bei der Förderung für irgendeinen Wirtschaftsquatsch übergangen?«

»I glaub', des kann mer net wahrnehmen, weil der Bayer, wenn er sich an dem Thema abreagieren will, dann is' des eigentlich generell Berlin oder 'es Saarland, immer irgendwas, wo die Kommunisten regieren. Saarland etz nimmer so. Des war halt zu der Zeit vom Lafontaine. Oder dann die im Osten.«

»Also, wir könnten uns darauf einigen, daß das Schöne an Franken der Waldsaum ist, den man in der Fränkischen Schweiz erblickt, wenn man um eine Ecke läuft, der Ackerrain, der noch nicht komplett umgepflügt ist?«

»Teilweise die olden Dörfer. Und was wirklich schön dran is', das is' diese merkwürdige, bizarre Absurdität von dem Leben dort. Das find' i eigentlich am schönsten.«

»Wenn ich dich richtig verstanden hab': Die wissen nicht, was sie eigentlich machen wollen. Die wissen nicht, wohin. Aber sie sagen gleichzeitig: So, wie wir's bisher gemacht ham, ist's auch gut. Also machen wir so weiter, obwohl wir wissen…«

»…wos furchtbar is'. Wir können's wenigstens noch 'n bißel furchtbarer machen. So könnt' mer des scho' sog'n. Die verkaufen zum Beispiel in 'nem Supermarkt Obst, des direkt um die Ecke am Baum hängt, und da kunnst du's a pflücken. Aber du gehst natürlich in den Supermarkt rein, weil da gibt's auch Ananas, nämlich acht Stück jeden Tag, und die sind alle verfault. Immer. Generell. Die sin' alle komplett faulig, un' wahrscheinlich hat noch nie einer je eine gekauft. Des is' so a Absurdität, wo du sogst: A Mensch, der so was macht, der muß doch denken: Es is' zwar schon scheiße, so, wie's etz is'. Aber schau'n mer doch amal, wie mer des noch a bißel forcieren können.«

»In deiner Beschreibung is' der Franke eigentlich die reine Ausprägung eines kafkaesk-beckettartigen Charakters. Es gibt ja den berühmten Satz bei Kafka: Es muß alles immer noch schlechter werden, damit es irgendwann gut wird.«

»Wobei des natürlich woanders a net recht viel anders is'. Aber der Unterschied zwischen ei'm Tiroler und ei'm Franken is', daß der Tiroler mit sich selbst zurechtkommt. Der findet sich toll. Der Franke eigentlich eher net. Der find' si' selbst eigentlich noch viel schlimmer wie alles andere. Des is' aber, glaub' i, des, was 'n sympathisch macht.

Es gibt ja sehr intelligente Leut' aus Franken, aber selbst die sprechen dann diese Sprache, mit Absicht wahrscheinlich oder in kabarettistischer Absicht. Gibt a Franken, die komplett hochdeutsch sprechen. Aber wenn s' in der Öffentlichkeit auftreten und sich zum Blödel machen wollen, dann sprechen s' fränkisch. Des is', glaub' i, was, was es sonst au' selten gibt. Der Bayer, wenn der's macht, dann will er ja eher auftrumpfen.«

»Was ist denn die komische Qualität des fränkischen Dialektes?«

»Da brauchst eigentlich nur Lothar Matthäus anhör'n. Dann is' des so a Gespürsach'. Da muß mer einfach sofort grinsen, un' ma' weiß eigentlich gar net so genau, warum.

Weiß net, woran des liegt. Die weichen Konsonanten, des is' ja scho' so a Zeichen in diese Richtung. Weil jede Sprache, die versucht, mit aam Dialekt mittels Derbheit aufzutrumpfen, die macht ausm ›a‹ ein ›aaa‹, und die drischt die Konsonanten wie so Wattkarten aufn Tisch. Der Franke macht des genau andersrum. Des Ganze oder zumindest einen Aspekt davon versteht ma' vielleicht besser, wenn mer früher, als die beiden noch wichtig war'n, a Fernsehdiskussion zwischen Otto Schily und Günther Beckstein verfolgt hat. Da scheint mir im nachhinein der Günther Beckstein gelegentlich sogar die besseren Argumente g'habt zu ham. Aber die hat er absichtlich ruiniert – erstens mit der Sprache, dann mit seiner Art, wo er einerseits aufbraust und andererseits sich glei' widder schämt, während der andere halt diesen Helmut Schmidt für Arme gespielt hat. Des is' so typisch fränkisch, glaub' i: dieses Durcheinander, Zerrissene. Einerseits weiß er's besser, und andererseits will er's net g'scheit sog'n. Drittens mog er si' halt die Zähn' net reparier'n lassen. Viertens muß er diesen Dialekt ham, damit er ja net ernst genommen wird. Und fünftens hat er dann aber a Polizei zur Not. Des is' a komplettes Durcheinander, wosd net sog'n kannst: Wos will 'n der etz eigentlich? Dann hat er si' zum Ministerpräsidenten von Bayern wählen lossen und is' nach a paar Tog' einfach sang- und klanglos wieder zurück'tret'n, nach a Wahl, wo jetz' jeder normale Oberbayer oder der Stoiber oder der Strauß g'sogt hätt': Notfalls tun mer im Hinterzimmer jemandem die Zehennägel rausreißen. Aber: Baßt scho'. Des is' scho' eigenartig. Der Franke, glaub' i, hat so a ›Werd's scho' seh'n‹-Haltung. Der zieht sich dann z'rück un' sagt: Gut, werd' scho' seh'n, was davon habts. Dann macht er sich kaputt mit Würsten und Bier.«

»Is' aber doch eigentlich ein ganz sympathischer Zug ...«

»Freilich. Weil des hat nix Expansives, Imperiales. Ja, des is' a zum Beispiel des, wos den Reiz von so aam Lokal wie dem *Beloch* in Fürth ausmacht – oder überhaupt Fürth, daß die so ganz offensiv sag'n: Gut, werd' scho' seh'n. Dann is' unsere Stadt halt die Hölle. Aus welchem Grund eigentlich, braucht mer gar net wissen. Aber so generell zur Welt sog'n: Okay, bitte, da habts ihr's. Während der Oberbayer, der wird dann wenigstens irgendwann nu' an König Ludwig hinmalen oder irgend so was und dann a Schild daneben stell'n: Original-malerei, Fremdenzimmer zwei Straßen weiter – und wird dann scho' wieder aan Tourismus generieren aus so was. Der Franke sagt: Na, des habts etz davon. Un' wenn dann einer tatsächlich kommt und sagt: Ihr habts fei da gutes Bier, darf i no' eins ham? Dann sogt er: Naa, tendenziell net. Lieber schütt' mer's weg. Da müss' mer zwar verhungern. Is' uns aber wurscht. Des habts ihr dann davon.«

Hier endet mein letzter Brief an Dich. Ich habe beim Schrei-ben große Lust bekommen, einen kleinen Abstecher ins Wirts-haus *Beloch* zu machen und mir von Gunther oder seinem Vater ein paar Biere einschenken und ein paar Witze erzählen zu lassen. Ich liebe und hasse diesen Landstrich und seine seltsamen Menschen nach allem, was wir erlebt haben, noch ein bißchen mehr.

Sei mir herzlich gegrüßt und umarmt, wackerer Ritter Jür-gen Roth, und erlaube mir zum Schluß, Pink Floyd zu zitieren:

»How I wish, how I wish you were here / We're just two lost souls / Swimming in a fish bowl / Year after year / Running over the same old ground / What have we found? / The same old fears / Wish you were here.«

Matthias

Postskriptum

Lieber Matthias,

eigentlich war unsere Reise vor ein paar Wochen zu Ende gegangen und dieser Briefwechsel abgeschlossen. Vor wenigen Tagen haben wir jedoch einen nun tatsächlich letzten Termin nachgeschoben, über den ich gleich berichten will. Denn diese Nachschrift gibt mir die Gelegenheit, zuvor kurz meine ein wenig betrübliche Rückreise von München zu streifen, die ich nach unseren vielen gemeinsam verbaselten Tagen nämlich gänzlich allein zu meistern hatte.

Exakt in der Mitte zwischen Nürnberg und Würzburg, direkt an der A 3, liegt exakt in der Mitte des Steigerwaldes die Ortschaft Schlüsselfeld, die eine Art, ähem, Schlüssel für den Steigerwald ist, das »Herz Frankens« (www.steigerwald-info.de), wenigstens für mich. Da bleibe ich oft hängen und etwelche Stunden sitzen – so eben auch diesmal –, entweder im etwas versteckten und wundervoll einfachen, leutselig-proletarischen *Gasthof Scheubel*, in dem man Stern-Bräu kredenzt und die krummsten und komischsten Charaktere verkehren, die man sich vorstellen kann; oder im elysischen *Brauerei-Gasthof Schwarzer Adler* am herrlichen Straßenmarkt mit dem stattlichen Oberen Torturm. Das Braustübla und das bernsteinfarbene Helle haben die Herren Verleger Monse und Tauber mal zu Recht derart begeistert, daß sie bis heute bei jedem zweiten Telephonat davon schwärmen und ankündigen, dorthin und nur dorthin werde man demnächst einen deftigen Verlagsausflug unternehmen.

Wer vom Steigerwald spricht, darf von der galaktischen Brauerei Zehendner in Mönchsambach ein paar Kilometer weiter nördlich nicht schweigen. Man fahre quer durch dichte, paradiesische Wälder und lasse sich dann in der unübertrefflichen Wirtsstube nieder. Es ist das schiere Glück, da die Welt zu ignorieren, bei freudentränentreibendem Bier selbstredend.

Apropos Coburg, dessen Innenstadt der Michi Sailer für schön befunden hatte; schön finde ich desgleichen folgenden »Brief an die Leser« aus der *Titanic*: »Coburger Polizeisprecherin! Über einen von der Coburger Polizei aus dem Verkehr gezogenen Radfahrer sagtest Du, der 41jährige sei so benebelt gewesen, daß er das Alkoholtestgerät für ein Handy gehalten und einen Anruf probiert habe. Und fuhrst fort: ›Er konnte aber weder mit dem Alkomat telephonieren noch hineinblasen.‹ Okay, Polizeisprecherin, aber hätten die Beamten vielleicht ein Auge zugedrückt, wenn der Trunkene mit dem Gerät doch ein gescheites Telephongespräch zustande gebracht hätte?«

Doch weiter im Text. In Schlüsselfeld riß ich mich vom Bier los und zuckelte weiter gen Westen. Vor Aschbach bog ich links nach Heuchelheim ab, weil der Name lockte. Prompt stieß ich auf einen Wegweiser: »Drei-Franken-Stein« (wo er steht, treffen die drei Regierungsbezirke aufeinander). Ich folgte dem Weg und kam an die Autobahnböschung. Das Tosen war derart nervtötend, daß ich umgehend kehrtmachte. Wenige Kilometer weiter behelligt einen schließlich das aus der »Welthirnjauche« (Karl Kraus) gehievte *Freizeit-Land Geiselwind* (mehrfacher Jahressieger im Ranking »Orte, die man nicht gesehen haben darf«), so daß man endgültig das Weite sucht und sich sogar mit der Aussicht aufs horrende Hessen zufriedengibt.

Als alternative Route vom Süden in den Nordwesten bietet sich ab Nürnberg/Fürth eine der Tangenten durch den flach dahingestreckten, mit Karpfenteichen gespick-

ten, im Herbst an schönen Tagen gnadenreich funkeln-
den Aischgrund an. Irgendwo in der Gegend bei Burghas-
lach oder Burghöchstadt bilden sich dann wieder diese
sanftmütigen Täler und Walderhebungsmannschaften mit
kindlichen Weihern und sprachlosen, verbogenen Feldwegen – die allergrößte Landschaftspracht und gütigste Krea-
türlichkeit.

Nun waren wir in jenen Gefilden just nicht – sondern in
Mainleus-Willmersreuth westlich von Kulmbach, in der
Nähe des berühmten Felsengartens Sanspareil, den Mark-
gräfin Wilhelmine von Bayreuth hatte anlegen lassen.

Du erinnerst Dich, Matthias, daß uns Alexander Schmidt
vom Dokumentationszentrum Reichsparteitagsgelände
auf Nachfrage darauf hingewiesen hatte, daß es in Franken
im Nationalsozialismus auch – wenngleich kleine – kommunistische Widerstandsgruppen gegeben hat. Er nannte
uns den Namen Ludwig Göhring.

Nach Abschluß unserer dreigeteilten Erkundungstour
recherchierte ich ein wenig. Ludwig Göhring wurde 1910
in Nürnberg geboren und verstarb ebenda 1999. Er war
Klempner und ab 1933 im Widerstand.

Seine Lebenserinnerungen *Dachau – Flossenbürg – Neuengamme – Eine antifaschistische Biographie* (Schkeuditz 1999)
unter dem Motto »Lasse dich nicht beugen! Lasse dich
nicht brechen!« sind ein eindringliches sozial-, politikge-
schichtliches und persönliches Dokument über den Wer-
degang eines Arbeiterkindes aus Nürnberg-Gartenstadt.

Bereits 1932 wurde die KPD in Nürnberg, auch durch die
Polizei, schwer drangsaliert, allerdings wußte man sich zu
wehren. Göhring schreibt: »In unserem Stadtteil, dem
Süden, lagen um die beiden Großbetriebe MAN und Sie-
mens herum dichtbewohnte Arbeiterviertel. Als es die
Nazis einmal wagten, durch die Seyffertstraße zu ziehen,
hagelte es aus den Fenstern Blumentöpfe, so daß die SA an
den Hauswänden entlang die Flucht ergreifen mußte.«

Ludwig Göhring ist ein (kaum bekannter) Exponent des anderen Frankens. Er, der aus einem sozialdemokratischen Haushalt stammte, läßt keinen Zweifel daran, daß die »rechtssozialdemokratische Führung« jeden Versuch unterband, mit der KPD eine Front gegen die Nazis zu bilden.

Noch 1932 war die KPD in Nürnberg eine intakte politische Kraft: »Über das Stadtgebiet verstreut gab es eine ganze Reihe von Wirten, die Genossen waren; da waren Parteilokale, wo man ständig Genossen antreffen konnte und vielleicht mehrere Grundeinheiten ihre Versammlungen abhielten.«

1933 änderte sich die Lage schlagartig, und Massenentlassungen trafen zuerst die Kommunisten. »Der Generalstreik und angesprochene Massenaktionen wären möglich gewesen, um das, was dann kam, zu verhindern; alleine aber hatte die KPD nicht den erforderlichen Masseneinfluß, um Hitler zu verhindern.«

Täglich »Razzien der SA und SS auf Kommunisten«, ab März wurden Tausende von ihnen inhaftiert. Wer entkam, ging in die Illegalität – wie Ludwig Göhring.

Im April erhielt er den Auftrag, Flugblätter zu drucken. »Wer in diesen Monaten, gleich ob kommunistischer oder sozialdemokratischer Funktionär, als Jude in Dachau eingeliefert wurde, hatte seinen Totenschein mitgebracht«, erzählt Göhring. Erst im Mai wird eine Druckmaschine konspirativ in die Anton-Völkl-Grotte bei Schelmbachstein, im Veldensteiner Forst in der Fränkischen Schweiz, gebracht. Sie war auf keiner Karte verzeichnet, weil erst kürzlich von einem Höhlenforscher entdeckt worden.

Dort druckte Ludwig Göhring ab Juni 1933 wochenends die *Blätter der sozialistischen Freiheitsaktion*, zweitausend Exemplare, je vier Seiten. Im August wurde er, er trug die vierte Ausgabe im Rucksack mit sich, an einem Montagmorgen vor dem Nürnberger Ostbahnhof verhaftet, verraten von der Frau eines Wirtes. Sein Martyrium begann im *Gasthof Drei Linden* in der Sulzbacher Straße, den es heute noch gibt – »ein berüchtigtes SA-Lokal«.

Ludwig Mertel, der uns in Mainleus-Willmersreuth empfing, hat über Ludwig Göhring den Dokumentarfilm *Der Höhlendrucker – Standhalten und eingreifen* (2000) gedreht – ein bewegendes Zeugnis, das im Auftrag der Vereinigung der Verfolgten des Naziregimes (VVN) und auf der Grundlage eines alten Videobandes mit Ludwig Göhring entstand.

»Die waren alle begeistert, als sie ihn gesehen ham«, sagt Ludwig Mertel, »und danach hab' ich null, nichts mehr gehört. Und dann hab' ich mal nachgefragt und wieder nachgefragt, und irgendwann hieß es, sie stoßen sich daran, daß am Schluß der Kommentar zu hören is': ›Ludwig Göhring war und blieb immer Kommunist.‹ Der Kommunist hat die VVN gestört. Die VVN haben ja nicht nur Kommunisten gegründet. Das waren alles Leute, die im KZ waren. In Berlin war's zum Beispiel auch der Hans Rosenthal, der Fernsehmoderator. Und es gab schon immer unheimliche Probleme mit denen, wenn du links warst. Aber des is' des Problem der Kommunisten allgemein und der DKP: immer kuschen, kuschen, kuschen. Und ich sach' denen: Ihr erreicht so oder so nichts. Ihr könntet auch offen auftreten, da hättet ihr auch nicht weniger Erfolg.«

Ludwig Göhring berichtet in Mertels Film davon, daß er unmittelbar nach seiner Verhaftung »bereits so zugerichtet wurde, daß ich schon fast nicht mehr alleine gehen konnte«. Die grauenhaften Details schildert er nüchtern in seiner Autobiographie, die Pflichtlektüre an allen bayerischen Schulen sein müßte. (»Ich war übel zugerichtet, die linke Gesichtshälfte war verschoben und das linke Auge zu. Am ganzen Körper grün und blau, der Urin war blutig.«)

Ludwig Göhring wird nach Dachau deportiert, 1939

nach Flossenbürg, 1940 wieder nach Dachau, 1944 nach Neuengamme. Im Dezember 1944 kann er fliehen und tritt zur Roten Armee über. Im Oktober 1945 kehrt er nach Nürnberg zurück und arbeitet in der Betreuungsstelle für politisch und rassisch Verfolgte des NS-Regimes.

Auch Ludwig Mertel ist Kommunist. Das darf man in Franken noch heute nicht sein. »Ist denn der Antikommunismus, den Thomas Mann zu Recht als die Grundtorheit des 20. Jahrhunderts bezeichnet hat, in Franken besonders scharf ausgeprägt?« fragen wir ihn.

»Ja. Ja. Der is' extrem. Der is' wirklich extrem. Du hörst des überall und könntest verzweifeln. Du unterhältst dich zum Beispiel mit einem von der Feuerwehr – für die hab' ich 'nen Film gemacht zu ihrem Jubiläum –, und dann erzählt er dir von der DDR, der DDR noch vor dem Mauerbau, und du denkst, der hat ein KZ besucht. Es erzählt ja auch keiner, wie der Kalte Krieg in einer Grenzregion wie hier abgelaufen is'. Der lief so ab, daß die KPD '51, '52 Jugendliche zu den Weltjugendfestspielen und zu irgendwelchen anderen Festspielen über die Grenze lotsen mußte, bei Nacht und Nebel. Die durften nicht rüber. Die sind von Lübeck runtergekommen – in Hof is' 'n Loch! Die Lübecker wurden von der Hofer KPD über die Grenze geschleust! Und als die zurückgekommen sind, sind sie in Gattendorf bei Hof von der Grenzpolizei aufgehalten und in Hof inhaftiert worden, in 'ner Schule. Der Rudolf Macht konnte in Verhandlungen wenigstens durchsetzen, daß sie nicht länger festgehalten wurden. Des weiß keiner mehr! Das verkehrt die ganzen Verhältnisse! Bei Streiks der Porzelliner in Schwarzenbach hat die DDR Essen und Kleidung gebracht. Des erzählt dir keiner. Oder die Massenaufträge, die Hofer Firmen bis '61 an die DDR vergeben haben ...«

Rudolf Macht? Wer war Rudolf Macht?

Vor mir liegt Band III/2 der *Geschichte der Hofer Arbeiter-*

bewegung von Rudolf Macht, den ich ohne Ludwig Mertel nicht kennen würde – eine tiefeindrückliche, auch sprachlich hochsorgsame historische Studie, die selbstverständlich nur im Selbstverlag erscheinen konnte. Ludwig Mertel: » Rudolf Macht war Arbeiter und hat über die Geschichte der Arbeiterbewegung in Hof geschrieben. Das is' ein geniales Buch – fünf Bände, von 1800 bis 1969 reichen die. Was der sich für 'ne Mühe gemacht hat! Das sind insgesamt zweieinhalbtausend Seiten. Und er schreibt eben auch, daß '33 der Widerstand von den Kommunisten ausging, und 'ne Handvoll Sozialdemokraten, schreibt er, war auch dabei, 'ne Handvoll.

Ich überlege, wie mer des so a bißel aus der Vergessenheit reißen kann, weil es nicht sein kann, daß des niemand kennt. Der Macht is' vor a paar Jahren gestorben. Es kann nicht sein, daß der Jahre seines Lebens da reinhängt, tolle Arbeit leistet, und dann – pfff – is' es weg. Er war Sohn eines Kommunisten und hat Drucker gelernt, und nach dem Krieg war er auf Wanderschaft, trat in die KPD ein und war dann bis zum Verbot der KPD Stadtratsmitglied. Dann ham sie ihn überall rausgeschmissen. Was ich über den Widerstand in Hof weiß, hol' ich mir aus diesen Büchern. Du kannst heute die Hofer Schüler danach fragen – nichts, gar nichts wissen die. Die Kommunisten haben ja beispielsweise '33 'n Verteilernetz aufgebaut, weil die tschechische Grenze von Hof aus bloß ungefähr zehn Kilometer weg is'. In der Tschechoslowakei ham sie Flugblätter geholt, die hier nicht mehr gedruckt werden konnten. Die ham sie über die Grenze geschmuggelt und bis nach Nürnberg und Leipzig verteilt. Aber sie mußten die verkaufen! Verkaufen und abrechnen, mit der Zentralleitung in Nürnberg! Also, insofern sind die schon immer deutsch geblieben, nach dem Motto: Wenn's nix kostet, is' es nix wert.«

In der *uz* vom 15. Februar 2002 heißt es anläßlich des

Erscheinens des fünften Bandes von Machts epochaler Arbeit: »Macht schreibt aber nicht nur über die Hofer Arbeiterbewegung, sondern gibt auch präzise Einblick in die Geschichte der Bundesrepublik. Man liest von ihm auch über das KPD-Verbot 1956 und die sich daraus ergebende politische Verfolgung. Er erinnert an Karl Schabrod aus Düsseldorf, der unter den Nazis zwölf Jahre im Zuchthaus gesessen hat und in den Zeiten des Kalten Krieges erneut inhaftiert wurde, weil er es wagte, zum Landtag zu kandidieren. Der Autor beschreibt, wie er als Berufssoldat nach Kriegsende den Weg in die KPD fand, bereits 1948 in den Hofer Stadtrat gewählt wurde und sich 1956 als ›Einzelkämpfer‹ gegen zweiundvierzig Stadträte durchsetzte und entschieden Widerstand leistete, als man ihm nach dem KPD-Verbot das Mandat entzog. [...] Die Stadt Hof hat Rudi Macht mit der Johann-Christian-Reinhart-Medaille für die ersten drei Bände ausgezeichnet.«

Ludwig Mertel bringt indes in Erinnerung: »In Hof sind Widerstandskämpfer im KZ ermordet wurden. Nach einem ham sie nach '45 'ne Brücke benannt, und '49 ham sie die in Friedrich Ebert zurückbenannt. Nach einem anderen ham sie 'ne Straße benannt, die ham sie '52 auch wieder zurückbenannt – und immer in Sozialdemokraten, des is' des Schöne: Friedrich Ebert die Brücke, die Straße in Ernst Reuter. In Hof war auch ein Außenlager vom KZ Flossenbürg. Da steht 'n Riesendenkmal zum Gedenken an die Flüchtlinge und Vertriebenen, weil des Lager nach dem Krieg als Durchgangslager verwendet wurde. Selbst der Stadtarchivar von Hof beanstandet, daß es da noch nicht mal 'nen Hinweis darauf gibt, daß das vorher ein Konzentrationsaußenlager war.«

Wir wollen von Ludwig Mertel wissen, wie ein fränkisches Arbeiterkind aus einem unpolitischen Elternhaus zum Kommunisten wurde.

»Ich hab' in Nürnberg gelernt, bei der Post, Fernmelder,

und bin dann wieder nach Hof. Und als es losging, '68, war ich halt voll dabei. Ich hab' den *Berliner Extra-Dienst*, ich hab' die *konkret*, ich hab' die *Peking Rundschau* gelesen, aufm Land, und hab' meine Leute agitiert. Nachdem ich '70 nach Berlin gegangen war, ham sie immer gesagt, wenn ich mal zu Besuch kam: Du fehlst uns, die ganze Unterhaltung is' weg. In Berlin hab' ich auch gewerkschaftlich sehr engagiert gearbeitet, bis Mitte der siebziger Jahre, als es langsam wieder abwärtsging.

Bei der Post wurde ich dann als Sicherheitsrisiko eingestuft. Ich durfte nur in nicht sicherheitsrelevanten Bereichen arbeiten. Na ja, ich kam zwangsläufig auf diese ganze Thematik, kommunistischer Widerstand et cetera. Aber die regionalen Bezüge habe ich erst in den neunziger Jahren entdeckt, als ich wieder hier lebte. Ich hab' mich in Hof einfach mal informiert, was so läuft, und nach und nach kam ich auf das Konzentrationsaußenlager und hab' Kontakt gekriegt zu den DKP-Leuten. Schon 1969 war ich der einzige DKP-Wähler im Dorf gewesen. Aber wo waren in Hof, '68 und eben auch später, die alten Kommunisten? Die haben sich alle versteckt. In Berlin sind die Alten richtig aufgewacht, die lebten richtig auf, als endlich mal wieder jemand rebelliert hat. Aber in Hof war da gar nix. Wir waren eine Handvoll Jugendliche, die NPD- und Vertriebenenveranstaltungen gestört ham und verprügelt wurden. Das war alles.

1929 waren die Kommunisten in Selb noch sehr stark, ich glaub', fünf Stadträte hatten die damals. In Schwarzenbach waren sie stark, einer Porzellanstadt, in Kirchenlamitz, überall, wo die Porzelliner und die Metaller waren. In Hof waren sie nicht mehr so stark. Und viele haben sich dann '33 ins Schneckenhaus zurückgezogen und nicht mehr agiert, aus Angst. Aber des is' überall des gleiche gewesen.

Ich weiß von einem Sohn eines anderen Häftlings, der

mit Ludwig Göhring in Dachau war, wie der Göhring gefoltert wurde und daß er mehr tot als lebendig war, als er da rauskam. Wenn die Mithäftlinge ihn nicht a bißel hochgepäppelt hätten, wär's mit ihm ausgewesen. Keiner hat was erzählt, wenn er wiederkam, das war auch 'ne Auflage. Komischerweise haben sie aber auch in den fünfziger Jahren nicht geredet. Und damals, in meiner Kindheit, gab's noch den Spruch: Wennst nicht spurst, kommst nach Dachau. Des war des einzige, was wir von der Nazizeit wußten. Sonst ham mir ja nix erzählt gekriegt.

Die Lehrer waren bei uns überwiegend Nazis. In meiner Jugend in Hof, als ich aus Nürnberg wiederkam, ich war gerade achtzehn, neunzehn, da waren für uns alle Nazis. Wenn wir mal einen getrunken hatten im Wirtshaus und uns einer angestiert hat, ham wir ihn angepflaumt: Glotz nich' so, du Nazi! Später dachte ich: Na, die Trefferquote war wahrscheinlich relativ hoch.

Und dieser christliche Fundamentalismus, den ich hier erlebe, der hat mich wirklich schockiert, weil in Berlin gab's das nicht mehr. Oder die Autorität der Lehrer – die Eltern ham noch zum Lehrer aufgeschaut, und das is' heute noch so. Und des löst bei mir immer, ich krieg's nicht los, den Rebellionsreflex aus. Gegen Leute, die von allen nur per se als Autorität angesehen werden, muß ich was tun.

In Franken is' des halt sehr extrem. Auf so einem Dorf hier ... oh, oh. Im ersten Dorf, in dem ich wohnte, in Helmbrechts, ab '97, hab' ich relativ anonym gelebt. Ich dachte halt: Du lebst jetzt so vor dich hin und machst dein Ding, meine Filme und so weiter. Und dann bekam ich Kontakt zum Leiter des Textilmuseums, wegen eines Filmprojekts, und der erzählt mir meine ganze Geschichte. Ja, wir wissen, daß du geschieden bist, daß du Kinder hast. Sag' ich: Woher weißt du das denn alles? Und der sacht: Du lebst doch da draußen. Die wissen alles über dich, obwohl ich mich mit keinem unterhalten hab'. Da war ich a bißel schockiert. Das waren so meine ersten Erfahrungen.

Mainleus hier is' a richtige Nazihochburg. Da hinten geht's zum Main runter, und auf den Wiesen drüben in Schwarzach veranstalten die Neonazis jedes Jahr ihre Feste, gegen die die bunten Initiativen dann protestieren. Aber du merkst es nicht so. Also, es is' nicht so, daß ich angefeindet werde, obwohl ich bei einigen Leuten schon das Gefühl hab', daß die vielleicht doch mal auf meiner Webseite waren, die sehr antichristlich is'. Ich leb' ja mit 'ner Frau zusammen, die sehr viel jünger und christlich is'. Sie is' sehr gläubig, aber wir kommen trotzdem sehr gut miteinander aus. Ich toleriere ihre Sachen, und sie toleriert meine.«

Während des Gesprächs, Matthias, lag der friedfertigste und drolligste aller Hunde neben mir. Ludwig Göhring in seinen Erinnerungen: »Was sich in diesem Raum abspielte, über einen Zeitraum von etwa zwanzig Minuten, konnte an Niedertracht nicht überboten werden. Es sträubt sich in mir, es zu beschreiben. Mit Sicherheit waren wir nicht die ersten, an denen es verübt wurde. Von ihrem Idol, der Hitlerfratze an der Wand, waren sie ja lange vorher eintrainiert und scharfgemacht worden.«

»Ich hab' auch 'nen Film übers Konzentrationsaußenlager Helmbrechts gemacht, ein Frauenlager, und Zeitzeugen befragt«, fährt Ludwig Mertel fort. »Und das war auch merkwürdig. Ich hab' von den Amerikanern gedrehte Exhumierungsszenen mit reingeschnitten, und auf denen sind natürlich Helmbrechter zu sehen. Die Amerikaner hatten immer erst mal die Nazis zum Exhumieren herangezogen. Ich hab' den Film überall gezeigt, in Schulen, überall. Komischerweise war in Helmbrechts 'n Schwarzes Loch. Da war nix. Ich hab' schließlich nachgefragt, was denn los sei, und dann hieß es: Es leben noch zu viele, die wissen, wer diejenigen waren, die die Leichen ausgegraben haben. Na gut, jetzt ham sie 'nen Stein aufm Friedhof zum Gedenken an die ermordeten Frauen, aber sonst ...«

Es fiel uns nicht leicht, das Thema zu wechseln, aber wir wollten von Ludwig Mertel trotzdem wissen, ob er die Natur in Franken schätze.

»Naturbegeistert bin ich schon, vor allem, wenn es um die zivilisierte Natur geht. Die reine Natur, so im Fichtelgebirge, ja, is' scho' toll, aber wenn du hier langgehst und hast diese Wellen und dann wieder mal 'n Dorf und hier wieder 'ne Kirchturmspitze, das is' schon schön. Also nach Deschner: Ich seh' lieber die Kirche im Dorf als das Dorf in der Kirche. Das is' auch meine These. Und diese strukturierte Landschaft is' wunderschön. Wenn du hier auf den Görauer Anger hochgehst, hast du eine Sicht, die hast du in den Alpen nicht. Des begeistert mich schon, aber davon allein kannst du nicht leben.«

»Haben Sie eine Art fränkisches Selbstbewußtsein, in Abgrenzung zu den Bayern? Oder ist Ihnen das wurscht?«

»Mir geht dieses Frankengetue fürchterlich auf den Senkel. Dieses ewige Betonen des Fränkischen nervt mich. Klar, man weiß, man is' Franke und hat halt seinen Dialekt, kann kein ›p‹ und kein ›t‹ sprechen – oder nur mit großer Mühe. Ich hatte bis zum Ende Probleme, Deutsche Postgewerkschaft auszusprechen, die DPG. Ich hab' immer TBG gesagt. Damit muß man leben. Aber ich kann mit dem Frankengetue nix anfangen.«

Ich als Freizeitfranke hakte nach, ob das Fränkische vielleicht doch ein bißchen in ihm stecke.

»Also, man sucht Identifikationsfiguren, des stimmt. In meiner Spätjugend hab' ich Rebellen aus meinem Umfeld gesucht, Leute, die anders sind. Und die sind in Hof halt sehr dünn gesät. Da is' eben nix, in der Familie schon gor nix. Und insofern orientiert man sich schon an der Gegend, aus der man kommt. Des stimmt schon. Und ich hab' schon als Jugendlicher gemerkt, daß es beim Essen 'nen Riesenunterschied zwischen Nürnberg und hier gibt. Die Wurscht in Nürnberg kannst du vergessen. Die hier schmeckt. Dieses Denken schlägt sich sogar in der Beziehung nieder. Die Kulmbacher Bratwurscht is' besser als die Hofer, sagt meine Freundin.«

Bratwurst hin, Bratwurst her – wir gingen hinüber ins *Gasthaus Zur Linde*, das als *Brathähnchenstation* figuriert. Es entstand spätestens auch hier, ich wage es zu sagen, eine Freundschaft, und nächstes Jahr wollen wir drei *Kathi-Bräu* heimsuchen.

Was wissen wir aber jetzt, zum wirklichen Beschluß, lieber Matthias, über den Kontinent Franken? Ist er womöglich ein Phantom? Ist Franken nicht zu fassen?

»Was ein Franke sei, das weiß ich nit«, soll Dürer gesagt haben.

Ich streiche die Segel. Und: Enzyklopädische Vollständigkeit, gerade im Casus Franken, ist ein Ziel, das nur um den Preis der Ermüdung halbwegs erreichbar wäre. Es gilt »die Katharsis der kleinen Ansprüche« (*Fränkische Landeszeitung*, Serie »Ein Herz für Franken«).

Gleichwohl hätte ich noch von der Frankenhöhe erzählen können, wo ich als Kind einen Freund meiner Eltern, den Dieter Beil, im Morgengrauen auf der Jagd begleiten durfte, weil ich Greifvögel und Reiher erspähen wollte. Und was ist mit dem Mysterium Fränkische Rhön?

Ich schaffe das im Moment nicht mehr, kann die Rhön per Augenschein nicht mehr erledigen. In einem »Monatsbericht des Dekanats Rothausen« vom 6. November 1933 heißt es, der Rhöner sei »verschlossen, nörglerisch, arbeitsam«. – »Die Not der Rhöner ist groß. Nach dem Kriege waren alle Bauern sehr ›rot‹ eingestellt.« – »Jede Kleinigkeit« halte die Leute »auch ohne Gewissensbisse vom Kirchenbesuch ab«. – »Große Unkirchlichkeit.« – »Marxistische Hetze.« – »Das Erbübel des Grabfeldmenschen, die

Verdrossenheit, ist der größte Feind der Kirche und des Glaubens.«

»Von den Rhönbewohnern weiß man eigentlich wenig«, sagt meine Mutter, und das erzeugt bei mir vorderhand Zuneigung für das sich hinter Hochmooren verkriechende Areal.

Ich winke zu Dir herüber, mein Freund, wir sehen uns bei *Kathi-Bräu*:
Jürgen

Literatur

Der Nürnberger Lernprozeß. Von Kriegsverbrechern und Starrepor-tern. Zusammengestellt und eingeleitet von Steffen Radl-maier. © AB – Die Andere Bibliothek GmbH & Co. KG; Berlin 2001.

Karlheinz Deschner: *Dornröschenträume und Stallgeruch – Über Franken, die Landschaft meines Lebens.* © Verlag Knesebeck und Schuler, München 1989.

Gisela Elsner: *Die Riesenzwerge.* © Rowohlt, Reinbek 1964.

Friedrich Engels: *Zur Urgeschichte der Deutschen,* in: *MEW 19.* © Dietz Verlag, Berlin 1978.

Hans Magnus Enzensberger: *Rede vom Heizer Hieronymus.* In: *Enzensberger.* Herausgegeben von Joachim Schickel. © Suhr-kamp Verlag, Frankfurt am Main 1973.

Egon Fein: *Hitlers Weg nach Nürnberg – Verführer. Täuscher. Mas-senmörder.* © Nürnberger Presse Druckhaus, Nürnberg 2002.

Stefanie Fischer: *Ökonomisches Vertrauen und antisemitische Gewalt – Jüdische Viehhändler in Mittelfranken 1919–1939.* © Wallstein Verlag, Göttingen 2014.

Merian: Franken. © Hoffmann und Campe Verlag, Hamburg 1995.

Merian: Nürnberg. © Hoffmann und Campe Verlag, Hamburg 2007.

Ralf Nestmeyer: *Franken.* © Michael Müller Verlag, Erlangen 2010.

Cees Nooteboom: *Die Dame mit dem Einhorn – Europäische Rei-sen.* © Suhrkamp Verlag, Frankfurt am Main 1997.

Hermann Peter Piwitt: *Heimat, schöne Fremde.* © Wallstein Ver-lag, Göttingen 2010.

Peter Roos (u. a.): *Erstes Würzburger Kulturbuch.* © Königshausen u. Neumann, Würzburg 1992.

Schwarzbuch Rassismus. © Wallstein Verlag, Göttingen 2012.

Ulrich Werner: *Macht und Schein der Titel.* © www.sprache-wer-ner.info.